요나라·금나라
역대 황제 평전

편견을 극복한 거란족과 여진족이
중국사의 주역으로 우뚝 서다

강정만 지음

요나라·금나라 역대 황제 평전
편견을 극복한 거란족과 여진족이 중국사의 주역으로 우뚝 서다

지은이 강정만
펴낸이 최병식
펴낸날 2025년 10월 20일
펴낸곳 주류성출판사
서울특별시 서초구 강남대로 435 (서초동 1305-5)
TEL | 02-3481-1024 (대표전화) • FAX | 02-3482-0656
www.juluesung.co.kr | juluesung@daum.net

값 24,000원
잘못된 책은 교환해 드립니다.

ISBN 978-89-6246-562-4 03910

요나라·금나라
역대 황제 평전

편견을 극복한 거란족과 여진족이
중국사의 주역으로 우뚝 서다

강정만 지음

| 목차 |

머리말 10

요나라 역대 황제

제1장
요 태조 야율아보기 19
1. 거란족의 기원과 형성 20
2. 부족장 집안에서 태어나 부족 연맹의 군권을 장악하다 23
3. 가한으로 추대된 후 중원 왕조와 동맹을 맺다 26
4. 가한 독점에 불만을 품은 동생들의 반란을 진압하다 29
5. 거란을 건국하고 황제로 등극하다 34
6. 왕조의 기틀을 다지고 정복 전쟁에 나서다 37

제2장
요 태종 야율덕광 45
1. 성장 과정과 황위 계승 46
2. 후당을 멸망시키고 석경당을 꼭두각시 황제로 삼다 51
3. 후진을 멸망시키고 국호를 대요로 바꾸다 57
4. 중원 한족의 반발을 제압하지 못하고 북방으로 철수하다 62

제3장
요 세종 야율완 69
1. 성장 과정과 황위 계승 70

2. '횡도의 맹약'으로 단완태후의 반발을 무마하다 74
3. 연이어 일어난 귀족들의 반란을 제압하다 82
4. 화신전의 반란: 남정 도중에 피살되다 85

제4장
요 목종 야율경 91
1. 야율옥질에 의해 황제로 추대되다 92
2. 귀족, 신하들이 끊임없이 모반을 획책하다 95
3. 학살과 포악함이 극에 달하다 99
4. 후주와의 전쟁에서 패배하다 103
5. 흑산의 변: 시종들에게 시해를 당하다 107

제5장
요 경종 야율현 111
1. 성장 과정과 황위 계승 112
2. 어진 신하들을 중용하여 중흥의 기반을 다지다 115
3. 북송과의 패권 전쟁에서 승리하다 119
4. 황후가 황제를 대신하여 국정을 보살피다 124

제6장
요 성종 야율융서 129
1. 모후가 어린 황제를 대신하여 섭정하다 130
2. 북송과 '전연의 맹약'을 맺다 135
3. 고려와의 26년 전쟁에서 패배하다 144
4. 내치와 외치에 성공하여 태평성대를 구가하다 155

제7장

요 흥종 야율종진 167

1. 성장 과정과 황위 계승 168
2. 모후와의 권력 다툼에서 승리하다 171
3. 유흥과 사냥을 즐기며 국정을 돌보지 않다 176
4. 북송을 압박하여 세폐를 늘렸지만 서하 정벌은 실패하다 183

제8장

요 도종 야율홍기 195

1. 성장 과정과 황위 계승 196
2. 충신은 쫓아내고 간신은 중용하다 199
3. 황태숙 야율중원의 반란을 진압하다 203
4. 야율을신에게 농락을 당하여 황후와 태자를 죽게 하다 206

제9장

천조제 야율연희 221

1. 성장 과정과 황위 계승 222
2. 충신과 간신을 구별하지 못하고 사냥에 빠져 지내다 224
3. 여진족 완안아골타가 일어나 요나라를 공격하다 227
4. 고욕·야율장노·고영창 등이 반란을 일으키다 233
5. 소봉선에게 속아 문비, 아들 등을 죽이다 238
6. 금나라군에게 쫓겨 떠돌다가 망국의 군주로 전락하다 242

금나라 역대 황제

제1장
금 태조 완안아골타 251
1. 전공을 쌓아 여진부족 연맹의 수장으로 추대되다 252
2. 요나라를 정벌하고 금나라를 건국하다 261
3. 연전연승을 거두며 국가의 기틀을 다지다 268
4. 북송과 '해상의 맹약'을 맺다 273
5. 요나라를 망하게 하고 내치에 힘쓰다 279

제2장
금 태종 완안오걸매 293
1. 성장 과정과 황위 계승 294
2. 장각의 반란을 진압하다 296
3. 고려와 종번 관계를 맺고 후방의 안정을 도모하다 300
4. 북송을 멸망시키고 남송으로 진격하다 307
5. 위민 정책과 제도 개선으로 발전의 초석을 다지다 322

제3장
금 희종 완안단 327
1. 성장 과정과 황위 계승 328
2. 한화 정책을 실시하고 종실들을 제거하다 330
3. 완안종간과 완안종필이 국정을 보좌하다 338
4. 미치광이로 변하여 궁중 정변에 피살되다 343

제4장

해릉양왕 완안량 351

1. 궁중 정변을 일으켜 황제로 등극하다 352
2. 살인 행각을 벌이고 패륜을 일삼다가 피살되다 357

제5장

금 세종 완안옹 377

1. 아내 오림답씨의 희생 덕분에 살아남다 378
2. 해릉왕이 남송 정벌을 떠난 틈을 타 황제를 칭하다 384
3. 직언을 장려하여 언로를 창달하다 388
4. 사치를 배격하고 실질을 숭상하다 400
5. 고금의 역사를 통해 통치의 귀감을 얻다 403
6. 여진족의 정체성을 확립하여 지배 계급을 공고히 하다 411
7. 선정을 베풀고 인접국과 관계를 개선하여 '대정의 치'를 열다 416

제6장

금 장종 완안경 425

1. 태자 완안윤공의 서거로 황위를 계승하다 426
2. 삼촌 완안영도와 완안영중을 제거하다 434
3. 유교 사상을 바탕으로 국가를 다스리다 438
4. 금 세종의 업적을 계승하여 '명창의 치'를 이루다 445
5. 남송과의 '가정화의'를 체결하다 450
6. 이사아와 서지국이 국정을 농단하다 455

제7장
위 소왕 완안영제 463
1. 성장 과정과 황위 계승 464
2. 금 장종의 비빈들을 제거하다 467
3. 금나라군이 몽골군과 동요군에게 궤멸되다 470
4. 권신 호사호에게 쫓겨난 후 독살당하다 474

제8장
금 선종 완안순 479
1. 호사호, 도단일 등 대신들에 의해 황제로 추대되다 480
2. 기울어진 국운을 회복하기 위해 노력하다 482
3. 남경으로 천도한 후 중도성이 함락되다 485
4. 지방 군벌 9명을 제후로 책봉하다 492
5. 남송을 침략하여 국운 회복을 도모하다 494

제9장
금 애종 완안수서 503
1. 성장 과정과 황위 계승 504
2. 망국의 위기에서 필사적으로 노력하다 506
3. 삼봉산 전투에서 몽골군에게 참패를 당하다 512
4. 남경성을 포기하고 귀덕으로 피신하다 516
5. 귀덕에서 포찰관노에게 연금되다 521
6. 채주에서 최후의 항전을 벌이다가 자살하다 524

| 머리말 |

    오늘날 중국인의 대다수를 차지하는 한족은 기원전 2070년 무렵에 황하 중류의 중원 지방을 중심으로 중국 최초의 노예제 왕조인 하나라를 건국한 이래 상나라·주나라·진나라·한나라, 위진남북조, 오대십국 시대 그리고 수나라·당나라로 이어지는 한족 중심의 봉건 왕조를 계승하고 발전시키면서 찬란한 문명의 꽃을 피웠다.

    한족은 황하와 중원 지방을 항상 자신들의 영원한 안식처이자 세상의 중심으로 여겼으며, 주변 민족은 동이·서이·남만·북적 등 이른바 '사이(四夷)'라 칭하며 야만인으로 취급했다. 그런데 한족은 강인하고 싸움을 잘하는 북방 유목 민족의 침략을 가장 두려워했으며, 그들을 짐승과 다를 바 없는 미개인 취급을 하고 교화의 대상으로 간주했다.

    당나라가 망한 후 천하대란의 시대에 오대십국이 각축을 벌이기 시작했을 때 요하 유역에서 수렵과 유목 생활을 하던 거란족의 위대한 영웅 요 태조 야율아보기가 거란을 건국했다. 그의 아들 요 태종 야율덕광이 대요를 건국한 이래 요나라의 최대 강역은 중국의 북부 지방, 몽골, 연해주 등 대략 400만 km²에 달했다.

    요나라는 10세기 초에서 12세기에 이르는 동안 동아시아의 최강국으로서 남으로는 북송을 굴복시켜 해마다 엄청난 세폐를 받았으며, 북으로는 서하를 종속시키고 여진족과 몽골족을 다스렸으며, 동으로는 발해를 멸망시키고 압록강 유역까지 세력을 확장하여 고려와의 조공 관계를 확립했다.

    소수의 유목 민족에 불과했던 거란인들은 변방의 한계와 한족의 편견을 극복하고 중국 역사에서 최초로 유목 민족의 제국인 요나라를 건국함으로써 당당하게 중국 역사의 주역으로 자리매김했다. 이는 중국 역사가 더 이상 한족 중심으로 진행되지 않았음을 단적으로 보여주었다.

요나라는 다민족으로 구성된 제국을 효과적으로 통치하기 위해 '남북면관제'라는 독특한 이원적 통치 제도를 운영했다. 북면관은 거란족·여진족·몽골족 등 유목 민족을 다스리고, 남면관은 한인 등 농경 민족을 다스렸다. 요나라가 209년 동안 제국을 유지할 수 있었던 역량은 유목 민족의 전통과 관습을 바탕으로 한족의 봉건 제도와 문화를 받아들인 것에서 나왔다고 본다.

거란족은 원래 샤머니즘을 숭배했으나 요나라를 건국한 후에는 불교를 적극적으로 받아들였다. 불교는 이미 도교와 함께 한족의 정신 문명에 깊이 뿌리를 내리고 있었다. 거란 귀족도 한족 문명에 동화되면서 불교를 숭상했다. 하지만 요나라는 불교 때문에 망했다고 해도 과언이 아닐 정도로 불교의 폐단이 심각했다.

12세기 초 요나라의 국운이 기울 무렵에 중국 동북 지방의 안출호수 유역에서 완안부 여진족의 위대한 영웅 완안아골타가 등장했다. 여진족은 거란족과 마찬가지로 유목 민족이지만, 우리 한민족과 유전적으로 가장 가까운 민족이다. 우리 선조들은 한족 문명에 동화된 후 여진족을 멸시하며 오랑캐로 취급했다. 사실은 완안아골타의 조상이 고려인이었다는 얘기가 정사에 기록되어 있으며, 샤머니즘을 숭배하고 전통 풍습이 대동소이한 것으로 보아, 여진족과 한민족은 불가분의 관계가 있다.

금 태조 완안아골타는 요나라가 여진족에게 채운 '노예의 쇠사슬'을 끊고 흥기하여 요나라를 멸망시키고 대금을 건국했다. 완안아골타의 동생

금 태종 완안오걸매는 북송을 멸망시키고 중원 지방을 장악했다. 이는 유목 민족이 중국 역사에서 최초로 한족 문명의 발상지를 차지하고 한족을 직접 통치한 역사적 대사건이었다.

그 후 금나라의 역대 황제들은 끊임없이 남송을 압박하여 주종 관계를 확립하고 막대한 세폐를 받아내었다. 금나라는 119년 동안 종묘사직을 이어오면서 중원 지방의 진정한 주인이었으며 남송을 속국으로 거느린 제국이었다.

금나라는 건국 초기에는 여진족의 전통적인 부족 조직을 기반으로 하여 '맹안모극'이라는 군사 및 행정 조직 제도를 운영했지만, 시간이 지남에 따라 관료제, 율령, 과거제 등 한족 왕조의 봉건 제도를 도입하여 한족 문명화했다.

금나라를 전성기로 이끈 금 세종 완안옹은 여진족의 언어와 풍습이 한족 문명에 흡수되는 것을 우려하여 정체성을 지키고자 노력했지만 결국 대세를 거스르지 못했다.

금나라가 몽골에게 멸망하고 400여 년의 세월이 흐른 후, 여진족(만주족)이 또 흥기하여 중국의 마지막 봉건 왕조인 청나라를 건국했다. 청나라도 여진족이 한족보다 우월하다는 선민 의식을 가지고 있었지만 끝내는 한족 문명에 동화되고 말았다.

요나라와 금나라가 전성기를 구가할 때 거란족, 여진족은 한족과는 완전히 다른 민족이었다. 물론 한족도 거란족과 여진족을 이민족으로 간주했다. 게다가 한족은 두 유목 민족의 호전성을 두려워하여 그들을 경계의 대상으로 삼았다. 따라서 송나라와 요나라 그리고 금나라가 서로 싸운 것은 복잡한 국제 관계의 일환이었지, 중국 경내의 민족 통일 전쟁이 아니었다.

그런데 요나라와 금나라의 황제들은 스스로 '중국의 황제'임을 자부하고 역대 한족 왕조의 정통성을 계승하고자 했다. 이는 뜻밖에도 거란족과 여진족이 정체성을 상실하고 한족 문명에 동화되는 결과를 낳았다. 원나라를 건국한 몽골족도 마찬가지였다. 오늘날 중국에서 말하는 '중화 민족'은 이런 역사적 배경에서 나온 개념이다.

요 태조 야율아보기와 금 태조 완안아골타가 유목 민족의 수장으로서 중국 역사의 주역으로 등장하여 중국 천하를 호령했기 때문에, 또 다른 유목 민족인 몽골족의 칭기즈 칸이라는 희대의 정복자가 나타나 인류를 놀라게 했다고 본다. 야율아보기와 완안아골타가 칭기즈 칸의 앞길을 열어 주었다고 생각한다.

중국 역사는 오로지 한족에 의해서 움직인 역사가 아니라, 거란족·여진족·몽골족 등 유목 민족도 역사의 주인공이었다.

우리나라 역사에서 외침을 가장 많이 당한 왕조는 고려이다. 요나라를 최전성기로 이끈 요 성종 야율융서는 26년 동안 고려 원정을 세 차례나 강행했다. 당시 영토, 인구 등 국력에서 요나라에 절대 열세였던 고려는 뛰어난 외교 수완을 발휘하고 끈질기게 항쟁한 끝에 자주권을 지킬 수 있었다. 강감찬이 귀주에서 요나라의 10만 대군을 섬멸한 귀주대첩은 민족사의 쾌거였다.

금나라도 압록강 유역까지 진출하여 고려와 충돌했지만, 국경 지대에서 일진일퇴를 거듭한 끝에 외교적 타협을 선택했다. 고려는 형식적으로 금나라를 상국으로 섬기는 대신에 실리를 추구하는 외교 정책을 폈다. 우리나라 역대 왕조 중 등거리 외교를 가장 잘한 왕조는 다름 아닌 고려였다. 물론 여진족도 자신의 뿌리가 고려에 있음을 알고 고려를 형제의 나라로 여겼으며, 몽골의 침략에 맞서기 위하여 고려와의 관계 개선이 절실했을 것이다.

고려는 당시 동아시아의 최강국인 요나라와 금나라를 상대로 필사적으로 싸우고 치열한 외교전을 펼친 덕분에 국권을 유지할 수 있었다. 요나라·금나라·송나라 등 제국들이 연이어 멸망한 후 전대미문의 대제국 몽골(원나라)이 고려를 침략했다. 유라시아대륙을 유린한 몽골의 기마군단을 상대하여 승리한다는 것은 매우 어려운 일이었다. 몽골군은 적군이 항복하지 않고 저항하면 적군을 초토화한 잔인한 군대였다. 그럼에도 불구하고 고려는 30여 년 동안 대몽 항쟁을 통하여 끝내는 종묘사직을 지켜냈다. 고려가 몽골의 침략을 극복할 수 있었던 역량은 요나라와 금나라에 대한 저항 경험에서 나왔다. 또한 동아시아에서 군사력이 강대했던 요나라·금나라·원나라의 침략을 극복하고 474년 동안 종묘사직을 지킨 것은 세계사에 유래 없는 일이었다.

본서는 원나라 사람 톡토아(1314~1356) 등이 편찬한 『요사』와 『금사』의 내용을 중심으로 서술했다. 중국 정사에서 황제 본기를 서술한 뒤 마지막 부분에는 '찬왈(贊曰)'이라는 문구로 시작하는 짧은 평론이 있다. 이 문장은 황제의 성격, 업적, 과오, 역사적 교훈 등을 춘추필법으로 간결하게 평가한 것이다. 그 내용이 촌철살인이므로 원문을 번역하여 소개한다.

끝으로 『중국 역대 황제 평전』 시리즈 편찬에 십여 년 동안 변함없이 도움을 주시고 있는 주류성출판사 최병식 사장님, 이준 이사님 등 여러 분들에게 항상 감사하는 마음뿐이다. 주류성출판사의 무궁한 발전을 기원하며 머리말을 마친다.

2025. 9

저자 강 정 만(姜正萬)

1

요 태조 야율아보기

1 • 거란족의 기원과 형성
2 • 부족장 집안에서 태어나 부족 연맹의 군권을 장악하다
3 • 가한으로 추대된 후 중원 왕조와 동맹을 맺다
4 • 가한 독점에 불만을 품은 동생들의 반란을 진압하다
5 • 거란을 건국하고 황제로 등극하다
6 • 왕조의 기틀을 다지고 정복 전쟁에 나서다

제1장

요 태조 야율아보기

1. 거란족의 기원과 형성

아주 먼 옛날 지금의 중국 동북 지역, 몽골 등 광활한 지역에 키탄(Qitan, 또는 키타이·Qitay)이라는 종족이 살고 있었다. 그들의 조상은 흉노족 또는 동호족으로 알려져 있으며, 또 일설에는 흉노족과 선비족이 결합하여 생긴 종족이라고도 한다.

키탄족은 북제(北齊·550~577) 천보(天保) 5년(554)에 완성된 역사서 『위서(魏書)』에 처음으로 '거란(契丹)'이라는 한자어로 기록되었다. 거란의 의미는 빈철(鑌鐵: 단단한 철) 또는 '강한 자'로 추정한다.

거란은 우리나라의 고대사와 아주 밀접한 관계가 있다.

고려 인종 23년(1145) 김부식이 편찬한 『삼국사기·본기』에 다음과 같은 기록이 있다.

"고구려 소수림왕 8년(378) 대가뭄이 들었다. 백성들은 굶주림에 시달렸고, 심지어 사람이 사람을 잡아먹는 참사가 발생했다. 같은 해 9월 거란이 북방의 변경을 침입하여 8개 부락을 함락했다."

또 영락(永樂) 2년(392)에는 광개토왕이 거란을 정벌하여 남녀 500명을 사로잡았으며, 포로로 끌려간 고구려인 1만여 명을 데리고 돌아왔다. 그리고 영락 5년(395)에는 염수(鹽水)로 진출하여 거란의 패려(稗麗)를 정벌하여 복속시키고 수많은 가축을 노획했다.

이런 역사 기록에 근거하면, 거란은 4세기 후반에 북방 지역에서 고구려와 패권 다툼을 벌였음을 짐작할 수 있다. 당시 거란은 여러 부족으로 분열된 상태였으며, 아직 고대 국가 단계에 이르지 못한 시기였다. 그 후 거란은 세력을 확장하고 남하하여 북제를 위협했다.

북제는 업성(鄴城: 하북성 임장현·臨漳縣)을 도성으로 삼고, 중원 지역 동부와 북경·하북·산동·강소 지방에서 세력을 떨쳤다.

북제 천보 4년(553) 문 선제(文宣帝) 고양(高洋·526~559)이 대군을 이끌고 거란족을 공격하여 10만여 명을 포로로 잡았으며 가축 수십 만 마리를 노획했다. 세력이 꺾인 거란족은 또 중앙아시아에서 동북아시아에 이르는 광활한 대지에서 유목민 대제국을 건국한 돌궐(552~745)에게 침략을 당하여 큰 타격을 입었다. 그 후 수나라(581~618)와 돌궐에 복종하면서 점차 세력을 회복하여 요서 지방에서 목축 활동을 했다.

7세기 초 대하씨(大賀氏)가 거란 8개 부족 연맹의 부족장으로 선출되었다. 당나라 정관(貞觀) 2년(628) 부족장 대하마회(大賀摩會)가 당나라에 조공을 바쳤으며, 당나라는 그에게 깃발과 북을 하사했다. 정관 22년(648) 당나라가 거란 지역에 송막도독부(松漠都督府)를 설치하고 부족장 대하굴가(大賀窟哥)를 송막도독으로 임명한 후, 그에게 당나라 황족의 성씨인 이씨(李氏)를 하사했다.

　무측천(武則天·624~705)의 무주(武周·690~705) 시대인 만세통천(萬歲通天) 원년(696)에, 대하씨 부족장 이진충(李盡忠)이 반란을 일으켰으나 패배하여 전사했다. 그 후 거란족은 돌궐에 귀부했다가, 개원(開元) 3년(715)에 다시 당나라에 귀부했다.

　개원 11년(723) 거란의 장수 가돌우(可突于)가 이진충의 동생 이소고(李邵固)를 부족장으로 추대하고 실권을 장악했다. 개원 18년(730) 그는 또 이소고를 살해하고 요련씨(遙輦氏)의 요련굴렬(遙輦屈列)을 와가한(洼可汗)으로 추대한 후 돌궐에 귀부했다.

　개원 22년(734) 가돌우가 송막도독부의 아관 이과절(李過折)에게 피살되었다. 이과절은 요련굴렬 등 수십 명을 살해하고 당나라에 귀부했다. 이듬해 가돌우의 수급이 동도 낙양의 저잣거리에 효수되었으며, 이과절은 당 현종으로부터 북평군왕에 책봉되어 거란을 통치했다. 같은 해 가돌우의 잔당 니례(泥禮)가 이과절과 그의 아들을 살해하고 요련씨의 요련조리(遙輦俎里)를 조오가한(阻午可汗)으로 추대했다.

　그 후 요련씨가 거란족 가한(可汗)의 지위를 계승했으며 100여 년 동안 후돌궐(682~745)을 멸망시킨 회흘(回紇·744~840)의 지배를 받았다. '가한'이란 고대에 중앙아시아, 몽골, 중국 북부 등 지역에서 유목 민족의 최고 통치자를 일컫는 말로, 국왕과 같은 의미이다.

　회흘은 회골(回鶻) 또는 위구르 카간국이라고 칭하기도 하는데 몽골 중부의 오르콘 강(Orkhon River) 유역에서 번창했다.

2. 부족장 집안에서 태어나 부족 연맹의 군권을 장악하다

야율아보기(耶律阿保機·872~926)는 872년에 거란 질랄부(迭剌部)의 야율살랄적(耶律撒剌的: 훗날 선간황제, 덕조로 추증)의 장남으로 태어났다. 생모는 요련씨의 귀족 요련척랄(遙輦剔剌)의 딸 소암모근(蕭岩母斤: 훗날 선간황후로 추증)이다.

『요사(遼史)』는 야율아보기의 어린 시절에 대하여 이렇게 기술했다.

"야율아보기는 당나라 함통(咸通) 13년(872)에 태어났다. 그의 어머니는 해가 품속으로 떨어지는 꿈을 꾼 뒤 임신했다고 한다. 그가 태어났을 때 방 안에는 신비한 빛과 그윽한 향기가 가득했다. 갓난아이였는데도 몸집이 세 살 난 아이만 했으며 기어다닐 수 있었다고 한다. 조모 간헌황후가 유별나게 태어난 그를 신기하게 여기고 친아들처럼 길렀다. 그녀는 야율아보기를 별도로 마련한 장막에 숨겨 두고 얼굴에 먹칠을 해 다른 사람들이 못 알아보게 했다. 그는 석 달 만에 걸을 수 있었고 돌이 되자 말을 할 수 있었으며, 아직 일어나지 않은 일을 미리 알았다."

"그는 자신을 돕는 신인(神人)이 주변에 있다고 말하기도 했다. 어린 나이에도 말할 때면 반드시 세상일을 논했다. 당시 그의 백부가 부족을 다스리고 있었는데 언제나 의심스러운 일이 있으면 백부에게 자문을 구했다. 성장한 후에는 키가 9척에 이르렀으며, 얼굴은 위는 넓적하고 아래는 뾰족했으며, 눈빛은 사람을 꿰뚫는 듯 했다. 힘이 얼마나 장사였는지 300근의 활을 당길 수 있었다."

중국 역사서는 대체적으로 개국 황제에 대해서는 과장된 표현으로 미화함으로써 황제가 될 수밖에 없는 당위성을 강조하는 경향이 있다. 특히 신비로운 태몽 얘기는 빠지지 않는 단골 소재이다. 따라서 야율아보기에 대해서도 마찬가지일 것이다. 다만 그가 힘이 장사이며 키가 장신이었음은 사실인 것 같다.

당시 거란은 8개 부족이 부족 연맹을 결성하고 요련씨를 가한으로 추대했지만, 부족 간의 갈등과 싸움이 끊이질 않았다. 야율아보기가 태어났을 때 그의 할아버지 야율균덕실(耶律匀德實: 훗날 간헌황제, 현조로 추증)은 부족 연맹의 '이르킨(Irkin, 군사·행정 최고지도자)'이었다.

야율균덕실은 여러 차례 대외 전쟁을 승리로 이끌어 신망이 높았지만, 부족 간의 갈등 속에서 귀족 야율랑덕(耶律狼德)에게 살해되었다.

야율균덕실의 아내 소월리타(蕭月里朵: 훗날 간헌황후로 추증)는 야율랑덕의 살해 협박을 피해 가족을 데리고 돌려부부(突呂不部: 거란의 부족명)의 귀족 야율태압(耶律台押)의 집으로 달아나 몸을 숨겼다.

그녀는 손자 야율아보기를 끔찍이 사랑하고 아꼈는데 사람들이 그를 해치지 않을까 두려워했다. 앞서 『요사』에서 언급했듯, 그를 별도로 마련한 장막에 숨기고 키웠으며 얼굴에 먹칠을 해 남의 눈에 띄지 않게 했다. 야율아보기는 할머니의 보살핌 덕분에 목숨을 부지할 수 있었다.

한편 이르킨이 된 야율랑덕은 툭하면 포악한 행동을 하고 전횡을 일삼아 부족 수령들의 원성을 샀다. 예전에 이르킨이었던 포고지(蒲古只)가 부족 수령들과 연합하여 야율랑덕 일당을 살해한 후, 야율균덕실의 둘째 아들 야율암목(耶律巖木)을 이르킨으로 천거했다. 이 시기부터 야율아보기의 가문이 부족 연맹에서 가장 강력한 세력으로 성장한다.

그 후 야율균덕실의 셋째아들 야율석로(耶律釋魯)가 이르킨 직위에 올랐다. 그는 군정을 장악하고 본격적으로 정복 전쟁을 일으켰다. 야율아보기는 백부의 수하에서 혁혁한 전공을 세웠다.

야율석로는 자기가 이끄는 군사 조직이 방대해지자 '달마(㧺馬)'라는 친위군을 창설했다. 그리고 자기가 가장 신임하는 조카 야율아보기를 달마월사리(撻馬狘沙里)로 임명하여 친위군을 지휘하게 했다.

거란어로 달마월사리는 친위대 사령관이라는 뜻이다. 부족민들은 그를 아주사리(阿主沙里)라고 불렀다. 아주사리는 '부족의 젊은 지도자'라는 뜻이다.

야율석로는 또 '우월(于越)'이라는 관직을 신설하고 스스로 취임했다. 우월은 부족 연맹의 군사와 행정을 총괄하는 실질적 최고 권력자였다. 이에 가한의 권력은 약화되었으며, 이르킨의 권한도 축소되었다.

야율석로는 조카 야율아보기와 함께 북쪽으로는 우궐(于厥)·실위(室韋)를, 서쪽으로는 당항(黨項)·토혼(吐渾)을 정벌했으며, 남쪽으로는 역(易)·정(定), 해(奚)·습(霫)을 공략했다. 또 황하(潢河: 서요하 상류의 서라목륜하·西喇木倫河) 유역의 비옥한 땅을 점령하여 축대를 쌓고 성읍을 건설했으며 부족민들에게 농사법을 가르치고 베를 짜는 기술을 익히게 했다.

야율석로의 업적은 훗날 야율아보기의 거란 건국에 결정적 기반이 되었다. 하지만 그는 부족장들의 권위를 인정하지 않고 그들의 이권을 빼앗았다. 야율아보기 가문을 구원했던 포고지가 그의 전횡에 분노했다. 포고지는 야율할저(耶律轄底), 소태신(蕭台哂) 등 귀족들과 야율석로를 제거할 음모를 꾸몄다.

야율석로의 아들 야율활가(耶律滑哥)는 성격이 음흉하고 품행이 불량하여 아버지의 눈 밖에 났다. 아버지의 첩과 눈이 맞아 수시로 간통을 저질렀는데 발각되지 않을까 두려웠다. 포고지가 그를 포섭했다.

얼마 후 포고지 일당이 반란을 일으키자 야율활가가 아버지 야율석로를 살해했다. 이에 귀족들 간의 무력 충돌이 일어나 부족 연맹이 와해 위기에 빠졌다.

흔덕근(痕德堇) 가한이 야율아보기에게 포고지 일당의 반란을 진압하게 했다. 야율아보기는 포고지 등 주모자들을 죽이고 반란을 진압했다. 야율활가는 용서를 받았지만, 훗날 이른바 '동생들의 반란'에 가담하여 결국 능지처참당했다.

야율아보기는 반란을 진압한 공로로 우월 겸 이르킨으로 추대되어 부족 연맹의 군권을 장악했다.

3. 가한으로 추대된 후 중원 왕조와 동맹을 맺다

야율아보기는 흔덕근 가한의 명을 받아 정복 전쟁을 시작했다. 당나라 천복(天復) 원년(901) 실위·우궐·해습 등 부족을 정벌하여 부족민을 노예로 삼고 많은 재물을 약탈했다. 이듬해 7월 10만(호칭 40만) 대군을 이끌고 하동(河東: 산서성 중서부, 황하 동쪽)과 대북(代北: 산서성 대현·代縣 이북) 지방을 공격하여 9개 군(郡)을 점령했다. 이 원정에서 95,000여 명을 생포했으며, 낙타·말·소·양 등 노획한 가축은 이루 다 헤아릴 수 없을 정도로 많았다. 그는 지금의 내몽골자치구 오한기(敖漢旗) 동부와 내만기(奈曼旗) 북부에 용화주성(龍化州城)을 쌓고 포로로 잡힌 한인들을 정착시켰다.

천복 3년(903) 봄 그는 또 동쪽의 여진족을 정벌하여 부족민 300호(戶)를 복속시켰으며, 9월에는 남쪽으로 진격하여 하동(河東)과 회원군(懷遠軍: 내몽골 적봉·赤峰)을 공략한 후 군대를 동쪽으로 돌려 계북(薊北: 하북성 북부 지역)을 공격하고 돌아왔다. 그는 정벌을 나설 때마다 패배한 적이 없었으며 엄청난 재물을 노획하여 거란족을 열광하게 했다.

이에 부족 연맹의 수령들은 가한의 명령보다 야율아보기의 명령을 더 중요하게 여기고 따랐다. 흔덕근 가한도 그의 눈치를 보는 처지였다. 천우 3년(906) 12월 그는 임종 직전에 야율아보기를 차기 가한으로 추천하고 세상을 떠났다.

야율아보기는 원로 귀족들의 반발을 우려하여 숙부 야율할저를 가한으로 추대하겠다는 의사를 밝혔다.

하지만 야율할저가 사양하며 말했다.

"황제는 성인인데 하늘의 명령에 따라 정해지는 법이옵니다. 신(臣)이 어찌 그 자리를 감당할 수 있겠습니까?"

조카에게 자신을 신하로 칭한 야율할저는 거란족의 진정한 영웅은 조카임을 인정하고 가한의 지위를 양보했다. 907년 정월 거란 부족장들은 나이 35세의 야율아보기를 새로운 가한으로 추대했다.

야율아보기는 가한으로 추대되자마자 통치권 강화와 부족 간의 화합에 힘을 쏟았다. 사촌아우 야율질율저(耶律迭栗底)를 이르킨으로 임명하고 군사 업무를 관장하게 했으며, 야율할저를 우월로 임명하여 원로 귀족들의 협조를 이끌어 냈다.

그리고 '척은(惕隱)'이라는 관직을 신설하고 친동생 야율랄갈(耶律剌葛·?~923)을 척은에 임용했다. 척은은 부족 연맹 귀족 집단의 업무를 관장하고 이해 관계를 조정하며 종묘 제례를 관장하는 관직이다. 야율아보기는 척은을 통해 귀족들의 지지를 얻었을 뿐만 아니라, 그들을 통제하기도 했다. 또 친위군 조직인 복심부(腹心部)를 설치하여 신변을 지키게 했다.

야율아보기가 북방에서 한창 세력을 떨치고 있을 때 동아시아의 대제국 당나라(618~907)는 망국의 길로 접어들고 있었다. 황제 중심의 중앙 집권 체제는 이미 붕괴하였으며, 절도사들이 전국의 각 지역에서 사실상 왕 노릇을 하며 치열한 패권 다툼을 벌였다. 그들은 중원 지방을 차지하기 위해서는 북방의 강자로 떠오른 야율아보기와 동맹을 맺고 북방의 안정을 도모해야 했다.

하동절도사 이극용(李克用·856~908)은 당 소종(唐昭宗) 이엽(李曄·867~904)을 구한 공로로 진왕으로 책봉된 후 산서성 지역을 다스렸다. 천우(天祐) 2년(905) 그는 야율아보기에게 사신을 보내 동맹을 맺자고 제안했다. 야율아보기도 광활한 북방 지역을 평정하고 안정적으로 통치하기 위해서는 중원 지방의 한족 세력과 제휴해야 했다. 그는 7만 기병을 이끌고 운주(雲州: 산서성 대동·大同)로 진군해 이극용과 회합했다. 두 사람은 서로 의복과 준마를 교환하고 의형제를 맺었다.

선무군절도사 주온(朱溫·852~912)이 당 소종을 살해한 후 그의 아홉째아들 이축(李柷·892~908)을 허수아비 황제로 세웠다. 이축이 당나라의 마지막 황제인 당 애제(唐哀帝)이다. 야율아보기가 가한으로 추대된 해인 907년 4월에, 주온이 당 애제를 폐위하고 중원 지방과 산동성 일대에 후량(後梁·907~923)을 세웠다.

주온은 북쪽 변방의 안정을 도모하고자 야율아보기에게 많은 예물을 보내고 동맹을 원했다. 야율아보기도 그에게 준마, 담비가죽으로 만든 옷 등을 보내 화답했다.

당시 야율아보기에게 가장 위협적인 인물은 거란과 인접한 유주(幽州) 일대를 거점으로 세력을 떨치고 있던 노룡절도사 유인공(劉仁恭)이었다. 유인공은 야율아보기가 가한으로 추대되기 전에 여러 차례 거란을 공격하여 궁지에 몰아넣었다. 그는 유주의 대안산(大安山)에 궁궐을 짓고 미희들과 황음에 빠져 지내다가 그의 아들 유수광(劉守光)에게 감금되었다.

911년 8월 유수광이 황제를 칭하고 대연(大燕·911~913)을 세웠다. 그도 아버지와 다를 바 없는 폭군이었기 때문에 그가 세운 나라를 걸연(桀燕)이라고 칭하기도 한다. 걸(桀)은 중국 최초의 왕조인 하(夏)나라를 망하게 한 폭군이다.

913년 11월 이극용의 아들인 진왕 이존욱(李存勖)이 유주를 공격했다. 싸움에서 패배한 유수광은 야율아보기에게 구원을 요청했지만 거절당했다. 결국 대연은 멸망했으며, 유씨 부자는 이존욱의 세력 거점인 대주(代州: 산서성 대현·代縣)로 끌려가 이극용의 묘지 앞에서 참수형을 당했다. 그 후 이존욱이 후당(後唐·923~936)을 건국했다.

이처럼 중원 지방과 유주 일대에서 군웅이 서로 싸우고 있을 때 야율아보기는 후량, 후당 등과 전략적 연대를 통하여 후방을 안정시킨 후 본격적으로 정복 전쟁에 나섰다. 908년에 이르러 친히 군사를 이끌고 동쪽으로는 발해(渤海)의 변방, 남쪽으로는 백단(白檀: 북경 밀운·密雲 동북쪽), 서쪽으로는 송막(松漠: 내몽골 석림곽륵맹·錫林郭勒盟 동남부), 북쪽으로는 황수(潢水: 서랍목륜하·西拉木倫河)까지 광활한 지역을 정복했다.

4. 가한 독점에 불만을 품은 동생들의 반란을 진압하다

거란족은 3년마다 한 번씩 이른바 '시책례(柴册禮)'를 개최하여 새로운 가한을 선출하는 전통이 있었다. 시책례란 섶나무를 쌓아 제단을 만들고 가한이 여러 부족장들이 바친 옥책(玉册)을 받은 후 섶나무 제단을 태워 하늘에 제사를 지내는 의식을 말한다. 새로운 가한은 이 의식을 통해 선출되었다. 이는 형제들끼리 번갈아가며 공평하게 권력을 행사함으로써 평화와 화합을 추구하는 유목민의 관습에서 나왔다.

따라서 야율아보기가 아무리 '대권'을 장악하고 있더라도 때가 되면 동생들에게 가한 직위를 물려주어야 했다. 그런데 한족 출신 신하인 한지고(韓知古)가 그에게 중원의 황제처럼 종신 집권과 적장자에게 황위를 계승하게 하는 세습제를 확립해야 한다고 주장했다. 그리고 삼성육부제(三省六

部制) 등 한족의 행정 조직을 모방해 중앙 집권제를 강화해야 한다고 했다.

그의 주장에 큰 호감을 가지게 된 야율아보기는 한족 왕조처럼 봉건 제국을 건설하여 명실상부한 황제로 등극하고 싶었다. 황제로서 죽을 때까지 절대 권력을 행사하다가 태자에게 황위를 계승하게 하는 한족 왕조의 권력 세습제를 받아들이기로 결심했다. 그래서 그는 가한으로 추대된 지 5년이 지났는데도 동생들에게 권력을 내놓지 않았다.

911년 5월 야율랄갈(耶律剌葛)·야율질랄(耶律迭剌)·야율인저석(耶律寅底石)·야율안단(耶律安端) 등 야율아보기 동생들이 숙부 야율할저의 은밀한 지원 아래, 야율아보기가 한인 노예와 전리품을 불공정하게 분배했다는 것을 구실로 반란을 획책했다.

그들은 가한의 천막을 습격해 왕권의 상징인 기고(旗鼓)와 신장(神帳)을 탈취하여 새로운 가한을 추대하려고 했다.

하지만 야율안단의 아내 점목고(粘睦姑)가 남편 형제들의 비밀 이야기를 엿들었다. 그녀는 거사가 실패하면 남편과 가족이 몰살을 당하지 않을까 두려워 야율아보기에게 밀고했다.

야율아보기는 깜짝 놀라 급히 동생들을 체포하게 했다. 뜻밖에도 그는 동생들을 혈육의 정으로 감싸고 처벌하지 않았다. 사실은 그들의 이유 있는 항변에 대응하기가 마땅하지 않았기 때문이다. 그는 동생들과 함께 산으로 올라가 함께 동물의 피를 마시는 의식을 치르고 화해를 다짐했다.

훗날 야율안단은 아내의 냉철하고 현명한 판단 덕분에 척은으로 승진하였고 발해를 멸망시키는 데 혁혁한 전공을 세웠으며, 요 세종 야율완 시대에는 동란국의 왕으로 책봉되어 부귀영화를 누렸다.

하지만 야율아보기가 동생들의 불만을 완전히 잠재운 것은 아니었다. 오히려 그가 자신의 권력을 강화하면 할수록 그들의 불만도 더욱 증폭되었다.

912년 7월 야율아보기가 술부고(述不姑) 등 부족을 정벌하러 떠나면서 야율랄갈에게 평주(平州: 하북성 노룡·盧龍)를 공격하게 했다. 야율랄갈은 평주를 공략한 후 제2차 반란을 일으켰다. 이번에는 동생들뿐만 아니라 우월 야율할저, 척은 야율활가 등 종친들도 가담한 대규모의 반란이었다. 그들은 원정을 마치고 돌아오는 야율아보기의 길을 막고 부족의 선출 전통에 따라 자신들도 가한이 될 기회와 권리를 보장하라고 노골적으로 요구했다.

야율아보기는 그들과 정면으로 충돌하지 않고, 군사를 이끌고 남쪽으로 이동해 십칠락(十七濼: 내몽골 적봉·赤峰 부근의 호수로 추정)에 도착했다. 그리고 즉시 부족장들을 소집해 시책례를 거행했다. 그가 다시 부족장들의 전폭적인 지지를 받고 가한으로 선출되자 야율랄갈 등은 반란을 정당화할 명분을 잃었다. 그들은 무기를 내려놓고 항복하는 수밖에 없었다.

야율아보기는 또 그들을 죽이지 않고 그들의 관직을 박탈하는 것으로 반란 사건을 유야무야 마무리했다. 역시 반란의 원인이 자신이 부족의 전통을 위배한 데 있었기 때문이다.

913년 3월 야율랄갈 등이 야율아보기가 노수(盧水) 지역으로 원정 나간 틈을 타서 제3차 반란을 일으켰다. 그들은 세 가지 전략을 폈다. 첫째, 야율질랄과 야율안단이 기병 1,000여 기를 이끌고 야율아보기에게 업무 보고를 하러 간다는 것을 구실로 접근하여 그를 암살하는 것이었다. 둘째, 야율인저석이 야율아보기의 행궁을 습격해 가한의 깃발과 북 그리고 신성한 장막을 탈취하는 것이었다. 셋째, 야율랄갈이 을실부(乙室部)의 부족장 근전(堇淀)을 끌어들여 도움을 받고 스스로 깃발과 북을 만들어 황위를 찬탈할 계획이었다.

하지만 이미 그들의 수상한 움직임을 파악한 야율아보기는 병사들을 곳곳에 매복하고 기다렸다. 야율질랄과 야율안단은 제대로 한 번 싸워보지도 못하고 생포되었다. 반란군의 우두머리인 야율랄갈은 야율아보기의 추격을 피해 북쪽으로 달아났다. 야율인저석은 야율아보기의 행궁을 습격해 가한의 물건을 탈취하여 달아났다. 야율아보기의 아내 술율평(述律平)이 지휘하는 산호군(珊瑚軍)이 그를 추격하여 깃발과 북만을 회수했다.

야율아보기가 토하(土河: 내몽골과 요령성을 흐르는 노합하·老哈河)에 이르러 잠시 추격을 멈추고 탄식하며 말했다.

"사람은 초목과 다르니 어찌 감정이 없겠는가. 그들은 나의 형제이다. 북방의 말은 북풍에 의지하고, 사람의 마음은 고향을 그리워하는 법이다. 시간이 지나면 그들은 반드시 돌아올 것이다."

그 후 야율아보기는 2년 만에 동생들의 반란을 완전히 평정했지만, 병력과 물자 손실이 심각했다.

그가 측근들에게 이런 말을 했다.

"옛날에는 우리 군대가 출정할 때 물자가 수십 리에 걸쳐 늘어져 있었고, 민간에는 명마가 1만 필이나 있었다. 하지만 지금 병사들은 오직 도보로 행군할 수밖에 없고, 가축은 대부분 죽었다. 예전에는 양식과 고기가 풍족했지만, 지금 병사들은 망아지를 삶고 채소를 캐 먹으며 연명하는 실정이다."

물론 지나친 과장이지만, 동생들의 반란이 야율아보기에게 큰 타격을 준 것은 분명한 사실이다.

그는 유하(榆河)에서 생포한 숙부 야율할저와 이런 대화를 나누었다.

"애초에 짐이 황위를 숙부에게 양보했을 때 숙부는 사양하지 않았는

가. 그런데 이제 와서 어찌하여 내 동생들을 옹립하려고 했소?"

"그때 신은 천자의 존귀함을 알지 못하여 사양하였습니다. 폐하께서 즉위하신 이후 폐하를 호위하는 금위군의 엄정함과 의장(儀仗)의 화려함이 보통 사람들과 크게 다름을 알았습니다. 그래서 신이 폐하에게 아뢸 때마다 딴마음을 품기 시작했습니다. 하지만 폐하께서 너무나 영명하시고 무덕이 뛰어나심을 알고 뜻을 이룰 수 없었습니다. 대신에 나약한 폐하의 동생들을 내세우면 쉽게 뜻한 바를 이룰 수 있다고 생각했습니다. 만약 거사가 성공했다면 신이 어찌 폐하의 동생들을 살려주었겠습니까? 신이 그들을 제거하고 가한의 자리를 차지했겠지요."

야율아보기는 숙부의 솔직한 답변을 듣고 동생들을 돌아보며 말했다.

"너희들은 어찌하여 이런 자의 말을 따랐느냐?"

야율질랄이 대답했다.

"대사를 도모하려면 반드시 이런 자를 이용해야 한다고 생각했습니다. 우리도 성공했으면 숙부를 제거했을 것입니다."

결국 야율할저는 교수형에 처해졌고, 반란에 가담한 300여 명도 형장의 이슬로 사라졌다. 한편 그와 함께 생포된 야율랄갈이 야율아보기 앞으로 끌려왔다.
야율아보기는 동생을 차마 죽이지 못하고 훈계했다.

"너와 나는 수족과 같은데도 네가 역모의 마음을 품었구나. 내가 너를 죽이면 너와 무엇이 다르겠느냐?"

야율랄갈은 곤장을 맞고 감옥에 갇혀 지내다가 석방되었다. 나중에 그는 또 형을 배신하고 후량으로 도망갔다. 후당의 이존욱이 후량을 멸망시킬 때 야율랄갈을 사로잡았다.

이존욱이 그를 호되게 꾸짖었다.

"거란의 살랄아발(撒刺阿撥: 야율랄갈의 다른 이름)은 형을 배반하고 어머니를 버렸으며, 의리를 저버리고 나라를 배신했다. 저잣거리에서 저놈의 일족을 처형해야 한다."

결국 야율랄갈은 아들 새보리(賽保里) 등과 함께 저잣거리에서 머리가 잘리는 형벌을 받았다. 야율질랄·야율인저석·야율안단 등 세 동생은 야율랄갈에게 속아 반란에 가담했다는 것을 참작하여 사면을 받았다.

야율아보기의 동생들이 일으킨 반란을 '동생들의 반란'이라고 칭한다. 이는 거란이 부족 연맹체에서 황제 중심의 봉건 왕조 체제로 전환하는 과정에서 일어난 권력 다툼이었다.

5. 거란을 건국하고 황제로 등극하다

야율아보기가 동생들의 반란을 진압한 후에도, 부족 연맹 부족장들은 여전히 그에게 불만을 품었다. 그들은 가한 직위는 연임할 수는 있어도 종신제는 아니라는 것을 그에게 분명히 밝히고 압력을 가했다. 그는 그들의 요구를 일단 수용할 수밖에 없었다.

가한의 신분과 권위를 상징하는 깃발과 북을 내놓고 말했다.

"내 수하에는 한인들이 아주 많다. 우리는 광활한 초원에서 가축을 방목하는 데 익숙하지만, 한인들은 그렇지 않다. 너희들에게 초원 지역을 할양하고, 나는 한인들을 데리고 그들의 거주지로 가서 정착하고 싶다. 너희들의 의견은 어떠한가?"

그들은 이구동성으로 찬성했다. 이에 야율아보기는 질랄부족과 한인들을 이끌고 남하해 성읍을 건설하고 염지(鹽池)를 개척하여 소금 생산에 박차를 가했다. 예로부터 소금은 철과 함께 국가가 생산과 유통을 독점하던 재정의 근간이었다. 부족장들은 소금을 확보하려면 야율아보기에게 의지할 수밖에 없었다.

이때 술율평이 남편 야율아보기에게 은밀히 말했다.

"소금을 이용하여 부족장들을 일거에 제거하고 황제로 등극하셔야 하옵니다."

915년 말 어느 날 야율아보기가 부족장들에게 사자를 보내 이런 말을 전하게 했다.

"내가 염지를 개척한 덕분에 모든 부족민이 소금을 먹고 있다. 하지만 너희들은 소금의 장점만 알 뿐, 그 주인이 누구인지조차 모르는구나. 어찌 이럴 수 있는가. 마땅히 와서 나를 위로해야 한다."

그의 말이 옳다고 여긴 부족장들은 모두 예물을 들고 와서 야율아보기에게 감사를 표하며 주연에 참석했다. 그들이 만취했을 때 야율아보기는 잠복해 있던 부하들에게 그들을 모조리 죽이게 했다. 그는 즉시 군사를 일으켜 7개 부족을 정벌한 후, 다시 가한으로 추대되었다.

자기에게 반대한 부족장들을 술자리로 유인하여 살해한 일이 거란 역사에서 '염지(鹽池)의 변(變)'으로 기록된 유명한 사건이다. 술율평이 남편을 황제로 만들기 위하여 기획하고 주도했다.

야율아보기가 동생들의 반란을 진압하고 7개 부족을 정벌하는 동안, 거란은 막대한 경제적 손실을 입었다. 물가는 10배나 올랐으며, 말을 타고 다니던 백성들은 전쟁통에 말을 빼앗겨 걸어 다닐 수밖에 없었다.

하지만 야율아보기의 권위에 도전할만한 세력은 완전히 사라졌다. 그는 오원부·육원부·을실부 등 20개 부족을 하나의 거대한 부족 연맹으로 통합하고 자신의 뜻대로 다스렸다.

916년 초 야율아보기는 44세에 정식으로 국가를 세우고 황제로 등극했다. 국호는 '대거란(大契丹)'으로, 연호는 '신책(神册)'으로 정했다. 그리고 신하들의 건의를 받아들여 자신을 대성대명황제(大聖大明皇帝)로, 아내 술율평을 응천대명지황후(應天大明地皇后)로 존칭했으며, 아울러 장남 야율배(耶律倍)를 태자로 책봉했다.

이로써 야율아보기는 유목민의 가한에서 한족 봉건 왕조의 법제를 모방하여 황제로 자리매김했다. 이는 또 그가 하늘의 명령에 따라 중국의 황제로 등극했다는 당위성을 강조한 것이기도 했다.

6. 왕조의 기틀을 다지고 정복 전쟁에 나서다

야율아보기는 황제 중심의 봉건 왕조를 유지하고 발전시키기 위해서는 한족 출신 신하들의 도움이 필요했다. 개국공신 한연휘(韓延徽·882~959)는 원래 대연황제(大燕皇帝)를 자칭한 유수광의 신하였다. 유수광은 한연휘를 거란에 사신으로 파견한 적이 있었다. 한연휘는 야율아보기를 만났을 때 무릎을 꿇고 예의를 갖추지 않았다. 황제의 사신으로서 거란 가한에게 무릎을 꿇는 행위는 예법에 어긋난다고 생각했기 때문이다.

야율아보기는 분노하여 그를 죽이려고 했지만, 사신을 죽였다는 비열한 가한이라는 비난을 피하고자 초원 지대로 쫓아내고 말을 키우게 했다.

어느 날 그의 아내 술율평이 말했다.

"한연휘는 자기가 섬기는 황제에게 지조를 지키려고 예의를 갖추지 않은 것을 보면 현자임이 분명하네요. 어째서 그를 황량한 벌판으로 쫓아내어 말을 키우게 하여 그에게 치욕을 안겨 주십니까? 그를 정중하게 모시고 중용해야 합니다."

야율아보기는 아내의 충고를 듣고 깨달은 바가 있어 한연휘를 조정으로 불러들이고 중용했다. 한연휘는 군사와 행정 분야에 많은 양책(良策)을 내어 황제를 기쁘게 했다.

어느 날 고향을 그리워하는 마음이 생긴 한연휘는 시 한 수를 남기고 후당으로 달아났다. 하지만 후당의 장수 왕함(王緘)과의 불화로 화를 입을까 두려워 고향 유주(幽州)로 달아나 옛 친구 왕덕명(王德明)의 집에 숨어 지냈다.

두 사람은 이런 대화를 나누었다.

"자네는 앞으로 어디로 갈 생각인가?"

"나는 다시 거란으로 돌아갈 거야."

"거란에서 도망쳐 온 자네가 다시 거란으로 가면 목숨을 부지할 수 있겠어?"

"거란 황제는 나를 잃은 것이 마치 양팔을 잃은 것과 같을 거야. 나를 보면 반드시 기뻐할 거야."

얼마 후 한연휘가 다시 거란으로 돌아갔다. 야율아보기가 그에게 돌아온 이유를 물었다.
한연휘가 태연자약하게 대답했다.

"부모를 잊는 것은 불효이며, 군주를 버리는 것은 불충입니다. 비록 몸은 도망쳤으나, 마음은 언제나 폐하에 두고 있었습니다. 그래서 다시 왔습니다."

야율아보기는 크게 기뻐하며 그에게 '갑렬(匣烈)'이라는 이름을 하사했다. 갑렬이란 거란어로 '다시 돌아온 자'라는 뜻이다. 그리고 그를 수정사령과 숭문관대학사로 임명한 후 조정의 대소사를 그와 함께 상의하여 결정했다. 야율아보기가 그를 중용한 것은 한족 지식인들을 포섭하여 봉건 왕조 체제를 완성하고 자신이 명실상부한 중원의 황제가 되고자 했기 때문이다.

한연휘는 거란이 제국으로 발전하기 위해서는 천혜의 요지에 황도(皇都)

를 건설해야 한다고 주장했다. 야율아보기도 진작부터 황도 건설을 생각하고 있었다. 그는 한연휘의 자문을 받아 산을 등지고 강을 끼고 있는 서루읍(西樓邑: 내몽골 파림좌기림·巴林左旗林) 일대를 도성이 자리 잡기에 최적의 장소로 보았다. 게다가 그곳은 수초가 풍부하여 목축에 접합하고 토양이 비옥하여 농경에 알맞았을 뿐만 아니라, 야율씨 씨족의 발상지이기도 했다.

하지만 다른 부족장들은 야율아보기가 자신의 세력 근거지에 도성을 건설하려는 시도에 불만을 품었다. 야율아보기와 한연휘는 기발한 방법으로 그들을 설득하기로 결정했다.

어느 날 야율아보기는 신하와 부족장들에게 특별한 의례나 결단의 순간에만 사용하는 특수한 화살인 '금착전(金鏃箭)'으로 점을 쳐서 도성 위치를 정하겠다고 선포했다. 말하자면 말을 타고 달리면서 화살을 쏘아 화살이 떨어진 곳에 도성을 건설하겠다는 것이었다.

이윽고 야율아보기가 말에 올라 전속력으로 달려 나갔으며, 문무 대신들도 뒤를 따랐다. 그가 서루읍에서 멀지 않은 곳에 이르렀을 때 거대한 활로 금착전을 쏘았다. 화살이 떨어진 곳은 바로 그가 원하던 서루읍이었다.

이렇게 도성의 위치가 결정되자 야율아보기는 신책 3년(918)에 한족 출신 신하 강묵기(康默記)를 판축사로 임명하고 화살이 떨어진 곳을 중심으로 도성 건설을 시작하라는 조서를 내렸다. 마침내 황하(潢河: 내몽골자치구 적봉·赤峯을 흐르는 하천) 유역에 황도(皇都: 938년에 상경·上京으로 개칭함)가 들어섰다.

훗날 『요사』는 이 행적을 "금착전 한 발이 이백 년 왕업을 열었으니 참으로 장하고 대단하다."고 평가했다.

이듬해 8월 그는 황도에 지은 공자묘(孔子廟)를 참배했으며 황후와 태자에게 궁성의 불교 사찰과 도교 사원을 별도로 참배하게 했다. 피지배민족인 한족이 숭상하는 유교·불교·도교 등 삼교를 거란인도 존중하겠다는 표현이었을 뿐만 아니라, 한족의 반발을 무마하기 위한 조치이기도 했다.

원래 거란인은 문자가 없는 야만인이었다. 야율아보기의 동생 야율질랄은 회흘어(回紇語)에 능통했다. 일찍이 야율아보기는 동생에게 회흘 문자를 참고하여 거란 문자(거란 소자·小字)를 만들게 했다. 그 후 거란인은 문자 생활을 했으나 글자 숫자가 너무 적어 불편했다. 신책 5년(920) 야율아보기는 신하들에게 거란 문자를 보완하게 했다. 야율돌려부(耶律突呂不) 등은 한자를 참고하여 '거란 대자(大字)'를 만들었다.

이듬해 5월 야율아보기는 신하들에게 거란 최초의 법전인 결옥법(決獄法)을 제정하고 관작의 서열을 확정하게 했다. 또 이전 시대에 활약한 충신들이 황제에게 직언하는 모습을 그린 『초간도(招諫圖)』를 각 지방의 관서에 걸어놓게 하고 지방 관리들이 수시로 직언할 수 있게 했다. 그리고 지방 관리들에게 1년에 네 번 백성들의 고충을 조사하고 해결하도록 명령했다.

당시 거란은 질랄부를 중심으로 하는 북부(北府)와 을실부를 중심으로 하는 남부(南府)의 양대 부족 집단으로 형성되어 있었다. 야율아보기는 양대 부족 집단을 효과적으로 통치하기 위하여 북부재상과 남부재상 관직을 신설했다. 그의 동생과 종친들이 양부(兩府)의 재상 관직을 맡아 그를 보필했다. 그리고 전국 각지에 절도사·초토사·방어사 등 지방관을 파견하여 군사와 행정을 담당하게 했다.

한지고·한연휘·강묵기 등 한족 출신 관료들은 야율아보기를 보좌하여 거란이 봉건 왕조의 기틀을 다지는 데 결정적 역할을 했다. 그들은 한인들에게 '한간(漢奸)'이라는 거센 비난을 받았지만, 야율아보기의 인품과 능력에 감복하여 견마지로의 공을 아끼지 않았다.

야율아보기는 거란족뿐만 아니라 북방의 한족도 자기 백성으로 삼은 후에 중국 천하를 통일하고자 하는 원대한 포부를 펼치기 시작했다. 이른바 "위로는 하늘의 명령을 받들고, 아래로는 천하의 백성들을 다스린다."

라는 사명감을 가지고 사방으로 정복 전쟁에 나서기 시작했다.

당시 중원 지방은 당나라가 멸망하고 후량·후당·후진·후한·후주 등 5개 왕조가 각축을 벌인 오대(五代·907~960)의 혼란기였다.

북방의 강자로 떠오른 야율아보기는 신책 원년(916) 8월에 30만(호칭 100만) 대군을 동원하여 남침을 단행했다. 삭주(朔州: 산서성 삭현·朔縣)를 함락하고 진(晉) 지방의 진무절도사 이사본(李嗣本)을 생포했다. 같은 해 11월 무주(武州)·울주(蔚州)·규주(嬀州)·유주(儒州) 등 사주(四州: 하북성과 북경 일대)를 공략한 후, 대북(代北: 산서성 북부 및 하북성 서북부 지역)에서 하곡(河曲: 산서성 흔주·忻州)에 이르기까지 그리고 음산(陰山: 내몽골 중부에 있는 산)을 넘어 진격하여 광활한 지역을 차지했다.

신책 7년(922) 야율아보기는 연호를 천찬(天贊)으로 바꾸고 하북 지방을 집중적으로 공략했다. 천찬 3년(924) 7월 장남이자 태자인 야율배(耶律倍)에게 감국(監國)하게 하고, 둘째아들 야율덕광(耶律德光) 등을 데리고 서정에 나섰다.

거란군은 고단우국(古單于國: 몽골 울란바토르 부근)을 공략한 후 고회골성(固回鶻城: 몽골 악이혼하·鄂爾渾河 상류에 위치)에서 회골, 대식 등 국가에서 보낸 조공품을 받았다. 같은 해 10월 거란군은 유사(流沙: 고비사막 동쪽)를 지나 부도성(浮圖城: 신강성 기태현·奇台縣 서북쪽)을 공격하여 서북부 지역의 여러 부족을 정복했다. 이듬해 2월 야율아보기는 야율덕광에게 당항족(黨項族) 등 서북부 지역의 여러 부족을 정벌하게 했다.

천찬 4년(925) 야율아보기가 조서를 내렸다.

"이른바 두 가지 큰일 가운데 한 가지는 이미 끝났다. 오직 발해(渤海·698~926)만이 대대로 내려오는 원수인데 아직 설욕하지 못했다. 어찌 우리가 발해를 정벌하지 않고서 편안하게 지낼 수 있겠는가."

그가 말한 '두 가지 큰일 가운데 한 가지'는 서정이다. 서정을 통하여 이미 서북부 지역을 점령했으므로 이제 동쪽으로 진격하여 발해를 멸망시키겠다는 결심이었다.

같은 해 12월 그는 황후·태자·둘째아들 등 황족 그리고 정사령 한지고, 이리필 강묵기, 좌복사 한연휘 등 대신들을 거느리고 동정에 나서서 부여성(扶餘城: 길림성 사평·四平)을 포위했으며, 이듬해 1월에 부여성을 함락했다. 거란군은 발해의 수도 홀한성(忽汗城: 상경·上京 용천부·龍泉府)을 향해 진격했다.

발해의 제15대 국왕 대인찬(大諲撰)이 군대를 파견하여 거란군의 진격을 저지하게 했다. 야율안단(耶律安端), 아고지(阿古知) 등이 발해군을 섬멸했다. 대인찬은 포위되어 3일을 버티다가 성문을 열고 투항했다.

고구려의 장군 출신인 대조영(大祚榮·?~719)이 698년에 고구려의 유민 세력과 말갈족을 통합하여 건국한 발해(대조영이 건국할 당시의 국명은 진·震)는 한때 '해동성국(海東盛國)'이라는 칭송을 들었을 정도로 문명국이었는데 역대 15명의 왕, 종묘사직을 유지한 지 228년 만에 거란의 야율아보기에게 망했다.

천찬 5년(926) 야율아보기는 발해를 멸망시킨 기념으로 연호를 천현(天顯)으로 바꾸고 대사면을 반포했다. 그리고 발해를 동거란의 의미를 지닌 동란국(東丹國)으로, 홀한성을 천복성(天福城)으로 개칭했다. 또 태자 야율배를 동란왕(東丹王)으로 책봉하고 인왕황(人王皇)으로 불렀다.

야율아보기는 서정과 동벌을 성공적으로 완수함으로써 오늘날의 몽골, 중국의 동북 삼성, 연해주 등 광활한 지역을 다스렸다. 그의 최종 목표는 중원 지방으로 진출하여 명실상부한 중국의 황제가 되는 것이었다.

하지만 그는 천현 원년(926) 7월에 발해를 정복하고 황도로 돌아가는 도중에 부여성에서 향년 54세, 재위 10년 만에 붕어했다. 그의 시호는 승천천황(昇天天皇), 묘호는 태조(太祖)이다.

야율아보기는 한자를 쓰고 한문을 이해했으며 한족 왕조의 흥망성쇠에 관하여 어느 정도 식견이 있었다. 그는 한나라를 건국한 유방(劉邦)을 존경하여 한때 이름을 유억(劉億)이라고 칭한 적이 있었다고 한다.

그리고 유방의 수하에 소하(蕭何)라는 책사가 있었음을 너무 부러워한 나머지 이런 말을 했다고 한다.

"나는 유방이 아니지만 소하 같은 신하를 얻고 싶다."

야율아보기는 모계의 성씨를 소씨(蘇氏)로 개명하게 했다. 그 후 요나라의 외척 성씨가 이런 이유로 소씨가 되었다고 한다. 이러한 일화를 통하여 그가 한족 문명을 얼마나 동경했는지 짐작할 수 있다.

야율아보기는 거란이 부족 연맹에서 벗어나 황제 국가로 발전하는 데 결정적인 역할을 한 군주이다. 원래 거란족은 중국 북방의 초원과 산림 지대에 흩어져 살면서 목축과 수렵으로 생계를 이어간 소수 민족에 불과했지만, 야율아보기라는 위대한 지도자에 의하여 중원 지방의 한족 왕조와 어깨를 나란히 할 수 있었다.

야율아보기는 단순히 싸움만 잘하는 군주는 아니었으며, 법제와 문치의 중요성을 알고 있었다. 그리고 국가를 다스리는 데에는 무엇보다도 인재가 가장 중요하다는 사실을 깨닫고 한족 출신 지식인들을 적극적으로 포섭하여 활용했다. 한지고·한연휘·강묵기 등 한족 출신 관료들은 야율아보기의 신임을 받고 부족 연맹체였던 거란을 봉건 국가로 발전시켰다.

야율아보기가 활동했던 시대는 우리나라의 후삼국(892~936)에 해당한다. 왕건(王建·877~943)이 918년에 고려를 건국한 직후에 거란에 사신을 보내 우호 관계를 맺음으로써 북방의 안정을 도모했다. 야율아보기도 922

년에 고려에 낙타·말·모직물 등 예물을 보냈다. 왕건은 또 925년과 926년에 두 차례 사신을 파견했다.

당시 신생 국가였던 고려는 북방의 강국으로 떠오른 거란의 세력을 인정하고 교류하지 않을 수 없었을 것이다. 신라, 일본 등 국가도 거란에 사신을 파견한 것을 감안하면, 동북아시아에서 거란의 위상이 어떠했는지 짐작할 수 있다.

원나라 시대에 중서우승상 톡토아(1314~1356) 등이 편찬한 『요사(遼史)』는 야율아보기를 이렇게 평가했다.

"태조(야율아보기)는 가한의 선양으로 마침내 국가를 세웠다. 동쪽을 정벌하고 서쪽을 토벌함이 마치 마른 나무를 꺾고 썩은 나무를 뽑듯이 쉬웠다. 그는 동쪽으로는 바다부터 서쪽으로는 고비 사막 동쪽에 이르렀고 북쪽으로는 광활한 사막을 넘었으니, 그 위엄이 일만 리에 퍼졌다. 요나라 이백 년 역사가 어찌 하루아침에 이루어졌겠는가. 옛날에 주공(周公)이 관숙(管叔)과 채숙(蔡叔)을 처벌한 것을 누구도 비난하지 않았다. 태조가 반란을 일으킨 야율랄갈과 야율안단을 살려주고 다시 등용한 것은, 군주의 너그러운 품격을 드러낸 것이 아니겠는가?"

2

요 태종 야율덕광

1 • 성장 과정과 황위 계승
2 • 후당을 멸망시키고 석경당을 꼭두각시 황제로 삼다
3 • 후진을 멸망시키고 국호를 대요로 바꾸다
4 • 중원 한족의 반발을 제압하지 못하고 북방으로 철수하다

요 태종 야율덕광

1. 성장 과정과 황위 계승

야율아보기와 그의 정실부인 술율평 사이에는 장남 야율배(耶律倍·899~937), 차남 야율덕광(耶律德光·902~947), 삼남 야율리호(耶律李胡·911~960) 등 세 아들이 있었다.

야율배는 성품이 인자하고 영리했으며 독서를 좋아했다. 어렸을 때부터 거란 문자와 한자를 공부하여 글을 잘 지었으며 서화에도 뛰어났다.

그런데 그는 여느 거란인과는 다르게 말을 타고 사냥을 하는 일을 좋아하지 않았으며, 한족의 고상한 선비처럼 학문과 예술에 심취해 있었다. 한족 문명에 동화된 야율아보기는 그런 장남을 무척 총애하여 태자로 책봉했을 뿐만 아니라, 발해를 멸망시키고 동란국을 세웠을 때에도 동란왕으로 책봉하여 태자에게 국가를 다스리는 경험을 쌓게 했다.

차남 야율덕광도 친형 못지않게 재능이 탁월했다. 특히 친형과는 다르게 영웅호걸의 기질을 타고나 어렸을 적부터 무예를 익히고 용맹이 뛰어났다. 그는 전형적인 문무겸전의 인재였다. 야율아보기는 원정을 떠날 때마다 둘째아들을 데리고 갔다. 야율덕광은 언제나 선봉에 서서 승리를 이끌었다. 야율아보기는 둘째아들의 무용에 감탄하여 그를 칭찬한 적이 한두 번이 아니었다.

신책 2년(917) 야율덕광이 아버지의 명령을 받들어 타타르 등 유목민이 일으킨 반란을 진압했다. 야율아보기는 둘째아들에 대하여 "덕광은 어리지만, 그 지혜는 이미 장군의 기상을 갖추었다고."라고 높이 평가했다.

천찬 원년(922) 야율덕광은 약관의 나이인 20세에 천하병마대원수에 임명되었다. 이듬해 그는 어명을 받들어 평주(平州: 하북성 노룡현·盧龍縣)를 함락하고 후당의 장수 조사온(趙思溫)과 장숭(張崇)을 사로잡았다. 훗날 조사온은 거란군의 한군도단련사로 임용되어 발해를 멸망시키는 데 혁혁한 전공을 세웠다.

야율덕광은 회군하는 도중에 전관산(箭館山) 일대에서 거주하는 해족(奚族)의 일파인 호손해(胡遜奚)를 격파하자 주변 부족들이 모두 투항했다. 그가 유주(幽州: 북경 일대)에서 주둔할 때 후진의 명장 부존심(符存審)이 유주 남쪽을 공격했다. 그는 부존심을 격퇴하고 그의 부하 장수 배신(裴信) 등 수십 명을 생포했다.

그 후에도 그는 부친 야율아보기를 따라 우궐리(于厥里) 부족들을 격파하고 하연(河堧)의 당항족을 평정했다. 그리고 산서(山西) 지방의 여러 진(鎭)을 점령하고 회흘의 선우성(單于城)을 함락했다.

천찬 4년(925) 야율아보기가 발해 정벌을 결심했을 때 아들들에게 원정 전략을 물었다. 장남 야율배는 유교의 인의(仁義)로 발해를 복종시켜야 한다고 주장했다. 반면에 야율덕광은 기병으로 신속히 발해의 수도 홀한성을 점령한 후 발해 귀족들을 회유하여 발해를 정복하자는 전략을 주장했다. 야율아보기는 두 아들의 주장을 듣고 "배는 학문이 깊지만, 덕광은 실전의 귀재이다."라고 평가했다.

야율덕광은 아버지와 함께 동쪽으로는 발해를 평정하고 달로고부(達盧古部)를 무너뜨렸다. 야율아보기는 둘째아들의 혁혁한 전공을 높이 평가했다. 군사에 관한 일은 모두 둘째아들이 관장하게 했을 정도로 그를 신임했다.

야율덕광은 아버지는 말할 것도 없고 생모 술율평 황후에게도 지극한 효성을 보였다. 생모가 병이 나서 누워있으면 곁에서 밤낮을 가리지 않고 간병했으며, 식사를 제대로 하지 못하면 절대 밥을 먹지 않았다.

삼남 야율리호는 힘이 장사이며 용감무쌍했는데 성격이 난폭하고 잔인하기 그지없었다. 타고난 재능이 두 형에게 크게 미치지 못했지만 술율평의 사랑을 독차지했다.

술율평은 남편을 황제로 만든 여걸이었다. 남편이 위기에 몰릴 때마다 계책을 내어 남편을 구했다. 그녀가 사전에 기획하고 주도한 '염지(鹽池)의 변(變)'이 대표적이다. 그런데 그녀는 유달리 막내아들을 편애했다.

거란, 몽골 등 유목 민족은 막내아들이 부모의 재산과 가업을 물려받는 전통이 있다. 장남은 일찍 독립해 가문을 떠나지만, 막내는 부모가 세상을 떠날 때까지 곁에서 모시면서 가업을 이어야 한다는 관념이다. "어린 아들이 부뚜막을 지킨다."라는 이른바 '유자수조(幼子守竈)'이다.

하지만 야율아보기는 한족 왕조에서 적장자가 후계자가 되는 전통과 법률을 참고하여 장남을 태자로 책봉했다. 술율평은 남편의 결정에 이의를 제기하지 않았지만, 속내는 막내아들이 후계자가 되기를 바랐다.

천현 원년(926) 7월 야율아보기가 발해를 정복하고 황도로 돌아가는 도중에 부여성에서 급사했다. 술율평과 장수들은 운구를 모시고 황도로 돌아왔다. 당시 야율배는 동란국에 있었으며, 야율덕광은 발해의 유민들이 일으킨 반란을 진압하고 있었다. 술율평은 섭정을 맡아 군권을 장악하고 두 아들에게 명령을 내려 황도로 돌아오게 했다.

술율평은 막내아들을 새로운 황제로 옹립하고 싶었지만, 그의 나이가 어리고 성격이 난폭한 게 문제였다. 장남과 차남 중에서 선택할 수밖에 없었다. 한족 문명에 동화되어 문약해진 장남보다는 문무를 겸비하고 거란족의 관습과 이익을 옹호하는 차남을 옹립하기로 결심했다.

하지만 황후의 국정 개입을 반대한 대신, 장수들이 그녀의 결정에 강하게 반발했다. 남원(南院)의 이르킨 야율질리(耶律迭里)는 제위(帝位)는 요 태조 야율아보기의 유조를 받들어 적장자가 계승해야 이치에 맞는다고 주장했다. 그의 주장에 동조하는 신하들이 적지 않았다.

술율평은 먼저 황궁의 금위군을 장악하고 야율질리에게 모반의 혐의를 씌워 감옥에 가둔 후 불로 달군 인두로 몸을 지지는 고문을 가했다. 야율질리가 끝까지 저항하자 그를 살해하고 가산을 몰수했다.

술율평은 그를 따르는 신하들에게 말했다.

"너희들은 선황제(야율아보기)를 그리워하는가?"

"저희는 선황제에게 하해와 같은 성은을 입었습니다. 한평생 성은에 보답하려고 해도 부족함이 있는데 어찌 그리워하지 않겠습니까?"

"너희들이 정말로 그렇게 생각한다면 선황제를 따라 가거라."

당시 거란은 아직도 야만적인 순장(殉葬) 풍습이 남아 있었다. 술율평은 말을 마치자마자 순장을 구실로 금위군에게 그들을 살해하게 했다. 야율아보기가 발해를 정복하는 데 전공을 세운 한군도단련사 조사온도 순장을 당할 위기에 처했다.

술율평이 그에게 말했다.

"너는 선황제의 가장 가까운 측근이 아니냐. 어찌 아직도 선황제를 따라가지 않았느냐?"

"황태후보다 선황제와 가까운 사람은 아무도 없습니다. 황태후께서 먼저 가시면, 저도 따라가겠습니다."

"나도 죽어서 지하에 계신 선황제를 모시고 싶다. 하지만 아들들이 아직 어리고 국가에 주인이 없기 때문에 당장 죽을 수 없을 뿐이다."

술율평은 갑자기 칼로 자신의 오른 팔목을 절단했다. 그리고 측근에게 잘려 피범벅이 된 오른손을 남편의 관에 넣고 매장하게 했다. 신체의 일부를 순장함으로써 남편에 대한 정절과 거란의 관습을 동시에 지킨 것이다.

그 모습을 지켜본 귀족, 대신들은 기겁했다. 그녀가 얼마나 무섭고 잔인하며 인내심과 권력욕이 강한 여자인지 알게 된 그들은 그녀에게 복종하지 않을 수 없었다. 그녀는 조사온을 살려주었고 더 이상 반대파 인사들을 살해하지 않았지만, 이 사건을 통하여 권력을 확실하게 장악했다.

그 후 그녀는 '단완태후(斷腕太后)'라는 별명을 얻었으며, 조야의 인사들은 그녀가 팔목을 자른 곳에 의절사(義節寺)를 짓고 단완루(斷腕樓)와 기념비를 세웠다.

술율평은 황도로 돌아온 장남과 차남에게 각자 말을 타고 서 있게 한 후 부족장들에게 말했다.

"나는 두 아들을 똑같이 사랑하기 때문에, 어느 아들을 추대해야 할지 모르겠구나. 너희들은 황제로 추대하고 싶은 내 아들의 말고삐를 잡아라."

부족장들은 너 나 할 것 없이 차남 야율덕광에게 달려가 말고삐를 잡았다. 이미 술율평이 야율덕광에게 마음을 두고 있음을 간파했기 때문이다. 야율배도 어머니의 뜻이 동생에게 있음을 알아차리고 말했다.

"대원수(야율덕광)의 공훈과 인덕은 사람과 귀신에게 두루 미쳤으며, 나라 안팎의 백성들은 모두 그에게 복종했습니다. 따라서 대원수가 사직의 주인이 되어야 합니다."

천현 2년(927) 11월 야율덕광은 25세 때 시책례를 통하여 제2대 황제로 추대되었다. 존호는 사성황제(嗣聖皇帝), 묘호는 태종(太宗)이다. 술율평은 응천황태후(應天皇太后)로 추존되었으며, 그녀의 생일을 영녕절(永寧節)로 정했다. 요 태종의 정실부인 소온(蕭溫)도 황후로 책봉되었다.
새로운 황제가 등극하면 연호를 바꾸는 것이 관례였지만, 요 태종과 응천황태후는 야율아보기의 업적을 흠모하고 계승하는 마음으로 바꾸지 않았다.

2. 후당을 멸망시키고 석경당을 꼭두각시 황제로 삼다

한편 야율아보기의 장남이자 동란왕인 야율배는 어머니 술율평의 결정에 마지못해 동조했지만, 적장자로서 황위를 계승하지 못한 울분을 품었다. 요 태종도 친형이 딴마음을 품지 않을까 두려워하여 동란국의 세력을 약화시키는 일에 몰두했다. 두 사람 사이의 갈등이 날로 격화되었다.

천현 3년(928) 요 태종은 동란국의 동평군(東平郡)을 요나라의 남경(南京: 요령성 요양·遼陽)으로 승격시키고, 동란국의 도성 천복성(天福城)의 주민들을 강제로 동평군으로 이주하게 했다. 야율배의 세력을 약화시키기 위한 조치였다. 그는 또 모후의 총애를 받고 있는 막내아우 야율리호를 중용함으로써 야율배를 견제했다.

당시 거란의 강적은 낙양을 도성으로 삼고 중원 지역에서 세력을 떨친 후당(923~936)이었다. 천현 5년(930) 정월 후당을 정벌하라는 어명을 받든 야율리호는 운중(雲中: 산서성 대동·大同), 환주(寰州: 산서성 삭주·朔州) 등 성읍을 공략하고 개선했다. 요 태종은 야율리호의 전공을 인정하고 모후의 권고를 받아들여 그를 황태제(皇太弟)로 책봉하고 천하병마대원수에 임명했다. 그 후 요 태종이 친히 원정을 떠날 때면 황태제가 항상 황도를 지켰다.

한편 후당의 명종(明宗) 이사원(李嗣源)은 야율배가 동란국에서 요 태종의 핍박을 받으며 우울하게 지낸다는 첩보를 입수했다. 요 태종을 견제하기 위하여 야율배에게 사신을 보내 후당으로 오면 극진하게 대우하겠노라 약속했다.

천현 5년(930) 야율배는 측근 40여 명을 이끌고 발해만을 건너서 후당으로 들어가고자 했다.

떠나기 전에 동생 요 태종에게 이런 말을 했다.

"나는 천하를 주상에게 양보하였는데도 나를 의심하는 무리가 아직도 있소. 차라리 다른 나라로 가서 오태백(吳太伯)처럼 살고 싶소."

오태백은 상(商)나라 말기에 주(周) 부족의 추장 공단보(公亶父) 희단(姬亶)

의 장남인 희태(姬泰)이다. 희단은 지위를 막내아들 계력(季曆)과 그의 아들 희창(姬昌: 훗날의 주문왕·周文王)에게 물려주려고 했다. 희태는 아버지의 뜻을 받들어 권력을 양보하고 머나먼 강남 지방으로 떠나 오(吳)나라의 시조가 되었다.

야율배는 이 아주 오래된 고사를 꺼내 자신은 동생 요 태종의 절대 권력에 도전할 생각이 없으며 다른 나라로 가서 조용히 살고 싶다는 뜻을 밝힌 것이다.

요 태종의 측근들은 야율배를 죽여 후환을 없애야 한다고 했지만, 요 태종은 "형님은 원래 딴마음을 품은 적이 없으니 의심하지 말라."고 말했다.

같은 해 11월 야율배는 측근들과 함께 배를 타고 떠나기 전에 「해상시(海上詩)」한 수를 남겼다.

"작은 산이 큰 산을 누르니 큰 산은 힘을 다 잃었다네. 고향 사람들을 부끄럽게 마주하니 이제 외국으로 떠난다네."

'작은 산'은 동생 야율덕광을, '큰 산'은 자신을, '외국'은 후당을 지칭한다. 동생에게 핍박을 받고 후당으로 망명하는 슬픔을 표현했다.

이사원은 그를 천자의 의례로 맞이하고, 그에게 동단(東丹)이라는 성(姓)과 중국 문명을 흠모한다는 뜻을 가진 모화(慕華)라는 이름을 하사한 후 회화군절도사에 임명했다. 그 후 그는 또 야율배에게 이씨(李氏) 성과 중화 문명을 찬양한다는 뜻을 가진 찬화(贊華)라는 이름을 하사했다. 야율배는 절도사, 관찰사 등 관직에 제수되었지만, 실권도 없이 지내다가 후당의 마지막 황제 이종가에게 피살되었다.

후당 장흥(長興) 4년(933) 이사원이 사망한 후 그의 아들 송왕 이종후(李從

厚·914~934)가 황위를 계승했다. 그가 후당의 제3대 황제 민제(閔帝)이다. 후당 응순(應順) 원년(934) 관중 평원 서부에 위치한 봉상(鳳翔)에서 반란을 일으킨 노왕 이종가(李從珂·885~936)가 낙양(洛陽)을 점령하고 황제를 칭했다. 이종후는 재위 5개월 만에 악왕으로 격하된 후 20세 때 피살되었다.

이종가는 명종 이사원의 사위이자 성덕절도사 석경당(石敬瑭·892~942)이 반란을 일으키지 않을까 두려웠다. 후당 청태(淸泰) 3년(936) 그는 석경당을 천평군절도사로 좌천시키고 부임지 천평군(天平軍: 산동성 운성현·鄆城縣)으로 떠나게 했다.

황제의 의도를 알아차린 석경당은 장서기 상유한(桑維翰), 마보군도지휘사 유지원(劉知遠) 등 측근들과 함께 강대국 거란 세력을 끌어들여 후당을 멸망시키고 새로운 왕조를 세우려고 모반을 꾸몄다. 그는 상유한에게 표문(表文)을 지어 나이가 자기보다 열 살 아래인 요 태종에게 보내게 했다.

그 핵심 내용은 석경당이 자신을 거란의 신하로 칭하고 요 태종을 아버지로 섬기겠으니 거란군을 파견해달라는 간청이었다. 그리고 거란군과 함께 후당을 멸망시킨 후에는 노룡(盧龍) 지역과 안문관(雁門關) 이북의 여러 주(州)를 거란에 할양하겠다는 약속이었다.

유지원은 표문의 내용이 지나치게 굴욕적이며 불리하다고 여겨 석경당에게 충고했다.

"머리를 조아리고 신하를 칭하는 것은 할 수 있는 일이오. 하지만 거란 군주를 아버지로 모시겠다는 약속은 너무 지나친 얘기요. 많은 금은과 재물로 매수하면 그가 원병을 보내줄 수 있을 것이오. 그에게 토지를 할양하면 훗날 엄청난 후환이 될 것이오. 그때 가서 후회한들 소용이 없을 것이오."

하지만 석경당은 거란의 도움을 받아 황제가 되겠다는 생각에 눈이 멀어 그의 충고를 거절했다.

요 태종은 석경당이 자진해 아들이 되겠다고 청하고 주현을 바치겠다는 말을 사신을 통해 들었다.

그는 후당을 멸망시킬 절호의 기회로 보고 흥분을 감추지 못하며 어머니 술율평 태후에게 말했다.

"최근에 석랑(石郞)이 아들에게 사신을 보내온 꿈을 꾸었어요. 과연 오늘 사신이 왔네요. 하늘의 뜻이 아닌가 합니다."

천현 11년(936) 그는 친히 5만 기병을 이끌고 진양(晉陽)·상당(上黨)·낙양(洛陽) 등을 공략했다. 후당의 마지막 황제 이종가는 낙양성이 함락되자 분신자살했다.

석경당은 요 태종이 진양 등 성읍을 연이어 점령했다는 소식을 듣고 어떻게 그처럼 신속하게 대승을 거둘 수 있었냐고 물었다.

요 태종의 대답은 이러했다.

"처음 내가 북방에서 군대를 이끌고 왔을 때 후당이 반드시 안문(雁門) 등 전략적 요충지를 막고 험준한 곳에 복병을 배치하여 우리 군대의 진격을 저지할 것으로 생각했다. 하지만 정찰병을 보내 확인해 보니 그런 조치가 하나도 없었다. 그래서 우리는 막힘없이 깊숙이 진군할 수 있었고, 이에 대업이 반드시 이루어질 수 있다는 확신이 들었다. 양군이 교전을 벌이기 시작했을 때 우리 군대의 사기는 한창 오르고 있었던 반면에, 저들은 이미 위축되어 있었다. 이때를 놓치지 않고 신속하게 공격하지 않는다면, 전쟁이 장기화되어 승패를 예측하기 어려웠을 것이다. 이것이 내가 신속히 결전을 벌여 승리한 이유이며, 공격하는 자는 피곤하고 수비하는 자는 지리적 장점을 살려 여유가 있다는 일반적인 논리로 평가할 수 없는 전략이다."

석경당은 요 태종이 후당의 허점을 간파하고 신속하게 평정한 것에 탄복하지 않을 수 없었다.

요 태종은 또 석경당에게 이런 말을 했다.

"나는 너를 구원하고자 3,000리를 멀다 않고 여기까지 왔는데 반드시 성공할 것이다. 너의 풍모와 식견을 살펴보니 중원의 군주다운 기상이 있구나. 나는 너를 중원의 천자로 세우겠다."

같은 해 11월 요 태종은 석경당에게 대진(大晉)을 건국하게 하고, 그를 대진황제(大晉皇帝)로 책봉했다. 석경당이 요 태종의 도움을 받아 세운 왕조를 후진(後晉·936~947)이라고 한다. 요 태종은 석경당이 꼭두각시 황제로 즉위할 때 자기가 입고 있던 용포를 벗어 친히 그에게 입혀주었다. 거란이 황제 국가로서 최초로 중원 지역을 기반으로 건국한 왕조를 속국으로 거느리는 상징적 모습이었다.

석경당은 자신을 황제로 만들어 준 요 태종의 은혜에 감읍했다. 요 태종을 '아버지 황제'로, 자신을 '아들 황제'로 칭하며 거란을 받들었다. 그는 또 해마다 비단 30만 필을 거란에 바치고, 연운 16주를 할양하겠다고 약속했다.

연운 16주는 오늘날의 북경, 천진, 산서성 북부, 하북성 일대에 걸쳐 있던 유주(幽州)·계주(薊州)·탁주(涿州) 등 16개 주를 지칭한다. 이 지역은 만리장성의 남쪽에 위치하는데 중원 왕조의 북방 방어선 역할을 하는 전략적 요충지일 뿐만 아니라, 농업·목축업·상업 등도 대단히 발전했다.

예로부터 북방의 유목 세력은 이 지역을 끊임없이 침략하여 중원으로 진출하고자 했다. 반면에 중원의 역대 왕조는 "연운(燕雲)을 빼앗기면 중원(中原)을 빼앗긴다."는 강박 관념에 시달렸을 정도로, 이 지역의 전략적 가치를 중시하고 확보에 사활을 걸었다. 이 지역이 북방 유목 민족의 수중에 들어가면, 중원의 한족은 막대한 피해를 입었다. 하지만 석경당은 이른바 '아황제(兒皇帝: 어린아이 황제)'가 되기 위하여 이 지역을 거란에게 할양하고자 한 것이다.

요 태종은 후당을 멸망시키고 석경당을 후진의 개국 황제이자 꼭두각시 황제로 삼은 후에 황도로 돌아왔다. 천현 13년(938) 그는 천하에 대사면을 반포하고 연호를 회동(會同)으로 바꾸었다. 같은 해 석경당은 약속대로 연운 16주를 거란에 할양했다. 그는 요 태종을 아버지로 모시고 복종했지만, 연운 16주를 전략적 요충지로 삼은 요 태종은 중원 침략의 야망을 결코 포기하지 않았다.

3. 후진을 멸망시키고 국호를 대요로 바꾸다

천현 13년(938) 요 태종은 황도를 상경(上京) 임황부(臨潢府)로, 유주(幽州)를 남경(南京) 유도부(幽都府)로, 남경동평군(南京東平郡)을 동경(東京) 요양부(遼陽府)로 개칭하여, 삼경(三京) 체제의 도성을 확립함으로써 제국의 기틀을 다졌다.

그는 또 거란의 제도로 거란인을 통치하고 한족의 제도로 한족을 통치한다는 원칙을 세우고, 북면관제(北面官制)와 남면관제(南面官制)로 이원화된 행정 제도를 운영했다.

대체적으로 거란 귀족들이 북면관이 되어 거란의 전통적인 제도와 관습에 의거하여 거란인을 다스렸다. 그들이 업무를 보는 관서가 황제의 처소 북쪽에 있었으므로 그런 관명을 얻었다. 북면관들이 사실상 거란의 지배 세력이었다.

반면에 한족 출신 인사들이 남면관이 되어 한족의 전통적인 행정 제도를 운용함으로써 한인들을 다스렸다. 이 남북면관 제도는 유목 민족인 거란인과 농경 민족인 한족 사이의 생활 양식과 문화적 차이로 인한 모순과 갈등을 완화하는 데 일정한 역할을 했다.

후진 천복(天福) 7년(942) 아황제 석경당이 향년 50세를 일기로 세상을 떠났다. 석경당은 임종 직전에 자기를 가장 많이 닮은 일곱째아들 석중예(石重睿·938~950)에게 황위를 계승하라는 유언을 남겼다. 하지만 당시 금위군을 장악한 시위친군도지휘사 경연광(景延廣)이 재상 풍도(馮道)와 짜고 석중예가 너무 어리다는 것을 이유로 그를 배제하고, 석경당의 조카이자 양아들인 석중귀(石重貴·914~974)를 제2대 황제로 추대했다. 석중귀가 후진 출제(出帝)이다.

석중귀는 즉위 직후 경연광의 공로를 인정하여 그를 동평장사 겸 시위마보도지휘사로 임명했다. 그런데 조정 대신들은 거란에 새 황제가 즉위했음을 알리는 국서를 보낼 때 거란 황제의 비위를 맞추기 위하여 '신하'를 칭하자고 주장했다.

석중귀는 석경당이 스스로 요 태종의 아들을 칭했기 때문에, 거란과의 마찰을 피하기 위하여 요 태종의 손자와 신하로서 거란을 섬기고 싶었다.

하지만 조정의 권력과 군권을 장악한 경연광은 평소에 후진이 거란의 속국 노릇을 하는 일을 치욕으로 여겼다. 그는 대신들의 의견을 무시하고 석중귀를 설득하여 거란에 신하를 칭하지 않고 '손자'를 칭하는 국서를 보냈다. 후진의 태도에 진노한 요 태종은 후진에 여러 차례 사신을 보내 석중귀를 꾸짖었다.

경연광은 거란 사신 교영(喬榮)을 맞아 이렇게 경고했다.

"선황제(석경당)는 북조(거란)가 옹립했지만, 지금의 천자(석중귀)는 중국이 스스로 추대했소. 손자라고 칭할 수는 있어도, 신하라고는 칭할 수 없소. 게다가 우리 진나라에는 날카로운 장검이 10만 자루나 있소. 할아버지(야율덕광)가 싸우고 싶으면 언제든지 쳐들어와도 좋소. 나중에 손자(석중귀)를 제대로 다스리지 못해 천하의 웃음거리가 될 것이오."

장검이 10만 자루나 있고, 싸움을 원한다면 싸울 준비가 되어있다는 경연광의 말에 깜짝 놀란 교영은 서둘러 귀국하여 요 태종에게 사실대로 아뢰었다.

석중귀의 처사에 진노한 요 태종은 후진을 멸망시킬 절호의 기회가 왔다고 판단했다. 회동 6년(943) 12월 요 태종은 유주절도사 조연수(趙延壽) 등 장수들에게 먼저 남침을 단행하게 한 후, 자신도 정예병 10만여 명을 거느리고 친정에 나섰다. 거란군의 남침 소식을 접한 석중귀는 하북도와 하남도의 절도사, 장군들을 도성 변량(汴梁: 하남성 개봉)으로 불러들이고 방어 전략을 수립하게 했다.

회동 7년(944) 2월 거란군과 후진군은 황하 유역의 척성(戚城)과 전주(澶州) 일대에서 일진일퇴의 치열한 공방전을 거듭했다. 거란군은 후진군의 강력한 반격을 받아 황하를 건너 변량을 함락하는 데 실패하고 황하 북안으로 철수하는 수밖에 없었다. 양국 간에 벌어진 제1차 교전은 후진군의 승리로 끝났다.

회동 8년(945) 정월 상주(相州: 하남성 안양·安陽) 부근의 유림점(榆林店)에서 벌어진 전투에서도 거란군이 패배하여 물러났다. 같은 해 3월 또 요 태종이 거느린 거란군이 양성(陽城: 산서성 양성현)의 백단위촌(白團衛村)에서 후진군에게 궤멸당했다.

요 태종은 어가를 버리고 가까스로 낙타를 타고 유주로 달아났다. 이 제2차 교전은 거란군의 사기를 크게 떨어뜨렸다. 한편 석중귀는 거란 황제의 침략을 격퇴하였다는 자부심에 도취하여 교만에 빠지기 시작했다.

당시 후진의 국력은 거란에 비해 현저하게 약했는데도, 석중귀는 경연광의 말만 듣고 북벌을 단행하여 거란에게 빼앗긴 땅을 수복하려고 했다. 회동 9년(946) 가을 거란의 유주절도사 조연수와 영주자사 유연조(劉延祚)가 후진에 거짓으로 투항했다. 석중귀는 흥분하여 진위를 파악하지도 않고 북면행영토초사 두중위(杜重威)에게 20만 대군을 거느리고 북상하여 투항한 거란군과 합류하게 했다.

영주(瀛洲: 하남성 하간·河間)로 진격한 두중위는 부하 장수 양한장(梁漢璋)의 군대가 거란군의 위계에 걸려들어 전멸을 당했다는 소식을 듣고 남쪽 항주(恒州)의 호타하(滹沱河)로 철군했다.

요 태종이 지휘한 거란군과 두중위의 후진군은 호타하를 사이에 두고 보름 동안 대치했다. 요 태종은 후진군의 군량이 떨어졌다는 첩보를 입수하고 포위 공격과 심리 전술을 병행하여 두중위가 거느린 주력군의 투항을 이끌어냈다.

두중위가 투항했다는 소식은 후진군의 전의를 상실하게 했다. 회동 9년(946) 겨울 거란군은 마침내 변량성을 대파했다. 강경파 경연광은 스스로 목을 졸라 자살했다. 석중귀는 황궁이 불길에 휩싸이자 불구덩이로 뛰어들어 자살하려고 했으나 측근의 제지로 실패했다. 마침 요 태종이 이태후(李太后: 석경당의 황후)에게 서찰을 보내 투항하면 황실의 안전을 보장하겠다고 약속했다.

이태후의 충고를 받아들인 석중귀는 한림학사 범질(範質)에게 거란에 투항을 원한다는 표문(表文)을 짓게 했다.

"황제 폐하의 신하이자 손자가 되는 중귀는 재앙이 닥치니 정신이 혼미하고, 국운이 다하니 하늘이 우리나라를 버렸습니다. 지금 신은 태후, 아내 풍씨(馮氏)와 함께 온 족속을 결박하고 처벌을 기다리고 있습니다. 연후(延煦)와 연보(延寶), 두 아들을 보내 국새를 바치겠으며 황제 폐하를 영접할 준비를 하고 있겠습니다."

거란에 투항한 장수 장언택(張彦澤)은 석중귀 등 황실 귀족들의 신병을 확보하고 요 태종이 변량에 오기를 기다렸다. 석중귀는 이황태후와 함께 변량 교외로 나가서 요 태종을 영접하기를 희망했다.

요 태종은 "어찌 두 천자가 길거리에서 서로 만날 수 있겠는가."라고 말하며 영접을 사양했다. 나라를 망친 군주에 대한 최소한의 배려였다.

그리고 사촌 아우 마답(麻荅)을 석중귀에게 보내 이런 말을 전하게 했다.

"손자(석중귀)는 너무 걱정하지 마라. 내가 너에게 먹고 살 수 있는 토지를 하사하겠다."

석중귀는 성은에 감격하는 표문을 올렸다. 회동 10년(947) 정월 변량성에 입성한 요 태종은 숭원전(崇元殿)에서 한족 왕조의 황제가 즉위식을 거행하는 의례에 의거하여 중원의 황제로 등극하였음을 만방에 선포했다. 거란족뿐만 아니라, 한족의 문무백관도 그에게 신하의 예의를 갖추고 그가 만백성의 주인이 되었음을 축하했다.

요 태종은 중원의 황제로 등극한 직후에 국호를 '대요(大遼)'로 정했다. 일반적으로 새로운 왕조가 건국되면 체제 안정과 민족 간의 대통합을 위하여 대사면을 반포하는 것이 관례였다. 따라서 요 태종도 서둘러 대사면을 반포하고 연호를 모두 함께 번영을 누리고 평화롭게 산다는 의미를 지닌 '대동(大同)'으로 바꾸었다.

이로써 후진은 건국한 지 11년 만에 망했다. 아울러 오랜 세월 동안 한족에게 야만족 취급을 당하고 소수 민족에 불과했던 거란족이 마침내 중원 지방을 차지하고 요나라를 건국했다.

한편 망국의 군주 석중귀는 광록대부·검교태위·부의후(負義侯: 의리를 저버린 제후) 등 관작을 하사받았지만, 허수아비로 전락하여 발해의 옛 땅 황룡부(黃龍府: 길림성 농안현·農安縣)에서 거주했다. 요 태종이 세상을 떠난 후, 요 경종 야율현 시대인 보녕(保寧) 6년(974)에 석중귀 일족은 건주(建州: 요령성 조양·朝陽)로 추방되었다.

그는 약간의 하사받은 토지에 집을 짓고 농사를 지으며 살았다. 얼마 후 요 태종의 장남 수안왕 야율경이 석중귀의 애첩 조씨(趙氏)와 섭씨(聶氏)를 빼앗아가자 울분을 참지 못하고 향년 60세를 일기로 죽었다.

4. 중원 한족의 반발을 제압하지 못하고 북방으로 철수하다

요 태종은 후진을 멸망시킨 후에 중원에 거주하는 한족에게 자비를 베풀지 않았다. 이를테면 그는 요나라 관병들에게 말을 키우는 데 필요한 마초 등 먹이를 공급하지 않고 민가를 약탈하여 해결하게 했다. 이에 관병들은 마을을 급습하여 닥치는 대로 마초, 곡식 등을 빼앗았는데 그러한 행위를 '타초곡(打草穀)'이라고 불렀다.

그는 또 병사들의 노고를 위로한다는 명목으로 한족 백성의 재물을 강제로 징수해 민심을 크게 잃었다.

후진의 고위 관리들은 요 태종이 자신들의 관작을 박탈하지 않겠다는 약속을 믿고 투항했다. 하지만 요 태종은 그들을 믿지 않았으며 파면한 후 자신의 자제, 친척 등에게 고위직을 차지하게 했다.

요 태종의 중원 통치가 시작된 지 채 3개월이 되기 전에, 중원 각지에서 요나라의 가혹한 통치에 저항하는 반란이 일어났다. 후진 출신 지방 장관들은 분노한 민중을 이끌고 요나라 관리들의 처소를 습격하여 그들을 살해했다. 요 태종은 항복한 한족 출신의 장수들을 파견하여 반란군을 토벌하게 했다. 하지만 그들은 오히려 요나라에 반기를 들고 반란군에 가담했다.

왕경(王瓊)은 전주(澶州: 하남성 복양·濮陽)에서 반란을 일으켜 요나라 장수 야율랑오(耶律郞五)를 포위 공격하였고, 동방에서 일어난 반란군은 송주(宋州)·박주(亳州)·밀주(密州) 등 3주를 공략했다.

반란군의 공세에 놀란 요 태종은 소한(蕭翰)을 선무군절도사로 임명하여 변량(汴梁: 하남성 개봉)을 지키게 하고 북상을 준비했다. 그는 후진의 관리·장수·궁녀·기술자 등 수천 명을 거느리고 변량을 떠나 북상하는 도중 상주(相州: 하남성 안양·安陽)를 지났다. 그런데 상주를 지키고 있던 장수 양휘(梁暉)가 투항과 배신을 반복하면서 요 태종의 북상을 저지했다.

양휘의 배신에 격노한 요 태종은 상주성을 공격하여 함락했다. 성안에서 대학살을 자행하여 10만여 명을 죽였다. 중원 지방의 한인들이 자기에게 저항한 분풀이였다.

당시 하동절도사 유지원은 중원 지방이 무주공산이 되자 황제가 되고자 하는 야망을 품었다. 회동 10년(947) 2월 그는 진양(晉陽: 산서성 태원·太原)에서 황제를 칭했는데 국명과 연호를 정하지 않고 후진의 개국 황제 석경당시대의 연호인 천복(天福)을 그대로 사용했다. 망한 후진 장수들의 지지를 얻고자 하는 속셈이었다.

같은 해 6월 그는 국호를 한(漢)으로 정했다. 그가 건국한 한나라를 후

한(後漢·947~950)이라고 한다.

유지원은 948년 정월에 연호를 건우(乾祐)로 바꾸고 이름을 유고(劉暠)로 개명한 직후에 사망했다. 그의 둘째아들 유승우(劉承祐·931~950)가 황위를 계승했는데 한 은제(漢隱帝)이다. 건우 3년(950) 그는 반란을 일으킨 천웅군 절도사 곽위(郭威·904~954)에게 피살되었다.

이로써 후한은 개국한 지 3년 만에 망했으며, 곽위는 주나라의 개국 황제가 되었다. 곽위가 건국한 주나라를 후주(後周·951~960)라고 한다.

한편 요 태종은 요나라군을 이끌고 여양진(黎陽津: 하남성 준현·浚縣)에서 황하를 건널 때 측근들에게 중원 지방을 통치하는 데 세 가지 실책을 범했다고 말했다.

"짐은 이번 출행에서 세 가지 실책을 범했구나. 병사들에게 중원에 사는 백성들의 마초(馬草)와 곡식을 멋대로 약탈하게 한 것이 첫 번째 실책이다. 백성들의 재물을 긁어모은 것이 두 번째 실책이다. 절도사들을 중원의 각 지방에 서둘러 파견하여 현지 백성들을 다스리지 않은 것이 세 번째 실책이다."

요 태종은 중원의 황제로 등극했지만 중원 백성들을 약탈의 대상으로 삼은 실책을 범했기 때문에, 결국은 중원 지방을 포기하고 북방으로 후퇴할 수밖에 없는 아쉬움을 드러냈다. 그는 중원 백성들의 민심을 얻지 못했지만, 중국의 북방 지역을 통일했으며 제국 요나라를 건국하고 기틀을 다지는 위업을 이루었다.

대동 원년(947) 5월 그는 병사들을 이끌고 북상하는 도중에 난성(欒城: 하북성 난성현·欒城縣)에서 재위 20년, 향년 45세를 일기로 병사했다.

그는 마음이 열린 군주였다. 회동 5년(942) 직언을 하는 선비를 널리 구한다는 조서를 내렸다. 야율해사(耶律海思)라는 18세의 젊은이가 허름한 양가죽 옷을 입고 소를 타고 궁궐로 왔다.

담당 관리가 물었다.

"너는 무슨 일로 왔느냐?"

야율해사가 대답했다.

"폐하께서 직언하는 선비를 구하신다는 얘기를 듣고 왔소. 제가 가난하고 어리다는 이유로 만나주시지 않는 것이 아니라면, 폐하에게 직언하는 관리로 임용되고 싶소."

관리의 말을 전해들은 요 태종은 마침 사냥을 나갈 채비를 갖추고 있었기에 이런 말을 전하게 했다.

"내가 사냥을 마치고 돌아오면 그 젊은이를 만나겠으니 기다리라고 해라."

야율해사가 말했다.

"신은 폐하께서 급히 현자를 구하신다는 얘기를 듣고 왔을 뿐입니다. 하지만 폐하께서는 한가하게 사냥을 나가신다고 하니, 이제 신은 돌아가겠습니다."

요 태종은 그가 어리지만 보통 인물이 아님을 알아차리고 즉시 그를 불러 치국(治國)의 도(道)에 대하여 물었다. 이윽고 또 명왕 야율안단(耶律安端)과 대신 야율파덕(耶律頗德)에게 야율해사의 재능을 시험해보게 했다.

며칠 후 두 사람이 아뢰었다.

"해사의 재능은 신들이 도저히 미치지 못할 바입니다."

요 태종이 야율해사를 다시 불러 물어보았다.

"너와 대화를 나눈 자들은 어떤 사람이더냐?"

야율해사가 대답했다.

"안단은 말을 하는 데 조리가 없어 마치 빈 수레가 가파른 비탈길을 달리는 것과 같으며, 파덕은 가죽신을 신고 넓은 들판을 다니며 능에(새의 이름)를 사냥하는 것과 같습니다."

안단은 말만 앞서고 실속이 없는 자이며, 파덕은 매사에 준비를 철저히 하는 자라는 뜻이다. 요 태종은 그의 정확한 답변에 너털웃음을 지었다. 즉시 야율해사를 선휘사로 발탁하여 여러 가지 일을 맡겼다. 또 그가 가난하게 살고 있는 것을 알고 금기(金器)를 하사했는데 그는 그것을 친척들에게 나누어 주었다. 훗날 그는 요 태종을 따라 후진 정벌에 참전해 많은 전공을 세웠다.

요 태종이 신하의 직언을 구하지 않고 인재를 아끼지 않았다면, 야율해사는 자신의 포부를 평생 펴지 못한 채 초야에서 은거했을 것이다.

당나라가 멸망한 후 중국은 오대십국(五代十國·907~979)의 혼란기에 접어든다. 송나라가 중국을 통일할 때까지 15개 왕조가 중원과 장강 이남 지역에서 70여 년 동안 나타났다 사라지기를 반복할 때, 요나라는 요 태조 야율아보기와 요 태종 야율덕광, 두 영웅의 탁월한 지도력에 의하여 유목민 소수 민족의 한계를 넘어 오늘날의 몽골, 중국의 북경과 동북 삼성, 러시아의 시베리아와 연해주, 한반도 북부 지방 등 엄청나게 넓은 영토를 다스리는 대제국으로 발전했다.

『요사』는 요 태종을 이렇게 평가했다.

"태종은 전국을 평정하고 나라 안의 민심을 하나로 사로잡았다. 국호를 결정하고 전장(典章)을 갖추었으며, 여러 방면에 걸친 정사(政事)에 대해서는, 명분과 실리를 살피고 형사 사건을 정확하게 심사하여 억울한 자가 없게 하였으며, 농사와 베를 짜는 법을 가르치며 홀아비와 과부를 보살폈다. 그리고 직언하는 선비를 널리 구하여 낭군 야율해사를 얻어 선휘사로 발탁했다. 또 후당의 장경달(張敬達)이 그 군주에게 충성을 다하고 죽은 것을 칭찬하고 예법으로 장례를 치러주었다."

"태종은 유람과 사냥을 멈추고 절제·근면·신중 등 삼극(三克)의 깨끗함을 받아들였으며, 병사들의 고생을 걱정하여 휴식하라는 어명을 내렸다. 후진을 친히 정벌할 때는 석중귀로 하여금 스스로 죄를 인정하고 항복하게 하였다. 이는 태종이 위엄과 인덕을 갖추고 뛰어난 전략과 지혜를 가진 영웅임을 알 수 있게 한다. 변량에 입성한 후에도 조금도 오만하지 않고 자신의 잘못을 인정하는 세 가지 실책을 교훈으로 남겼다. 『좌전(左傳)』은 춘추 시대에 활약한 정나라의 군주 정 장공(鄭莊公)이 승리를 겸손하게 처리하는 지혜를 발휘했다고 칭찬했다. 또 『서경(書經)』의 「진서(秦

誓)는 진 목공(秦穆公)이 과오를 뉘우치는 능력을 보였다고 기록했다. 태종은 정 장공과 진 목공의 장점을 겸비했으니 참으로 탁월한 군주라고 평가할 수 있다."

3

요 세종 야율완

1 • 성장 과정과 황위 계승
2 • '횡도의 맹약'으로 단완태후의 반발을 무마하다
3 • 연이어 일어난 귀족들의 반란을 제압하다
4 • 화신전의 반란: 남정 도중에 피살되다

제3장

요 세종 야율완

1. 성장 과정과 황위 계승

요 태종 야율덕광이 천하병마대원수였을 때 모후 술율평의 이복오빠 소실로(蕭室魯)의 딸, 소온(蕭溫·?~935)을 정실부인으로 맞이했다. 야율덕광은 지혜롭고 아름다운 아내를 무척 사랑하여 원정을 떠나거나 사냥을 나갈 때도 언제나 그녀를 데리고 다녔다. 야율덕광이 황제로 추대된 후 그녀도 황후로 책봉되었다.

소황후는 천현 6년(931)에 요 태종의 장남 야율경(耶律璟·931~969)을 낳았다. 그런데 천현 9년(934)에 차남 야율엄살갈(耶律罨撒葛·934~972)을 낳은 직후 출산 후유증으로 이듬해에 사망했다. 아내를 잃은 슬픔에 빠진 요 태종은 친히 황후의 공덕을 찬양하는 애책문(哀册文)을 짓고 그녀를 창덕황후로 추증했다.

요 태종에게는 이 두 아들 이외에도 궁녀 소씨(蕭氏)가 낳은 셋째아들 야율천덕(耶律天德·?~948)과 넷째아들 야율적렬(耶律敵烈·?~979)이 있었다.

대동 원년(947) 5월 요 태종이 북상하는 도중에 난성에서 갑자기 병사했다.

당시 요 태종의 친동생 야율리호와 요 태종의 장남 야율경이 황위 계승의 물망에 올랐다. 한족 왕조처럼 적장자 계승의 원칙을 적용하면 야율경이 황제로 추대되어야 했다. 하지만 요 태종이 세상을 떠나기 전부터, 막후에서 막강한 권력을 휘두르고 있던 단완태후 술율평은 용감무쌍한 셋째아들 야율리호를 염두에 두고 있었다.

천현 5년(930) 요 태종은 모후의 권고에 따라 야율리호를 황태제로 책봉하고 그에게 천하병마대원수 관직을 하사함으로써 자신의 후계자로 인정했다. 이듬해 장남 야율경이 태어나고 성장했지만, 장남을 태자로 책봉하지 않았다. 모후가 총애하는 황태제를 배제할 자신이 없었기 때문이다.

하지만 야율리호는 성품이 너무나 잔인했다. 조금이라도 화가 나면 사람의 얼굴에 묵형(墨刑)을 가하거나 사람을 물속이나 불구덩이에 던지는 등 잔혹한 행위를 망설임 없이 자행했다. 요 태종이 난성에서 유언을 남기지 않고 세상을 떠났을 때 수안왕 야율경, 황태제 야율리호, 단완태후 술율평 등 세 사람은 상경 임황부에 있었기 때문에 황제의 붕어 소식을 즉시 접하지 못했다.

당시 요 태종을 추종하던 남원대왕 야율후(耶律吼)와 북원대왕 야율와(耶律洼)는 단완태후와 야율리호가 얼마나 잔인한 인물인지 잘 알고 있었다. 야율리호가 단완태후에 의해 황제로 추대되면 자기들을 모조리 살해하지 않을까 두려웠다.

야율후와 야율와가 은밀히 여러 장수들을 불러 말했다.

"황제의 옥좌는 하루라도 비어 있으면 안 되오. 만약 태후(술율평)에게 누구를 황제로 추대해야 하는지 결정하게 한다면, 태후는 반드시 야율리호를 추대할 것이오. 야율리호는 포악하고 잔인한 인물이니 어찌 천하를 다스릴 수 있겠소?"

장수들 모두 두 사람의 의견에 동조했다. 이에 두 사람은 마침 요 태종을 수행하고 있던 영강왕 야율완(耶律阮·917~951)에게 가서 그를 황제로 추대하겠다는 뜻을 밝혔다.

야율완은 요 태조 야율아보기의 적장손이자 동란왕 야율배의 적장자이다. 혈통을 따지면 그가 황실의 적통이므로 황위를 계승해도 문제될 것이 없었다. 더구나 그는 인품이 중후하고 남에게 베푸는 일을 좋아했을 뿐만 아니라, 마술(馬術)과 궁술(弓術)에도 능하여 사람들의 신망을 얻었다. 그래서 야율후와 야율와가 그를 황제로 추대하고자 한 것이다.

하지만 야율완은 자신의 조모인 단완태후가 숙부 야율리호를 차기 황제로 내정했다는 사실을 진작부터 알고 있었기 때문에 감히 나서지 못했다. 만약 자기가 추대되면 조모, 숙부와의 골육상쟁을 피할 수 없는 상황이었다. 그는 종실이자 영강왕의 숙위인 야율안단(耶律安摶: 야율아보기의 막내아우 야율안단·耶律安端과 한자 발음이 같음)에게 어떻게 해야 할지 물었다.

그런데 야율안단의 아버지 야율질리(耶律迭里)가 요태조 사후에 요태조의 적장자인 동란왕 야율배가 황위를 계승해야 한다고 주장하다가 단완태후에게 미움을 받아 살해된 적이 있었다.

평소에 단완태후에게 적개심을 품고 있던 야율안단은 요 태종이 서거한 직후에 황실의 적통인 영강왕이 황위를 계승해야 한다고 생각했다.

그의 대답은 이러했다.

"대왕(야율완)께서는 지혜롭고 도량이 넓을 뿐만 아니라 인황왕(人皇王: 야율배)의 적장자이기도 합니다. 선황제(요 태종)에게는 수안왕(야율경)이 있지만, 천하의 민심은 이미 대왕에게 기울었습니다. 지금 결단을 내리지 않으면 후회막급일 것입니다."

야율안단은 또 남원대왕과 북원대왕을 만나 야율완을 추대할 계책을 의논했다. 북원대왕은 단완태후에게 아뢰지 않고 야율완을 추대하면 그녀의 반발을 사지 않을까 두려워했다.

야율안단이 단호하게 말했다.

"북원대왕은 선황제(요 태종)께서 영강왕(야율완)을 태자로 책봉하려는 생각을 가지고 있었음을 진작부터 알고 있었소. 그래서 영강왕을 황제로 추대하려는데 또 무슨 망설일 필요가 있겠소? 더구나 영강왕은 현명하며, 민심은 이미 그에게 기울었소. 지금 하루라도 빨리 천하를 안정시켜야 하오. 만약 선황제께서 붕어했다는 소식을 태후(술율평)에게 아뢰면, 태후는 반드시 야율리호를 황제로 추대할 것이오. 저잣거리의 백성들도 야율리호가 잔인하고 난폭한 인물임을 알고 있소. 그가 황위를 계승하면 장차 종묘사직은 어떻게 되겠소?"

남원대왕이 말했다.

"당신의 말은 지극히 옳소."

이윽고 야율안단과 두 대왕은 의기투합하여 야율완을 추대하기로 결정하고 포고문을 내렸다.

"영강왕은 대성대명신열천황제(大聖大明神烈天皇帝: 요태조 야율아보기)의 적손이자 인황왕의 장남이며 태후의 총애를 독차지하고 천하 백성들의 마음을 얻었으므로 중경(中京)에서 황제로 등극한다."

그들은 또 "만약 복종하지 않는 자가 있으면 군법으로 다스리겠다."라는 군령을 내리기도 했다. 마침내 영강왕 야율완은 30세 때 중경의 진양(鎭陽: 하북성 난성·欒城 북쪽)에 임시로 안치해 놓은 요 태종의 영구 앞에서 황제로 등극했다. 그가 제3대 황제 요 세종(遼世宗)이다. 그는 즉위 직후에 후진에서 얻은 후당의 궁녀 출신 견씨(甄氏)를 황후로 책봉했다. 견황후는 요나라 역사에서 유일한 한족 출신 황후이다.

2. '횡도의 맹약'으로 단완태후의 반발을 무마하다

요 세종 야율완이 안국군절도사 마답(麻荅)을 중경유수로 임명하고 중경을 지키게 한 후 계속 북상하여 정주(定州: 하북성 정현·定縣)에 이르렀을 때, 먼저 단완태후와 숙부 야율리호의 반응을 살피고자 요 태종의 셋째아들 야율천덕(耶律天德·?~948: 생모는 후궁 소씨·蕭氏) 등에게 요 태종의 운구를 상경임황부로 호송하게 했다.

단완태후는 손자가 자신의 허락도 없이 황제로 등극했다는 얘기를 듣고 진노했다. 손자가 황제를 참칭한 반역자라고 성토하고 당시 천하병마대원수였던 막내아들 야율리호에게 군대를 이끌고 남하하여 손자를 토벌하게 했다.

야율리호는 북상하는 야율완의 군대와 싸웠는데 참패를 당하고 돌아왔다. 난폭한 성격 때문에 군심을 얻지 못한 것이 결정적 패인이었다.

단완태후는 야율리호를 호되게 꾸짖고 친히 군대를 이끌고 손자를 정벌할 결심을 했다. 얼마 후 그녀와 야율완은 상경성 밖의 황하(潢河: 내몽골 적봉·赤峰을 흐르는 강)를 사이에 두고 대치했다. 할머니와 손자 사이에 금방이라도 대결전이 일어날 것만 같은 일촉즉발의 긴장감이 감돌았다.

이윽고 단완태후의 군영에서 장졸들이 이탈하고 군기가 문란해지기 시작했다. 시간이 흐를수록 그녀가 직접 조직한 친위대인 속산군(屬珊軍) 이외에는, 그녀의 군령을 따르는 군대가 없었다. 더구나 그녀를 배신하고 야율완 진영으로 달아난 관리들도 적지 않았다.

재상 적로(敵魯)의 아들이자 요 세종의 매부(妹夫)인 소한(蕭翰)이 단완태후를 배신하고 야율완을 지지하고 나섰다.

분위기가 심상치 않게 돌아가고 있음을 감지한 단완태후가 소한에게 측근을 보내 물었다.

"너는 무슨 원한을 품었기에 나를 배신했느냐?"

소한이 대답했다.

"신의 어머니는 아무런 죄도 없었는데 태후가 그녀를 죽였소. 신이 어찌 원한을 품지 않을 수 있겠소?"

소한은 단완태후가 요 태종 야율덕광을 추대하면서 반대파 인사들을 숙청했을 때 자신의 어머니도 무고하게 희생된 일을 들추어냈다. 야율완을 지지하는 종실·장군·관리 등은 그녀와 야율리호의 폭정에 피해를 당하거나 반감을 품은 자들이었다. 그들의 가족은 대부분 상경성에 거주하고 있었다.

야율리호는 야율완을 지지하는 자들의 가족을 잡아들여 인질로 삼고 결전을 벌이고자 했다. 만약 패배하면 그들을 모조리 살해할 계획이었다. 할머니와 손자가 골육상쟁을 벌이면 부자, 형제지간에도 피바람이 불 것이라는 공포심이 대치하고 있는 양군의 군영에 퍼졌다.

야율옥질(耶律屋質·915~973)은 박학다식하고 천문에 밝은 종실 대신이다. 대척은사(大惕隱司: 황족의 정교·政敎를 관장하는 관서)의 장관직인 척은(惕隱)을 맡아 황족 간의 갈등을 조정했다. 황실과 조정에서 그를 존경하고 따르는 자들이 적지 않았다. 그는 단완태후를 모시고 있으면서 거란인들끼리 싸우면 종묘사직이 무너질지도 모른다는 두려움을 느꼈다.

단완태후와 야율완 사이에서 중재에 나서기로 결심하고 단완태후에게 아뢰었다.

"야율리호와 영강왕(야율완)은 모두 태조(야율아보기)의 자손입니다. 황위가 다른 종족에게 넘어가지 않았는데도 어찌하여 영강왕은 황위를 계승할 자격이 없다고 생각하십니까? 태후께서는 사직의 안정과 국가의 번영을 위한 계책을 내시어 영강왕과 화의하셔야 합니다."

단완태후도 손자와의 이전투구가 백성들의 비난을 살 게 분명했기 때문에 화의 요청을 받아들이고 말했다.

"그렇다면 누구를 사자로 보내야겠는가?"

"태후께서 신(臣)을 의심하지 않으시면 신이 가겠습니다. 만약 영강왕이 신을 접견하여 태후의 뜻을 전해 듣는다면, 이는 종묘사직의 홍복이 될 것입니다."

이윽고 야율옥질은 야율완 진영으로 들어가 단완태후의 서찰을 전해 주었다. 야율완도 선휘사 야율해사(耶律海思)에게 답신을 보내게 했는데 그 것의 내용이 불손했다.

야율옥질이 야율완에게 간했다.

"서찰의 내용이 이처럼 불손하면 국가의 환난을 종식할 수 없습니다. 원한을 풀고 종묘사직을 안정시키는 일에는 화해보다 좋은 것은 없다고 신은 생각합니다."

야율완이 말했다.

"저들은 오합지졸인데 어찌 나의 적수가 되겠는가?"

거란인의 민심을 얻었고 전황이 자기에게 유리하게 전개되고 있음을 확신한 야율완은 자신의 할머니조차도 적으로 간주하고 굴복시키려고 했다.

야율옥질이 다급하게 말했다.

"저들이 패배한다고 해도, 대왕께서는 어떻게 골육상잔의 책임에서 벗어나실 수 있겠습니까? 하물며 지금 어느 편이 승리할지 모르는 상황입니다. 설령 대왕께서 승리하신다고 해도, 야율리호에게 인질로 잡혀있는 신하들의 가족은 모조리 살해될 것입니다. 이런 일을 고려하면 화해가 최선의 방책입니다."

두 사람의 대화를 듣고 있던 신하들은 대경실색했다. 자칫하다간 그들의 가족이 몰살될 수 있다는 두려움 때문이었다.

야율완은 잠시 깊은 생각에 잠긴 후 입을 열었다.

"어떻게 하면 화의를 이룰 수 있겠소?"

"태후를 만나시어 서로 품었던 원한을 해소하셔야 합니다. 화해하는 일은 어렵지 않습니다. 화해하지 못하면 조만간에 대결전이 벌어질 것입니다."

한편 단완태후는 대세가 이미 손자에게 기운 것을 감지하고 야울리호를 불러 말했다.

"야율완과 끝까지 싸우면 너와 나, 모두 포로가 될 것이니 화해하는 게 좋겠다."

얼마 후 야율옥질의 적극적인 중재 덕분에, 할머니와 손자는 서로 만나 담판을 벌이기 시작했다. 두 사람은 야율옥질을 사이에 두고 자신만의 입장을 고수한 채 격렬한 언쟁을 벌였다.

단완태후가 야율옥질에게 벌컥 화를 내며 말했다.

"네가 나를 위해 담판을 공정하게 주관하라."

야율옥질이 말했다.

"태후와 대왕께서 서로 원한을 해소하겠다고 약속하시면 신이 감히 말씀드리겠습니다."

"좋소. 말해 보시오."

"애초에 태조(야율아보기)의 장남인 인황왕(야율배)이 태자로 책봉되었는데 태후께서는 어찌하여 태자를 배제하고 둘째아들(요 태종)을 황제로 추대하셨습니까?"

"태조 황제의 유지를 받들어 결정했지, 내가 독단으로 한 것이 아니오."

사실은 단완태후가 결정했는데 그렇게 핑계를 댔을 뿐이다.

야율옥질이 요 세종을 돌아보며 말했다.

"대왕께서는 어찌하여 태후의 동의를 구하지 않고 멋대로 즉위했습니까?"

요 세종이 화를 내며 대답했다.

"원래 나의 아버지 인황왕이 황위를 계승해야 이치에 맞는데 이 할머니 때문에 계승하지 못했소. 그래서 내가 말하지 않고 등극하였소.

야율옥질은 두 사람의 말을 듣고 정색하며 말했다.

"인황왕은 부모의 나라를 버리고 다른 나라로 갔습니다. 세상에 이런 아들이 어디 있습니까? 대왕은 태후를 보고도 조금도 부끄러워하지 않고 오히려 원한만 품고 있습니다. 태후께서는 사사로운 마음과 편애로 선황제의 유지를 빙자해 황위를 마음대로 넘기고 지금까지도 그 잘못을 인정하지 않습니다. 이렇게 해서 두 분이 어떻게 화해할 수 있겠습니까? 차라리 당장 전쟁을 시작하시지요."

야율옥질의 단호한 태도에 놀란 단완태후는 눈물을 흘리며 말했다.

"예전에 태조께서 동생들의 반란을 진압하느라 천하가 크게 혼란했소. 지금도 상처가 아물지 않았는데 내가 어찌 황위 계승 문제로 국가를 혼란에 빠뜨릴 수 있겠소?"

요 세종은 할머니의 누그러진 태도를 보고 입장을 밝혔다.

"선친께서는 태자 신분으로 국주의 자리를 잃었지만 전쟁을 벌이지는 않았소, 지금 내가 어찌 선친이 하지 않은 일을 할 수 있겠는가."

두 사람은 마침내 화의를 이루었지만 야율리호가 반발했다.

"내가 버젓이 살아있는데 어찌 올욕(兀欲: 야율완의 별칭)이 황위를 계승할 수 있느냐?"

야율옥질이 그에게 말했다.

"종실의 법도에 의하면 황위는 적장자에게 계승되지 동생에게 계승되지 않소. 당시 태조의 둘째아들인 요 태종이 적장자인 인황왕을 대신해 황제로 등극했을 때 문무를 겸비했음에도 사람들은 비난을 멈추지 않아 큰 소동이 일어났지요. 하물며 폭력적이고 잔인해 인심을 얻지 못한 당신이 황위를 요구한다면 사람들의 원망이 어느 정도이겠습니까? 지금 사람들은 모두 영강왕을 지지하고 있소. 이는 돌이킬 수 없는 대세이오."

당시 야율리호는 워낙 인심을 잃어 그를 따르는 자들이 거의 없었기 때문에 허수아비나 다름이 없었다.

득실을 따져 현실을 직시할 수밖에 없었던 단완태후는 야율리호에게 탄식하며 말했다.

"비록 내가 너를 다른 아들보다 더 사랑하지만, 속담에 '귀하게 자란 자식은 가문의 업적을 유지하지 못하며, 힘들게 얻은 명문가 출신 아내는 집안을 제대로 주관하지 못한다.'라는 말이 있구나. 지금 내가 너를 세우지 않으려는 것이 아니라, 네가 능력과 인망이 부족해 스스로를 증명하지 못했기 때문이다."

마침내 단완태후는 요 세종 야율완을 제3대 황제로 추인했다. 황하(潢河)를 사이에 두고 양 진영 간에 화의를 맺고 야율완을 황제로 추대한 사건을 이른바 '횡도(橫渡)의 맹약'이라고 칭한다.

정말로 이때 야율옥질의 적극적인 중재가 없었다면, 요나라는 파국을 맞이했을 것이다. 그 후 그는 군사와 행정을 총괄하는 우월이 되어 요 세종·요 목종·요 경종 3조(朝)에 걸쳐 황제에 버금가는 권력을 행사했다.

보녕(保寧) 5년(973) 그가 58세를 일기로 세상을 떠났을 때 요 경종은 3

일 동안 조회를 열지 않고 그의 죽음을 추도했다.

3. 연이어 일어난 귀족들의 반란을 제압하다

대동 원년(947) 윤칠월(閏七月) 요 세종이 마침내 상경성에 입성했다. 입성 직후에 친어머니 소씨(蕭氏)를 황태후로 추존했다. 그리고 자기를 황제로 추대하는 데 공훈을 세운 야율안단에게는 요 태종의 개인 궁위(宮衛)인 숭덕궁(崇德宮) 민호(民戶) 가운데 100호(戶)를, 야율후와 야율와에게는 각각 50호를 하사했다. 같은 해 9월 16일 그는 30세 때 정식으로 시책례를 통하여 천수황제(天授皇帝)로 등극했다. 이윽고 천하에 대사면을 반포하고 연호 대동을 천록(天祿)으로 바꿈으로써 자신의 통치 시대가 열렸음을 만방에 선포했다. 아울러 이미 세상을 떠난 친아버지 동란왕 야율배를 양국황제(讓國皇帝)로 추존하고 묘호를 의종(義宗)으로 정했다.

요 세종의 이러한 일련의 정치적 조치는 황위 계승의 정당성을 확보하고 통치 기반을 강화하기 위한 목적에서 비롯되었다. 그는 중원의 한족 문명을 동경했으며 한족 왕조의 황제처럼 천하를 다스리고 싶었다.

이에 따라 한족 출신의 관료와 장수들이 중용되자, 요 세종을 추대한 거란 귀족들 사이에서 황제에 대한 불만이 팽배해지기 시작했다.

특히 단완태후와 야율리호는 요 세종의 세력에 굴복하여 어쩔 수 없이 그를 황제로 추인했을 뿐이지, 마음속으로는 여전히 불만을 품고 있었다.

야율리호는 조카 요 세종에게 황위를 빼앗긴 울분을 어머니 단완태후에게 자주 토로하기도 했다. 그는 단완태후의 비호 아래 은밀히 세력을 결성하여 황제 폐위의 음모를 꾸몄다.

하지만 얼마 후 야율리호와 단완태후의 역모가 발각되었다. 두 사람이 민심을 잃어 대신들의 지지를 받지 못했기 때문이다. 요 세종은 즉시 두 사람에게 대역죄의 혐의를 씌워 조주(祖州: 내몽골 파림좌기·巴林左旗)로 추방해 유폐시켰다. 한때 절대 권력을 장악하고 철권을 휘둘렀던 단완태후는 손자에게 구금되는 비참한 신세로 전락했다.

요 세종은 차마 할머니를 죽이지 못하고 유궁(幽宮)에서 지내게 했다. 요 목종 응력 3년(953) 그녀는 74세 때 세상을 떠났다. 요태조 야율아보기의 정실부인으로서 남편의 능묘에 합장되었다.

단완태후는 지략이 뛰어나고 결단력이 있으며 권력욕이 대단히 강하여 무주(武周)의 무측천처럼 여자 황제가 되어 천하를 호령하고자 한 '철혈여걸'이었다. 하지만 막내아들 야율리호를 지나치게 편애하고 권력욕에 사로잡혔기 때문에 황실의 분란을 야기하여 인생 말년을 편하게 지내지 못했다.

요 세종은 숙부 야율리호도 죽이지 않았다. 하지만 야율리호는 응력 10년(960)에 아들 송왕 야율희은(耶律喜隱)이 꾸민 모반 사건에 연루되어 감옥에서 죽었다.

천록 2년(948) 요 태종의 셋째아들 야율천덕, 요 세종의 매부 소한, 요 태조의 아우 야율인저석의 아들인 야율유가(耶律劉哥)와 그의 동생 야율분도(耶律盆都) 등 귀족들이 한패가 되어 음모를 꾸며 반란을 도모했으나 발각되고 말았다.

요 세종은 야율옥질에게 역모를 꾀한 자들을 체포하여 심문하게 했다. 그들 가운데 주모자인 야율천덕은 참수형을 당했으며, 변명으로 일관한 소한은 곤장을 맞고 석방되었다. 야율유가는 오고부(烏古部: 북방의 유목 민족)로 추방되었으며, 야율분도는 요나라의 속국인 할알사국왕부(轄戛斯國王府: 바이칼호 서쪽 지역)에 사신으로 파견되는 비교적 가벼운 처벌을 받았다.

요 세종이 야율천덕을 죽였지만, 나머지 가담자들을 살려준 이유는 황족 간의 갈등이 확산되는 것을 원치 않았기 때문이다. 훗날 야율분도는 요 목종 야율경 시대에 익왕 야율적렬이 획책한 모반에 가담하여 능지처참을 당했다.

요 세종을 반대한 세력이 일시에 몰락했다. 하지만 곤장을 맞고 석방된 소한은 여전히 마음속으로 요 세종을 황제로 인정하지 않았다. 그는 잔혹하고 난폭한 성격으로 악명이 높았다. 당시 상경 임황부의 자덕궁(滋德宮) 궁녀 50여 명을 강탈하려고 하자 환관 장환(張環)이 궁문을 잠그고 열어주지 않았다.

소한이 자물쇠를 때려 부수고 들어가 궁녀들을 닥치는 대로 강간했다. 그리고 불로 달군 쇠로 장환의 배를 지졌는데 장환은 배가 문드러져 죽었다.

요태조의 막내아우인 명왕 야율안단(耶律安端·?~952)은 '동생들의 반란'에 가담했다가 나이가 어리고 어리석다는 이유로 사면을 받고 복권되었다. 요 세종은 자기에게 작은할아버지가 되는 그를 동란국주(東丹國主)로 책봉하고 예우했다. 그도 평소에 거란의 황제가 되지 못한 울분을 품고 있었다.

천록 3년(949) 정월 소한은 아내 제국공주 야율아부리(耶律阿不里)와 함께 야율안단을 황제로 추대하겠다는 뜻을 밝힌 서신을 야율안단에게 은밀히 보냈지만 야율옥질에게 발각되었다.

요 세종은 소한이 또 반란을 획책한 일에 분노하여 그를 참수형에 처하게 했다. 황제의 여동생이기도 한 야율아부리는 감옥에서 병으로 숨을 거두었으며, 야율안단은 반란에 직접 가담한 증거가 없다고 하여 처벌을 받지 않았다. 요 세종은 황실의 어른인 작은할아버지 야율안단을 제거하기가 쉽지 않았을 것이다.

4. 화신전의 반란: 남정 도중에 피살되다

야율안단의 아들 야율찰할(耶律察割)은 겉으로는 공손해 보였으나 속마음은 교활했다. 사람들은 그를 나약한 인물로 여겼지만, 그의 백부 요 태조 야율아보기만은 그를 음흉하면서도 강인한 사람으로 보았다.

어느 날 야율안단이 아들을 요 태조에게 보내 아뢰게 했을 때 요 태조가 측근에게 이렇게 말했다.

"이 아이의 눈은 낙타의 눈과 같고, 얼굴에는 반역의 기운이 서려 있다. 짐이 혼자 있을 때는 그를 궁문에 들이지 마라."

요 태조는 야율찰할이 자기 조카였음에도 불구하고 그를 아주 위험한 인물로 간주하고 경계한 것이다.

대동 원년(947) 5월 요 세종이 진양에서 황제로 즉위했을 때 야율안단은 관망하는 태도를 보였다. 왜냐하면 단완태후가 어떤 반응을 보일지 몰랐기 때문이다.

야율찰할이 아버지에게 말했다.

"황태제(야율리호)는 의심이 많고 야박합니다. 만약 그가 즉위한다면 우리를 용납하지 않을 것입니다. 반면에 영강왕(야율완)은 사람됨이 인자하고 중후하며 또 아버지의 형님인 허왕 야율인저석의 아들 야율유가와도 친합니다. 야율유가와 협의하는 게 좋겠습니다."

아들의 권고를 받아들인 야율안단은 즉시 야율유가를 만나 상의하고 요 세종에게 귀부했다. 요 세종이 단완태후와 타협하여 정식으로 즉위한 후에, 야율찰할은 그 공로를 인정받아 태녕왕으로 책봉되었다.

야율안단이 서남면대상온(西南面大詳穩: 서남면 지역의 최고 통치자)이었을 때 야율찰할은 아버지에게 미움을 받는 척하고 아버지의 일거수일투족을 요 세종에게 몰래 보고했다. 부자지간의 사사로운 감정을 끊고 황제에게 충성을 다하고 있다는 것을 보여줌으로써 황제의 환심을 사고자 했기 때문이다.

요 세종은 야율찰할을 충신으로 여기고 황궁으로 불러들여 여석렬군(女石烈軍: 황실 직속의 정예군)을 통솔하게 했다. 야율찰할은 수시로 궁중을 드나들며 황제를 위한 일이라면 무슨 일이든 마다하지 않았다. 심지어 자기 집안의 사소한 일까지 황제에게 아뢰며 충성스러운 모습을 보였다.

요 세종이 그를 총애하자 그는 딴마음을 먹기 시작했다. 반란을 일으켜 요 세종을 시해하고 황제로 등극하려는 야망을 품었다.

당시 야율옥질은 황궁을 보위하는 금위군이자 정예부대인 피실군(皮室軍)의 우피실(右皮室) 상온사(詳穩司)를 맡고 있었다. 상온사는 우피실을 통솔하는 최고 지휘관이다.

그는 야율찰할의 간악한 속내를 간파하고 표문을 올려 그의 죄상을 고발했다. 하지만 요 세종은 표문의 내용을 믿지 않고 오히려 야율찰할에게 보여주었다. 야율찰할은 야율옥질이 자신을 시기한다고 울며 호소했다.

요 세종이 그를 위로하며 말했다.

"짐은 이미 알고 있었는데 너는 어찌하여 우느냐?"

그 후 야율옥질이 또 황제에게 야율찰할은 어떤 흉계를 꾸밀지 모르는 위험한 인물이기 때문에 가까이 해서는 안 된다고 충고했다.

하지만 요 세종의 대답은 이러했다.

"태녕왕은 제 아비를 버리고 짐에게 충성을 다했소. 짐을 배반하는 일은 결코 없을 것이오."

야율옥질이 반문했다.

"야율찰할이 제 아비에게 불효했는데 어떻게 군주에게 충성을 하겠습니까?"

요 세종은 끝내 야율옥질의 충고를 듣지 않았다.

중원 지방을 정복하여 한족을 다스리는 대업은 요나라 황제들의 오랜 야망이었다. 요 세종은 반대파를 제거하고 황제의 권력을 강화한 후에 후한을 정벌하기로 결정했다. 당시 후한의 황제는 한 은제 유승우였다.

천록 3년(949) 10월 요나라군이 남침을 단행하여 패주(貝州)·업도(鄴都)·남궁(南宮)·당양(堂陽) 등 후한의 여러 지역을 유린했으며, 심주(深州)를 공략할 때는 심주자사 사만산(史萬山) 부자가 이끈 후한군을 궤멸시켰다.

이듬해 겨울 요 세종은 친히 병사들을 거느리고 다시 남침을 단행하여 안평(安平)·내구(內丘)·속록(束鹿) 등 여러 성읍을 공략한 후 수많은 포로와 노획물을 가지고 상경성으로 돌아왔다.

한편 요나라군이 후한을 침략하기 전인 후한 건우(乾祐) 원년(948)에 하중절동사 이수정(李守貞)이 새로 즉위한 한 은제를 깔보고 하중부(河中府: 산서성 포주·蒲州)에서 반란을 일으켜 진왕을 자칭했다.

한 은제는 천웅군절도사 곽위(郭威·904~954)에게 반란을 진압하게 했다. 그런데 한 은제는 의심이 많은 황제였다. 곽위에게 대임을 맡겼지만,

그가 반란을 일으키지 않을까 두려워하여 그를 죽이려고 했다. 신변의 위협을 느낀 곽위는 반란을 일으켰다.

건우 3년(950) 한 은제는 곽위의 군대가 변경성(汴京城) 아래에 이르자 달아나다가 피살되었다. 이로써 후한은 건국한 지 3년 만에 망하여 5대10국의 혼란기에 가장 짧은 역사를 기록했다.

이듬해 정월 곽위가 정식으로 주(周)나라를 건국하고 황제로 즉위했으며 연호를 광순(廣順)으로 정했다. 그가 건국한 주나라를 후주(後周·951~960)라고 칭한다.

그런데 후주가 건국된 직후에 이미 망한 후한 고조 유지원의 동생인 하동절도사 유숭(劉崇·895~954)이 951년에 태원(太原: 산서성 태원)에서 황제를 칭했다.

유숭이 황제를 칭한 후 장원휘(张元徽) 등 신하들에게 이런 말을 했다.

"나는 고조(유지원)의 사직이 무너지는 것을 차마 볼 수 없었으며, 도의적으로도 곽위에게 굴복할 수 없어 어쩔 수 없이 이 땅에서 황제를 칭하게 되었소. 다만 여러분들과 함께 힘을 합쳐 가국(家国)의 원수를 갚고자 할 뿐이오. 하지만 내가 무슨 황제이며, 여러분들이 무슨 절도사겠소?"

유숭은 곽위의 주나라(후주)를 멸망시키고 한나라(후한)를 다시 세우기 위하여 어쩔 수 없이 임시방편으로 황제를 칭했다고 말했기 때문에, 연호를 바꾸지 않고 종묘도 설치하지 않았으며, 오직 평민의 가례로만 제사를 지냈다.

그와 그의 후손들이 다스린 왕조를 북한(北漢·951~979)이라고 칭한다.

유숭은 요나라에 굴종하여 요나라의 원조를 받아 후주의 침략을 막고자 했다. 요나라에 사신을 보내 요 세종을 숙부로, 자신을 조카로 스스로 칭하고 군사 원조를 요청했다.

이에 중원 왕조를 침략할 절호의 기회가 왔다고 판단한 요 세종은 즉시 유숭을 대한신무황제(大漢神武皇帝)로 책봉하고 그의 요청에 응하기로 결정했다.

천록 5년(951) 요 세종이 군왕들에게 후주를 정벌할 계획을 세우게 했다. 그런데 그들은 연이은 정벌에 따른 병사들의 고통이 가중되고 있음을 이유로 들어 남정을 원하지 않았다. 하지만 요 세종은 그들에게 정해진 기한에 맞게 출병하도록 명령했으며, 자신도 친위군을 이끌고 남정에 나섰다.

같은 해 9월 요 세종이 귀화주(歸化州: 하북성 선화·宣化)의 상고산(祥古山)에 도착했다. 군왕들도 병사들을 이끌고 황제의 친위군과 회동했다. 요 세종은 화신전(火神澱: 하북성 선화 서쪽)의 행궁에서 모후 소태후(蕭太后: 요 의종 야율배의 부인 유정황후)를 모시고 세상을 떠난 친아버지 양국황제(요 의종 야율배)의 제사를 지낸 후 군왕, 신하들에게 연회를 베풀었다. 태녕왕 야율찰할, 종실 야율분도 등이 참석했다. 황제와 신하들 대부분 만취하여 깊은 잠에 곯아떨어졌다.

황제를 시해할 절호의 기회가 왔다고 판단한 야율찰할은 9월 4일 밤에 야율분도 등과 함께 군사를 거느리고 행궁을 급습하여 잠을 자고 있던 요 세종과 견황후 그리고 요 세종의 생모인 소태후를 시해했다. 이 황제 가족을 시해한 사건을 '화신전의 반란'이라고 한다.

요 세종은 황제 중심의 통치 권력을 강화하기 위하여 이미 망한 후진의 신하들을 중용하여 요나라 귀족들의 거센 반발을 샀기 때문에 재위 4년, 34세 때 살해당한 비운의 황제가 되었다. 그는 특별한 업적을 남기지 못했다.

『요사』는 그를 이렇게 평가했다.

"세종은 중간 정도의 재능을 가진 군주였다. 대통(大統)을 이어받아 즉위한 지 3년도 채 되지 않아 후당의 항복 문서를 받고 곧바로 남방 정벌을 논의했는데 신중함이 부족하고 방비도 소홀히 하여 결국은 불행을 자초하고 말았다. 하지만 그는 효도하고 우애하며 관용과 자비를 베풀어 군주의 풍모는 있었다. 군대가 돌아오기 전에 주색에 빠져 참변을 당했으니 어찌 슬프지 않을까."

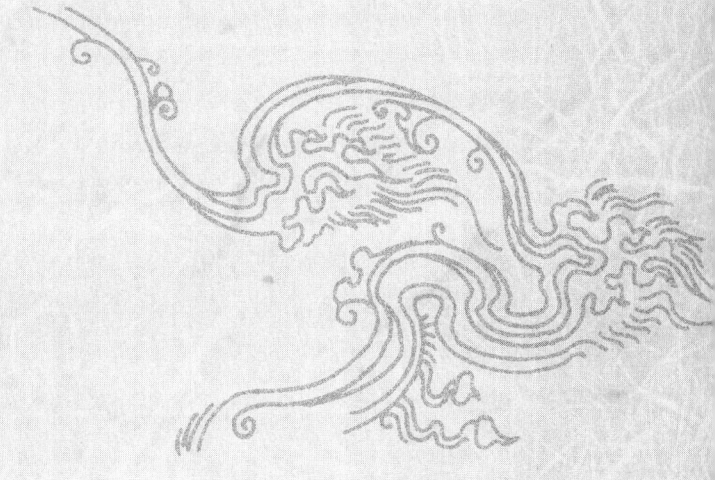

요 목종 야율경

1 • 야율옥질에 의해 황제로 추대되다
2 • 귀족, 신하들이 끊임없이 모반을 획책하다
3 • 학살과 포악함이 극에 달하다
4 • 후주와의 전쟁에서 패배하다
5 • 흑산의 변: 시종들에게 시해를 당하다

요 목종 야율경

1. 야율옥질에 의해 황제로 추대되다

야율찰할이 요 세종을 시해한 당일 밤에 황실 창고의 물건들을 조사하다가 마노(瑪瑙)로 만든 그릇을 보고 말했다.

"이것은 참으로 희귀한 보물이구나. 이제부터는 내 것이야."

그는 그것을 아내에게 가지고 가서 자랑했는데 아내가 근심 어린 표정을 짓고 말했다.

"수안왕과 야율옥질이 아직 살아있으니, 우리 가족은 죽은 목숨이나 다름없네요. 그런데도 이런 물건이 무슨 쓸모가 있을까요?"

야율찰할이 대답했다.

"수안왕은 나이가 어리고, 야율옥질은 사내종 몇 명을 거느리고 있을 뿐이오. 내일 아침이 되면 두 사람이 입조하여 나에게 무릎을 꿇고 신하의 예를 갖출 것이오. 쓸데없는 걱정을 하지 마오."

야율찰할은 요나라의 황제가 되어 천하를 얻은 것 같은 기쁨을 마음껏 누리고 싶었다. 하지만 그의 운명은 아내의 우려대로 흘러가고 있었다.

한편 야율찰할이 요 세종을 시해하고 황제를 참칭했다는 소식이 행궁을 강타했다. 그의 반란을 진작부터 예견했던 야율옥질은 반란군이 자신을 생포하러 온다는 소식을 듣고 황급히 변복을 하고 행궁 밖으로 빠져나갔다. 그는 즉시 왕들과 피실군을 소집하고 야율찰할의 반란을 진압한 후 수안왕 야율경(耶律璟·931~969)을 새로운 황제로 추대해야 한다고 주장했다.

야율경은 요 태종 야율덕광의 장남으로 태어났다. 모후는 정안황후 소온(蕭溫)이다. 요 태종 시대인 회동(會同) 2년(939), 그는 8세 때 수안왕으로 책봉되었다. 야율옥질이 야율경을 선택한 것은, 그가 요 태종의 적장자로서 황실의 정통성을 확보하고 있었기 때문이다.

야율옥질은 황실에서 문제가 생길 때마다 중재자로 명성을 떨친 종실 어른이었다. 누구도 감히 그의 주장에 이의를 제기하지 못했다. 그는 아우 야율충(耶律冲)을 야율경에게 보내 자신의 뜻을 전하게 했다. 하지만 야율경은 선뜻 결정을 내리지 못하고 망설였다.

야율옥질이 그를 만나 말했다.

"대왕께서는 태종 황제의 적장자이십니다. 저 도적놈이 황위를 찬탈한다면, 대왕께서는 목숨을 부지하기 어려우실 것입니다. 그렇게 되면 신하들은 장차 누구를 섬겨야 하며, 사직은 누구에게 의지해야 합니까? 만일 황제의 옥새가 도적놈의 손에 들어가면, 대왕께서는 아무리 후회하셔도 소용이 없지 않겠습니까?"

군왕, 장수들이 야율옥질을 지지하고 있음을 파악한 야율경은 비로소 의심을 풀고 전면에 나섰다. 야율경과 야율옥질은 피실군을 이끌고 야율찰할이 머물고 있는 행궁을 포위했다. 야율찰할의 수하 장수들은 대세가 야율경에게 기울어진 것을 보고 연이어 투항했다. 궁지에 몰린 야율찰할은 야율경에게 포위를 풀지 않으면 인질로 잡은 귀족들을 모조리 살해하겠다고 협박했다.

양 진영 간의 대치 상태가 지속되었을 때 야율찰할의 진영에 인질로 잡혀있던 군목도림아(群牧都林牙: 목축과 군마를 관장하는 관직) 야율적렵(耶律敵獵)이 야율찰할의 살해 위협을 받자 그에게 말했다.

"인질로 잡은 귀족들을 모조리 죽인다고 해서 대왕에게 무슨 도움이 되겠습니까? 만약 대왕께서 먼저 군사를 일으켜 선황제(요 세종)를 폐위하지 않았다면, 수안왕(야율경)이 어떻게 황제가 될 수 있겠습니까? 수안왕에게 사신을 보내 이러한 이치를 설명하고 그를 황제로 추대하면, 그는 대왕의 은혜에 감격할 것입니다. 일단 이 절체절명의 위기를 넘기고, 훗날 다시 대사를 도모해도 늦지 않을 것입니다."

야율찰할은 그 말에 일리가 있다고 여겨 요 태종의 둘째아들인 야율엄살갈과 야율적렵을 사신으로 보내 자신의 뜻을 전하게 했다. 사실 야율적렵은 묘책을 써서 사지에서 탈출한 것이지, 야율찰할을 위해서 충고한 것이 아니었다.

야율경·야율옥질·야율적렵 등 세 사람은 야율찰할을 유인하여 죽이기로 결정했다. 이윽고 야율찰할은 야율경이 자신을 극진하게 모시겠다는 얘기를 전해듣고 그의 진영으로 들어왔다.

야율경과 요 세종의 아우 야율루국이 야율찰할을 맞이했다. 세 사람이 환담을 나눌 때 야율루국이 갑자기 옷 속에 숨겨 둔 칼을 꺼내 야율찰할을 찔렀다. 야율찰할은 현장에서 즉사했으며 사지가 절단되었다. 그의 가족은 멸문의 화를 당했다.

천록 5년(951) 9월 야율경은 마침내 20세 때 야율옥질·야율적렵 등 귀족, 대신들의 도움을 받아 제4대 황제로 등극했다. 그의 묘호가 목종(穆宗)이다. 일등 공신은 야율옥질이었다.

요 목종이 야율옥질에게 말했다.

"짐의 목숨은 정말로 경(卿)이 구했소. 반역자의 가산을 모두 경에게 하사하겠소."

하지만 야율옥질은 황제가 하사한 재물을 끝내 사양했다. 요 목종은 즉위한 직후에 연호를 응력(應曆)으로 바꾸었다.

2. 귀족, 신하들이 끊임없이 모반을 획책하다

원래 요 목종은 정치에는 관심이 없었으며 술과 사냥을 즐긴 황족이었다. 그가 요 태종 야율덕광의 장남이라는 이유 하나만으로, 황제로 추대되었을 뿐이다.

『거란국지(契丹國志)』에 이런 내용이 있다.

"황제는 젊어서 유희(遊戱)를 좋아했으며, 국정에는 관심을 두지 않았다. 매일 밤 술을 마시며 새벽까지 놀다가 날이 밝아야 잠자리에 들었으며 정오가 되어서야 일어났다. 그래서 백성들은 그를 '잠꾸러기 왕'이라 불렀다."

"황제는 몸이 허약하여 여자와 관계를 맺는 일을 몹시 꺼렸다. 그가 수안왕이었을 때 술율평(단완태후)이 그에게 후비를 들이려 하자 병을 핑계로 사양했다. 즉위 후에도 궁중에 후궁이 가득했으나 눈길 한 번 주지 않았다. 조정 대신들은 황후의 자리가 비어있음을 걱정하여 황후를 책봉해야 한다고 여러 차례 아뢰었다. 하지만 그는 모두 거절했다. 측근 시종과 은밀한 일을 맡은 자들은 대부분 환관이었다. 그는 유달리 사냥을 좋아하여 계절을 가리지 않고 말을 타고 들판을 달렸다. 국정은 여진족과 한족의 신하들이 함께 관장하게 했으며, 자신은 관여하지 않았다."

요 목종은 성적 결함이 있었던 것 같다. 그의 주변에는 '남자도 여자도 아닌' 환관들만 득실거린 것을 보면, 그가 이상한 성적 취향을 가진 비정상적인 사람이었을 것이다. 게다가 그는 군주로서의 자질이 부족했다.

어쩌면 야율옥질이 조정의 권력을 좌지우지하기 위하여 무능한 수안왕을 황제로 추대했는지도 모른다. 요 목종은 즉위한 후에 야율옥질을 북원대왕으로, 종실 대신 야율달렬(耶律撻烈)을 남원대왕으로 임명하고, 두 사람에게 국정을 맡겼다.

사실 그에게는 황후가 없었던 것이 아니었다. 그가 수안왕이었을 때 한림승지 소지번(蕭知璠)의 딸을 왕비로 맞이했다. 황제로 추대된 이후에 왕비 소씨도 황후로 책봉되었다. 그는 여전히 황후를 소가 닭 보듯 대했다. 그래서 두 사람 사이에는 자식이 없었다.

황제의 후사가 없음을 걱정한 종실, 대신들이 이구동성으로 비빈을 간택해야 한다고 아뢰었다. 그들의 빗발치는 재촉에 짜증이 난 요 목종은, 요 세종이 시해를 당했을 때 민가에 버려진 그의 네 살배기 둘째아들 야율명의(야율현)를 찾아오게 했다.

요 목종은 야율명의를 양자로 삼고 영흥궁(永興宮)에서 키우게 했다. 어쨌든 요 목종의 후사가 생겼기 때문에 종실, 대신들은 더 이상 그에게 비빈 간택을 강요할 수 없었다.

이제 황제 자신은 남의 눈치를 안보고 마음껏 음주와 사냥을 즐기는 일만 남았다. 요 목종은 날마다 호탕하게 술을 마시다가 만취하면 깊은 잠에 빠져들었다. 잠에서 깨어나면 말을 타고 초원으로 달려가 길들인 해동청(海東靑: 송골매)을 하늘에 날려 보내 금수를 사냥하는 일을 너무나 좋아했다. 그래서 사람들은 황제가 하는 일이라곤 사냥·음주·수면(睡眠) 등 세 가지뿐이라고 수군거렸다.

황제가 백성들의 웃음거리가 되자 반역의 기운이 감돌았다. 응력 2년(952) 정월 태위 홀고질(忽古質)이 반역을 꾀하다가 처형당했다.

이한(李澣)은 원래 후당, 후진에서 고위 관리를 역임한 명망가였다. 요나라가 후진을 멸망시킬 때 포로가 되어 요나라로 끌려갔다. 요 세종은 그의 재능과 학식을 높이 평가하여 그를 선정전학사로 임명했다. 이한은 요 목종이 무능하기 짝이 없고 날마다 술과 사냥에 빠져 지내는 모습을 보고 크게 실망했다. 정사령 소미고득(蕭眉古得)과 함께 후주의 세력을 끌어들여 황제를 제거할 결심을 했다.

두 사람은 후주의 태조 곽위에게 밀서를 보내 지원군을 요청했지만 발각되었다. 후주로 달아날 계획을 세웠으나 체포되었다. 소미고득은 처형되었고, 이한은 감옥에서 유려한 문체로 요 태종의 공덕비를 잘 쓴 덕분에 가까스로 풀려났다.

요 세종의 아우 야율루국은 야율찰할을 살해하고 요 목종을 황제로 추대한 공로로 남경유수, 정사령 등 고위 관직에 임용되었다. 그는 미치광이처럼 행동하는 요 목종을 제거하고 황제가 되고 싶었다. 응력 2년(952) 7월 요 목종의 이복동생 야율적렬(耶律敵烈), 시중 야율신도(耶律神都), 낭군 야율해리(耶律海里) 등 요 목종에 불만을 품은 자들을 규합하여 반란을 모의했다가 발각되었다.

황제 앞에 끌려 온 야율루국은 자신의 죄를 인정하지 않고 버텼다.

요 목종이 그에게 반문했다.

"짐이 수안왕일 적에 경은 여러 번 나에게 반역을 권했소. 그런데 지금은 어찌하여 헛소리를 하는 거요?"

야율루국은 아무 말도 하지 못했다. 요 목종은 그를 교살하고 '자손이 끊기는 땅'을 골라 안장하게 했다.

응력 3년(953) 또 모반 사건이 터졌다. 요 태종의 친동생 야율리호의 아들인 야율완(耶律宛), 낭군 야율혜간(耶律嵇干), 야율적렬 등이 반역죄로 체포되었다. 그들을 심문하다가 태평왕 야율엄살갈, 임아 야율화할(耶律華割), 낭군 야율신라(耶律新羅) 등이 연루된 사실이 드러나 체포되었다. 야율혜간과 야율화할은 처형되었고, 야율완과 야율엄살갈, 두 황족은 사면되었다.

응력 9년(959년) 왕자 야율적렬, 전(前) 선휘사 야율해사, 소달간(蕭達幹) 등이 반란을 획책했으나 발각되어 심문을 받았다. 이듬해 7월에는 정사령 야율수원(耶律壽遠), 태보 초아불(楚阿不) 등이 반란을 획책했다가 발각되어 처형되었으며, 10월에는 야율리호의 장남 야율희은이 모반을 꾀했다가 발각되었다. 요 목종이 친히 죄를 심문했는데 야율리호가 연루된 것을 알고 그를 감옥에 가두게 했다.

얼마 후 단완태후 술율평이 가장 총애한 아들 야율리호가 옥사했다. 야율희은은 석방되었는데 또 모반을 꾀했다가 발각되어 감옥에 갇혔다.

요 목종은 어떤 원칙도 없이 개인감정과 친소 관계에 따라 멋대로 죄인을 처벌했다.

이 밖에도 요 목종이 통치한 18년 동안에 반란 사건이 끊임없이 일어났다. 그가 얼마나 무능하고 방탕한 최악의 군주였는지 짐작이 간다.

3. 학살과 포악함이 극에 달하다

응력 7년(957) 초고(肖古)라는 여자 무당이 젊은 남자의 쓸개로 조제한 약을 먹으면 무병장수할 수 있다는 비방을 바쳤다. 그녀의 말에 넘어간 요 목종은 노비 수백 명을 살해하여 만든 약을 여러 해 동안 복용했다. 하지만 몸이 건강해지기는커녕 날로 쇠약해지자 그녀에게 속은 것을 알아차리고 진노했다. 그녀의 몸은 궁사들이 쏜 화살에 벌집이 되었다. 그래도 분이 안 풀렸는지 그는 말을 타고 시신을 짓이겼다.

이런 만행을 저지르고 난 후에 그가 대신들에게 말했다.

"죄를 지은 자는 마땅히 형벌을 받아야 하오. 하지만 짐이 간혹 이성을 잃고 분노하여 무고한 사람들을 함부로 죽인 일이 있었소. 앞으로는 짐이 그런 행동을 하려고 한다면, 경들은 간곡하게 간언을 올려서 짐의 과오를 막아야 하지, 어명을 따라서는 절대 안 되오."

정말로 요 목종은 개과천선한 듯했으나 술에 취하면 여전히 살육을 '안주'로 삼았다. 황제의 그림자나 다름없는 시종 고가(古哥)를 돌로 만든 산예(狻猊: 중국 고대 신화에 나오는 사자 모양의 신수·神獸)로 때려죽였다.

응력 13년(963) 정월 요 목종은 밤낮을 가리지 않고 9일 동안 폭음했다. 미치광이로 변한 그는 황궁의 진귀한 금수를 관리하는 하급 관리 해리(海里)를 살해했다. 그리고 3월에는 하급 관리 미리길(彌里吉)이 사슴을 잘못 관리하여 죽였다는 것을 구실로 그의 목을 잘라 장대에 매달아 놓음으로써 사슴 정원을 관리하는 자들에게 엄중 경고했다. 또 6월에는 근시(近侍: 황제를 최측근에서 섬기는 시종)가 노루에게 상처를 입혔다고 하여 근시를 곤장으로 때려죽였다.

응력 15년(965) 3월 근시 동아(東兒)가 황제의 수저와 젓가락을 제때 준비하지 않았다는 이유로 요 목종이 휘두른 칼에 목숨을 잃었다. 또 며칠 후 우인(虞人: 사냥터를 관장하는 관직) 사랄달(沙剌達)이 기러기의 이동 경로를 제때 파악하지 못했다는 이유로 포락(炮烙)과 철류(鐵梳)의 형벌을 당하고 죽었다. 포락은 불타는 장작더미 위에 가로놓인 기름칠한 둥근 구리기둥 위를 걸어가게 하고, 철류는 쇠로 만든 날카로운 빗으로 죄인의 살과 뼈를 긁는 것이다. 정말로 상상을 초월하는 극악한 형벌이다.

같은 해 12월 요 목종은 근시 희가(喜哥)가 몰래 고향으로 돌아간 일을 구실로 희가의 처자식을 때려죽였으며, 또 며칠이 지난 후 만취하자 근시 수로(隨魯)를 아무런 이유 없이 죽였다.

응력 16년(966) 새해가 시작되는 정월 초하루에, 문무백관이 조정에서 황제에게 새해를 축하하는 하례를 올리고자 기다리고 있었다.

하지만 요 목종은 만취하여 하례를 받지 못했다. 며칠 후 그는 미복(微服)을 하고 저잣거리로 잠행했다. 주점에서 마음껏 술을 마시고 흥이 나자 은자와 비단을 주점 주인에게 하사했다.

또 얼마 후 알코올 중독 증세가 나타나자 근시 백해(白海), 사내종 삼복(衫福)·압랄갈(押剌葛), 추밀사 문지기 노고(老古), 달마(撻馬: 황제의 시종) 실로(失

魯) 등을 때려죽였다. 그는 사람을 죽이면 즉시 도성 밖으로 나가 한 달이 넘도록 술을 마시며 사냥을 하면서 환궁하지 않았다.

같은 해 7월 어느 날 요 목종이 관리에게 특별히 명령을 내렸다.

"짐이 순행하는 곳에는 반드시 높은 표지(標識)를 세워서 백성들이 들어오지 못하게 해야 한다. 이를 어기는 자는 참수형으로 다스리겠다."

요 목종도 자신이 하루가 멀다 하고 사냥을 나가고 술에 절어 지내는 모습을 백성들이 알지 않을까 두려워하여 그런 명령을 내렸을 것이다.

응력 17년(967)은 요 목종의 살인 본능이 폭발한 최악의 한 해였다. 꿩을 관리하던 수거(壽哥)와 염고(念古)가 꿩을 다치게 하고 도망쳤다가 체포되었다.

요 목종이 그들을 처형하려고 하자 전전도점검 야율이랍갈(耶律夷臘葛)이 간언했다.

"수거 등은 자기들이 관리하고 있는 꿩을 다치게 한 죄를 두려워해 도망갔을 뿐, 법으로는 사형에 해당되지 않습니다."

요 목종이 진노하여 수거 등을 참수하고 시체를 토막 내어 야율이랍갈에게 넘기며 말했다.

"네가 알고 있는 자이니, 알아서 시체를 수습해라."

또 4월에는 송골매를 훈련시키는 하급 관리 적로(敵魯)를, 5월에는 사슴을 관리하는 하급 관리 찰갈(札葛)을 살해했다. 같은 해 6월 어느 날 어떤 신하가 녹방(鹿坊: 황궁에서 사슴을 기르는 관서)에서 기르는 사슴 몇 마리가 도망갔다고 아뢰었다. 진노한 요 목종은 친히 금위군을 이끌고 녹방으로 달려가 관리 책임이 있는 65명을 가두고 모조리 살해하려고 했다.

요 태종의 다섯 번째 아들 야율필섭(耶律必攝)이 소식을 듣고 달려와 대신들과 함께 황제 앞에서 무릎을 꿇고 무분별한 살육은 안 된다고 간절히 호소했다. 하지만 결국 44명이 현장에서 참살되어 녹방을 피바다로 만들었다.

요 목종의 살인 욕망은 나날이 폭발하는 화산처럼 분출했다. 같은 해 10월 술맛이 변했다고 하여 술을 빚는 일을 하는 수니(粹你)를, 11월에는 근시 연수(廷壽), 아불찰(阿不札)·갈로(曷魯)·술리자(術里者)·열리괄(涅里括) 등 돼지를 키우는 일을 하는 자들을 살해했다. 12월에는 어선(御膳)을 담당하는 해리(海里)를 살해한 후 시신을 토막냈다.

응력 18년(968) 요 목종이 황하(潢河)로 거위 사냥을 나갔다. 여러 날 동안 폭음하다가 송골매를 기르는 관리 호특로(胡特魯), 근시 화갈(化葛) 등을 때려 죽였다. 같은 해 5월 단오절을 맞이하여 술을 너무 많이 마셔 인사불성이 되어 신하들의 단오를 경축하는 인사를 받지 못했다. 며칠 후 또 술고수(述古水)에서 정사령 소배압(蕭排押), 남경유수 고훈(高勳), 태사 소고(昭古) 등과 함께 술판을 벌여 여러 날 동안 밤낮을 가리지 않고 폭음했다.

얼마 후 파덕(頗德)·월갈가(月葛哥)·도괴(陶瑰)·찰불가(剳不哥)·소고열(蘇古涅)·추보(雛保)·미고특(彌古特)·적답(敵答) 등 사슴을 키우는 자들이 아무런 이유 없이 살해되었다.

사람을 살해하고 사냥을 나가서 금수를 포획하며 밤낮을 가리지 않고 술을 마시다가 만취하면 며칠 동안 깊은 잠에 빠지는 것이, 요 목종의 일상사였다.

이처럼 요 목종은 극악무도한 최악의 군주였지만, 한 가지 독특한 정치적 행위를 했다. 이른바 "위로는 대신들에게 미치지 않고, 아래로는 백성들에게 미치지 않는다.(上不及大臣, 下不及百姓.)"라는 것이다. 그는 살인마 황제였으나 위로는 충신, 대신 등 고위 관리들을 함부로 죽이지 않았으며, 아래로는 일반 백성들을 핍박하지 않았다는 의미이다.

그래서 전전도점검 야율이랍갈은 황제에게 제발 무고한 사람들을 죽여서는 안 된다고 수시로 간언하여 황제의 분노를 샀지만 죽임을 당하지 않았다. 오히려 야율이랍갈이 사냥터에서 황제의 어명을 받고 화살을 쏘아 사슴을 명중시키자 요 목종은 그에게 금과 은 각 100냥, 명마 100필을 하사했다.

요 목종이 죽인 자들은 대부분 시종·노비·하급 관리 등 신분이 비천하거나 낮은 자들이었다. 그는 그들을 사람 취급하지 않았기 때문에 짐승을 도살하듯 죽였을 것이다. 당연하게도 그들의 황제에 대한 원한이 뼈에 사무쳤다.

4. 후주와의 전쟁에서 패배하다

후주 현덕(顯德) 원년(954) 정월 태조 곽위가 세상을 떠났다. 그의 양아들 진왕 시영(柴榮·921~959)이 황위를 계승했다. 시영이 제2대 황제 주 세종(周世宗)이다. 당시 후주와 적대 관계였던 북한 세조 유숭이 후주가 국상을 당한 틈을 타서 요나라를 끌어들여 후주를 공격하려고 했다.

요 목종은 유숭이 지원병을 요청하자 무정절도사 겸 정사령 양곤(楊袞)에게 철기병 1만여 명을 내어주고 북한을 돕게 했다.

같은 해 2월 유숭이 거느린 북한군 3만여 명과 거란군 1만여 명이 후주 고평(高平: 산서성 진성·晉城)으로 진격했다.

북한과 거란의 연합군이 침략했다는 첩보를 접한 주 세종은 친히 군대를 거느리고 출전하려고 했다.

하지만 신하들은 국상 중이며 아직 태조의 능묘도 정하지 못한 상태에서 황제가 친히 정벌에 나서면 민심 이반이 우려되므로 장수들을 보내 격퇴해야 한다고 주장했다.

주 세종이 말했다.

"옛날에 당 태종이 천하를 평정할 때 친히 출정하지 않은 적이 없었는데 내가 어찌 편안히 있을 수 있겠는가."

풍도(馮道)가 아뢰었다.

"폐하께서 당 태종과 같을 수 있으신지 모르겠습니다."

풍도는 네 왕조(후당·후진·후한·후주)에서 재상 등을 역임하며 황제 10명을 보필한 이른바 '십조원로(十朝元老)'이다. 황제의 능력이 당 태종에 미치지 못하므로 친정해서는 안 된다는 은근한 무시이자 충고였다.

주 세종이 말했다.

"내가 막강한 군대를 이끌고 유숭의 군대를 격파하는 것은 산으로 알을 누르는 것과 같소."

풍도가 또 아뢰었다.

"폐하께서 그 산이 되실 수 있는지 모르겠습니다."

주 세종은 그의 말에 대단히 불쾌했지만, 그가 워낙 원로 대신이라 그를 책망하지는 않았다.

중서시랑 왕부(王溥)만이 황제의 출정을 지지했다. 주 세종은 대신들의 우려를 물리치고 출전에 나서 고평 남쪽 파공원(巴公原)에서 유숭의 3만 군사를 궤멸시켰다.

당시 요나라군은 멀리서 전황을 지켜보고 있다가 북한군이 대패한 모습을 보고 서둘러 후퇴했다. 고평 전투의 승리로 자신감을 얻은 주 세종은 북한의 상국이자 북방의 최강국인 요나라를 공격하여 예전에 후진이 요나라에 할양한 연운 16주를 차지하고 싶었다.

응력 5년(955) 유숭이 태원(太原)에서 세상을 떠났다. 요나라는 그의 아들 유균(劉鈞·926~968)을 황제로 책봉했다. 유균이 북한의 제2대 황제 예종(睿宗)이다.

응력 8년(958) 2월 요 목종이 황하(潢河) 유역의 행궁에서 유흥을 즐기고 있었다. 당시 주 세종은 요나라 정벌을 준비했다. 의무절도사 손행우(孫行友)에게는 정주(定州)에서 북한 지원군을 차단하게 하고, 시위친군도우후 한통(韓通)에게는 창주(滄州)로 진출해 수로를 정비하게 한 후, 본인은 주력군을 거느리고 북상했다.

같은 해 4월 후주군이 건녕군(乾寧軍)에 이르자 요나라 영주자사 왕홍(王洪)이 성문을 열고 투항했다. 주 세종은 한통을 육로도부서로, 조광윤(趙匡胤)을 수로도부서로 임명한 후, 본인은 용선(龍舟)을 타고 강을 따라 북상하며 수륙 양면으로 진군했다.

후주군의 공격에 놀란 요 목종은 요태종의 장녀 연국대장공주의 남편이자 남경유수인 소사온(蕭思溫)을 병마도총관으로 임명해 후주군을 막게 했지만 실패했다.

후주군이 익진관(益津關: 하북성 패현·霸縣)을 공격하자 수장 종정휘(終廷輝)가 성문을 열고 투항했다.

주 세종은 승리의 여세를 몰아 계속 진군하여 와교관(瓦橋關: 하북성 웅현·雄縣 남관·南關)과 어구관(淤口關: 하북성 패현 동쪽 신안진·信安鎮) 그리고 막주(莫州)·영주(瀛州)·역주(易州) 등 3주를 연이어 점령했다.

같은 해 5월 후주군이 요나라 5경(京) 중의 하나인 남경(南京) 근교까지 진격했다. 요나라는 북한에 사신을 보내 지원병을 요청했지만, 수륙 양군으로 조직된 후주군에게 연패를 당했다.

요 목종의 무능과 일탈이 맹수처럼 사납고 중원 지방을 유린했던 요나라군을 하루아침에 오합지졸로 변하게 했다.

연전연패를 당한 소사온이 황급히 도성 상경으로 병사들을 보내 전황의 위중함을 알렸다.

그때 마침 음주가무를 즐기고 있던 요 목종은 3관이 함락되었다는 소식을 듣고 태연자약하게 말했다.

"3관은 원래 중원 지방에 거주하던 한인(漢人)의 땅이 아닌가. 지금 그들에게 돌려준 것이 무슨 창피한 일이겠는가?"

그는 말을 마치고 계속 술을 마시다가 만취하여 깊은 잠에 곯아 떨어졌다. 이때 요나라 남경이 후주의 침략을 받아 함락될 위기에 처했지만, 후주를 부국강병의 국가로 만든 주 세종이 북벌 도중에 갑자기 급병에 걸려 동경 개봉부로 회군하는 바람에 병화를 피할 수 있었다. 주 세종은 동경으로 돌아온 직후 38세 때 붕어했으며, 그의 넷째아들 양왕 시종훈(柴宗訓·953~973)이 겨우 6세 때 황위를 계승했다. 그가 후주의 마지막 황제 공황제(恭皇帝)이다. 이 시기부터 후주는 망국의 길로 접어드는 데 요나라에게는 천우신조였다.

5. 흑산의 변: 시종들에게 시해를 당하다

응력 19년(969) 2월 요 목종은 소황후·대신·시종 등을 거느리고 회주(懷州: 내몽골 파림우기·巴林右旗)의 흑산(黑山)으로 사냥을 나갔다. 당월 12일 황제가 쏜 화살이 거대한 흑곰의 가슴에 명중했다. 요 목종은 고꾸라진 흑곰을 보고 흥분을 감출 수 없었다. 자신의 활 솜씨를 대신들에게 과시할 수 있었으니 얼마나 기뻤겠는가. 그는 대신들과 함께 후주에서 진상한 미주(美酒)를 밤새도록 퍼마시며 즐거워했다. 당일 밤 만취한 그는 시종들의 부축을 받고 행궁으로 돌아가 잠에 곯아 떨어졌다.

그런데 한밤중에 잠에서 깬 요 목종은 갑자기 곰 요리를 먹고 싶었다. 근시 소가(小哥)에게 당장 곰 요리를 진상하게 했다. 하지만 황제의 요리를 담당하는 시종들은 모두 잠을 자고 있었기 때문에 어명을 즉시 받들 수 없었다.

요 목종이 버럭 화를 냈다.

"지금 당장 진상하지 않으면 주방에서 일하는 놈들을 모조리 죽여 버리겠다."

소가는 식은땀을 흘리며 조금만 더 기다리시면 진상하겠다고 아뢰었다. 즉시 주방으로 달려가 포인(庖人: 황제의 음식을 담당하는 시종) 신고(辛古), 관인(盥人: 황제의 세면·洗面을 담당하는 시종) 화가(花哥) 등 5명에게 말했다.

"황제가 오밤중에 당장 곰 요리를 만들어내라고 하오. 만들어내지 못하면 우리를 모두 살해하겠다고 협박했소. 차라리 우리가 먼저 미치광이 황제를 시해하는 게 살길이오."

이윽고 신고 등은 도축용 칼을 들고 행궁에 잠입하여 술에 취해 비몽사몽 상태였던 황제를 난도질했다. 요 목종은 재위 18년, 향년 38세를 일기로 비참하게 죽었다. 이 사건을 '흑산(黑山)의 변(變)'이라고 한다. 황제가 자기를 섬기는 시종들에게 시해된 정변이다.

요 목종은 신분이 낮은 자들의 목숨을 파리 목숨 취급하고 살인을 즐긴 희대의 살인마였다. 더구나 그는 정치에는 도무지 관심이 없었으며, 술과 사냥을 즐긴 혼군이었다.

그럼에도 불구하고 그가 황제의 권좌를 18년 동안 지킨 비결은 무엇이었을까. 그는 일반 백성들이 재해를 당하면 구휼했으며, 그들의 생업을 보호하는 조치를 취했다.

응력 3년(953) 겨울 요 목종이 봉성주(奉聖州)에 머물고 있을 때 남경에서 홍수 피해를 입은 백성들의 조세를 감면하라는 조서를 내렸다.

또 응력 8년(958)에 후주가 요나라를 침략했을 때 소사온이 남경을 수비하기 위해 병사와 군마를 증원해달라고 하자 그는 이렇게 대답했다.

"적이 침입하면 통군사와 협력하여 방어하고, 적이 물러가면 농사에 전념해 군마를 소모하지 말라."

또한 북원대왕 야율옥질과 남원대왕 야율달렬, 두 대왕이 그를 보좌한 덕분에 그는 권좌를 지킬 수 있었다. 야율옥질은 요태조·요 태종·요 세종·요 목종·요 경종 등 무려 5조(朝)에 걸쳐 고위 관직에 있으면서 요나라가 위기에 빠질 때마다 사직을 수호한 충신이었다.

야율달렬은 조세와 노역을 균등하게 하고 농업과 수공업을 발전시킴으로써 부족민의 삶을 윤택하게 하고 호구를 늘렸을 뿐만 아니라, 후주군의 공격도 격퇴하여 후주의 화주절도사 사언초(史彦超)를 생포하기도 했다.

요 목종은 두 대왕에게 정무를 위임하고 간섭하지 않았다. 당시 사람들은 두 사람을 '부민대왕(富民大王)'으로 칭송했다.

사실 요 목종이 전쟁광은 아니었으며 백성들의 생업을 보호할 줄 알았고 능력이 뛰어난 대신들을 중용했다. 그렇지만 그는 자기를 섬기는 시종들을 너무 많이 살해하여 역사에 큰 오점을 남겼다.

『요사』는 그를 이렇게 평가했다.

"목종은 18년 동안 재위했다. 여자 무당이 요망한 말을 하여 주살을 당한 사실을 알고 신하들에게 자신이 형벌을 남용하면 간언해야 한다고 말한 것을 보면, 그가 사리 분별을 못하는 군주는 아니었다. 하지만 술에 중독이 되어 방탕하고 사냥을 지나치게 좋아했다. 기러기의 이동 경로를 제때 파악하지 못했다는 이유로 포락과 철류의 형벌로 관리를 살해했다. 반면에 오리를 잡아 너무 기뻐하여 응방의 관리에게 내렸던 낙형(烙刑: 얼굴에 상처를 내는 형벌)을 취소하기도 했다. 그는 상벌을 기분에 따라 제멋대로 내리고 국정을 돌보지 않았으며 살인만을 즐겼을 따름이다. 결국 시종들이 변란을 일으켜 그를 시해한 것은 당연한 일이다."

5

요 경종 야율현

1 • 성장 과정과 황위 계승
2 • 어진 신하들을 중용하여 중흥의 기반을 다지다
3 • 북송과의 패권 전쟁에서 승리하다
4 • 황후가 황제를 대신하여 국정을 보살피다

제5장

요 경종 야율현

1. 성장 과정과 황위 계승

　요 경종(遼景宗) 야율현(耶律賢·948~982)은 요 세종 야율완의 둘째아들로 태어났다. 어렸을 때의 이름은 야율명의(耶律明扆)이다. 생모는 소살갈지(蕭撒葛只)이다. 그녀는 단완태후 술율평의 조카딸인데 영강왕 야율완과 혼인하여 야율명의를 낳았다.

　뜻밖에도 야율완은 황제로 추대된 후 거란 귀족 출신인 왕비 소살갈지를 황후로 책봉하지 않고, 후진의 궁녀였던 한족 출신 견씨(甄氏)를 황후로 책봉했다.

　소살갈지는 국정을 농단한 단완태후가 간택했기 때문에, 요 세종이 그녀를 좋아하지 않은 것 같다. 반면에 견씨는 그가 후진에서 망명 생활을 하고 있을 때 얻은 여자였는데 그녀에 대한 총애가 유별났다. 게다가 요 세종은 한족 문명에 심취하여 야만적인 거란 여자보다는 세련된 한족 여인을 좋아했다.

하지만 귀족과 대신들이 한족 출신 후궁을 황후로 책봉한 것에 강한 불만을 드러냈다. 어떻게 요나라의 국모가 거란 귀족 출신이 아니고 비천한 한족 궁녀 출신이냐는 항의였다.

천록 3년(949) 요 세종은 마지못해 소살갈지를 황후로 책봉하여 견황후와 동렬에 서게 했다.

천록 5년(951) 야율찰할 등이 화신전의 반란을 일으켜 요 세종과 견황후를 시해했을 때 소살갈지는 행궁 밖에 있어서 참변을 피할 수 있었다. 그녀는 죽음을 무릅쓰고 야율찰할을 찾아가 황제와 황후의 시신을 수습하여 장례를 치르게 해달라고 요청했다가 구금되었다. 이윽고 야율옥질이 군사를 동원하여 야율찰할을 포위했다.

야율찰할은 상황이 불리하게 돌아가고 있음을 직감하고 소살갈지를 살해했다. 훗날 중희 21년(1052)에 소살갈지는 회절황후로 추증되었다.

화신전의 반란이 일어났을 때 야율명의는 코흘리개 어린아이였는데 어주상서(御廚尙書: 황실 주방과 연회를 관장하는 관직) 유해리(劉解里)가 부모가 살해되는 참변을 목도한 그를 장작더미에 숨겨놓아 극적으로 살아남을 수 있었다.

야율옥질 등은 화신전의 반란을 신속하게 진압하고 요 목종 야율경을 제4대 황제로 추대했다. 그런데 앞 장에서 설명했듯이, 요 목종은 여색을 멀리하여 후사가 없었다. 그는 종실과 대신들의 빗발치는 비빈 간택 요구를 무마하기 위하여 민가에 버려진 당질 야율명의를 찾아내어 양자로 삼고 영흥궁에서 키우게 했다.

어린 나이에 부모가 살해되는 참변을 목도한 야율명의는 정신적으로 큰 충격을 받아 심신이 쇠약해졌지만, 황제의 관심과 배려로 요나라 관리와 한족 출신 학자들에게 수준 높은 교육을 받을 수 있었다. 청년으로 성장한 후에는 망운천(望雲川: 하북성 적성·赤城 북쪽)에서 자신의 관저를 짓고 생활했다.

　요 목종은 술에 취하면 닥치는 대로 시종들을 살해한 미친 황제였다. 정사를 내팽개치고 사냥을 나가면 몇 개월 동안 황궁을 비우는 일이 다반사였다. 그를 시해하려는 음모가 여러 차례 있었지만, 번번이 발각되었다.

　어느 날 야율명의는 황제의 폭정 때문에 종묘사직이 흔들리지 않을까 걱정하여 한족 출신 원로 대신인 한광사(韓匡嗣)와 시정(時政)에 대하여 의논했다.

　종친 야율현적은 그에게 황제의 의심을 사는 언행을 해서는 절대 안 된다고 신신당부했다. 야율명의는 그의 충고를 마음에 새기고 더욱 근신하며 명철보신했다.

　응력 19년(969) 2월 야율명의가 입궁하여 황제를 배알했는데 요 목종이 말했다.

"내 아들이 어느덧 성년이 되었구나. 이제 너에게 국정을 위임하겠다."

　요 목종이 야율명의를 자신의 후계자로 염두에 두고 한 발언이었다. 이윽고 그는 시종들을 거느리고 흑산으로 달려가 수렵의 재미에 푹 빠져 지냈다. 같은 해 2월 22일 그는 자기를 섬기는 시종들에게 살해되었다.

　황제가 시해되었다는 소식을 들은 야율명의는 비룡사 여리(女里), 시중 소사온(蕭思溫), 동지남원추밀사 고훈(高勳) 등과 함께 기병 1,000기를 이끌고 흑산의 행궁으로 쏜살같이 달려갔다. 그는 즉시 황제를 시해한 자들을 처단하고 요 목종의 영구를 모셨다.

　이윽고 소사온 등이 그에게 황위 계승을 권유했다. 불과 며칠 전에 요 목종이 야율명의에게 정사를 맡기고 수렵을 떠났기 때문에 그의 등극에 반대한 자는 없었다.

마침내 야율명의는 21세 때 요 목종의 영구 앞에서 등극했다. 그가 제5대 황제 요 경종이다. 이 시기에 이름을 야율현으로 개명하고 연호를 보녕(保寧)으로 바꾼 후 대사면을 반포했다.

2. 어진 신하들을 중용하여 중흥의 기반을 다지다

요 경종은 즉위하자마자 전전도점검 야율이랍갈, 우피실 상온 소오리지가 요 목종의 신변을 제대로 지키지 못한 것을 구실로 삼아, 두 사람을 참수형에 처하게 했다. 사실은 요 세종 야율완, 요 목종 야율경이 연이어 시해당한 정치적 혼란기에 업무에 태만한 고위 관리들을 숙청함으로써 황제의 권력을 강화하려는 속셈이었다.

신하들은 황제의 위세에 압도되어 그를 천찬황제(天贊皇帝)로 높여 부르며 복종했다. 그 후 요 목종 시대에 끊이질 않고 일어났던 모반 사건은 더 이상 일어나지 않았다.

젊은 황제에게는 원로 대신 야율옥질이 있었다. 보녕 초기에 북송이 태원(太原)을 침략한 적이 있었다. 야율옥질이 북송군을 격퇴한 공로로 군사와 행정을 총괄하는 우월에 임용되었다.

보녕 4년(972) 북한의 마지막 황제 유계원(劉繼元·942~991)이 요나라에 사신을 보내 조공을 바칠 때 은밀히 야율옥질에게 거금을 주었다. 야율옥질이 조정의 실세였음을 알고 있었기 때문이다. 야율옥질은 즉시 황제에게 사실대로 아뢰었다.

요 경종은 그의 충직함을 칭찬하고 거금을 받게 했다. 이듬해 야율옥질이 향년 58세를 일기로 세상을 떠났다. 슬픔에 빠진 요 경종은 3일 동안 조회를 열지 않고 그를 추모했다.

야율옥질은 평소에 우월 야율로불고의 아들 야율현적(耶律賢適)을 눈여겨보았다. 야율현적은 학문을 좋아하고 웅지를 품었는데 사람들이 그의 진면목을 알지 못했다.

야율옥질이 사람들에게 자주 이런 말을 했다.

"이 사람이 나라를 다스리면 천하의 백성들은 크게 행복해질 것이오."

요 경종은 즉위하기 전에 야율현적의 충고를 듣고 요 목종의 의심을 피할 수 있었다. 그는 야율현적을 검교태보, 영강군절도사 등 고위 관직에 제수했다. 야율현적은 충직하고 민첩하며 성심으로 사람을 대하였고, 휴식 중에도 정무를 소홀히 하지 않았다. 요 경종의 즉위 초기에 정권 안정에 크게 기여했다.

요 경종은 한족 문명에 대한 이해가 선대 황제들보다도 깊었다. 아울러 한족 왕조의 전통 제도를 적극적으로 수용함으로써 국가의 부흥을 이루고자 한 열망이 대단히 강했다.

그는 즉위하자마자 유학에 정통하고 한림학사, 정사사인 등 고위 관직을 역임한 거란족 출신 원로 대신인 실방(室昉)에게 국가는 어떻게 다스리며 국가 흥망성쇠의 원인에 대하여 수시로 자문을 구했다.

실방은 젊은 황제에게 국가를 다스리는 요체를 강론했을 뿐만 아니라, 당 태종 이세민 등 역대 한족 왕조 성군들의 업적을 귀감으로 삼아야 한다고 주장했다.

실방의 말을 금과옥조로 삼은 요 경종은 요 목종 시대에 만연했던 각종 폐단을 청산하고 백성들에게 민폐를 끼치는 어떤 행위도 금지했다.

이를테면 황제가 순행을 나갈 때 시종들은 민간의 전답을 멋대로 밟을 수 없었으며, 병사들은 행군할 때 전답을 돌아가야 했다. 그는 또 보녕

3년(971)에 요 목종이 폐지했던 '종원(鐘院)'이라는 관청을 다시 설치하게 하여 백성들에게 성문에 걸어놓은 거대한 북을 쳐서 자신의 억울함을 호소할 수 있게 했다.

보녕 5년(973) 근시 실로리(實魯里)가 실수로 신상(神像)을 훼손한 일이 있었다. 요 목종이라면 그를 참수형으로 다스렸겠지만, 요 경종은 너그럽게 용서했다.

요 경종은 자신을 황제로 추대하는 데 공을 세운 한족 출신 관리도 중용했다. 이를테면 일등공신 고훈은 진왕·남원추밀사 등 관작에, 한광사는 상경유수·남경유수·연왕 등 관작에 제수되었다.

원래 요나라 수도 상경과 배도(陪都) 남경의 유수(留守) 관직은 거란 귀족만이 맡을 수 있었는데, 요 경종의 한족 출신 관리를 중용하는 정책에 따라 한광사가 상경과 남경의 유수로 임용된 것이다. 이는 한족 출신 관리들이 요나라에서 조정의 실세로 등장하는 계기가 되었다.

유목 민족이 세운 요나라는 건국 초기에 목축업이 경제의 중심이었지만, 농경 민족인 한족이 인구의 다수를 차지하자 중농 정책을 실시했다. 요 경종 시대에 이르러 토지를 개간하고 농업 생산량을 늘리는 일련의 정책 덕분에, "조세를 부담하는 호구가 수십 만, 경작지가 일천여 리에 이르렀다."

요나라 역대 황제들은 유목민의 후손답게 누구나 사냥을 즐겨했다. 한 번 사냥을 나가면 길게는 몇 달씩 사냥터에서 생활했다.

남원추밀사 곽습(郭襲)이 황제가 자주 궁궐을 비우고 사냥을 나가자 상소했다.

"신(臣)이 감히 엎드려 간언을 올립니다. 성조(聖祖: 요태조 야율아보기)께서는 수많은 난관을 극복하시고 창업하셨습니다. 몸소 덕행을 쌓으시고 정령을 반포하시면서 밤늦게까지 휴식을 취하지 않으셨습니다. 하지만 목종 황제는 탐욕이 넘쳐나고 국사를 내팽개쳤기 때문에 천하의 사람들이 그를 원망했습니다. 폐하께서 황위를 계승한 이래, 천하의 사람들은 모두 국가가 다시 흥성하기를 간절히 바라고 있사옵니다."

"지난 10여 년 동안 정복 전쟁은 끝나지 않았으며, 도적떼는 아직 사라지지 않았습니다. 해마다 풍년이 들어 곡식이 풍족하다고는 하지만, 아직 전쟁의 상처는 아물지 않았습니다. 지금은 폐하께서 수양과 반성을 하고 더욱 조심하면서 국가 발전의 장구한 계획을 가슴속에 품어야 할 때이옵니다."

"근래에 폐하께서 멋대로 수렵을 나가는 일이 지난날보다 더 심해졌다는 얘기를 들었습니다. 만약에 폐하께서 장기간 궁궐을 비웠을 때 예기치 못한 일이나 변란이 일어난다면, 그때 가서 후회한들 무슨 소용이 있겠습니까? 더구나 남쪽에는 강적이 있어서 호시탐탐 우리나라를 침략할 기회를 노리고 있습니다. 그런데도 폐하께서는 소문을 듣고서도 걱정이 되지 않습니까? 폐하께서 사냥과 음주의 즐거움을 줄이고 백성과 사직을 위해서 노력해야 만이, 모든 백성과 사직이 영원한 강복(康福)을 누릴 수 있을 것이옵니다."

곽습이 말한 남쪽의 '강적'은 송 태조 조광윤이 건국한 송나라(북송)이다. 당시 송나라는 바야흐로 중원 지방을 통일하고 사방으로 세력 확장을 도모했다. 곽습은 황제에게 사냥과 음주를 멀리하고 국가를 잘 다스려야 만이 백척간두의 위기를 타파할 수 있다고 주장했다.

요 경종은 신하의 간언을 진심으로 받아들인 군주였다. 충언을 아끼지 않은 곽습을 칭찬한 후 그에게 협찬공신, 무정군절도사 등 관작을 하사했다. 그는 요 목종이 남긴 폐단을 바로잡고 요나라를 다시 중흥의 길로 이끌었다. 요나라는 요 경종 시대에 이르러 비로소 유목 국가에서 한족 문명의 봉건 국가로 변모하기 시작했다. 훗날 요 성종 야율융서가 아버지 요 경종이 이루어놓은 업적을 기반으로 요나라를 부국강병으로 이끌었다.

3. 북송과의 패권 전쟁에서 승리하다

10세기 중엽 요나라가 동아시아 북방의 광활한 지역을 다스리고 있을 때 중국의 중원 지역에서는 오대십국의 분열과 대란의 시대가 종말을 고하고, 송나라(960~1279)가 등장하는 엄청난 정치적 변화가 일어났다.

송나라의 개국 황제 조광윤(趙匡胤·927~976)은 원래 주 세종 시영이 후주를 다스릴 때 전전도점검으로 승진하여 금위군의 최고 지휘관이 되었다.

후주 현덕(顯德) 6년(959) 주 세종은 38세 때 병사했으며, 그의 넷째아들 시종훈(柴宗訓·953~973)이 6세 때 황위를 계승했다. 그가 후주의 마지막 황제 주 공제(周恭帝)이다. 북한이 주 세종이 죽었다는 첩보를 입수하고 요나라와 연합하여 남침했다. 당시 섭정을 하고 있던 부태후(符太后·932~993)가 조광윤에게 남침을 막게 했다.

이듬해 1월 조광윤은 군사를 이끌고 출정했는데 변경성 근교의 진교역(陳橋驛)에 이르렀을 때 '진교의 변'을 일으켜 송나라를 건국했다.

그는 먼저 남방을 정벌하고 북방을 공격하는 이른바 '선남후북(先南後北)'의 통일 정책을 폈기 때문에, 요나라와 북한에 대해서는 수세 전략을 고수했다. 남평(南平)·후촉(後蜀)·남한(南漢)·남당(南唐) 등 남방의 군소 국가들을 평정한 후, 개보 9년(976)에 당진(黨進) 등 장수들에게 요나라의 속국 북한을 정벌하게 했다.

하지만 그는 동경 개봉부 황궁에서 급사했으며, 그의 친동생 조경(趙炅·939~997)이 황위를 계승하여 제2대 황제로 등극했다.

송 태종 조경은 형이 이루지 못한 꿈을 실현하고 싶었다. 먼저 북한을 멸망시키고 후진 석경당이 요나라에게 할양한 연운 16주를 수복함으로써 요나라의 세력이 중원 지방으로 진출하지 못하게 하고 싶었다.

북송 태평흥국(太平興國) 4년(979) 2월 송 태종이 친히 대군을 거느리고 북한 도성 태원을 공격했다. 북한의 마지막 황제 유계원(劉繼元·942~991)이 아들 유양(劉讓)을 요나라에 보내 구원병을 요청했다.

요 경종은 즉시 남부재상 야율사, 기왕 야율적렬 등을 보내 북한을 지원하게 했다. 북송군과 요나라군은 백마령(白馬嶺: 산서성 양곡·陽曲)에서 일대 접전을 벌였는데 북송군의 대승으로 끝났다. 오랜 세월 동안 북방의 기마민족에게 침탈을 당했던 중원 한족의 보기 드문 승리였다. 이 싸움에서 요태종의 넷째아들인 기왕 야율적렬이 전사했다.

사면초가에 빠진 유계원은 송 태종에게 신하의 예를 갖추고 투항하는 수밖에 없었다. 북한을 멸망시킨 송 태종은 승리에 도취되었다. 도성으로 회군하지 않고 계속 북진하여 연운 16주를 수복하고 싶은 욕망이 강렬했다.

황제를 수행한 일부 대신들은 병사들이 너무 지쳐있고 보급품 수송이 원활하지 못하기 때문에, 일단 도성으로 회군하여 전열을 재정비한 후 다시 북벌해도 늦지 않다고 주장했다.

하지만 송 태종은 그들의 주장을 물리치고 곧바로 요나라로 진격했다. 북송군은 파죽지세로 역주(易州)와 탁주(涿州)를 수복하고 남경(南京)을 공격했다. 북송군의 신속한 공격에 저항을 포기한 순주(順州) 수장 유정소(劉

廷素)와 계주(薊州) 수장 유수은(劉守恩)이 연이어 성문을 열고 투항했다.

송 태종은 남경성 남쪽의 보광사(寶光寺)에 머물고 있으면서 부잠(傅潛), 공수정(孔守正) 등 장수들에게 선봉대를 이끌고 요나라군을 공격하게 했다.

양군은 남경성 북쪽 사하(沙河)에서 접전을 벌였다. 북송군이 북원대왕 야율해저(耶律奚底), 남경통군사 소토고(蕭討古), 을실왕 살합(撒合) 등이 이끈 요나라군을 대파했다. 요나라군은 수천 명이 전사하고 500여 명이 생포되는 치욕을 당했다.

보녕 11년(979) 6월 요 경종은 남경성이 함락당할 위기에 처했다는 첩보를 들었다. 척은 야율휴가(耶律休哥)에게는 오원군(五院軍)을, 남원대왕 야율사진(耶律斜軫)에게는 육원군(六院軍)을 이끌고 남경성을 구원하게 했다. 오원군과 육원군은 최정예 부대였다.

요나라군과 북송군은 고량하(高梁河: 북경 시내를 흐르는 하천)를 사이에 두고 대치했다. 야율휴가와 야율사진이 야간을 틈타 오랜 원정에 지친 북송군을 협공했다. 양군은 일대 혈전을 벌였는데 북송군이 참패했다.

화살을 맞고 부상을 당한 송 태종은 나귀가 끄는 작은 수레를 타고 가까스로 전장을 빠져나와 남쪽으로 달아났다. 온몸이 상처투성이여서 말을 탈 수 없었던 야율휴가가 경거(輕車)를 타고 송 태종을 탁주(涿州)까지 추격했지만 생포하지 못하고 돌아왔다.

송 태종이 북한을 멸망시킨 일에 고무되어 일부 신하들의 충언을 무시하고 무모하게 요나라로 진격한 것이 북송 참패의 원인이었다. 이때부터 북송은 더 이상 북방으로 진출하지 못했으며 요나라의 끊임없는 침략을 견뎌야 했다.

요 경종은 북송군을 격퇴한 후에 연호를 보녕에서 전쟁 승리와 국운 융성을 기원하는 의미가 있는 건형(乾亨)으로 바꾸었다.

건형 원년(979) 10월 요 경종은 북송 침략에 보복하기 위하여 남면행군

도통 한광사, 남부재상 야율사, 척은 야율휴가 등에게 북송 정벌을 명령했다. 요나라군이 만성(滿城: 하북성 보정·保定)으로 진격했을 때 북송군이 투항 의사를 밝혔다.

야율휴가가 한광사에게 말했다.

"적군의 대열은 정연하고 정예병이오. 그런데 갑자기 항복하겠다고 하니 이는 분명히 우리를 유인하려는 계략일 것이오. 군대를 정비하여 저들의 공격에 대비해야 하오."

하지만 한광사는 북송군이 정말로 투항할 의사가 있다고 생각하여 그의 충고를 듣지 않았다. 과연 야율휴가의 예측대로 북송군의 항복은 거짓이었다. 한광사가 거느린 요나라군은 북송군의 매복에 걸려들어 대패했다. 그는 군기와 북을 버린 채 패잔병을 이끌고 역주산(易州山)으로 도망쳤다. 불행 중 다행으로 야율휴가가 북송군의 공격을 차단한 덕분에 살아남을 수 있었다.

요 경종이 진노하여 한광사의 죄를 열거했다.

"여러 사람의 의견을 무시하고 적진에 깊숙이 들어간 것이 너의 첫 번째 죄이다. 군령이 엄하지 않고 대오가 문란한 것이 두 번째 죄이다. 우리 군대를 버리고 달아나 숨은 것이 세 번째 죄이다. 정탐을 제대로 하지 못하고 방비를 소홀히 한 것이 네 번째 죄이다. 깃발과 북을 버리고 국가의 위엄을 손상시킨 것이 너의 다섯 번째 죄이다."

요 경종은 군법에 의거하여 그를 죽이려고 했다. 하지만 황후 소작(蕭綽)이 그를 살려주어야 한다는 요청을 받아들여 그에게 곤장의 형벌을 내린 후 석방했다.

당시 소작은 병치레가 잦은 요 경종을 대신하여 조정의 정치를 관장했는데 한족 출신 대신에게 '황후의 은혜'를 각인시켜 충성심을 얻고자 했다.

건형 2년(980) 3월 요 경종은 만성에서의 패배를 만회하고자 서경대동부절도사 겸 부마시중 소돌리(蕭咄李)에게 10만 대군을 내어주고 안문(雁門: 산서성 대현·代縣)을 공격하게 했다. 북송의 두 명장인 반미(潘美)와 양업(楊業)은 안문관(雁門關)의 험준한 지형을 이용해 요나라군을 대파했다. 이 안문관의 전투에서 소돌리는 전사했으며, 마보군도지휘사 이중회(李重誨)는 포로로 잡혔다. 반미는 전공을 인정받아 대국공으로 책봉되었으며, 양업은 운주관찰사로 승진했다.

같은 해 10월 요 경종이 친히 10만 대군을 거느리고 남침했다. 야율휴가의 선봉대가 남역수(南易水) 강변에 위치한 와교관(瓦橋關: 하북성 웅현·雄縣 남관·南關)을 포위 공격했다. 와교관은 북송의 북방 방어선의 핵심 거점이자 요나라 남경으로 가는 길목으로 전략적 가치가 대단히 중요했다.

와교관 수장 장사(張師)가 수비병 1만여 명으로 필사적으로 저항하면서 조정에 원병을 요청했다. 송 태종은 지원군을 보내 장사와 함께 요나라군을 협공하게 했지만 요나라군에 대패했다. 야율휴가는 최후까지 싸우다가 전사한 장사의 시신을 수습하여 '용감한 장수'라고 칭하며 군례로 장례를 치러 주었다.

요 경종은 와교관을 점령한 후 과도한 병력 손실을 우려해 북방으로 철수했다. 고량하 전투와 와교관 전투는 한족 왕조의 오랜 열망이었던 연운 16주 수복 전쟁을 무위로 돌아가게 했다.

그 후 요나라와 북송은 요나라 성종 통화 22년(1004)에 '전연의 맹약'을 체결하여 전쟁을 종식시킬 때까지 크고 작은 공방전을 벌였다. 대체적으로 요나라가 전쟁의 주도권을 잡고 공격했으며, 북송은 수세 전략으로 일관했다.

4. 황후가 황제를 대신하여 국정을 보살피다

　요 경종은 북송의 북벌을 제압했지만 그에게는 결정적인 약점이 있었다. 어렸을 적부터 부모의 비참한 죽음으로 인한 신경 쇠약에 시달렸으며, 몸도 무척 허약하여 병치레가 잦았다. 중년에 들어서는 몸이 아파 정사를 제대로 돌보지 못하는 날이 다반사였다.

　요 경종의 정실부인 소작(蕭綽·953~1009)은 요나라 귀족 가문에서 태어나 성장했다. 그녀의 아버지는 위왕 소사온(蕭思溫), 어머니는 요 태종의 장녀인 연국대장공주 여불고(呂不古)이다. 소작은 어렸을 적부터 머리가 영민하고 매사를 주도면밀하게 처리했다. 아버지는 언제나 "이 딸아이는 장차 큰일을 할 거야."라고 칭찬했다.

　응력 19년(969) 2월 요 목종이 소사온 등 대신들을 거느리고 흑산으로 사냥을 갔을 때 근시 소가 등에게 시해를 당했다. 당시 소사온은 황제가 죽었다는 소식을 차단하고 비룡사 여리, 동지남원추밀사 고훈 등과 협력하여 요 세종의 둘째아들 야율현(요 경종)을 새 황제로 추대했다.

　보녕 원년(969) 3월 요 경종은 상경으로 돌아 온 후, 소사온에게 북원추밀사, 북부재상, 위왕 등 관작을 하사했다. 아울러 소사온의 딸 소작을 귀비로 책봉한 지 몇 개월 후에 정식으로 황후로 책봉했다. 소사온은 황후의 아버지이자 황제의 장인으로서 조정의 권력을 장악했다.

　몸이 아픈 요 경종은 '지혜와 미모를 겸비한 여성'이라는 찬사를 들었던 소작 황후를 총애하여 국정을 아내에게 위임하는 일이 많았다.

　보녕 2년(970) 소사온이 요 경종을 모시고 여산(閭山: 요령성 부신·阜新)으로 사냥을 나갔다가 그의 권력 독점에 불만을 품은 국구 소해지(蕭海只), 소해리(蕭海里) 형제에게 암살당했다.

위기에 몰린 소작 황후는 남편 요 경종을 설득하여 암살 사건의 진상을 밝히게 했다. 이에 소해지 형제뿐만 아니라, 고훈·여리 등 실권자들도 모두 암살 사건에 연루되어 처형을 당했다.

이 시기부터 소작 황후가 본격적으로 섭정했는데 조정 중신들은 나랏일을 의논한 후 반드시 그녀에게 결재를 받았다. 그래서 "국가의 중대사는 모두 연연(燕燕: 소작의 어렸을 때의 이름)이 결정한다."라는 얘기가 나왔다.

보녕 8년(976) 2월 요 경종이 집사관 학사들을 초치하여 다음과 같이 말했다.

> "황후의 말을 기록할 때에도 짐(朕)이나 여(予)라고 칭해야 하며, 이를 법령으로 정하라."

'짐'과 '여'는 중국 고대부터 황제 전용의 1인칭 대명사이다. 이를테면 천자가 상중에 있을 때 '여소자(予小子)'라고 표현했으며, 천자를 '여일인(予一人)'으로 자칭했다. 요 경종이 소작 황후에게 이 천자만이 쓸 수 있는 호칭을 허용한 것은, 그녀가 자신을 대신하여 황제의 권위로 요나라를 다스리게 했다는 의미이다.

요 경종이 즉위했을 때 요나라에는 여전히 연좌제가 존재했다. 집안에 반역죄를 저지른 사람이 있으면, 가족이 사정을 알지 못하더라도 연좌되어 처벌을 받는 제도이다.

남원선휘사 야율아몰리(耶律阿沒里)가 상소했다.

> "형과 아우가 같은 부모의 혈육이라 하더라도 천성은 각기 다릅니다.

한 형제가 역모를 꾀했을 때 다른 형제가 이를 알지 못했는데도 법으로 처벌한다면, 이는 무고한 자에게 형벌을 내리는 것입니다. 앞으로는 함께 사는 형제라도 그 사정을 모르는 자에게는 연좌의 형벌을 면제주어야 합니다."

봉건 왕조 시대에는 말할 것도 없고, '연좌제'라는 무서운 형벌이 아직도 존재하는 국가가 있다. 1천여 년 전에 야율아몰리가 연좌제 폐지를 주장한 것은 정말로 놀라운 일이다.

소작 황후는 야율아몰리의 건의를 흔쾌히 수용하고 연좌제 폐지를 법령으로 공포하게 했다. 그녀가 평범한 황후가 아니었고 정치적 식견이 무척 뛰어났음을 짐작하게 한다.

그렇다고 해서 왕조를 전복하려는 대역죄를 저지른 범죄자에게는 어떤 관용도 베풀지 않았다. 여느 왕조에서나 부계 4족·모계 3족·처가 2족, 도합 9족이 모두 처형되는 극형을 내렸다.

건형 4년(982) 9월 어렸을 적부터 병치레가 잦았던 요 경종은 수렵 활동을 하다가 운주(雲州: 산서성 대동·大同) 초산(焦山)의 행궁에서 재위 13년, 향년 34세를 일기로 병사했다. 재위 기간 중에 능력이 뛰어난 자라면 거란족과 한족을 구별하지 않고 중용했으며 신하의 간언을 마다하지 않았고 온갖 적폐를 청산하고 북송의 북벌을 저지함으로써 요나라의 사직을 다시 반석 위에 올려놓았다. 소작 황후가 막후에서 남편을 도운 덕분이었.

오늘날 그를 '중흥의 군주'라고 평가하지만, 『요사』의 평가는 부정적이다.

"요나라가 건국된 지 60여 년 동안, 신책(태조)과 회동(태종) 연간에는 정복 전쟁이 빈번하여 국가를 제대로 다스릴 시간이 부족했다. 천록(세종)과 응력(목종) 연간에는 온갖 내분이 발생하여 두 황제가 비참하게 시해되었다. 보녕(경종) 연간에 이르러 요나라 사람들은 태평성대를 갈망했다. 경종은 뛰어난 인재를 등용하면 그의 능력을 신뢰하고 의심하지 않았으며, 포상과 형벌을 공정하고 엄중하게 하였다. 그래서 그는 대업을 이룰 수 있을 것 같았다."

"하지만 국력을 총동원하여 북한을 도와 북송군의 장수들을 죽였지만 끝내는 북한의 멸망을 막지 못했다. 그리고 북송을 정벌하려고 했지만 이익보다 손해가 컸다. 한광사의 죄를 알고도 처벌하지 않았으며, 곽습의 간언이 옳다고 칭찬했지만 끝내는 간언을 받아들이지 않았다. 또 승려 소민(昭敏)이 좌도(불교)로 도덕을 문란하게 했는데도 그를 총애하여 시중으로 임명했다. 이러한 과오들을 따지면, 그는 어리석은 군주가 아닌가."

요 성종 야율융서

1 • 모후가 어린 황제를 대신하여 섭정하다

2 • 북송과 '전연의 맹약'을 맺다

3 • 고려와의 26년 전쟁에서 패배하다

4 • 내치와 외치에 성공하여 태평성대를 구가하다

제6장

요 성종 야율융서

1. 모후가 어린 황제를 대신하여 섭정하다

요 경종은 절대 권력을 가진 황제임에도 불구하고 정실 부인 소작 황후 이외에는 후궁을 두지 않았다. 발해비(渤海妃) 모씨(某氏)를 후궁으로 책봉했다는 기록은 있으나, 그녀가 누구인지 분명하지 않다. 아마 요 경종이 몸이 허약했기 때문에 여색을 밝히지 않은 것 같다.

그는 소작 황후 사이에서 장남 야율융서(耶律隆緒·973~1031)를 얻었다. 둘째아들 진진국왕 야율융경(耶律隆慶)과 셋째아들 야율융유(耶律隆裕)도 소작 황후의 소생인 걸로 보아, 황제와 황후 사이가 좋았던 것 같다. 그래서 소작 황후가 아픈 남편을 대신하여 국정을 관장한 것이다.

야율융서는 어렸을 적부터 서예를 좋아했으며 열 살쯤에는 시문을 지을 줄 알았다. 건형 4년(982) 9월 요 경종은 임종을 앞두고 양왕 야율융서에게 황위를 계승하게 하고 소작 황후에게 섭정을 맡겼다. 아울러 북원대왕 야율사진(耶律斜軫)과 남원추밀사 한덕양(韓德讓)을 고명 대신으로 지명하고 숨을 거두었다.

이에 야율융서는 10세 때 요 경종의 영구 앞에서 황위를 계승했다. 그가 제6대 황제 요 성종(遼聖宗)이다. 한족 문명의 세례를 받은 요나라가 선황제의 적장자를 새로운 황제로 추대한 것은 당연했다.

다만 요 성종의 나이가 어렸기 때문에 소작 황후에게 섭정을 맡기고 고명 대신을 지정하여 어린 황제를 보필하게 했다. 이윽고 황태후로 추대된 소작은 종친, 친왕 등 200여 명이 각자 병사들을 거느리고 있으면서 어린 황제를 무시하고 반란을 일으키지 않을까 두려웠다.

어느 날 그녀는 야율사진, 한덕양 등 조정 중신들의 면전에서 눈물을 흘리며 말했다.

"어미는 과부가 되었고, 아들은 아직 어린아이이오. 그런데 황족들은 막강한 군대를 보유하고 있고, 변방 수비는 불안하기 그지없으니 장차 어떻게 하면 좋겠소?"

대신들이 그녀에게 대답했다.

"저희들을 믿어주시기 바랍니다. 황제와 태후에게 충성을 다하겠으니 근심하지 마소서."

특히 한족 출신 한덕양이 소태후에게 은밀히 말했다.

"대신들의 관직을 대폭적으로 바꾸고, 칙령을 내려 왕들을 각자의 왕부(王府)로 돌아가게 해야 합니다. 그리고 그들끼리 사적으로 연회를 여는 것을 엄금하고, 기회를 보아 그들의 병권을 빼앗아야 합니다. 또 그들의 자제를 도성에 인질로 머물게 해야 합니다."

소태후는 대신들의 충성 맹약을 받아냈지만 여전히 마음을 놓지 못했다. 고량하 전투에서 북송군을 괴멸시킨 야율사진은 군부의 실세였다. 소태후는 자신의 조카딸을 야율사진에게 시집보냈다.

얼마 후 요 성종과 야율사진은 소태후의 면전에서 궁시(弓矢)와 말안장을 교환하고 친구가 되기로 하늘을 향해 맹세했다.

야율휴가는 야율사진과 더불어 요나라 군부를 좌지우지한 실세였다. 일찍이 와교관 전투에서 북송군을 크게 무찌르고 북송의 장수 여러 명을 포로로 잡아 요 경종에게 바쳤다.

야율휴가의 대승에 기뻐한 요 경종은 그에게 어마(御馬), 금술잔 등을 하사하고 말했다.

"그대의 용맹은 명성보다 뛰어나도다. 만약 모든 사람들이 그대와 같다면, 어찌 적군을 이기지 못할까 걱정하겠는가."

요 경종은 대승을 거두고 돌아온 그를 우월에 임명했다. 우월은 요나라가 공신에게 수여하는 최고의 훈위(勳位)이다. 거란족 중심의 북면관 제도에서 가장 높은 명예직으로 요나라 역사 209년 동안 단 10명만이 이 영예를 얻었다.

소태후는 자신의 섭정 체제를 공고화하기 위해서는 야율사진뿐만 아니라 야율휴가의 도움도 절실했다. 특별히 황제의 백마와 많은 금은보화를 하사하고 지지를 당부했다. 야율휴가는 눈물을 흘리며 충성을 맹세했다.

그런데 소태후가 진정으로 믿고 의지한 대신은 한덕양이었다. 한덕양의 형 한덕원(韓德源)은 흥국이군절도사·검교태사 등, 동생 한덕위(韓德威)는 우림군장군·상경황성사 등 조정과 군부의 요직을 차지하고 있었다. 소태후는 한덕양 형제를 끌어들임으로써 거란 귀족들을 견제하고 싶었다. 사실 소태후와 한덕양은 연인 관계였다.

어느 날 소태후가 한덕양을 은밀히 불러 속삭였다.

"내가 어렸을 적에 당신과 혼약한 사이였소. 황상께서 붕어하셨으니 이제 예전처럼 당신과 잘 지내고 싶소. 황제가 어린 나이에 등극했소. 당신이 황제를 친아들로 생각하고 보좌하여 국가를 다스리기를 바라오."

소작의 아버지 소사온과 한덕양의 아버지 한광사는 오래 전에 사돈을 맺기로 약속했던 것 같다. 그 후 소작이 요 경종의 정비(正妃)가 되었으므로, 두 집안 간의 혼인 약속은 자연스럽게 없던 일이 되었을 것이다. 소태후는 한덕양에게 옛날의 일을 거론하며 '심정적 남편'이 되어줄 것을 부탁했다.

한덕양도 마다할 이유가 없었다. 그는 매일 밤 황태후의 처소를 드나들며 한 몸이 되었다. 소태후는 노골적으로 한덕양을 남편으로 여기고 총애했다. 황궁 안팎에서 태후와 대신이 정분을 나눈다는 소문이 퍼졌.

소태후는 아예 한덕양의 부인 이씨(李氏)에게 사약을 내려 죽였다. 또 황궁의 근위병 100여 명에게 한덕양의 신변을 지키게 했다. 소태후가 그를 황제처럼 대우하자 누구도 감히 두 사람의 관계에 대하여 입을 함부로 놀리지 못했다.

그 후 한덕양은 초국왕·북부재상·제국왕·진국왕 등 관작을 하사받았다. 또 나중에는 야율융운(耶律隆運)이라는 거란 이름을 받았으며, 요 성종의 의형(義兄)이 되었다. 요나라의 한족 출신 신하들 가운데 그처럼 부귀영화를 누린 자는 없었다. 통화(統和) 29년(1011) 향년 70세를 일기로 고려 원정 중에 병사할 때까지 요나라의 부국강병에 힘을 보탠 결과였다.

소태후는 이렇게 거란 귀족과 한족 관리들을 손아귀에 넣은 후 본격적으로 섭정을 시작했다. 특히 그녀는 어린 황제의 교육에 심혈을 기울였다. 요 성종에게 문무를 겸비하지 않으면 천하를 다스릴 수 없다고 강조했다. 거란족 전통의 무술을 익히는 것은 말할 것도 없고, 유가 경전 등 치국의 도를 담은 서적을 학습하게 했다. 요 성종이 조금이라도 나태한 모습을 보이면 호되게 꾸짖었다. 국가의 중차대한 일을 결정할 때면 언제나 요 성종을 곁에 두고 가르쳤다. 요 성종이 성인이 되었을 때도 모후의 훈계를 들었다.

어느 날 요 성종이 자주 사냥을 나가는 모습을 보고 소태후가 훈계했다.

"옛날에 사람은 욕망을 통제하지 못하면 안 된다고 성인이 말씀하셨다. 지금 내 아들은 천하의 주인인데 틈만 나면 말을 타고 사냥을 나가는구나. 만일 의외의 변고가 일어나면, 네가 나에게 근심을 남겨주지 않겠느냐? 너는 성인의 말씀을 귀감으로 삼아 근신해야 한다."

군주가 사냥을 즐기면 '의외의 변고' 즉, 반란 등이 일어나 사직을 위태롭게 할 수 있으니 자제하라는 훈계이다. 소태후는 권력욕이 강하여 아들이 성인이 된 후에도 권력을 넘겨주지 않고 죽을 때까지 섭정했으나 국가를 제대로 다스릴 줄 아는 여걸이었다.

효자였던 요 성종은 모후와 스승의 가르침에 조금도 어긋나지 않고 학문에 매진했다. 그는 특히 『정관정요』, 『당실록』 등 당나라 역사서를 애독했는데 신하들에게 자주 이런 말을 했다.

"500년 이래로 중국의 영명한 군주를 논하자면, 멀리는 당 태종(이세민), 그 다음은 당 현종(이융기)이며, 가까이는 송 태조(조광윤)와 송 태종(조경)이다."

그도 당 태종처럼 성군이 되기를 꿈을 꾸었다. 그리고 당나라 시가에도 일가견을 이루어 당나라 시인 백거이(白居易)가 펴낸 『백씨풍간(白氏諷諫)』 시집을 거란어로 번역하여 출간하기도 했다.

2. 북송과 '전연의 맹약'을 맺다

송 태종 조경이 북송 태평흥국 4년(979)에 요나라 정벌에 나섰다가 고량하에서 참패를 당하고 동경으로 돌아온 후 내치에 전념하고 있을 때, 요 경종이 세상을 떠나고 그의 어린 아들이 황위를 계승했다는 소식을 들었다.

악주자사 하령도(賀令圖)가 황제에게 아뢰었다.

"거란의 군주는 어리며, 모후는 권력을 장악하고 총신은 국정을 농단하고 있습니다. 거란의 조정이 혼란한 틈을 타서 연운 16주를 탈환해야 합니다."

고량하에서 나귀가 끄는 달구지를 타고 가까스로 달아나 목숨을 건진 치욕을 잊지 않았던 송 태종은 북송 옹희(雍熙) 3년(986)에 조빈(曹彬)·미신(米信)·전중진(田重進)·반미(潘美)·양업(楊業) 등 장수들에게 25만 대군을 이끌고 세 갈래 길에서 북벌을 단행하게 했다.

북벌 초기에는 북송군이 순조롭게 진격하여 요나라에게 빼앗긴 환주(寰州)·삭주(朔州)·운주(雲州)·응주(應州) 등 4주를 수복했다.

우월 야율휴가가 요 성종과 소태후에게 북송군이 웅주도(雄州道)·비호도(飛狐道)·안문도(雁門道) 등 세 곳의 전략적 요충지로부터 요나라로 진격하여, 기구(岐溝)·탁주(涿州)·고안(固安)·신성(新城) 등이 모두 함락되었다고 아뢰었다. 이에 소태후는 어린 황제의 손을 잡고 친정(親征)에 나섰다.

야율휴가가 조빈의 동로군을 기구관(岐溝關: 하북성 탁주에 있는 관문)에서 크게 무찔렀다. 조빈은 패잔병을 수습하여 야음을 틈타 거마하(拒馬河)를 급히 건너 역산(易山) 남쪽 기슭에 진영을 펼쳤다. 다행히도 부장 이계선(李繼宣)이 필사적으로 싸워 소수의 북송군이 도성 동경으로 돌아올 수 있었다. 하지만 북송군 수만 명이 살해당하거나 익사하거나 포로로 잡히는 등 막대한 손실을 입었다. 북송군의 시체가 사하(沙河)를 가득 메워 물길을 막았으며, 버려진 무기와 갑옷이 언덕처럼 쌓였다.

야율휴가는 북송군의 시체를 수거해 '경관(京觀)'을 쌓았다. 경관이란 적군의 시체나 전리품을 공개적으로 쌓아 승리를 과시하는 의식이다. 소태후는 야율휴가의 전공을 치하하여 송국왕으로 책봉하고 '재생례(再生禮)'를 행하게 했다.

재생례란 요나라 황실의 독특한 종교 의식인데 다시 새롭게 태어났음을 의미한다. 특히 전공을 세운 신하에게 왕족과 동등한 영예를 부여하는 최고의 예우이다. 야율휴가는 요나라 역사상 유일하게 재생례를 받은 신하가 되었다.

동로군이 전멸했다는 소식을 들은 송 태종은 서로군의 주장(主將) 반미에게 서로군의 철수를 지시했다. 아울러 철수할 때 환주 등 4주의 백성들을 안전한 내지로 이동시키게 했다. 그때 소태후, 야율한녕(耶律漢寧) 등이 이끄는 요나라군이 다시 환주를 점령했다.

서로군의 부주장 양업이 장수들에게 "요나라군의 기세가 강성하니 일단 후퇴해 유리한 지형에서 방어하자."고 제안했다.

감군(監軍) 왕신(王侁)이 그의 제안을 반박했다.

"군후(君侯)는 정예병 수만 명을 거느리고 있으면서 어찌 이렇게 비겁하게 굴고 있는가? 당장 안문(雁門) 북쪽 계곡으로 당당하게 진군하시오."

'감군'은 군대의 작전을 감독하고 통제하는 관직이다. 주로 황제가 전장에서 군사 작전을 수행하는 절도사, 장군 등을 견제하기 위해 감군을 파견했다. 대체적으로 내시 등 황제의 측근이나 군대에 문외한인 대신들이 감군의 관직을 맡는 경우가 많았다. 만약 현장의 장군이 감군의 말을 듣지 않으면 황제의 어명을 거역한 중죄인으로 몰릴 수 있었기 때문에, 아무리 지략이 뛰어나고 용맹한 장군이라도 감군의 의견을 따르지 않을 수 없었다.

순주단련사 유문유(劉文裕)도 왕신의 주장에 동조하자 양업이 말했다.

"안 됩니다. 이는 필연코 패배할 형세입니다."

왕신이 빈정거리며 말했다.

"군후는 평소에 무적의 기세를 자랑하지 않았는가. 이제 적을 마주하고도 주저하며 싸우지 않으니 혹시 다른 뜻을 품고 있는 게 아닌가?"

양업이 대답했다.

"제가 죽음을 회피하는 것이 아닙니다. 다만 형세가 아직 유리하지 않아 자칫하다간 병사들만 헛되이 죽게 할 뿐, 전공을 세우지 못할까 염려할 뿐입니다. 지금 감군께서 저에게 왜 죽지 않느냐고 책망하고 있으니, 제가 여러분들을 위하여 선봉에 서서 싸우겠습니다."

양업은 출정을 앞두고 눈물을 흘리며 반미에게 말했다.

"이번 출병은 반드시 불리할 것입니다. 저는 태원(太原)의 항복한 장수로서 본래 죽어야 마땅한 신분이었습니다. 하지만 황상께서는 저를 죽이지 않고 총애하여 절도사의 직위를 하사하고 병권을 위임했습니다. 제가 적을 놓아두고 공격하지 않은 것은 적절한 기회를 노려 작은 전공이라도 세워 국가의 은혜에 보답하고자 함이었습니다. 지금 여러분이 제가 적을 피한다고 책망하고 있습니다. 제가 먼저 죽음을 각오하고 싸우겠습니다."

이윽고 진가곡구(陳家谷口: 산서성 영무현·寧武縣)를 가리키며 계속 말했다.

"여러 분은 이곳에 보병과 강노(强弩)를 배치해 좌우익을 지원해 주십시오. 제가 전투를 벌이다 이곳으로 돌아오면 보병으로 협공해 저를 지원해주기를 바랍니다. 그렇지 않으면 우리 모두 전멸할 것입니다."

양업이 요나라군을 진가곡구로 유인하여 섬멸하자는 건의를 받아들인 반미는 왕신과 함께 휘하 병력을 이끌고 진가곡구에 진형을 펼쳤다.
얼마 후 양업은 삭주에서 요나라군과 교전했는데 예상보다 강력한 요나라군의 역공에 포위당했다. 그는 가까스로 포위망을 뚫고 진가곡구에 도착했지만, 반미와 왕신은 약속을 저버리고 이미 후퇴했다.

진가곡구에서 고립된 양업의 북송군은 야율사진에게 전멸을 당했다. 야율해저가 쏜 화살에 맞아 부상을 입고 포로가 된 양업은 투항을 거부하고 3일 동안 단식하다가 죽었다.

안문관(雁門關)에서 요나라군을 크게 무찔렀던 명장 양업의 죽음은 북송군의 사기를 꺾었다. 송 태종의 무모한 북벌이 실패로 끝난 이 전쟁을 '옹희북벌(雍熙北伐)'이라 칭한다.

이 시기부터 북송과 요나라의 처지는 완전히 바뀌었다. 북송은 공세에서 수세로 몰리기 시작했으며, 요나라는 거의 해마다 남벌을 단행하여 북송을 압박했다. 송 태종은 요나라군을 막아낼 힘이 없게 되자 요나라에 재물로 평화를 구걸하는 신세가 되었다.

북송 지도(至道) 3년(997) 송 태종은 향년 58세를 일기로 붕어했다. 그는 기본적으로 천성이 어질고 학문을 숭상하며 백성을 사랑한 군주였다.

그의 셋째아들 송 진종(宋眞宗) 조항(趙恒·968~1022)이 황위를 계승했다. 그는 즉위한 후 이듬해부터 연호를 함평(咸平)으로 정했다. 그도 송 태종을 닮아서인지 학문을 숭상한 군주였다.

요나라 통화 22년(1004) 9월 소 태후와 요 성종은 와교관을 수복한다는 명목으로 친히 대군을 이끌고 북송 영토 깊숙이 침입했다. 남경통군사 소달름(蕭撻凜)은 수성(遂城)을 함락시키고 북송 장수 왕선지(王先知)를 생포했다. 남부재상 야율노과(耶律奴瓜)는 정주(定州)를 공격하여 운주관찰사 왕계충(王繼忠)을 포로로 잡았다.

송 진종은 요나라군이 파죽지세로 진격해오고 있다는 첩보를 듣고 소스라치게 놀랐다. 요나라군이 얼마나 용감하고 잔인한지 누구보다도 잘 알고 있었던 그는 동경 개봉부를 포기하고 남쪽으로 천도하고 싶었다. 참지정사 왕흠약(王欽若)은 승주(升州: 강소성 남경·南京)로, 추밀부사 진요수(陳堯叟)

는 익주(益州: 사천성 성도·成都)로 천도해야 한다고 주장했다.

하지만 재상 구준(寇准)이 천도를 강하게 반대했다.

"누가 폐하를 대신하여 천도 계획을 세우고 있습니까? 마땅히 그의 죄를 물어 참수형으로 다스려야 합니다."

구준은 송 진종에게 황제가 친히 정벌에 나서야 만이 장졸들의 사기를 진작시키고 종묘사직을 지킬 수 있는 유일한 방법이라고 주장했다. 송 진종은 문약했지만 시시비비는 가릴 줄 아는 군주였다. 그는 구준의 주장을 받아들여 친정을 결정했다.

양군은 정주(定州)·삭주(朔州)·영주(瀛州) 등지에서 일진일퇴의 치열한 공방전을 벌였다. 소태후는 주력군을 영주성 아래에 집결시킨 후 밤낮을 가리지 않고 맹렬한 공격을 가하게 했다. 하지만 영주성의 수장 계연악(季延渥)의 결사 항전에 부딪쳐 10여 일이 지나도 성을 함락하지 못했다.

한편 소달름과 소관음노(蕭觀音奴)는 기주(祁州)를 공략하고 소태후와 회합했다. 소태후는 소달름 등 장수들에게 계속 내지로 진격하게 했다. 요나라군은 기주(冀州)·패주(貝州)·덕천(德淸) 등지를 연이어 공략한 후, 전주(澶州: 하남성 복양·濮陽)를 포위 공격했는데 전주성의 수장 이계융(李繼隆)의 거센 저항을 받았다.

북송과의 싸움에서 한 번도 패배한 적이 없었던 명장 소달름은 아무리 맹공을 가해도 전주성을 함락하지 못하자 초조한 마음을 감출 수 없었다. 기병 수십 기만을 대동하고 전주성 아래를 시찰했을 때 북송 장수 장환(張環)이 쇠뇌로 쏜 화살에 맞아 즉사했다.

소달름이 전사하자 요나라 장졸들은 크게 동요하기 시작했다. 소태후는 그의 죽음에 얼마나 충격이 컸던지 5일 동안 조회를 열지 않고 눈물을 흘리며 그를 추모했다.

송 진종은 요나라군이 포위를 풀고 철수한 틈을 타서 전주성으로 들어갔다. 군민들 모두 만세를 외치며 기뻐했다. 북송군의 사기가 하늘을 찌를 듯했으며, 황제가 성안에 있다는 소식을 듣고 구름떼처럼 몰려온 백성 10여만 명이 결사 항전의 태세를 갖추었다.

한편 소태후는 공성 여부를 놓고 깊은 고민에 빠졌다. 북송의 내지로 너무 깊숙이 들어와 보급로가 차단되지 않을까 두려웠다. 그녀는 포로로 잡은 운주관찰사 왕계충이 능력이 출중하고 지혜로운 자임을 알고 자기 수하로 삼고 싶었다. 왕계충을 포로로 다루지 않고 예의를 갖추고 후하게 대접했다.

왕계충은 그녀의 호의와 후대에 감격하여 계책을 냈다.

"대조(요나라)와 남조(북송)가 서로 원수처럼 지내면서 해마다 많은 인마(人馬)를 동원하고 엄청난 재화를 사용하여 전쟁을 벌이고 있습니다. 이에 온 나라가 혼란에 빠지고 어떤 이익도 얻지 못했다고, 신은 평소에 생각하고 있습니다. 차라리 사신 한 명을 급히 보내어 옛 맹세를 되찾고 우호를 맺어 백성을 편안히 쉬게 하며, 무기를 거두고 갑옷을 벗는 것이 어떻겠습니까? 서로를 위한 계책으로 이보다 나은 것이 없을 것입니다."

수많은 병력과 막대한 비용이 들어가는 전쟁보다는 북송과 화의를 맺어 당면한 난국을 타개하고 경제적으로 이익을 취하자는 그의 계책에, 소태후는 전적으로 동의했다.

훗날 왕계충은 요나라에서 좌무위상장군·한인행영도부서·낭야군왕·초왕·추밀사 등 관작을 하사받고 부귀영화를 누리다가 죽었다. 그는 북송의 변절자였지만 요나라의 충신이었다. 요나라 황제는 그에게 귀족의 성씨인 야율씨(耶律氏)를 하사했으므로 그의 이름을 야율종신(耶律宗信)이라고 칭하기도 한다.

한편 송 진종도 소태후가 보낸 사신을 통해 화의를 원하고 있음을 알고 숭의부사 조이용(曹利用)을 사신으로 보내 담판을 짓게 했다. 재상 구준은 원정길에 지친 요나라군을 섬멸할 수 있는 절호의 기회가 왔는데도 싸우지 않는 것은 어리석은 일이라고 주장하며 화의를 반대했다.

하지만 황제와 대신들 모두 하루라도 빨리 전쟁을 끝내고 싶은 마음뿐이었다. 대신들은 오히려 구준이 병권을 장악하려고 욕심을 부리고 있다고 모함했다. 송 진종은 구준을 의심하지 않았지만 그들과 한통속이 되었다. 결국 구준은 자신의 의견을 철회할 수밖에 없었다. 훗날 그는 모함을 당하여 유배지 뇌주(雷州)에서 병사했다.

통화 22년(1004) 12월(양력으로는 1005년 1월) 양국은 전주(澶州)에서 몇 차례 협상을 진행한 끝에 다음과 같은 조약을 체결했다.

"첫째, 송나라와 요나라는 형제국가이다. 현재 요나라 황제(요 성종)가 나이가 어리므로 송나라 황제(송 진종)를 형으로 칭한다. 후세에는 나이를 기준으로 형, 동생을 칭한다. 둘째, 양국은 백구하(白溝河: 하북성에서 발해만으로 흘러들어가는 강)를 경계로 삼는다. 요나라는 수성(遂城) 및 탁주(涿州)·영주(瀛州)·막주(莫州) 등 3주를 송나라에 양보하며 양국은 군대를 철수한다. 향후 도적이나 범인이 국경을 넘어 달아나면 서로 숨겨주지 않는다. 국경 지역의 성읍은 예전처럼 각자 소유하며 더 이상 새로운 성곽을 건설하지 않는다. 셋째, 해마다 송나라는 요나라군에서 필요한 비용으로 은 10만 냥과 비단 20만 필을 제공한다. 양국은 변경 도시에 각장(榷場: 거란, 여진과 무역을 하는 시장)을 설치하고 무역을 시작한다."

이 양국 간에 체결한 조약을 '전연의 맹약'이라고 칭한다. 사실 이 조약은 불평등조약이었다. 북송은 영토를 지켰지만 해마다 요나라에 막대한 세폐를 바치는 굴욕을 당했다. 그렇지만 양국은 25년 동안 지속된 전쟁을 끝내고 향후 100여 년 동안 평화를 유지할 수 있었다. 이 평화의 시대에 북송은 요나라에 서적·도자기·비단·인쇄술 등 선진 문물을 전해주었으며, 요나라는 양·말·낙타 등 가축, 모피, 약재 등을 북송에 보내주었다.

송 진종이 숙모로 칭했던 소태후가 통화 27년(1009) 12월에 향년 56세를 일기로 세상을 떠났다. 요 성종은 모후의 서거에 피를 토하며 통곡했다. 몇 달 동안 제대로 먹지 못하고 비통해하여 몸이 땔나무처럼 말랐다.

황제의 건강을 우려한 대신들은 연이어 상소하여 대상(大喪)이 끝나고 능묘도 조성되었으므로 새로운 시대를 맞이하는 마음으로 연호를 바꾸자고 했다.

요 성종이 말했다.

"연호를 바꾸는 것은 경사스러운 의식이오. 대상 기간 중에 경사스러운 의식을 치르는 일은 불효자나 하는 것이오.

대신들이 또 이구동성으로 말했다.

"고대의 제왕들은 36일 동안 대상을 치렀습니다. 이미 대상 기간이 끝났으니 폐하께서 상복을 벗으셔야 합니다."

요 성종이 대답했다.

"짐은 거란의 군주이오. 고대의 제도에 위배되는 행위를 할망정 불효자는 되지 않겠소."

요 성종은 끝내 3년 대상을 치르고 난 후 비로소 상복을 벗었다. 그가 얼마나 효자였는지 짐작할 수 있는 일화이다.

소태후는 치국의 도를 알고 실천한 여걸이었다. 출신 성분을 따지지 않고 인재를 적재적소에 배치했으며 황무지를 개간하여 농토를 늘렸을 뿐만 아니라, 백성들의 조세 부담도 덜어주었다. 또 27년 동안 섭정하면서 북송을 굴복시키고 여진(女眞)·당항(黨項)·회골(回鶻)·철려(鐵驪) 등 주변 민족을 정벌함으로써 요나라의 통치 영역을 확장했다.

요 성종은 소태후의 죽음을 고려에 통보했다. 이듬해 고려는 위수우(魏守愚) 등 사절단원을 요나라에 보내 소태후를 위한 제사를 지내게 했다. 당시 고려는 형식적이나마 요나라를 상국으로 인정했기 때문에 조문단을 파견했을 것이다.

소태후의 죽음은 요 성종이 직접 국정을 다스리는 시작을 의미했다. 당시 그는 37세의 성숙한 중년이었다. 총명한 자질을 타고 나고 학습을 게을리 하지 않았으며, 27년 동안 모후의 섭정 아래 엄격한 가르침을 받았고 다양한 국정 경험을 쌓은 것은, 그를 강력한 통치력을 발휘하는 군주가 되게 하는 필요충분조건이 되었다.

3. 고려와의 26년 전쟁에서 패배하다

요 성종이 즉위하고 그의 생모 소태후가 섭정을 할 때인 10세기 후반 동북아시아의 핵심 국가는 요나라와 북송 그리고 고려였다. 요나라는

907년에, 북송은 960년에, 고려는 918년에 건국되었으므로 3개국 모두 건국한지 100년이 안 된 신생 국가였다.

당시 3개국 가운데 요나라가 가장 강성했다. 요나라의 주적은 북송이었는데 두 나라는 연운 16주를 차지하기 위하여 치열하게 싸웠다.

고려는 요나라와 북송 사이에서 등거리 외교를 펼치며 국가 이익을 극대화했다. 그런데 고려에 현실적인 위협이 되는 국가는 압록강을 사이에 두고 대립하고 있던 요나라였다. 고려는 먼 나라인 북송과는 친하게 지내고 가까운 나라인 요나라를 공격하는 '원친근공(遠親近攻)'의 전략을 폈다.

고려를 건국한 왕건(王建·877~943)의 유훈인 「훈요십조(訓要十條)」에 이런 조항이 있다.

"제4조, 우리 동방(고려)은 옛날부터 당나라의 풍속을 흠모하여 문물과 예악이 모두 당나라의 제도를 따랐다. 하지만 지역이 다르고 인성(人性)도 각기 다르므로 당나라의 제도와 반드시 같게 할 필요는 없다. 거란(요나라)은 짐승과 같은 나라로 풍속이 같지 않고 말도 다르므로 그들의 의관 제도를 본받지 말라."

왕건은 한당(漢唐)의 한족 문명을 받아들이되 고려의 정체성을 잃어서는 안 되며, 거란을 야만족 취급하며 무시했음을 알 수 있다. 그의 이러한 생각은 후대의 고려 왕들에게 중원의 한족 왕조와는 친하게 지내면서 북방의 유목민이 세운 요나라와 금나라를 야만 국가 취급하는 태도에 영향을 끼쳤다.

고려에게 '짐승과 같은 나라'로 취급을 받았던 요나라도 북송과의 전쟁을 벌일 때면, 언제나 압록강 이동의 고려가 후방을 공격하지 않을까 불안했다. 요나라는 북송과 고려의 동맹을 차단해야 만이 동북아시아의 패권을 장악할 수 있었다.

소태후는 북송을 굴복시킨 후인 통화 10년(992) 12월에 소항덕(蕭恒德·?~996: 자·字가 손녕·遜寧)에게 기병 6만(호칭 80만) 기를 이끌고 고려를 침공하게 했다.

소항덕은 요 경종과 소태후의 셋째 딸 월국공주 야율연수녀(耶律延壽女)의 남편으로 부마도위이자 동경유수였는데 송나라 정벌에 전공을 세워 장모 소태후의 총애를 받은 명장이었다.

마침내 고려와 요나라의 제1차 전쟁이 폭발했다. 전쟁 초기에는 야율원녕(耶律元寧)의 선봉군이 건안(建安: 요령성 개주·蓋州) 남쪽에서 고려군 3,000여 명을 섬멸했다.

고려 성종 왕치(王治·960~997)는 시중 박양유(朴良柔), 내사시랑 서희(徐熙), 최량(崔亮)을 각각 상군사·중군사·하군사로 임명해 요나라군을 맞아 싸우게 했다. 성종 자신도 친히 병사들을 이끌고 안북부(安北府: 평안북도 안주·安州)로 이동했지만 봉산군(蓬山郡: 평안북도 구성·龜城)에서 선봉군사 윤서안(尹庶顔)이 포로로 잡혔다는 소식을 듣고 서경(西京: 평양)으로 돌아갔다.

서희는 봉산군을 구원하기 위해 군대를 이끌고 가던 중 소항덕의 전갈을 받았다. 고려가 북송과의 관계를 단절하지 않고 요나라를 상국으로 섬기지 않기 때문에 정벌하러 왔다고 말했다. 서희는 요나라가 단지 허세를 부리는 것일 뿐, 실제로 고려를 멸망시키려는 의도가 아니라고 판단했다. 서희의 보고를 받은 성종은 사헌감찰 이몽전(李蒙戩)을 요나라군 진영으로 보내 강화를 진행하게 했다.

하지만 소항덕은 느닷없이 이몽전에게 고려 왕이 백성을 제대로 돌보지 않고 있기 때문에 하늘의 벌을 내리러 왔다고 협박하며 항복을 요구했다. 요나라군의 위세에 놀란 성종은 서경 이북의 땅을 요나라에 할양하고 황주(黃州)의 자비령(慈悲嶺)을 경계로 삼자는 대신들의 의견을 받아들여 개경으로 돌아가려고 했다.

하지만 서희와 좌승 이지백(李知白)이 영토 할양에 반대하며 요나라군과 맞서 싸워야 한다고 주장했다.

한편 소항덕은 이몽전이 돌아간 후 오랫동안 회답이 없자 군대를 이끌고 안융진(安戎鎭: 평안남도 문덕군·文德郡)을 공격하여 청천강 이남으로 진격하려고 했다.

중랑장 대도수(大道秀)와 낭장 유방(庾方)이 이끈 고려군이 안융진에서 요나라군을 격퇴했다.

소항덕은 더 이상 남진을 할 수 없게 되자 사신을 보내 화친을 제안했는데 고려 조정은 서희를 급파하여 담판을 짓게 했다.

서희와 소항덕의 담판 결과, 고려는 압록강과 청천강 사이에 홍화진(興化鎭)·통주(通州)·귀주(龜州)·곽주(郭州)·용주(龍州)·철주(鐵州) 등, 이른바 '강동(江東) 6주(州)'를 설치하여 그 영토를 압록강 하류까지 확장시켰다.

요나라는 고려가 북송과의 관계를 끊고 요나라를 상국으로 섬기겠다는 약속을 받아냈다. 고려는 영토 확장이라는 실리를 얻었으며, 요나라는 황제 국가로서 고려를 신하의 나라로 삼는 위세를 부렸다. 만약 이때 서희가 뛰어난 외교술을 발휘하지 못했다면, 고려는 요나라의 침략에 사직이 위태로웠을 것이다.

고려 성종 16년(997) 성종이 세상을 떠난 후, 그의 조카 왕송(王誦·980~1009)이 왕위를 계승했다. 왕송이 고려의 제7대왕 목종(穆宗)이다.

당시 요나라는 왕송을 고려 국왕으로 책봉하는 의식을 통해 고려에 대한 종주권을 확인했다. 하지만 고려는 겉으로는 요나라를 상국으로 섬겼을 뿐, 은밀히 북송과 교류하면서 요나라를 견제했다.

목종 2년(999) 고려에서 파견한 밀사 주인소(朱仁紹)가 북송의 등주(登州)

에 도착해 "고려 백성들이 천자의 교화를 그리워하고 있는데 거란의 억압을 받고 있다."고 호소했다.

송 진종(宋眞宗) 조항(趙恒·968~1022)이 그를 접견하고 고려를 지원하겠다는 내용이 담긴 밀지를 내렸다.

목종 5년(1002) 요나라는 고려에 지리도(地理圖)를 요구했다. 고려의 방방곡곡을 파악함으로써 고려를 손아귀에 넣으려는 속셈이었다. 고려는 요나라의 협박에 굴복하여 지리도를 넘겨주었다. 이듬해 또 호부시랑 이선고(李宣古)를 북송에 파견해 "요나라가 끝없이 요구한다."고 호소하며, 북송 군대가 고려 영내에 주둔해 요나라 견제를 요청했다.

하지만 송 진종은 말로만 도와준다고 했을 뿐, 실제로는 군대를 파견하지 않았다. 통화 22년(1004) 요나라와 북송이 '전연의 맹약'을 맺은 이후로는, 요나라에 굴복한 북송이 고려를 도와줄 명분과 실리가 없었다.

통화 28년(1010) 고려의 서경유수 강조(康肇)가 정변을 일으켜 목종 왕송을 시해하고 왕송의 종형 왕순(王詢: 제8대 현종·顯宗)을 추대했다는 첩보가 요나라에 전해졌다.

요 성종은 강조가 일으킨 정변을 진압한다는 명분으로 동정(東征)을 결정했다. 사실은 고려와 북송의 교류를 완전히 단절시키고 강동 6주를 되찾을 속셈이었다.

남북대왕·피실·을실·실위·흑수여진 등이 황제의 어명을 받들어 병거 2,000여 량에 각종 무기를 가득 싣고 남경으로 집결하여 고려 침략을 준비했다.

요 성종은 자신의 아우이자 초국왕인 야율융우(耶律隆祐)에게 상경에 남아 도성을 지키게 했다. 아울러 부마도위 소배압(蕭排押)을 도통으로, 북면임아 승노(僧奴)를 도감으로 임명한 후, 친히 40만 대군을 이끌고 압록강을 건너 강동 6주로 진격했다. 고려와 요나라 간의 제2차 전쟁은 이렇게 시작되었다.

한편 고려 조정은 요나라에 사신으로 보낸 진적(陳頔)·윤여(尹餘)·김연보(金延保)·왕좌섬(王佐暹) 등이 억류되어 돌아오지 못하자 비로소 요나라가 고려 정벌을 단행했음을 알았다.

현종은 강조를 행영도통사로, 이현운(李鉉雲)을 부사로 임명하고 통주(通州: 평안북도 선천·宣川)에서 30만 대군으로 요나라군의 침략을 막게 했다.

요나라군은 먼저 흥화진(興化鎭: 평안북도 의주군·義州郡)을 포위 공격했지만, 서북면도순검사 양규(楊規), 흥화진사 정성(鄭成), 부사 이수화(李守和) 등의 거센 저항을 받고 함락하지 못했다.

요 성종은 고려 장수들에게 서찰을 보내 군사를 일으킨 목적이 목종 왕송의 원수를 갚고 역신 강조를 토벌하기 위한 것이라며 항복을 요구했지만 뜻을 이루지 못했다. 고려군이 항복할 의사가 없음을 파악한 그는 흥화진의 포위를 풀고 곧바로 통주로 진격했다.

통화 28년(1010) 10월 양군은 통주성 밖에서 치열한 전투를 벌였다. 개전 초기에는 강조가 칼이 달린 수레를 늘어세워 방어 진영을 구축하는 '검차배진(劍車排陣)'의 전술로 몇 차례 승리를 거두었지만, 삼수채(三水砦)에서 요나라군의 선봉대장 야율분노(耶律盆奴)에게 참패를 당했다.

이 싸움에서 고려는 강조, 이현운(李鉉雲) 등 장수와 도관원외랑 노전(盧戩), 감찰어사 노의(盧顗) 등 관리들이 포로로 잡혔고, 병사 3만여 명이 희생되었다. 강조는 끝까지 절의를 지키다가 살해당했다.

같은 해 12월 요나라군이 서경(평양)까지 진격하여 서경부유수 원종석(元宗奭)에게 투항을 권유했다. 원종석은 항복 표문을 작성하여 항복하려고 했다.

하지만 현종의 서경 구원 명령을 받은 중랑장 지채문(智蔡文) 등이 군사를 이끌고 서경으로 달려와 항복 표문을 바치러 가던 노의(盧顗), 유경(劉經)

등을 습격하여 살해하고 표문을 불태웠다. 또 항복을 권유하던 요나라 관리 한기(韓杞) 등 100여 명을 살해했다.

양군은 서경 일대에서 치열한 공방전을 벌였다. 요 성종은 일진일퇴의 상황이 거듭되자 서경 공략을 포기하고 대동강을 건너 고려 왕도인 개경 진격을 결정했다.

요나라군이 개경으로 진격해오고 있다는 첩보를 들은 대신들은 항복하여 요나라 황제에게 신하의 예를 갖추는 게 사직을 지키는 길이라고 주장했다. 요 성종도 이미 여러 차례 고려 정벌의 목적이 고려를 멸망시키는 것에 있지 않다고 강조했기 때문에 그들의 주장에 일리가 없지 않았다.

하지만 예부시랑 강감찬(姜邯贊)이 항복을 강하게 반대했다. 그는 현종에게 왕실은 전라도 나주로 피난하고, 병사들은 끝까지 싸워야 한다고 주장했다. 그의 주장을 받아들인 현종은 현종 원년(1010) 12월 28일 밤에 후비, 채충순(蔡忠順) 등 관료, 금위군 50명을 거느리고 개경을 떠났다.

한편 개경에 무혈 입성한 요 성종은 고려군의 청야 작전으로 아무 것도 얻을 수 없자 도성에 불을 지르게 했다. 성안의 궁궐, 종묘, 민가 등이 잿더미로 변했다.

개경이 요나라군의 수중에 들어갔지만 고려군의 저항도 만만치 않았다. 서북면도순검사 양규가 1,700여 명을 이끌고 곽주(郭州)에 주둔하고 있던 요나라군을 기습해 전멸시켰다.

요 성종은 후방에서 보급로가 차단될 것을 우려하여 황급히 철군을 결정했다. 요나라군이 개경을 떠나 귀주 남쪽 준령곡(峻嶺谷)에 이르렀을 때는 연일 큰 비가 내려 말과 낙타가 지쳐 움직이지 못했다. 요 성종은 병사들에게 갑옷과 무기 대부분을 버리게 하고 겨우 압록강을 건너 동경(東京: 요령성 요양·遼陽)에 도착할 수 있었다.

이때 고려의 대신 상서좌사랑중 하공진(河拱辰)도 요나라군에게 끌려갔다. 원래 그는 현종의 어명을 받아 요나라군의 진영으로 들어가 요 성종에게 고려 왕이 신하의 예를 갖추고 강동 6주를 반환하겠으니 철군하라고 종용한 외교 사신이었다.

요 성종은 하공진이 인품이 훌륭하며 문무를 겸비한 충신이라는 사실을 알고 진심으로 자기 신하가 되어주기를 간절히 바랐다. 하지만 하공진은 고려의 신하로서 절대 요나라 황제를 섬길 수 없다고 버텼다. 통화 29년(1011) 12월 탈출을 시도하다가 붙잡혀 요 성종 앞에 끌려왔다. 요 성종은 다시 하공진에게 자신의 신하가 되라고 요구했다.

하공진이 말했다.

"신(臣)은 본국(本國: 고려)에 감히 두 마음을 품을 수 없소. 만 번 죽을죄를 지어도 결코 대조(大朝: 요나라)를 섬길 마음이 없소."

요 성종은 그의 충성심을 높이 평가하고 거듭 자신의 신하가 되기를 간청했다. 하지만 하공진은 황제 앞에서 오만불손한 태도로 일관했다. 요 성종은 진노하여 그를 처형하게 했는데 요나라 사람들은 그의 시신으로 달려가 심장과 간을 꺼내어 씹어 먹었다. 훗날 그의 자손들을 고려에서 공신 후손의 대우를 받아 300년 동안 음서로 벼슬살이를 했다.

한편 현종은 현종 2년(1011) 2월에 마침내 나주에서 개경으로 환도할 수 있었다.

같은 해 여름 북송의 사신 이적(李迪)이 요나라의 사정을 파악한 후 요나라군의 고려 정벌에 대해 "요나라군이 대패하여 많은 병사들이 돌아오지 못했다."고 조정에 보고했다. 또 북송의 변방 관리들이 "요나라가 고려를 정벌했지만 관료들이 대부분 전사했다."고 보고했다.

당시 요나라는 전사자로 인한 관직의 공백을 메우기 위해서 남경(南京) 일대에서 옛날에 관리 노릇을 했거나 약간의 문식(文識)이 있는 인물들을 급히 선발해야 했다.

이런 기록을 통해서, 요나라는 제2차 고려와 요나라 전쟁에서 군사적 승리를 몇 차례 거두고 잠시 개경을 점령하기는 했으나, 엄청난 피해를 입었고 원래 계획한 전략 목표도 달성하지 못했음을 확인할 수 있다.

요 성종이 고려 원정에 실패하고 돌아온 직후에 연호를 통화에서 개태(開泰)로 바꾼 것도, 자신의 실정을 덮고 국정을 새롭게 이끌어가겠다는 의도에서 나왔다.

현종은 환도 이후에 태사의 점괘(占卦)에 따라 요나라와의 관계 회복을 추진했다. 공부시랑 왕첨(王瞻)을 요나라에 보내 철군에 대한 감사를 표명했을 뿐만 아니라, 동지(冬至)와 황제의 생일에도 사신을 보내 신하국의 예의를 갖추었다.

하지만 요 성종은 현종이 약속을 어기고 친히 입조하지 않은 것을 몹시 불쾌하게 생각했다. 고려 왕이 친히 입조하지 않으면 다시 정벌하겠다고 협박했다. 고려 조정은 사신을 보내 현종이 몸이 아파서 입조할 수 없을 뿐이라고 둘러댔지만 요 성종의 마음을 돌리지 못했다.

개태 2년(1013) 요 성종은 시문(詩文)에 능한 야율자충(耶律資忠)을 고려에 사신으로 보내 강동 6주의 반환을 거듭 요구했다. 하지만 고려는 반환 의사가 없음을 분명히 밝혔다. 양국 간에 전쟁 기운이 또 감돌았다.

개태 3년(1014) 여름 요 성종은 국구상온 소적열(蕭敵烈), 동경유수 야율단석(耶律團石) 등에게 고려 정벌을 명령했다. 이에 고려와 요나라의 제3차 전쟁의 서막이 올랐다.

고려는 더 이상 요나라의 연호 사용을 중단하고 북송의 연호 정삭(正朔)을 채택하기로 결정했다. 또 그 동안 요나라에 바쳤던 조공도 중단했다.

이는 요나라를 상국으로 섬기지 않고 북송과 연합하여 요나라에 대항하겠다는 의지를 표명한 것이다.

개태 3년(1014) 10월 소적열이 통주를 공격했으나 고려 흥화진의 장수 정신용(鄭神勇)과 부장 주연(周演)에게 격퇴당해 요나라 병사 700여 명이 전사했다. 이듬해 정월 소적열이 또 흥화진·통주·용주(龍州) 등을 침략했으나 고적여(高積餘)·조익(趙弋) 등에게 패하여 철군했다.

개태 5년(1016) 정월 도통 야율세량(耶律世良)과 도감 소굴열(蕭屈烈)이 곽주 서쪽에서 고려군을 대파하고 수만 명을 참수하는 대승을 거두었다. 그런데 총사령관인 야율세량이 남해군(南海軍)에서 주둔하는 도중에 갑자기 사망하는 바람에 철군할 수밖에 없었다.

개태 6년(1017) 추밀사 소합탁(蕭合卓), 한인행궁도부서 왕계충(王繼忠)이 고려 정벌에 나섰으나 견일(堅一)·홍광(洪光)·고의(高義) 등에게 대패를 당하고 물러났다.

이듬해 요성종이 또 동정(東征)을 결정했는데 이번에는 강동 6주를 목표로 하지 않고 직접 개경으로 침공하여 고려를 굴복시키려고 했다. 그는 요 경종의 딸, 위국공주 야율장수녀(耶律長壽女)의 남편이자 동평군왕인 소배압(蕭排押)을 도통으로, 전전도점검 소허렬(蕭虛列)을 부통으로, 동경유수 야율팔가(耶律八哥)를 도감으로 임명하고 10만 대군을 동원하여 고려를 공격하게 했다.

상원수 강감찬과 부원수 강민첨(姜民瞻)이 이끄는 고려군은 영주(寧州)에 주둔하고 있으면서 요나라군의 침략에 대비했다. 강감찬은 흥화진으로 진격하여 기병 12,000여 명을 산골짜기에 매복시키고 흥화진 동쪽의 큰 하천(평안남도 순천의 삼교천·三橋川)을 쇠가죽으로 막아 일시에 터뜨리는 전술로 혼란에 빠진 요나라군을 크게 물리쳤다. 이윽고 퇴각하는 요나라군을 추격하여 귀주에서 섬멸했다. 이 전투가 그 유명한 '귀주대첩'이다. 요나라군 10만여 명 중에서 살아서 돌아간 자는 수천 명에 불과했다.

요나라를 최전성기로 이끌었던 요 성종의 고려 정벌 야망이 좌절되었다. 요 성종은 총사령관 소배압의 낯가죽을 벗겨 죽이고 싶었지만, 그가 황실 외척이었으므로 그를 파직시키는 것으로 참패에 대한 문책을 마무리했다.

강감찬이 승리를 거두고 수많은 포로와 전리품을 거두어 개선하자 현종은 직접 영파역(迎波驛)까지 마중을 나와 금화팔지(金花八枝: 금으로 만든 꽃 여덟 송이)를 머리에 꽂아 주고 오색비단으로 천막을 쳐서 전승을 축하하는 연회를 벌였다.

이처럼 요나라와 고려의 26년 동안 지속된 3차에 걸친 전쟁은 마침내 고려의 승리로 끝났다. 요 성종은 고려에 대한 침략 야욕을 포기할 수밖에 없었으며, 더는 강동 6주 반환과 고려 왕의 입조를 요구하지 못했다.

사실 이 전쟁은 동아시아 최강국인 요나라가 고려를 침공한 침략 전쟁이었다. 고려는 좁은 영토와 적은 인구 그리고 물자가 부족한 소국임에도 불구하고 능수능란한 외교를 펼치고 군민이 일치단결하여 필사적으로 저항한 끝에 사직을 지켜낸 것이다.

물론 고려는 요나라를 상국으로 인정하고 신하국을 칭하였으며 해마다 공물을 바쳤지만 요나라의 간섭을 받지 않고 북송과의 경제, 문화 교류를 할 수 있었다.

훗날 고려는 요나라를 물리친 경험을 바탕으로 인류 역사상 가장 넓은 영토를 다스렸던 초강대국 몽골 제국의 침략을 견뎌내고 국권을 수호할 수 있었다.

4. 내치와 외치에 성공하여 태평성대를 구가하다

요 성종은 탁월한 인품과 통치력을 갖춘 군주였다. 더구나 그는 현명하고 강인한 모후 소태후에게 27년 동안 엄격한 가르침을 받았고, 모후의 섭정 아래 다양한 국정 경험을 쌓은 덕분에, 황제로서 제왕의 도(道)와 통치 능력을 갖추고 있었다. 그는 거란족이 중원의 한족을 다스리기 위하여 스스로 한족 문명의 주인이 되기를 원했다.

수나라(隋·581~618) 때부터 시작된 과거 제도는 한족 문명의 정수였다. 일반 백성도 과거 시험을 통하여 고관대작이 될 수 있었다. '시험'이라는 객관적이고 공개적인 경쟁은 관료 조직에 활력을 불어넣었다. 물론 그 폐단도 적지 않았으나, 봉건 왕조 시대에는 가장 선진적인 인재 선발 제도였다.

한족 이외의 민족, 특히 유목 민족이 세운 국가에서 과거 제도를 받아들이는 것은 대단히 중요한 의미를 지닌다. 한족의 법제도와 관습을 수용하여 한족 문명에 동화되는 것이다.

요나라도 건국 초기부터 과거제를 실시하여 관리를 선발했으나 합격자가 아주 적었다. 소태후와 요 성종은 한족을 효과적으로 통치하고 한족 지식인들의 반발을 무마하기 위한 수단으로는 과거제보다 좋은 것은 없다고 생각했다.

사실 거란족은 유목 민족이었기 때문에 농민이 대부분인 한족을 통치하는 데 익숙하지 못했다. 그래서 유가의 통치 철학에 정통한 한족 사대부들을 과거제를 통하여 관료 조직에 흡수함으로써 국가 통치와 민족 간의 화합에 일거양득의 효과를 얻을 수 있었다.

통화 6년(988) 소태후와 요 성종이 전국적으로 과거제를 실시하여 관리를 선발한 이래, 해마다 시험에 합격한 한족 출신 인재들이 관리가 되어 지방으로 파견되었다. 그들은 거란 귀족과 더불어 국가를 지탱하는 중추가 되었다.

한족 출신 장검(張儉)은 요 성종 시대에 장원 급제했다. 그가 운주(雲州)에서 관리로 있을 때의 일이다. 그는 성격이 정직하고 진솔하며 사치와 허례허식을 좋아하지 않았으므로 그를 따르는 사람들이 적지 않았다.

어느 날 요 성종이 운주로 사냥을 나갔다. 황제가 행차하는 지방에서는 지방 장관이 특산물을 바치는 게 관례였다.

운주절도사가 황제에게 아뢰었다.

"신(臣)이 관장하는 지역은 무슨 특산물이 없습니다. 오직 막료 장검만이 한 시대의 보물입니다. 그를 폐하에게 특산물로 바치고 싶습니다."

장검은 운주절도사의 막료였지만, 운주절도사가 얼마나 장검의 능력을 높이 평가했으면 이런 말을 했겠는가. 장검은 황제에게 시책(時策) 30여 가지를 올렸다. 요 성종은 어질고 지혜로운 장검을 얻게 되어 뛸 듯이 기뻤다. 그 후 장검은 90세를 일기로 타계할 때까지 요 성종, 요 흥종 2조(朝)에 걸쳐 국가의 중추가 되었다.

시독학사 마득신(馬得臣)은 당나라 역사에 정통한 학자였다. 요 성종이 당 고조·당 태종·당 현종 등 3조(朝)의 『본기(本紀)』를 읽을 때면, 그가 그것의 핵심 내용을 정리한 것을 황제에게 바치고 귀감으로 삼게 했다. 또 요 성종이 북송을 정벌할 때면, 그가 "투항한 자는 살려주며, 도망간 자는 쫓지 않고, 항복을 망설이는 자는 별도로 다루어야 합니다."라는 진언을 올렸다. 말하자면 송나라 백성들의 민심을 얻기 위해서 생명을 존중하라는 주장이다. 요 성종은 즉시 그의 건의를 수용했다.

요 성종은 격구(擊毬)를 너무 좋아하여 가끔 군국(軍國)의 대사(大事)를 소홀히 했다.

간의대부 관직을 겸직하게 된 마득신이 상소했다.

"'수나라 말기에 일개 서생에 불과했던 방현령과 두여회가 일찍이 당 태종을 만나지 않았다면, 그들이 어떻게 한 시대의 유명한 재상이 될 수 있었을까?'라는 생각을, 신은 평소에 하고 있었습니다. 신은 우둔하고 무능하지만 폐하께서 동궁에 계실 때 폐하를 모시는 영광을 안았습니다. 지금 또 폐하와 함께 경전과 사서를 읽고 있지만 폐하의 영명함에 아무런 도움을 주지 못하고 있습니다. 예전에 폐하께서 정관(貞觀), 개원(開元) 시대의 일을 하문(下問)했을 때 신은 그 내용을 요약하여 폐하에게 말씀드렸습니다."

"지금 폐하께서는 말을 타고 공을 치는 격구 놀이에 정신이 팔려있습니다. 신은 우매하지만 폐하의 격구 놀이에는 세 가지 문제점이 있다고 생각합니다. 형벌의 두려움을 피하지 않고 감히 말씀드리겠습니다. 군주와 신하가 함께 격구를 즐기면 승자와 패자가 있기 마련입니다. 군주가 이기면 신하는 부끄러워할 것이며, 저쪽 편이 지면 이쪽 편은 기뻐할 것입니다. 이것이 첫 번째 문제점입니다. 격구는 말을 타고 장대를 휘두르며 종횡으로 내달리는 격렬한 운동입니다. 운동 중에는 윗사람과 아랫사람을 가리지 않고 오로지 승리를 쟁취하는 것에만 집중하여 신하된 자의 예의를 잃게 합니다. 이것이 두 번째 문제점입니다. 만승(萬乘: 천자를 지칭)의 존귀함을 내팽개치고 잠깐의 쾌락을 추구하다가 말에서 떨어져 부상을 입으면, 황태후와 종묘사직에 어떻게 변명해야 하겠습니까? 이것이 세 번째 문제점입니다. 만약 폐하께서 신의 상소문이 진부한 내용이 아니라고 생각하시고 시간을 내어 읽어보신다면, 이는 천하 백성들의 행복이자 신하들이 원하는 바입니다."

일반적으로 당나라 정관, 개원 시대는 중국 역사상 가장 찬란한 문명의 꽃을 피웠던 태평성대로 간주한다. 마득신의 가르침을 받은 요성종은 요나라를 성당(盛唐) 시대처럼 발전시키고자 하는 목표가 있었다. 그래서 그는 즉시 자신의 과오를 인정하고 마득신을 칭찬했다. 얼마 후 마득신이 세상을 떠나자 그에게 태자태보 관직을 추증했으며 아울러 조정에 조서를 내려 그의 장례식 비용을 부담하게 했다. 요 성종은 신하의 직언을 진심으로 받아들이고 실천했으므로 성공한 군주로 자리매김한 것이다.

요나라는 건국 초기부터 지배 계급인 거란인과 피지배 계급인 한인 등 다른 민족에 대하여 차별 정책을 폈다. 이를테면 같은 죄를 지어도 처벌의 정도가 달랐다. 특히 요 목종 시대에 가혹했는데 거란인은 한인과 노예를 멋대로 살해해도 처벌을 받지 않았다. 이에 따라 한인의 분노가 들끓고 원망이 자자했다.

통화 12년(994) 7월 요 성종은 "10대 죄악을 저지른 거란인은 한족의 법률에 의거하여 처벌한다."라는 조서를 반포했다. 중대 범죄를 저지른 거란인은 면책 특권을 인정하지 않고 한족과 마찬가지로 똑같이 처벌한다는 뜻이다.

또 통화 24년(1006)에 이런 조서를 내렸다.

"만약 주인이 역모를 꾸며 대역죄를 저지르거나 죽을죄를 저지른 경우가 아니라면, 그 주인의 노예는 관가에 고발하지 않아도 된다. 그리고 만약 노예가 죽을죄를 지었다면 반드시 그를 관가에 보내 판결을 받게 해야지, 그 주인이 멋대로 죽여서는 안 된다."

주인이 노예를 멋대로 죽일 수 있었던 시대에, 요 성종은 노예의 '인권'을 보장해 주었음을 알 수 있다. 개태(開泰) 6년(1017) 요 성종의 13번째 딸 야율새가(耶律賽哥)가 아무 잘못도 저지르지 않은 하녀를 죽였다.

진노한 요 성종은 공주의 품계를 군주(郡主)로 강등시켰다. 아울러 그녀의 남편 동평장사 소도옥(蕭圖玉)은 집안을 제대로 다스리지 못했다는 것을 죄명으로 파직을 당했다. 황제가 말이 아닌 행동으로 자신의 딸과 사위를 처벌한 이후에, 누구도 감히 노예를 함부로 죽이지 못했다.

통화 연간(983~1012)에 요 성종은 전국의 각 도(道)에 의창(義倉)을 설치하게 했다. '의창'이란 곡식을 저장해 놓은 창고인데 흉년이 들면 곡식을 방출하여 굶주리는 백성을 구휼했다.

요나라가 북송, 고려 등 주변 국가들과 오랜 세월 동안 전쟁을 벌였음에도 정치·경제적 안정을 이룰 수 있었던 것은 요 성종이 내치에 충실했기 때문이다.

요나라와 북송은 연운 16주를 차지하기 위하여 979년부터 1004년까지 25년 동안 여러 차례 싸웠다. 양국은 1004년에 '전연의 맹약'을 체결한 이후에야 비로소 120여 년 동안 평화의 시대를 열 수 있었다.

한족 문명을 숭상했던 요 성종과 평화주의자였던 송 진종이 동등한 황제로서 서로 형과 아우를 칭하며 우호 관계를 유지했기 때문에 가능한 일이었다.

태평 2년(1022) 송 진종이 세상을 떠났다. 북송은 요나라에 숭의부사 설이곽(薛貽廓)을 사신으로 보내 황제의 부음을 알렸다.

설이곽이 도성 중경(中京: 내몽골자치구 적봉·赤峰)에 도착하기도 전에, 소식을 들은 요 성종은 눈물을 흘리며 재상 여덕무(呂德懋)에게 말했다.

"나와 형님 황제(송 진종)가 의형제를 맺기 전에는 양국 간의 전쟁이 끊이질 않았소. 우리가 20여 년 전에 전연에서 맹약을 맺고 의형제가 된 후에는 양국이 평화롭게 지냈는데 형님 황제가 세상을 떠났구려. 형님 황제는 나와 같은 달에 태어났는데 나이는 나보다 두 살 더 많소. 이제 나도 살날이 얼마 남지 않은 것 같구려."

송 진종의 나이가 요 성종보다 두 살(실제로는 네 살) 더 많았으므로 송 진종이 형, 요 성종이 동생이 되었다. 양국은 두 황제가 의형제 관계를 맺은 이래 20여 년 동안 싸우지 않고 공존할 수 있었다.

그런데 요 성종은 송 진종의 죽음으로 북송이 더 이상 요나라를 상국으로 섬기지 않을까 무척 걱정했다.

또 여덕무를 근심어린 눈빛으로 바라보며 말했다.

"조카 황제(송 인종·宋仁宗 조정·趙禎)의 나이가 어려서 내가 형님 황제와 형제의 의리를 맺은 것을 알지 못할 것이오. 송나라 대신들이 이간계를 써서 나와 한 약속을 파기하지 않을까 걱정이오."

사실 요 성종은 북송이 송 진종 사후에 더 이상 요나라를 상국으로 섬기지 않고 조공을 바치지 않을까 걱정하여 이런 말을 한 것이다.

얼마 후 요 성종을 배알한 설이곽은 송 인종 조정과 섭정을 맡은 유황태후(劉皇太后)가 선황제 송 진종의 유지를 받들어 요나라를 계속 충심으로 섬기겠다는 다짐을 전했다.

북송 황실의 변함없는 마음을 확인한 요 성종은 연경 민충사(憫忠寺)에서 송 진종의 영정을 모셔놓고 자복도량(資福道場)을 세운 후 승려들에게 100일 동안 송 진종의 극락왕생을 기원하는 염불을 하게 했다. 또 송 진종 조항의 이름 자(字)가 있는 백성들의 이름을 모두 개명하게 했다. 이웃 국가 황제의 죽음에 자국민에게 피휘(避諱)하게 한 것은 전무후무한 일이었다. 북송 황제가 자신을 섬기는 것에 대한 보답이었다.

양국의 황제가 아무리 좋은 관계를 유지했더라도, 북송은 해마다 요나라에 세폐사(歲幣使)를 파견하여 은, 비단 등 공물을 세폐로 바쳐야 했다. 요나라가 군사력에서 우위를 차지하고 있었기 때문에 요나라의 요구를 들어주지 않을 수 없었다. 전연의 맹약 이후 요 흥종(遼興宗) 경복(景福) 12년(1042)에 이르기까지 요나라가 북송으로부터 받은 세폐가 백은 380만 냥, 비단 760만 필이나 달했다.

그 후 요나라는 또 북송에 백은 10만 냥, 비단 10만 필을 추가로 요구했다. 북송은 요나라의 요구를 거부하면 전쟁을 피할 수 없다는 공포에 시달렸기 때문에 들어주는 수밖에 없었다.

요 성종 시대에 북송뿐만 아니라 주변국들도 모두 요나라에 조공을 바쳤다. 10세기 후반 요나라, 북송과 삼국 병립을 형성했던 고려는 처음에는 요나라의 조공 요구를 거부했지만, 요나라와의 26년 동안 전쟁을 벌인 끝에 강동 6주를 확보하는 대신에 요나라에 조공을 바쳤다. 고려도 요나라가 동북아시아의 최강국임을 인정하고 조공을 통한 실리 외교를 펼쳤다. 요나라는 고려의 내정에는 어떤 영향력도 발휘하지 못했다.

서하(西夏·1038~1227)는 오늘날 중국 서북부에 위치한 영하회족자치구 은천(銀川)을 중심으로 세력을 떨친 고대 국가이다. 통화 7년(989) 당항족의 수령 이계천(李繼遷·963~1004)이 요나라에 사신을 보내 조공을 바치고 신하가 되겠다고 간청했다.

요 성종은 왕자장절도사 야율양(耶律襄)의 딸을 의성공주로 책봉하고 이계천에게 시집보냈으며 아울러 말 3,000필을 하사했다. 통화 8년(990) 요 성종은 이계천을 하국왕으로 책봉함으로써 서북 지역을 요나라의 영향력 아래에 두었다.

그 후 이계천의 손자 이원호(李元昊·1003~1048)가 정식으로 서하를 건국하고 황제를 칭했으며 이계천의 묘호를 태조(太祖)로 정했다. 서하도 고려와 마찬가지로 해마다 요나라에 사신을 보내 공물을 바치고 실리 외교를 추구했다.

또한 튀르크계 위구르족이 건국한 유목 국가 회흘(回鶻), 신강성 위구르 자치구 화전(和田)에서 번창했던 도시 국가 우전(于闐), 중앙아시아의 튀르크계 이슬람 왕조 아살란(阿薩蘭: 카라한 칸국), 몽골계 유목 국가 실위(室韋) 등 요나라 주변의 거의 모든 국가들이 요나라에 공물을 바치고 교역했다.

특히 요나라와 고려 사이에서 부족 연합체를 형성했던 여진족이 요나라와 가장 밀접한 관계를 유지했다. 여진족은 요나라에 공물을 바침으로써 정치적 종속을 인정하고, 대신 요나라로부터 군사적 보호와 부족장들의 권위를 인정받았다. 요 성종 시대에 여진족이 요나라에 사신을 파견하여 공물을 바친 기록이 이루 다 헤아릴 수 없을 정도로 많다. 그들은 말·해동청·인삼·모피 등 특산품을 요나라에 바쳤으며, 요나라로부터 곡물·철기·비단 등을 수입했다.

훗날 그들이 수입한 철기는 여진족이 강력한 고대 국가를 건설할 수 있는 원동력이 되었다. 요나라는 여진족의 호전성을 두려워하여 철제 무기의 유출을 엄격하게 통제함으로써 여진족이 강성해지는 것을 막았지만, 결국은 여진족의 위대한 영웅 완안아골타가 건국한 금나라에 멸망했다.

어쨌든 요나라는 요 성종 시대에 이르러 최전성기를 맞이했다. 천찬 5년(926) 요태조 야율아보기가 발해를 멸망시킨 후, 발해의 옛 땅에 발해 유민이 세운 천리국(鐵利國: 「요사」에서는 철려(鐵驪)라고 칭했음), 오사국(烏舍國) 등의 소국이 있었다.

개태 원년(1012) 8월 천리국 왕 나사(那沙) 등이 포로로 잡은 오사국 백성

100여 호를 요나라의 빈주(賓州: 길림성 농안현·農安縣)로 보냈다. 요 성종은 나사의 공로를 치하하고 그에게 많은 비단을 하사했다. 그런데 요나라의 선진 문물을 받아들이고자 했던 나사는 요나라 황제에게 불상, 유교 경전 등을 하사해달라고 간청했다.

요 성종은 『호국인왕불상』 1좌(座), 『역경』·『시경』·『서경』·『춘추』·『예기』 각 1 부(部)를 하사하라는 조서를 내렸다. 이는 요나라가 요 성종 시대에 이르러 중원의 한족 문명에 큰 영향을 받았을 뿐만 아니라, 한족 문명의 주체이자 전도사로서 주변 소국에 문명적 우월성을 가지고 있었음을 짐작하게 한다.

태평 5년(1025) 요 성종은 백성들이 의복에 황금으로 치장하는 것을 금지했다. 황실 종친이 금장식을 하려면 먼저 황제의 윤허를 받은 후에야 할 수 있었다. 사치 풍조를 배격하기 위한 조치였다.

요 성종은 정복 군주의 일면과 애민 정신을 가진 유능한 군주였다. 물론 그도 단점이 없지 않았다. 그가 친정을 시작한 이래 연회석에서 술에 취하면 즉흥적으로 상벌을 내리고 관작을 하사하는 버릇이 있었다. 황제의 기분에 따라 신하들의 생사여탈이 결정되는 경우도 있었다. 북부재상 유신행(劉慎行)이 황제가 술에 취해 감정적으로 상벌을 내려서는 안 된다고 간곡히 충고했다. 자신의 잘못을 시인한 요 성종은 자신이 술을 마실 때 내린 결정은, 신하들에게 반드시 다음 날 다시 보고하고 처리하게 했다.

개태 10년(1021) 요 성종의 아홉 번째 아들 야율중원(耶律重元)이 태어났다. 몇 개월 후 문무백관은 요 성종에게 황제의 위대한 업적을 표현한 존호를 바쳤다. 요 성종은 천하에 대사면을 반포하고 연호를 태평(太平)으로 바꾸었다. 북송·서하·고려 등 국가에서 축하 사절단을 파견했다.

이보다 앞서 개태 9년(1020)에 대식국(大食國: 중앙아시아의 카라한 칸국·Kara-Khanid)에서 요나라에 사신을 파견하여 코끼리, 특산물 등을 바치고 대식국 왕자 책할(册割)의 배필을 구한다고 했다. 대식국은 강대국 요나라와 혼인 동맹을 맺기를 원한 것이다. 이듬해에 또 사신을 보내 요청하자 요 성종은 왕자 반랑군호사리(班郎君胡思里)의 딸 야율가노(耶律可老)를 공주로 책봉한 후 대식국 왕자에게 시집보냈다. 당시 요나라가 동아시아 국가들뿐만 아니라 중앙아시아의 여러 국가들과도 밀접한 관계를 맺고 있음을 짐작하게 한다.

태평 11년(1031) 6월 요 성종은 대복하(大福河: 내몽골 호호이하·呼虎爾河) 북쪽으로 순행을 나갔다가, 현지 행궁에서 향년 60세, 재위 49년 만에 붕어했다. 요 성종이 붕어했다는 소식을 들은 송 인종 조정은 7일 동안 음주 가무를 금지하고 요나라 황제를 애도하게 했다.

요 성종은 요나라 역대 9명의 황제 가운데 가장 오랜 기간 재위했으며 요나라를 최전성기로 이끌었다. 그의 통치 전반부는 사실상 모후 소태후가 국정을 주도했다.

통화 27년(1009) 12월 소태후가 향년 56세를 일기로 세상을 떠난 후, 그는 비로소 홀로서기를 할 수 있었다.

요 성종은 요나라 역사에서 최고의 군주였음은 부인할 수 없다. 그는 거란 유목민 출신답게 기마와 궁술에 능했을 뿐만 아니라, 한족 문화에 대한 조예가 깊어 시문 창작을 즐겨 했으며, 도교와 불교 사상에도 일가견을 이루었다. 또한 정복 군주로서 북송·서하·여진 등 주변 국가와 여러 민족을 굴복시켰으나, 끝내 고려는 자기 뜻대로 하지 못했다.

『요사』는 요 성종을 이렇게 평가했다.

"성종은 어린 나이에 황위를 계승했기 때문에 모후 소태후가 섭정했다. 그는 송나라가 두 방향으로 침공해오자 친히 병사들을 거느리고 일거에 연운 16주를 수복했으며 조빈과 미신의 군대를 격파했다. 그리고 다시 진군하여 황하의 북부 지역을 유린했으니 어찌 위대하지 않았겠는가. 그렇지만 그가 승리에 도취하여 교만한 마음을 품은 후부터는 강한 군대를 함부로 사용하여 재앙을 일으켰다. 그래서 동쪽에서는 고려와의 싸움에서 패배했으며, 서쪽에서는 회흘을 공격했지만 실패했다. 이는 언제나 싸우면 이긴다는 오만함에 빠져 생긴 과오이다."

"하지만 성종은 재위 49년 동안 억울한 일을 바로잡고 인재를 등용했으며 탐관오리를 감찰하고 사치와 권력을 남용하는 것을 억제했다. 또 전사한 자의 자손을 우대하고 전국 각지의 빈민들을 구제했으며, 아첨하며 불충한 자들을 처벌하고 고려가 바친 여자 악공을 돌려보냈다. 요나라의 여러 황제들 중에서 재위 기간이 가장 길고 영원한 명성을 남긴 이는 오직 성종뿐이었다."

7

요 흥종 야율종진

1 • 성장 과정과 황위 계승
2 • 모후와의 권력 다툼에서 승리하다
3 • 유흥과 사냥을 즐기며 국정을 돌보지 않다
4 • 북송을 압박하여 세폐를 늘렸지만 서하 정벌은 실패하다

제7장

요 흥종 야율종진

1. 성장 과정과 황위 계승

　　요 성종 야율융서의 첫 번째 부인은 소씨(蕭氏)이다. 그녀의 이름과 출신에 대해서는 알려져 있지 않다. 다만 그녀는 통화 4년(986)에 당시 14세였던 요 성종의 황후로 책봉되었으며, 통화 19년(1001)에 죄를 지어 귀비로 강등되었다는 기록만 남아 있다.

　　요 성종의 두 번째 부인은 흥군절도사 소외인(蕭隗因)의 딸, 소보살가(蕭菩薩哥·983~1032)이다. 소보살가의 고모가 그 유명한 소태후 소작이다. 소보살가는 열두 살 때 비빈으로 간택되어 입궁했다.

　　요 성종은 용모가 빼어나고 재기 발랄한 그녀를 무척 총애했다. 통화 19년(1001) 그녀는 제천황후로 책봉되었다. 요 성종의 그녀에 대한 사랑이 얼마나 지극했던지, 그녀의 생일을 '천순절(天順節)'로 정하고 그녀에게 백성들의 하례를 받게 했다.

그녀도 남편의 뜨거운 사랑에 대한 보답이라도 하듯 황자 두 명을 낳았다. 하지만 두 황자 모두 요절하고 말았다. 요 성종과 제천황후는 두 아들을 잃은 비통함에 젖었지만, 두 사람의 애정은 여전히 변함없었다.

개태 5년(1016) 요 성종의 장남 야율종진(耶律宗眞·1016~1055)이 태어났다. 야율종진의 생모는 순성원비 소누근(蕭耨斤·?~1058)이다. 그녀는 요태조 야율아보기 시대의 명장이자 공신이었던 북부재상 소아고지(蕭阿古只)의 5세(世) 손녀이다. 거란족 명문가 출신이었지만 추녀이며 성품이 옹졸했기 때문에 황제의 총애를 받지 못했다. 하지만 정치적 야망은 여느 호걸 못지 않게 강했다.

요 성종은 장남이 태어나자마자 아들이 없는 제천황후에게 키우게 했다. 제천황후는 야율종진을 친아들로 여기고 정성을 다해 양육했다. 봉건왕조 시대에 황제의 장남을 황자를 낳지 못한 황후가 양육하는 것은 이상한 일이 아니었다.

그래서 소누근도 어쩔 수 없이 황제의 결정을 따를 수밖에 없었을 것이다. 하지만 그녀는 아들을 빼앗긴 원한이 뼈에 사무쳤다.

어린 야율종진은 머리가 총명하고 건강하여 황제와 황후의 사랑을 독차지했다. 개태 7년(1018) 겨우 두 살 때 양왕으로 책봉되었으며, 태평 원년(1021) 다섯 살 때에는 태자로 책봉되어 황위 계승의 영순위가 되었다. 그 후 그는 기골이 장대한 청년으로 성장하여 기마와 궁술에 능숙한 솜씨를 발휘했을 뿐만 아니라 유가의 학설, 시문, 음악 등에도 지식이 있었다.

황제와 황후는 말할 것도 없고 문무백관 모두 미래의 성군이 나타났다고 기뻐했다. 태평 10년(1030) 태자 야율종진은 북남원추밀사사를 겸직하여 본격적으로 국정을 익히기 시작했다.

한편 소누근은 친아들이 제천황후의 품안에서 성장하는 모습을 멀리서 지켜보면서 피눈물을 흘렸다. 친아들을 되찾기 위해서는 어떻게 해서라도 제천황후를 제거해야 했다. 북송 출신 환관인 조안인(趙安仁)에게 제천황후의 동정을 염탐하여 자기에게 낱낱이 보고하게 했다. 그녀는 제천황후의 일거수일투족을 손금 보듯 꿰뚫고 있었다.

제천황후는 비파 연주에 능했는데 악공 연문현(燕文顯), 이유문(李有文)과 몰래 정분을 나눈 적이 있었다.

소누근이 제천황후의 추문을 들추어냈지만 뜻밖에도 요 성종은 개의치 않았다. 그녀는 또 거란어로 제천황후의 비리를 적은 편지를 황제의 침상 옆에 몰래 두었다. 그것을 발견한 요 성종은 소누근의 소행이라 여기고 불태우게 했다. 소누근은 황제의 제천황후에 대한 일방적인 사랑에 냉가슴을 앓았다.

태평 11년(1031) 6월 요 성종이 대복하 북쪽의 행궁에서 병에 걸려 일어나지 못했다. 제천황후와 소누근이 함께 병상 옆에서 시중을 들었다.

소누근은 황제의 죽음이 임박해졌음을 알고 제천황후에게 욕설을 퍼부었다.

"이 늙은 년이 받은 총애도 이제 끝나가는구나. 언제까지 부귀영화를 누릴 줄 알았더냐?"

제천황후가 당황하여 안절부절못하자 시종들이 그녀를 부축해 밖으로 나갔다. 요 성종도 제천황후와 소누근 사이에 갈등이 있음을 진작부터 짐작하고 있었다.

죽음을 예감한 그는 야율종진을 불러 신신당부했다.

"황후는 나를 40여 년 동안 성실하게 보필했다. 그녀에게 아들이 없었기 때문에 너를 태자로 책봉하고 황위를 계승하게 한 것이다. 내가 세상을 떠난 후에, 너희 모자가 그녀를 죽여서는 절대 안 된다."

요 성종은 자기가 진정으로 사랑한 제천황후가 야심만만한 소누근에게 희생당하지 않을까 두려워하여 그렇게 말한 것이다. 그리고 임종 직전에 특별히 유조를 내려 제천황후를 황태후로, 소누근을 황태비로 책봉하게 했다. 두 여자 사이의 품계를 확실하게 결정함으로써 갈등을 방지하고자 한 조치였다.

며칠 후 요 성종이 붕어하자 야율종진이 15세 때 영구 앞에서 황제로 등극했다. 그가 제7대 황제 요 흥종(遼興宗)이다. 즉위 직후에 연호를 경복(景福)으로 바꾸고 대사면을 반포했다.

2. 모후와의 권력 다툼에서 승리하다

요 흥종이 즉위했을 때는 아직 어려 친정할 수 없었다. 소누근이 요 성종의 유지를 감추고 황제의 생모임을 내세워 스스로 황태후가 되어 섭정을 선포했다. 아울러 자기 생일을 '응성절(應聖節)'로 정하고 권력을 다지기 시작했다. 아버지의 유지를 알지 못했던 요 흥종은 모후 뜻을 거스르지 못했다.

중희(重熙) 원년(1032) 천황태후로 추존된 소누근은 이미 세상을 떠난 증조부를 난릉군왕으로, 부친을 제국왕으로 추봉(追封)하고 동생들을 모두 왕으로 책봉했다. 심지어 집안 노예에게도 관직을 하사했다. 반면에 그녀는 자기 말을 듣지 않는 대신들을 무자비하게 살해했다. 또 요 성종이 제정한 법률과 제도가 자신이 통치하는 데 불리하다고 생각하고 그것들을 멋대로 고쳤다. 이로써 요나라는 하루아침에 천황태후 일족의 세상이 되었다.

천황태후가 가장 증오한 인물은 요 성종의 총애를 독차지한 제천황후였다. 제천황후 때문에 얼마나 많은 고통과 서러움을 겪었던가. 당장 그녀를 씹어 먹어도 분이 안 풀릴 정도였다.

천황태후의 사주를 받은 종실 야율희손(耶律喜孫), 호위 풍가노(馮家奴) 등은 제천황후의 동생인 북부재상 소착복(蕭浞卜), 국구 소필적(蕭匹敵) 등이 반란을 획책하고 있다고 모함했다.

천황태후는 즉시 소착복 등을 살해하고 제천황후를 감옥에 가두게 했다. 요 흥종은 제천황후가 반란죄에 연루되어 취조를 받고 있다는 소식을 듣고 깜짝 놀랐다.

그와 모후는 이런 대화를 나누었다.

"황후(소보살가)는 선황제를 40여 년 동안 모셨으며 내가 성인이 될 때까지 나를 키운 분이오. 원래 태후로 추대되어야 했었는데 그렇지 못했습니다. 그런데도 황후에게 죄를 묻다니 말이나 되는 소리입니까?"

"황후가 황궁에 있으면 언젠가는 화근이 될 것이오."

"황후는 아들이 없을 뿐만 아니라 이미 늙었기 때문에 황궁에 있어도 무슨 일을 벌이지 못할 것입니다."

요 흥종은 자신을 키워 준 제천황후의 처지를 동정하고 그녀가 편안한 노후를 보내기를 바랐다. 하지만 천황태후는 그녀에게 모반 혐의를 씌워 그녀를 상경으로 보냈다. 중희 원년(1032) 3월 그녀는 황제가 사냥을 나간 틈을 타서 측근을 상경으로 보내 제천황후에게 사약을 내려 죽이려고 했다.

제천황후가 사자에게 말했다.

"내가 아무런 죄도 짓지 않았다는 것은 천하의 사람들 모두 알고 있소. 어차피 죽을 수밖에 없는 운명이라면, 온몸을 깨끗이 씻고 난 후에 죽겠으니 잠시 기다려 줄 수 있겠소?"

사자가 그녀의 뜻대로 잠시 물러나 있다가 돌아와 보니, 그녀는 이미 사약을 마시고 목숨을 끊은 상태였다. 그녀의 친척과 시종 100여 명도 모두 피살되었다.

그 후 국정의 대소사는 모두 천황태후에 의해서 처리되었다. 그녀는 아들을 꼭두각시 황제로 부리고 싶었다. 아들의 일거수일투족을 철저하게 감시하고 사사건건 간섭했다. 더 이상 어린 황제가 아니었던 요 흥종은 모후의 전횡에 불만을 품었다.

어느 날 요 흥종이 연회석에서 만취하여 기분이 좋아지자 비파를 잘 타는 악공 맹오가(孟五哥)에게 황제가 사용하는 금 술잔과 은 혁대를 하사했다. 그 사실을 알고 화가 난 천황태후가 맹오가를 감옥에 가두고 채찍질하게 했다.

요 흥종은 내시 고경랑(高慶郎)이 태후에게 밀고했다고 의심하고 측근에게 그를 살해하게 했다. 천황태후는 진노하여 고경량을 살해한 자를 체포하여 심문하게 했을 뿐만 아니라, 황제에게도 사건의 진상을 소명하게 했다.

요 흥종이 버럭 화를 내며 말했다.

"내가 세상에서 가장 존귀한 천자인데도 설마하니 살해범과 함께 조사를 받을 수 있겠는가?"

이 사건은 모자지간의 충돌로 비화되지는 않았지만, 두 사람은 서로 의심하고 견제하는 관계로 변질되었다. 천황태후는 이미 건장한 청년으로 성장한 아들이 자기 말을 듣지 않고 멋대로 행동하는 것에 큰 불만을 품었다. 아들을 제대로 통제하지 못하면 자신의 권력이 무너지지 않을까 두려웠다.

요 성종의 아홉 번째 아들 진국왕 야율중원(耶律重元·1021~1063)의 생모도 천황태후이며, 요 흥종의 친동생이기도 하다. 천황태후는 요 흥종을 폐위하고 13세에 불과한 야율중원을 새 황제로 옹립하는 것이 권력 유지에 유리하다고 판단했다.

중희 3년(1034) 여름 천황태후는 친동생인 초왕 겸 북원추밀사 소효선(蕭孝先) 등 친족과 결탁해 황제 폐위를 모의했다. 그녀는 비밀리에 야율중원을 불러 자신의 뜻을 밝혔다. 야율중원은 너무 놀라 입을 다물지 못했다.

뜻밖에도 야율중원은 황제의 침전으로 달려가 아뢰었다.

"형님 황제께서는 각별히 조심하셔야 합니다. 모후께서 형님 황제를 폐위하고 저를 새로운 황제로 옹립한다고 말했어요."

동생의 밀고에 놀란 요 흥종은 내시 조안인(趙安仁)과 함께 천황태후 일당을 제거하기로 결심했다. 먼저 천황태후의 측근이자 종실인 야율희손을 뇌물로 매수하여 자기편으로 끌어들인 후, 천황태후와 함께 행궁으로 피서를 떠나면서 외삼촌 소효선 등은 중경 황궁에 머무르게 했다. 천황태후와 그들을 분리시킨 후에 일망타진할 계획이었다.

얼마 후 요 흥종과 천황태후가 행궁으로 피서를 떠났다. 한편 황궁에서는 황제의 어명을 받은 신하들이 소효선을 체포한 후 모진 고문을 가했다. 소효선은 천황태후의 명령을 받들어 황제 폐위를 모의했다고 자백하지 않을 수 없었다.

요 흥종은 즉시 금위군 500여 명을 동원하여 행궁을 포위했다. 야율희손이 천황태후의 처소를 급습하여 영흥궁도총관 고상가(高常哥)와 내시 수십 명을 살해했다.

요 흥종은 졸지에 고립무원이 된 모후를 폐서인으로 강등한 후 경주(慶州: 요령성 녕림·寧林 서북쪽) 칠괄궁(七括宮)에 유폐했다. 그는 아들이 어머니를 내쫓았다는 비난을 피하기 위하여, "황태후께서 주상에게 황제의 권력을 이양하고 경릉(慶陵: 요 성종의 능묘)에서 수절하기로 결정했다."라는 조서를 내렸다. 이때부터 그는 모후의 세력을 제거하고 친정을 시작했다.

소누근이 유폐된 후 대신들은 황제에게 여러 차례 모후의 환궁을 건의했다. 왜냐하면 당시 요나라와 북송은 해마다 상대국 황태후의 생일에 예물을 보내 축하하는 의식이 있었는데 소누근이 유폐되었다는 소문이 나면 요나라가 외교적 손실을 입을 수 있었기 때문이다. 하지만 요 흥종은 대신들의 건의를 번번이 거절했다.

중희 8년(1039) 7월 독실한 불교 신자였던 요 흥종이 불사(佛事)에 참석했을 때 『보은경(報恩經)』을 듣고 깨달은 바가 있어서 모후를 환궁하게 했다. 그는 모후를 미워하는 마음을 거두고 자식의 도리를 다하려고 했다.

하지만 소누근은 여전히 아들에게 오만불손하게 굴었다. 또 모자지간의 갈등이 날로 깊어졌다.

훗날 중희 24년(1055)에 요 흥종이 세상을 떠났을 때 소누근은 조금도 슬퍼하는 모습을 보이지 않았다.

그녀는 요 흥종의 황후이자 자신의 며느리인 소달리(蕭撻里)가 통곡하는 모습을 보자 오히려 이렇게 말했다.

"너는 아직 젊은 나이인데도 그렇게 슬퍼할 필요가 있겠느냐?"

아직 젊은 나이이므로 얼마든지 다시 시집갈 수 있으니 슬퍼하지 말라는 얘기이다. 아들이 죽었는데도 얼마나 그를 증오했으면 자기 며느리에게 이런 말을 했겠는가.

요 도종 야율홍기가 즉위한 직후에 그녀는 태황태후로 추대되었다. 그녀는 다시 손자에 의하여 부귀영화를 누리다 청녕(淸寧) 3년(1057)에 세상을 떠났다.

3. 유흥과 사냥을 즐기며 국정을 돌보지 않다

중희 3년(1034) 여름 요 흥종이 모후를 유폐시키고 친정을 시작했을 때 혈기가 왕성한 18세였다. 그는 성격이 자유분방하고 주색잡기에 여념이 없었다. 교방사(教坊使: 황궁에서 악공·광대·기녀 등 예능인을 관장하는 관직) 왕세경(王稅輕), 광대, 환관 등 수십 명과 의형제를 맺고 음란한 행위를 일삼았다. 때로는 그들의 집안을 출입하면서 부모에게 절을 하는 해괴한 짓도 서슴지 않았다.

봉건 왕조 시대에 황제가 신분이 미천한 자의 부모에게 예의를 갖추는 것은 상상도 할 수 없는 일이었다. 또 그는 변복을 하고 몰래 출궁하여 저잣거리의 주점에서 백성들과 술을 마시며 음담패설을 마음껏 즐긴 후 환궁했다.

어느 날 밤 요 흥종은 주연을 베푸는 자리에서 술을 마시고 흥이 나자 유사단(劉四端), 왕강(王綱) 등 측근들과 함께 음악을 연주하는 악공들 사이로 들어가 흥겹게 춤을 추며 놀았다. 아울러 후비들에게 의복을 여자 도사의 복장으로 갈아입게 하고 주흥을 돋우게 했다. 이에 황제·후비·대신·악공·광대·기녀 등이 뒤엉켜 연회석을 난장판으로 만들었다.

황후의 아버지 소효목(蕭孝穆)이 그 난잡한 모습을 보고 간언했다.

"거란, 한족 신하들이 모두 참석한 연회에서 후비들을 변장시켜 광대놀이에 참여하게 하는 일은 적절하지 않다고 생각합니다."

요흥종은 주먹으로 장인의 얼굴을 때리며 욕설을 퍼부었다.

"천하의 주인인 짐도 이렇게 하는데 네 딸년이라고 별것이 있겠느냐?"

요 흥종은 친동생 야율종원과 '쌍륙(雙陸)'을 즐겼다. 쌍륙이란 중국 고대에 궁중과 귀족 사회에서 크게 유행한 일종의 도박인데 주사위를 굴려 말의 이동 거리를 결정함으로써 승패를 결정한다.

그런데 두 사람이 한 쌍륙은 단순한 도박이 아니었다. 그는 야율종원에게 자기가 지면 연운 16주 중에서 마음에 드는 성읍과 백성을 골라가지게 했다.

어느 날 두 사람이 쌍륙판을 벌였는데 영관(伶官: 궁중에서 음악 등 예능을 관장하는 관직) 나의경(羅衣輕)이 곁에서 지켜보고 있었다. 요 흥종이 연패하여 성읍 여러 개를 잃었다.

그가 골똘히 판세를 분석하고 있을 때 나의경이 쌍륙판을 가리키며 말했다.

"쌍륙아, 쌍륙아! 네가 아직도 미혹에 빠져 깨닫지 못한다면, 어쩌면 너 자신마저 잃을지도 모른다."

요 흥종은 처음에는 몹시 불쾌하여 나의경을 죽이려고 했지만, 점차 그의 진심을 이해하고 쌍륙을 그만두었다. 적어도 그는 최소한의 분별력은 지니고 있었던 것 같다.

그는 불교에 심취한 군주였다. 어떤 사람을 처음 만났을 때 "너는 불교를 믿는가?"라는 질문을 입에 달고 다닐 정도였다. 그리고 수시로 고승을 초청하여 부처님의 가르침을 들었으며 대규모로 거행하는 불사(佛事)를 좋아했다. 마음에 드는 승려가 있으면 그를 관직에 중용하는 일도 적지 않았다. 황제의 눈에 들어 삼공·삼사·정사령 등 고위직에 오른 승려들이 20여 명이나 되었다.

황제가 이처럼 불교를 숭상하고 승려들을 우대하자 귀족, 관료 등 지배 계급은 다투어 불교를 신봉했으며 심지어 그들의 자식을 비구와 비구니로 출가하게 했다.

그는 또 도교의 도사들도 마음에 들면 관직에 파격적으로 임용했다. 왕강(王綱)·요경희(姚景熙)·풍립(馮立) 등 도사들은 황제가 미행할 때 우연히 황제에게 잘 보여 하루아침에 출세한 자들이다. 심지어 황제를 섬기는 시종들도 요 흥종의 기분에 따라 공경의 지위에 오를 수 있었다.

추밀사 마보충(馬保忠)이 황제가 관직을 아무에게나 남발하는 것을 보고 간곡하게 간언했다.

"죄를 지은 자를 처벌하고 공로를 세운 자를 포상하는 것은 국가의 기본 법도입니다. 한(漢)나라 무제(武帝) 시대에 유명한 신하였던 극암(汲黯)은 '아래에 있는 사람이 능력이 부족한데도 군주의 총애를 받아 능력이 출중한 사람을 제치고 승진한다.'고 한탄했습니다. 또 매관매직은 당(唐)나라 시대에 극에 다했습니다."

"우리 요나라는 북방에서 일어나 유연(幽燕) 지방을 차지한 후 재능에 맞게 관직을 수여함으로써 관리들로 하여금 직분을 다하게 했습니다. 하지만 지금 신하들은 태평성대를 누리며 아무런 공로도 없이 높은 자리에 오르고 있습니다. 관리들의 승진은 능력과 서열에 따라 결정되어야 합니다."

한나라 무제 시대에 청렴하고 강직한 관료로 유명했던 극암은 한 무제가 능력과 공로를 따지지 않고 측근을 중용하는 모습을 보고 간언했다.

"군주가 인재를 쓰는 것은 마치 장작을 쌓는 것과 같습니다. 나중에 온 무능한 자가 먼저 온 유능한 자의 위에 앉게 되는 풍조가 어찌 이치에 맞겠습니까?"

한 무제는 극암의 간언을 듣고 진노했지만, 이윽고 그의 지적이 옳았음을 인정했다.
하지만 요 흥종은 마보충의 간언을 듣고 벌컥 화를 내며 말했다.

"너도 군주라면 군주의 절대 권력을 행사하고 싶지 않겠느냐. 이는 어찌 사직의 축복이 아니겠느냐?"

마보충은 두려워하며 물러났다. 그 후 요 흥종은 측근들에게 관작을 하사할 때마다 대신들의 반대를 무마하기 위하여 그들에게 후한 상을 내리곤 했다. 이처럼 요 흥종이 원칙을 지키지 않고 기분 내키는 대로 관리들을 임용하자 부패가 만연하기 시작했다.

하지만 그는 어리석은 군주는 아니었던 것 같다. 때에 따라 충신의 간언을 받아들일 줄 알았다. 이른바 '국보신(國寶臣)'이라는 명성을 얻은 소효목이 있었다. 그는 천황태후의 동생이자 요 흥종의 외삼촌이다. 그리고 요 흥종의 두 번째 황후 인의황후 소달리가 자신의 장녀이므로 황제의 장인이 된다. 앞서 사위에게 간언하다가 주먹으로 맞은 인물이다.

소효목은 황제의 장인으로서 얼마든지 막강한 권력을 행사하고 부귀영화를 누릴 수 있었지만, 사람됨이가 충직하며 황제에게 직언을 아끼지 않고 법을 공평하게 집행하여 그를 따르는 사람들이 많았다. 그는 천황태후, 다른 형제들과는 다르게 진심으로 황제가 성군이 되기를 바랐다. 인재를 적재적소에 배치해야 만이 국정이 원활하게 돌아간다고 확신했다.

그가 요나라 군정의 최고위관직인 추밀사를 맡고 있을 때 이런 말을 한 적이 있다.

"추밀사가 어질고 능력이 뛰어난 인재를 선발하여 적저적소에 배치하면, 어떤 일인들 이루지 못하겠는가. 만약 추밀사가 사소한 일을 처리하는 데 정신이 팔리면 오히려 국가의 대사를 그르칠 수 있다."

중희 8년(1039) 소효목은 황제에게 요나라 천하의 호구를 정확하게 조사한 후 장정들에게 요역을 균등하게 부과해야 한다고 상소했다. 요 흥종은 그의 건의를 흔쾌히 받아들였다. 이에 과중한 요역에서 벗어나 생업에 종사할 수 있었던 백성들은 눈물을 흘리며 기뻐했다.

요역이 예전보다 늘어나지 않았으며 정복 전쟁도 자주 일으키지 않았고 해마다 풍년이 들어 창고에 곡식이 가득한데도, 백성들은 여전히 궁핍

하고 도적떼가 창궐하는 이유가 무엇이냐고, 요 흥종이 당대의 저명한 학자이자 천성군절도사인 소한가노(蕭韓家奴)에게 물었다.
소한가노가 대답했다.

"폐하께서 도적떼를 근절하시려면 백성들에게 부과한 요역을 더욱 경감하고 그들로 하여금 농사에 전념하게 해야 합니다. 백성들은 의식이 풍족하면 안락하게 살면서 예의와 교화를 익히고 법에 저촉되는 행위를 하지 않습니다. 그러면 그들은 모두 오리 떼처럼 일사불란하게 움직이면서 예의를 갖추고 법도를 준수하므로, 국가에서 그들에게 형벌을 내릴 기회가 거의 없게 됩니다. 옛날에 당 태종이 신하들에게 도적을 근절시킬 방안을 물어보았다고 합니다. 신하들은 모두 엄한 형벌을 내려야 한다고 대답했습니다. 당 태종이 웃으면서 말했습니다. '도적이 늘어나는 이유는 세금 징수가 너무 가혹하여 백성의 삶이 도탄에 빠졌기 때문이오. 짐(朕)이 안으로는 사치와 욕망을 억제하고 밖으로는 순행과 사냥을 금지하여 천하 백성들로 하여금 편안한 생활을 할 수 있게 하면, 도적은 자연이 사라질 것이오.' 따라서 도적의 증감은 모두 의식이 풍족하거나 줄어드는 것, 요역의 경중과 밀접한 관계를 맺고 있음을 알 수 있습니다."

이처럼 소효목, 소한가노 등 어진 신하들이 젊은 황제를 적극적으로 보필한 덕분에 요나라는 다시 안정을 찾을 수 있었다. 하지만 요 흥종은 세월이 흐를수록 국정을 돌보지 않고 수렵 활동에만 전념했다.
『요사·흥종본기』를 읽어보면, 그가 얼마나 자주 사냥을 즐겼는지 알 수 있다. 이를테면 중희 5년(1036) 9월 그는 황화산(黃花山)으로 사냥을 나가 반달곰 36마리를 잡아 기분이 좋아지자 사냥에 동원된 궁수들에게 재물을 하사했다.

또 중희 10년(1041) 9월에는 경채태보(硬寨太保: 황제의 행영을 책임지는 근위부대의 관직) 곽삼(郭三)이 호랑이를 보고 놀라 화살을 쏘지 않고 숨었다는 것을 죄명으로 그를 파면했다. 소한가노가 황제에게 여러 차례 수렵 활동을 자제해야 한다고 상소했지만 그에게는 여전히 마이동풍이었다.

어느 날 요 흥종이 또 대규모 인원을 동원하여 추산(秋山)으로 사냥을 나갔다. 곰, 호랑이 등 맹수들의 공격을 받아 피해를 입은 사상자가 수십 명이나 되었다. 소한가노가 이 사건을 사초(史草)로 기록했다. 이윽고 요 흥종이 그것을 읽어보고 삭제하게 했다. 소한가노가 황궁에서 나온 후 또 그것을 기록했다.

어느 날 요 흥종은 다시 사초를 읽어보고 소한가노와 이런 대화를 나누었다.

"우리 국가가 건국한 이래 어느 황제가 가장 어질고 현명한 임금인가?"

"요 목종이 가장 현명한 임금입니다."

"요 목종은 술을 좋아하고 변덕이 죽 끓듯 하여 사람 목숨을 초개처럼 여기고 사람을 닥치는 대로 죽였는데도, 경은 어찌하여 그가 현명한 임금이라고 하는가?"

"요 목종은 포악했지만 요역과 조세를 줄여서 백성들을 편히 살게 했습니다. 요 목종 시대에 무고하게 살해된 사람의 숫자는 지금 추산에서 맹수에게 물려 피해를 입은 사상자보다 적었습니다. 그래서 신은 요 목종이 현명한 임금이라고 말한 것입니다."

사실 요 목종 야율경은 요나라 역사상 최악의 폭군이다. 그는 살인을 즐긴 살인마였다. 물론 요 흥종은 요 목종보다 더 나쁜 군주는 아니었다.

하지만 소한가노는 사냥에 빠져 지내는 요 흥종에게 경각심을 일깨워주기 위하여 그렇게 역설적으로 말했을 것이다. 요 흥종은 소한가노의 충언에 묵묵부답으로 일관했다.

4. 북송을 압박하여 세폐를 늘렸지만 서하 정벌은 실패하다

요 성종 시대인 통화 22년(1004) 12월에 요나라와 북송은 '전연의 맹약'을 체결한 이래 우호 관계를 유지했다. 북송이 해마다 요나라에 백은 10만 냥, 비단 20만 필을 바치고 얻은 '평화'였다.

중희 9년(1040) 가을 북송이 사신 곽정(郭禎)을 요나라에 파견하여 서하를 정벌한다는 소식을 전했다. 서하는 경종(景宗) 이원호(李元昊)가 황제를 칭하기 전에는 두 강대국 요나라와 북송에 조공을 바치고 복종했다.

하지만 이원호는 북송과의 대등한 관계를 주장하며 마찰을 빚었다. 북송은 이원호를 황제로 인정하지 않고 서하 원정에 나섰지만 참패했다.

중희 10년(1041) 요 흥종은 북송군이 궤멸 상태에 빠졌으며 북송 북부의 변방 지역이 무주공산임을 알아차리고 황태제 야율중원 등 장수들에게 남경에서 병력을 집결하여 남침을 준비하게 했다. 아울러 북송에 사신을 보내 남관(南關)의 10개 현(縣)을 할양하라고 협박했다. 남관은 와교관(瓦橋關: 하북성 웅현·雄縣)·익진관(益津關: 하북성 패주·霸州)·어구관(淤口關: 하북성 영청현·永淸縣) 등 삼관(三關) 이남의 지역이다.

그 동안 요나라에 막대한 세폐를 바치고 평화를 유지했던 송 인종은 요 홍종의 협박에 깜짝 놀랐다. 황급히 태상승 부필(富弼)을 국신사 자격으로 요나라에 파견하여 담판을 짓게 했다.

요 홍종이 부필에게 따지듯 물었다.

"남조(북송)가 맹약을 어기고 안문관(雁門關: 산서성 대현·代縣)을 막았으며 저수지의 물을 늘리고 성곽과 해자를 수리했으며 백성들을 민병으로 양성했소. 이는 남조가 본조(요나라)를 침략하고자 전쟁을 준비하고 있는 것이 아닌가? 신하들이 당장 군사를 일으켜 남진하자고 청하고 있소. 하지만 짐은 남조에 사신을 보내 토지를 요구하는 것이 좋으며, 요구가 이루어지지 않으면 그때 가서 군사를 일으켜도 늦지 않다고 신하들에게 말했소."

사실 요 홍종의 말은 북송의 영토를 빼앗기 위한 협박에 불과했다. 부필은 이렇게 대답했다.

"북조(요나라) 황제께서는 장성황제(章聖皇帝: 송 진종)의 넓고 큰 덕을 잊으셨습니까? 전연의 전투에서 장성황제가 장수들의 주장을 따랐더라면, 북방의 병사들은 단 한 명도 빠져나가지 못했을 것입니다. 게다가 북조가 중국(북송)과 계속 우호 관계를 유지하면, 군주는 그 이익을 독점하고 신하들은 얻는 것이 없을 것입니다. 만약 전쟁을 한다면 이익은 신하들에게 돌아가고, 군주는 그 재앙을 떠안아야 합니다. 따라서 전쟁을 권하는 자들은 모두 자신의 이익을 꾀하고 있을 뿐입니다."

부필의 정정당당한 언변에 놀란 요 홍종은 그에게 구체적으로 설명해

주기를 요구했다.

부필이 대답했다.

"후진 고조 석경당은 하늘을 속이고 군주를 배신했으며, 말제 석중귀는 무능하고 어리석었으며 영토는 좁고 군주와 신하가 분열되었기 때문에 거란이 승리할 수 있었습니다. 하지만 거란도 후진을 멸망시키면서 장정과 준마를 절반 이상 잃었습니다. 지금 중국은 영토가 만 리에 이르고 정병이 백만이며, 법령이 명확하고 군주와 신하가 일심동체입니다. 지금 북조가 전쟁을 일으킨다면 반드시 이길 수 있다고 확신하십니까? 설령 이긴다 해도 잃은 병사와 말은 신하들이 책임질 것입니까, 아니면 군주가 책임질 것입니까? 만약 계속 우호 관계를 유지한다면, 세폐는 모두 군주에게 돌아가고 신하들은 아무런 이익도 얻지 못할 것입니다."

부필은 요 흥종에게 전쟁을 일으키는 것보다는 북송으로부터 계속 세폐를 받는 것이 훨씬 이익이라는 것을 강조했다.

'돈'으로 요나라 침략을 막고자 했던 부필은 요 흥종이 자신의 주장에 긍정적인 반응을 보이자 계속해서 말했다.

"안문관을 막은 것은 서하의 침략에 대비하기 위해서입니다. 또 저수지의 물을 늘린 일은 제주단련사 하승구(何承矩)가 처음 시작했습니다. 이는 양국이 우호 관계를 맺기 이전의 일입니다. 성곽과 해자도 옛것을 수리했고, 민병도 부족한 것을 보충했을 뿐입니다. 이는 모두 약속을 어긴 것이 아닙니다."

요 흥종은 부필의 조리 있는 대답에 말문이 막혔지만 여전히 '조상의 땅'을 되찾겠다고 하며 영토 할양을 요구했다.

부필도 예전에 북송이 요나라에 빼앗긴 땅을 돌려달라고 하면, 요나라에 또 무슨 이익이 되겠냐고 주장하며 거절했다. 부필은 세폐는 늘려줄 수 있을지언정 영토는 절대 할양할 수 없다는 송 인종의 뜻을 거듭 전했다.

요 흥종은 부필의 완강한 거절에 영토 요구를 포기할 수밖에 없었다. 그 대신에 북송에 혼인 동맹을 요구했다. 혼인 동맹을 통하여 북송을 속국으로 삼으려는 속셈이었다. 하지만 부필은 혼인 동맹도 요나라에 세폐보다 경제적인 이익이 적다고 주장하며 거절했다.

부필이 양국을 오고가며 협상한 끝에 북송이 요나라에 세폐를 증액하기로 결정했다. 하지만 또 문제가 발생했다.

북송이 요나라에 국서를 보낼 때는 드릴 '헌(獻)' 자를 써야 하며 그렇지 않으면 바칠 '납(納)' 자를 써야 한다고 했다. 전자는 제후가 천자에게 바치는 굴욕적인 표현이며, 후자도 아랫사람이 윗사람에게 돈과 물건을 바친다는 뜻이다.

부필이 또 거부하자 요 흥종이 말했다.

"남조가 이미 나를 두려워하고 있는데 두 글자에 무슨 문제가 있겠는가. 만약 내가 군사를 이끌고 남진한다면 너희들은 후회하지 않겠는가?"

북송은 요나라를 두려워하고 요나라의 제후국이나 다름이 없는 데도 제후가 천자에게 쓰는 한자인 헌(獻)과 납(納), 두 글자에 무슨 문제가 있냐는 힐난이었다.

부필이 정색을 하고 대답했다.

"본조는 남과 북의 국가를 모두 사랑하므로 다시 화친하는 일을 꺼리지 않을 뿐입니다. 그런데도 어찌하여 우리가 요나라를 두려워하고 있다고 말씀하시는지요? 만약 양국 간에 어쩔 수 없이 전쟁이 일어난다면, 전황의 유리함과 불리함에 따라 승패가 결정될 것입니다. 이는 신이 알 바가 아닙니다."

부필의 단호한 태도에 놀란 요 흥종은 그를 굴복시킬 수 없다고 판단했다. 중희 11년(1042) 9월 야율인선(耶律仁先)과 유육부(劉六符)를 북송에 보내 직접 담판을 짓게 했다.

결국 북송은 요나라의 요구에 굴복하여 해마다 백은 10만 냥과 비단 10만 필을 조공으로 더 바치겠다고 약속했다. 북송은 강직하고 유능한 부필의 언변 덕분에 영토를 빼앗기지는 않았지만, 또 평화를 '돈'으로 산 것이다.

얼마 후 약속대로 북송에서 보낸 조공품이 양국의 경계가 되는 백구하(白沟河)에 도착했다. 요 흥종은 기쁨에 겨워 황궁의 소경전(昭慶殿)에서 큰 잔치를 베풀고 대신들과 함께 마음껏 취했다.

이처럼 북송은 요나라에 굴복했는데 서하는 그렇지 않았다. 원래 서하의 태조 이계천(李繼遷·963~1004)과 태종 이덕명(李德明·981~1032)은 요나라 황제에게 신하를 칭하고 권력을 유지했다.

요나라 경복(景福) 원년(1031) 천황태후가 흥평공주 야율씨를 이덕명의 장남 이원호에게 시집보냈다. 옛날부터 속국 왕자에게 종실 공주를 시집보내는 일은, 천조가 속국을 통제하기 위한 수단이었다. 이로써 이원호는 요나라의 부마도위가 되어 하국공이라는 작위를 받았다.

경복 2년(1032) 이덕명이 사망하자 요나라는 그의 아들 이원호를 서하왕으로 책봉했다. 하지만 이원호는 요나라 황제에게 복종하는 군주가 아니었다. 아버지 이덕명의 뜻에 따라 어쩔 수 없이 흥평공주를 아내로 맞이하여 요나라의 부마도위가 되었지만 언젠가는 황제로 독립하겠다는 야망을 품었다. 그는 흥평공주를 아주 싫어하여 거들떠보지도 않았다. 그가 황제를 칭하기 전후에 그녀를 핍박하여 죽음에 이르게 했다.

중희 7년(1038) 요나라는 북원승지 야율서성(耶律庶成)을 서하로 보내 흥평공주의 사인을 강하게 추궁했다. 이원호는 그녀가 병들어 죽었다고 변명했지만, 천황태후와 요 흥종은 그의 말을 믿지 않았다.

당시 이원호는 대하(大夏)를 정식으로 건국하여 황제를 칭하고 연호 천수예법연조(天授禮法延祚)를 선포했기 때문에 요나라와의 일전불사를 각오하고 있었다. 아울러 송 인종에게 사신을 보내 자신을 황제로 인정해줄 것을 요구했으나 거절을 당했다.

요나라와 북송 그리고 서하 사이에 군사적, 외교적 갈등이 날로 증폭되었다.

천수예법연조 3년(1040)부터 천수예법연조 5년(1042)에 이르는 동안, 이원호는 북송을 여러 차례 침공했다. 연주(延州: 섬서성 연안·延安) 부근에서 벌어진 삼천구(三川口) 전투, 진융군(鎭戎軍: 영하회족자치구 고원·固原) 육반산(六盤山) 지역에서 벌어진 호수천(好水川) 전투, 진융군 서북쪽에서 벌어진 정천새(定川寨) 전투 등에서 북송군을 크게 무찔렀다.

대승에 고무된 이원호는 "짐이 친히 위수(渭水)에 이르러 장안(長安)을 점령하리라."고 공언하기도 했다. 하지만 서하는 북송과의 전쟁에서 승리했지만 심각한 전쟁의 후유증에 시달렸다.

북송은 백은, 비단 등 세폐를 서하에 더 이상 제공하지 않았을 뿐만 아니라, 변경 무역도 중단했다. 더구나 서하도 전쟁 중에 많은 사상자가 생겨 노동력이 부족했다. 그 동안 북송에서 들여온 양식, 비단, 옷감, 차 등 생활필수품이 극도로 부족해지자 물가가 폭등하여 민심이 흉흉해졌다.

이원호는 요나라가 그 틈을 이용하여 서하를 침략하지 않을까 두려웠다. 서둘러 북송과의 화의를 선택할 수밖에 없었다. 천수예법연조 6년(1043) 정월부터 이듬해 6월까지, 양국은 협상을 진행한 끝에 화의를 달성했다.

이원호는 형식상이나마 '서하주(西夏主)'의 신분으로 북송에 신하의 예를 갖추었다. 하지만 북송 사신이 서하를 방문할 때는 유주(宥州: 섬서성 정변·靖邊)에만 머물게 하고 도성에는 들어오지 못하게 했다. 백성들로 하여금 자신이 신하를 칭했다는 사실을 모르게 하기 위한 조치였다.

북송은 해마다 백은과 비단 그리고 차 25만5천 근을 지급했을 뿐만 아니라, 서하의 상인들도 북송의 도성에 와서 장사할 수 있도록 했다.

한편 요나라는 서하와 북송의 갈등 속에서 어부지리를 노렸는데 두 나라가 화의를 달성했다는 소식을 듣고 당황했다. 만약 두 나라가 협공하면 전략적으로 대단히 불리할 수밖에 없었다. 더구나 요나라 변방에 거주하고 있던 당항족의 부족장들이 자주 반란을 일으켰기 때문에 요나라와 서하의 관계가 급속도로 악화되었다.

중희 13년(1044) 9월 요 흥종이 친히 10만 대군을 거느리고 서하 침공을 결정했다. 아울러 남원추밀사 소혜(蕭惠), 황태제 야율중원, 동경유수 소효우(蕭孝友) 등에게 세 갈래 방향에서 황하(黃河)를 건너 진격하게 했다.

양군은 하란산(賀蘭山: 영하회족자치구 은천·銀川 교외에 소재)에서 일대 결전을 벌였다. 전쟁 초기에는 서하군이 패배했지만, 이원호가 후퇴하면서 요나라군을 내지로 깊숙하게 유인한 후 청야(淸野)와 보급로를 끊는 작전으로 요나라군을 전멸시켰다. 요 흥종은 호위병 몇 명과 함께 극적으로 탈출하여 목숨을 건졌다.

이원호는 대승을 거둔 후 요나라에 사신을 보내 화의를 맺었다. 하지만 그는 성격이 포악하고 의심이 많은 군주였다. 자신과 뜻을 달리하거나 의심이 가는 자들은 모조리 살해했다.

원래 서하 왕실의 성씨는 당항족의 탁발씨(拓跋氏)이다. 당나라로부터 이씨(李氏)를 하사받았다. 당항족의 또 다른 명문거족은 이원호 모후의 성씨인 위모씨(衛慕氏)이다. 이원호는 외척 위모씨가 권력을 찬탈하지 않을까 두려웠다. 기회를 보아 위모씨를 모조리 제거하려고 했다.

요나라 중희 3년(1034) 모후 위모씨의 남동생인 위모산희(衛慕山喜)가 이원호를 암살하려다가 실패했다. 이원호는 자신의 외가인 위모씨 일족을 모조리 물에 빠트려 죽였다. 암살 미수 사건에 연루된 모후 위모씨에게도 사약을 내려 죽였다.

이원호는 또 호색한이었다. 하란산의 호화로운 별궁에서 음주가무를 즐기며 미희들과 나뒹굴었다. 자신의 둘째아들이자 태자인 이녕령가(李寧令哥)의 아내 몰이씨(沒移氏)는 미모가 대단히 뛰어났다. 며느리에게 반한 이원호는 그녀를 빼앗아 새로운 황후로 책봉했다. 아버지에게 아내를 빼앗긴 이녕령가는 모멸감을 견딜 수 없었다.

천수예법연조 11년(1048) 이녕령가가 이원호를 시해했다. 얼마 후 이녕령가도 임금을 시해한 대역죄로 권신 몰장와방(沒藏訛龐)에게 피살되었다. 조정의 권력을 장악한 몰장와방은 이원호의 또 다른 아들 이량조(李諒祚·1047~1068)를 새 황제로 추대했다. 이량조가 제2대 황제 의종(毅宗)이며, 당시 갓 돌을 지난 아기였다.

요 흥종은 서하에서 궁중 변란이 일어나 한 살배기 아기가 황제로 추대되었다는 첩보를 듣고 회심의 미소를 지었다. 서하를 다시 정벌할 절호의 기회가 왔다고 판단했다.

중희 18년(1049) 그는 부마도위 소혜(蕭惠)에게는 남로군을, 북로군행군도통 야율적노고(耶律敵魯古)에게는 북로군을 이끌게 하고, 자신도 친히 중군을 거느리고 서정(西征)을 단행했다.

요나라 삼군은 황하 강변을 따라 서하 경내로 진격했다. 하지만 남로군이 괴멸을 당하자 요 흥종은 서하군의 기습을 두려워하여 회군하는 수밖에 없었다. 북로군은 량주(涼州: 감숙성 무위·武威)까지 진격하여 몰장와방이 이끈 서하군 3,000여 명을 섬멸했고, 경종 이원호의 황후 몰이씨(沒移氏), 서하 관료들을 포로로 잡았으며 대량의 가축을 약탈한 후 돌아왔다. 야율적노고가 지휘한 북로군은 일정한 전과를 올렸지만, 제2차 서하 원정도 결국은 실패로 끝났다.

요나라와 서하의 전쟁은 요나라의 국력을 약화시키는 계기가 되었다. 그리고 서하는 이 시기부터 요나라와 북송에 형식적으로 신하국을 칭하고 조공을 바쳤지만, 사실상 독립국가로서 요나라, 북송과 삼국 병립의 동등한 지위를 누릴 수 있었다.

중희 25년(1055) 북송의 사신 왕공진(王拱辰)이 코끼리 등 진귀한 예물을 가지고 혼동강(混同江: 흑룡강성 흑룡강) 유역에서 머물고 있던 요 흥종을 배알했다.

왕공진은 북송에서 한림학사, 삼사사 등 고위 관직을 맡고 있던 정치가이자 유명한 학자, 시인이기도 했다. 송 인종은 양국 간의 우호를 위하여 특별히 그를 파견한 것이다.

요 흥종은 왕공진이 북송을 대표하는 대유(大儒)임을 알고 크게 기뻐하여 강변에서 국연을 베풀었다. 모두 술에 거나하게 취하자 요 흥종은 친히 비파를 타면서 주흥을 돋우었다. 요나라 대신들은 황제가 조공을 바치는 북송의 신하를 극진하게 대우하는 모습을 보고 당황했다.

대신들의 불편한 감정을 알아차린 요 흥종은 재상 유육부(劉六符)에게 말했다.

"왕공진은 남조(南朝: 송나라)에서 젊은 나이에 장원급제한 수재이오. 또 그가 한림원에서 15년 동안 절차탁마하여 박학다식하다고 들었으니, 짐이 어찌 그를 우대하지 않을 수 있겠소?"

요 흥종은 또 왕공진이 북송으로 돌아갈 때에도 성대한 연회를 베풀고 그에게 말했다.

"북조와 남조는 오랜 세월 동안 우호 관계를 유지하고 있소. 그런데 짐은 아직 남조의 형님(송 인종)을 만나지 못한 것이 유감이오. 경이 귀국하면 짐의 마음을 전해주기 바라오."

요 흥종은 친히 왕공진에게 술을 따라주고 비파를 타면서 이별을 아쉬워했다. 그가 왕공진을 대우하는 모습에서 얼마나 지식인을 우대했고 한족의 중원 문명에 심취했는지 짐작할 수 있다.

그는 유목 민족이 건국한 요나라 황제였음에도 불구하고 문화적 소양이 대단히 뛰어났다. 시문(詩文)에 능했으며 그림도 잘 그렸다. 친히 그린 산수화를 국서와 함께 송 인종에게 보내기도 했다.

요 흥종의 시화(詩畵)를 읽어보고 감탄해마지 않은 송 인종도 시화로 화답했다. 두 황제는 예술을 외교의 수단으로 활용함으로써 양국 간의 평화를 지켰다.

중원 역사의 득실을 살펴서 흥망성쇠의 교훈을 얻고자 한 요 흥종은 『통력』·『정관정요』·『오대사』 등 역사서를 거란어로 번역하게 했다. 그리고 국가를 다스리는 데에는 인재가 필요함을 인식하고 4년마다 친히 전시(殿試)를 주관하여 관리를 선발했다. 이에 한족 출신 유생들은 요나라에서 과거 제도를 통하여 입신양명의 기회를 얻을 수 있었다.

중희 24년(1055) 8월 요 흥종은 추산(秋山)에서 수렵을 하고 있을 때 중병에 걸려 일어나지 못했다. 죽음을 예감한 그는 자신의 장남이자 연조국왕인 야율홍기(耶律洪基)를 불러 유지를 내린 후 행궁에서 재위 24년, 향년 39세를 일기로 붕어했다.

요 흥종은 감정이 풍부하고 흥에 겨워 산 낭만주의자였다. 즉위 초기에는 모후 천황태후의 위세에 눌려 방탕한 생활로 세월을 보냈다. 사냥·낚시·격구·도박 등 온갖 잡기를 탐닉했다. 나이가 들어서는 뛰어난 정치적 수완을 발휘하여 모후의 세력을 제거할 수 있었다. 친정한 후에도 여전히 사냥과 주색잡기에 빠져 지냈으며 불교를 지나치게 숭상하여 폐단을 일으켰지만 충신들의 간언을 멀리하지는 않았다.

그는 한족 문명에 심취한 군주였다. 한족 왕조의 역사에서 흥망성쇠의 교훈을 얻고자 했으며, 과거제를 시행하여 인재들을 등용할 줄 알았다. 또한 그 자신이 문학적, 예술적 재능이 대단히 뛰어나 적지 않은 시문과 서화 작품을 남겼다.

요 흥종은 선황제 요 성종 야율융서가 요나라를 동북아시아 최강국으로 발전시킨 것에 만족하지 않고 영토와 세력을 더욱 확장하고자 했다. 북송에게는 강온 양면 전략을 펴서 많은 경제적 이득을 취할 수 있었다. 그는 또 요나라 서쪽의 서하를 정벌하여 영토를 확장하려고 했으나 실패하고 말았다. 요나라와 서하의 전쟁은 요나라의 국력이 쇠퇴하고 서하가 흥기하는 계기가 되었다.

그는 성공한 군주는 아니었지만 실패한 군주도 아니었다. 그가 세상을 떠나기 직전에 오방(五坊)에서 황제 전용으로 키우는 사냥매를 놓아주게 하였고, 또 그 동안 자신이 사용하던 낚시 도구들을 전부 불태우게 했다고 한다. 아마 천하 백성들의 안락을 위하여 열심히 일하지 않고 노는 일에만 정신이 팔린 것을 후회해서 그렇게 했을 것이다.

그의 묘호를 흥종(興宗)으로 정한 까닭은 재위 기간에 국가가 흥했기 때문이 아니라, 성격과 인생에 감흥이 넘쳤기 때문이 아닌가 한다.

『요사』는 그를 이렇게 평가했다.

"흥종은 16세 때 즉위했다. 자신을 키워 준 제천황후(소보살가)를 먼저 존숭하지 않고 생모(소노근)를 받들어 모셨기 때문에 생모의 임조칭제를 초래하여 무고한 자들을 죽게 했다. 또한 그는 생모에게 예의를 갖추고 간언하지 못하여 결국은 제천황후가 시해를 당하게 했다. 따라서 흥종은 군주로서 효도에 부족함이 있었으니 참으로 애석할 따름이다. 선황제 성종의 장례를 치르는 기간에, 음주와 도박을 즐긴 부도덕한 행위가 역사서에 여러 번 기록되었다. 하지만 선황제의 영정을 알현할 때는 통곡하며 슬퍼했으며, 송나라 사신의 조문을 받을 때는 상복을 입고 접견했다. 어찌 한 사람의 행적에 이처럼 이중적인 모습이 보이는가."

"흥종은 사신 부필의 말에 감동하여 남쪽 송나라와 우호를 다졌으며, 서하 황제 이량조의 맹약을 허락하여 서하와의 전쟁을 끝냈다. 이에 변경이 평안해지고 내치가 안정되었다. 그는 또 친히 전시를 주관하여 진사를 선발하고 각종 제도를 정비했으며, 재야의 선비와 서민들에게도 의견을 개진할 기회를 주었다. 이는 그가 국가를 잘 다스리고자 하는 마음이 얼마나 간절했는지 짐작하게 한다. 하지만 그가 통치할 때 조정의 신하들 가운데 어질고 능력이 뛰어난 자를 추천한 자는 한 명도 없었으며, 국가와 군주를 위하여 간언한 자, 또한 한 명도 없었다. 이처럼 조정에 어질고 현명한 충신이 없는 상황에서, 그가 고대 성군의 풍모를 바랐지만 어찌 이룰 수 있었겠는가. 그는 뛰어난 군주는 아니었지만, 성종 이후로는 현군(賢君)이라고 평가할 만하다."

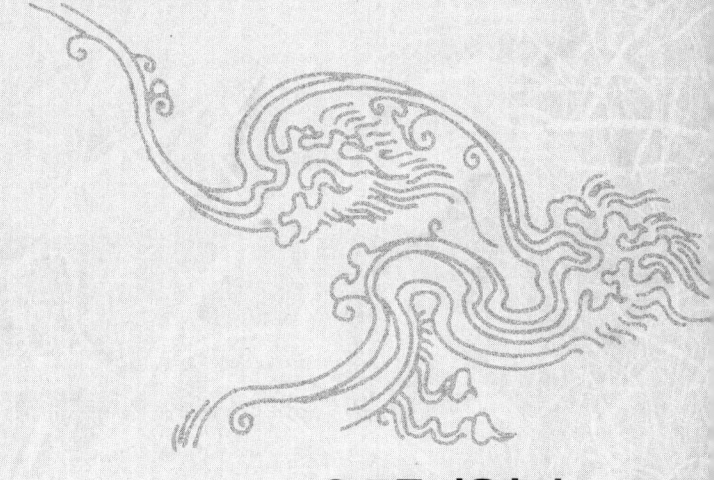

요 도종 야율홍기

1 • 성장 과정과 황위 계승
2 • 충신은 쫓아내고 간신은 중용하다
3 • 황태숙 야율중원의 반란을 진압하다
4 • 야율을신에게 농락을 당하여 황후와 태자를 죽게 하다

요 도종 야율홍기

1. 성장 과정과 황위 계승

중희 3년(1034) 여름 천황태후가 권력을 강화하기 위하여 아들 요 흥종을 폐위하고 또 다른 아들인 진국왕 야율중원을 꼭두각시 황제로 세우려 했으나 실패한 일이 있었다. 당시 야율중원이 친형 요 흥종에게 사실을 밀고하지 않았다면, 요 흥종은 권좌에서 쫓겨나 시해당했을지도 모른다.

야율중원의 밀고 덕분에 천황태후의 세력을 발본색원한 요 흥종은 친동생을 끔찍이 아꼈다. 그를 황태제로 책봉한 후 모반죄를 제외하고 어떤 죄를 지어도 사형을 면하는 「면사금패(免死金牌)」를 하사했을 뿐만 아니라, 북원추밀사·남경유수·지원수부사 등 고위 관직에 임명했다.

어느 날 요 흥종은 연회석에서 술에 취해 기분이 좋아지자 불쑥 이런 말을 꺼냈다.

"짐이 세상을 떠난 후에, 황위는 야율중원이 계승하게 하겠다."

요 흥종이 술기운에 한 말이었기 때문에 진심이 아닐 수도 있었지만 만약 그에게 황자가 없었다면, 야율중원이 황위를 계승했을 것이다.

그렇지만 요 흥종에게는 장남 야율홍기(耶律洪基·1032~1101)가 있었다. 야율홍기의 생모는 인의황후 소달리이다. 소달리의 아버지는 소효목이며, 고모는 그 유명한 천황태후 소누근이다.

원래 요 흥종의 첫 번째 황후는 요 성종의 외손녀 소삼저(蕭三嬧)이다. 따라서 요 흥종은 소삼저의 남편이자 외삼촌이 된다. 고대 왕실에서 근친혼은 흔한 일이었다.

천황태후는 섭정을 시작한 후 소삼저가 아들을 낳지 못했다는 것을 구실로 그녀를 폐위하고 조카 소달리를 아들 요 흥종의 두 번째 황후로 삼았다. 그녀는 권력을 강화하기 위하여 황실의 외척인 소삼저를 제거한 것이다.

야율홍기는 경복 2년(1032)에 요 흥종이 사냥을 나갔을 때 날하원(剌河源: 몽골 토올 강의 상류)에서 태어났다. 중희 6년(1037) 5세 때 양왕으로, 12년(1043)에는 연조국왕으로 책봉되었다.

요 흥종은 어린 장남의 교육에 지대한 관심을 가지고 있었다. 소유신(蕭惟信)·요경행(姚景行)·야율량(耶律良) 등 당대의 저명한 유신(儒臣)들을 특별히 선발하여 장남에게 시문과 예법을 가르치게 했다. 장남이 성장한 후에는 그에게 총지중승사사·남북원추밀사·상서령 등 고위 관직을 하사하여 정치의 요체를 익히게 했다.

야율홍기는 성격이 침착하고 말수가 적었으며 학문을 숭상했는데 마치 유가의 고상한 선비와 같았다. 입조하여 황제를 배알할 때면, 황제조차 웃음을 거두고 긴장할 정도였다.

중희 21년(1052) 야율홍기는 20세 때 천하병마대원수, 지척은사(知惕隱事: 황족의 정치와 교화를 관장하는 관직) 등 요직을 맡아 본격적으로 국정에 참여했다.

중희 24년(1055) 8월 요 흥종이 세상을 떠나자 야율홍기가 23세 때 황위를 계승했다. 그가 제8대 황제 요 도종(遼道宗)이다. 그는 황제의 적장자로서 어렸을 때부터 부모의 지극한 사랑을 받으며 유가 교육을 통해 제왕의 도(道)를 익혔을 뿐만 아니라, 인품도 뛰어나 백성들에게 선정을 베풀 줄 알았다. 그가 황위를 계승했을 때 조야의 인사들은 성군이 출현했다고 기뻐했다.

요 도종은 즉위 직후에 다음과 같은 조서를 내렸다.

"짐은 박덕한 몸으로 만백성의 위에 기거하게 되었다. 하지만 짐의 지혜와 역량이 부족하여 천하를 제대로 다스리지 못하고, 신하들의 마음을 하나로 모으지 못할까 참으로 두렵다. 또 조세를 닥치는 대로 거두어 들이며 백성들의 재물을 끊임없이 갈취하고 법도에 맞지 않게 상벌을 내리며, 윗사람이 베푼 은혜가 아랫사람에게 미치지 않고 아랫사람이 느끼는 불편함이 윗사람에게 전달되지 않을까 두려울 따름이다. 따라서 경들은 지위고하를 막론하고 짐에게 직언을 아끼지 말아야 한다. 경들이 올린 상소문들 가운데 국가를 다스리는 데 유용한 것은, 짐은 반드시 시행하겠다. 설사 이치에 맞지 않는 것들이 있더라도 경들에게 문책하지 않겠다. 경들은 짐의 진정한 마음을 헤아려 주기를 바란다."

젊은 요 도종은 국가를 태평성대로 이끌기 위하여 자신을 낮추고 솔직하고 열린 마음으로 신하들에게 직언을 요구했음을 알 수 있다.

청녕 원년(1055) 12월 그는 또 관리들은 임기 동안에 국정에 도움이 되는 한 가지 일을 반드시 상소해야 하며, 심지어 일반 백성들도 억울한 일을 당하면 황제에게 직접 상소할 수 있게 했다.

하지만 그는 말과 행동이 너무나 다른 군주였다.

2. 충신은 쫓아내고 간신은 중용하다

요 도종은 신하들에게 거리낌 없이 직언해도 죄를 묻지 않겠다고 약속했지만, 그것은 사실 공염불에 불과했다. 언로 창달을 허용한지 불과 며칠 만에 조정을 비방하는 투서를 보낸 자나, 그것을 읽고 퍼뜨린 자들은 모두 기시형(棄市刑)에 처하겠다고 으름장을 놓았다. 즉위한 해에 황족 10명이 모친에게 불효했다는 죄명으로 그들을 죽인 것을 보면, 그가 정말로 인자한 군주였는지 의심이 간다.

어느 날 요 도종은 자신의 『기거주(起居注)』를 읽어보고 싶었다. 『기거주』는 황제의 언행을 사실대로 낱낱이 기록한 것인데 황제는 읽을 수 없는 게 원칙이었다. 황제가 붕어한 후에는 이것을 기초로 본기(本紀)를 집필하기 때문에 아주 중요한 역사 자료가 된다. 요 도종은 관리가 자신의 언행을 어떻게 기록했는지 무척 궁금하여 그것을 보고 싶었을 것이다.

하지만 수주랑(修注郎: 역사 기록과 문서 편찬을 관장하는 관직) 부전(不顚)과 홀돌근(忽突堇)은 규정에 의하여 황제에게 그것을 보여주지 않았다.

요 도종은 진노하여 두 사람에게 곤장 200대의 형벌을 내리고 파직시켰다. 이런 일이 있고 난 후부터 충직한 신하들은 쫓겨나기 일쑤였으며 간신배는 들끓기 시작했다.

소혁(蕭革)은 요 흥종 시대에 교활하기 이를 데 없는 간신으로 황제의 비위를 절묘하게 맞추어 총애를 받았다.

어느 날 요 흥종이 연회석에서 그에게 말했다.

"짐은 경의 재능이 뛰어남을 알고 있으므로 머지않아 경을 중용할 것이오."

소혁이 무릎을 꿇고 머리를 조아리며 아뢰었다.

"폐하께서는 무능하기 그지없는 신을 알아주시고 하해와 같은 성은을 내리셨사옵니다. 하지만 신은 아직도 폐하의 성은에 만분의 일도 보답하지 못했사옵니다. 오로지 신은 폐하에게 목숨을 바쳐 충성을 다하는 일에 어찌 소홀함이 있겠습니까?"

요 흥종은 그를 진정한 충신으로 여기고 북부재상으로 발탁했다. 중희 15년(1046) 동지북원추밀사로 임용된 소혁은 황제의 총애를 믿고 전횡을 일삼았다.

당시 이리필(夷離畢: 사법과 감찰을 관장하는 고위 관직) 야율의선(耶律義先)이 간신 소혁의 국정 농단을 간파하고 황제에게 그를 멀리해야 한다고 충고했지만 요 흥종에게는 마이동풍이었다.

어느 날 요 흥종이 야율의선과 소혁에게 쌍륙(雙陸) 놀이를 하게 했다. 야율의선이 술에 거나하게 취한 채 말했다.

"신이 비록 무능한 신하이지만 충신을 등용하고 간신을 물리치지는 못할망정, 어찌 이런 역적과 놀 수 있겠습니까?"

소혁은 마음속으로 분노했지만 침착함을 잃지 않고 말했다.

"그대의 희롱이 좀 지나치지 않소?"

야율의선이 계속 욕설을 퍼부었는데도, 소혁은 화난 낯빛을 보이지 않았다.

요 흥종이 야율의선의 취한 모습을 보고 진노하여 그를 처벌하려고 하자 황후 소달리가 중재했다.

"의선은 술에 취해 제정신이 아니옵니다. 그가 술이 깬 후 처벌하시기를 바라옵니다."

다음 날 요 흥종이 소혁을 불러 말했다.

"의선이 경에게 무례를 범했으니 엄히 처벌해야겠소."

소혁이 신중하게 말했다.

"의선의 재능은 어찌 폐하의 사람을 보는 안목을 벗어날 수 있겠습니까? 하지만 천하의 사람들은 모두 그가 충직한 인물임을 알고 있습니다. 그가 술에 취하여 실수했다고 해서 처벌한다면, 민심에 위배되지 않을까 두렵습니다."

모욕을 참고 오히려 야율의선을 변호하는 소혁의 태도에 감동한 요 흥종은 더욱 그를 총애했다.

요 흥종이 중병에 걸려 일어나지 못하자 소혁을 고명대신으로 지정하고 유언했다.

"황위는 하루도 공백이 있어서는 안 된다. 짐이 세상을 떠나면 연조국왕(야율홍기)에게 황위를 계승하게 하라."

요 도종은 자신을 황제로 추대한 소혁에게 초왕, 북원추밀사 등 관작을 하사했다. 소혁은 황제의 총애를 등에 업고 온갖 불법 행위를 저질렀다.

소효목의 아들이자 요 흥종의 외삼촌인 소아랄(蕭阿剌)은 성품이 충직하고 세상을 다스리는 재능이 뛰어나 백성들의 존경을 받았다. 요 도종은 그를 북부재상 겸 북원추밀사로 임용하고 소혁과 더불어 국정을 관장하게 했다.

소아랄은 소혁이 툭하면 남을 모함하고 불법을 저지르고 있는 모습을 보다 못해 황제에게 그를 여러 번 탄핵했다. 하지만 요 도종은 소혁을 감싸고 돌기만 했다. 황제의 태도에 실망한 소아랄은 소혁과 마찰을 빚은 끝에 병을 핑계로 사직하고 낙향했다.

얼마 후 요 도종은 소아랄을 동경유수에 임용하여 현지 백성을 다스리게 했다. 청녕 7년(1061) 요 도종이 하늘에 제사를 지낼 때 소아랄이 입조하여 시정(時政)의 득실을 적나라하게 진술하여 황제의 심기를 불편하게 했다.

마침 소혁이 황제의 심기가 불편해졌음을 눈치채고 말했다.

"아랄은 폐하의 총애만을 믿고 경거망동했습니다. 이는 신하된 자의 예의가 아니옵니다."

소혁의 말에 자극을 받은 요 도종은 소아랄을 교살(絞殺)하게 했다.
요 도종의 모후 소태후(요 흥종의 황후 소달리)는 오빠 소아랄이 죽었다는 소식을 듣고 통곡하며 말했다.

"아랄이 무슨 죄를 지었기에 이처럼 급하게 죽였단 말이냐?"

그 후 소혁은 야율중원이 일으킨 반란에 연루되어 능지처참을 당했다. 요 도종이 소혁을 총애하고 소아랄을 죽였기 때문에 국가를 망치는 반란이 연이어 일어났다고 사람들은 한탄했다.

3. 황태숙 야율중원의 반란을 진압하다

요 도종은 즉위 3일 만에 자신의 숙부인 야율중원을 황태숙으로 추대했다. 황태숙이 황제를 배알할 때는 관복을 입고 예의를 갖추지 않아도 되며, 또 황제에게 아뢸 때에는 찬례관(贊禮官)이 그의 이름을 부르지 않아도 되는 특권을 부여했다.

야율중원은 조카가 자신을 극진하게 대우했는데도 그에게 불만을 품었다. 원래 친형인 요 흥종이 자신을 후계자로 결정하지 않았던가. 요 도종은 황태숙의 불만을 달래야 했다. 청녕 2년(1056) 야율중원을 천하병마대원수로 임명했다. 또 그에게 금권(金券)·사정모(四頂帽)·이색포(二色袍) 등 존귀와 특권을 상징하는 물품을 하사했다. 종실 가운데 그처럼 극진한 대우를 받은 사람은 아무도 없었다.

요 도종은 야율중원의 아들인 안정군왕 야율열로고(耶律涅魯古)에게도 성은을 베풀었다. 야율열로고는 오왕·초국왕·무정군절도사·지남원추밀사사 등 관작에 제수되었다. 이처럼 요 도종은 야율중원 부자에게 황제에 버금가는 권세를 누리게 함으로써 그들의 반발을 무마하고 통치 기반을 다지고자 했다.

하지만 성격이 음흉한 야율열로고는 아버지를 황제로 추대하고 자신은 태자가 되겠다는 야망을 품었다. 그가 어렸을 때 요 흥종이 그를 처음 보자마자 "이 아이의 눈에는 반역의 기운이 서려 있다."라고 말하며 걱정한 적이 있었다. 야율열로고는 황제의 조카였기 때문에 무사할 수 있었다.

어느덧 성인으로 성장한 야율열로고는 원래 황위 계승권은 아버지에게 있었으므로 요 도종을 제거하고 황제로 등극해야 한다고 부추겼다. 이에 아버지와 아들은 의기가 상통하여 역모를 모의하기 시작했다.

청녕 9년(1063) 7월 요 도종이 황태후 소달리를 모시고 난하(灤河: 하북성 북부에서 발해로 흐르는 강)의 태자산(太子山)으로 수렵을 나갔다.

황제를 호위하는 수행원들은 대부분 야율중원의 패거리였다. 야율중원 부자는 동지북원추밀사 소호도(蕭胡睹) 등 함께 황제가 사냥을 나간 틈을 타서 반란을 획책했다.

돈목궁사(敦睦宮使: 요나라 궁장·宮帳인 돈목궁을 관장하는 관직) 야율량(耶律良)이 반란의 조짐을 알아차리고 황급히 소황태후에게 보고했다. 야율중원의 패거리가 이미 황제 주변에 포진하고 있었다.

소황태후가 병을 핑계로 황제를 불러 말했다.

"지금 정세가 심각하게 돌아가고 있소. 사직의 존망이 걸린 큰일에 하루빨리 대책을 세워야 하오."

요 도종은 황태숙이 반란을 획책하고 있다는 첩보를 믿지 않고 야율량을 소환했다.

두 사람은 이런 대화를 나누었다.

"너는 어찌하여 황실 종친들을 이간질하려고 하는가?"

"신이 감히 모함했다면 주살을 당해도 원망하지 않겠습니다."

"황태숙이 모반을 획책하고 있다는 증거가 있는가?"

"지금 즉시 야율열로고를 소환하시기 바랍니다. 만약 그가 오지 않으면 반란을 일으켰음을 짐작할 수 있사옵니다."

요 도종은 사자를 야율열로고에게 보내 행궁으로 들어오게 했다. 야율열로고는 역모가 사전에 탄로 나자 사자를 밧줄로 묶고 감금했다. 그런데 거란인이라면 누구나 고기를 자르는 식칼을 몸에 지니고 다녔다. 사자는 경비의 허술함을 틈타 밧줄을 끊고 탈출하여 황제에게 야율열로고의 반란 사실을 아뢰었다.

요 도종은 비로소 황태숙 부자가 반란을 일으킨 사실을 알고 당황하여 어찌할 줄을 몰랐다. 황급히 허왕 야율인선(耶律仁先)을 불러 긴박한 상황을 알리고 반란을 진압하게 했다.

하지만 야율인선이 병사들을 소집하기도 전에, 야율열로고가 반란군 400여 명을 이끌고 행궁으로 진격해 왔다.

졸지에 포위될 위기에 처한 요 도종은 시종 몇 명만을 거느리고 대왕원(大王院)으로 피신하려고 했다. 대왕원은 요나라 북면관(北面官) 제도의 핵심 기구인데 북대왕원과 남대왕원으로 이원화되어 있다. 주로 거란 부족의 군사 및 행정 업무를 관장했으며 북원대왕과 남원대왕이 최고위 관직이다.

야율인선이 황제에게 말했다.

"폐하께서 수행원들을 두고 홀로 나가시면 반란군이 반드시 뒤를 쫓을 것입니다. 게다가 북원대왕과 남원대왕의 마음도 알 수 없사옵니다."

요 도종은 야율인선의 주장이 옳다고 여기고 그에게 전권을 위임했다. 조왕 야율을신(耶律乙辛) 등도 진압에 나섰다. 야율열로고는 반란군의 선봉에 서서 행궁을 포위하고 공격하다가 화살에 맞아 절명했다. 반란군은 포위를 풀고 물러날 수밖에 없었다.

한편 소호도는 패배했는데도 야율중원을 황제로 추대하고 스스로 추밀사가 되었다. 얼마 후 야율중원은 또 사냥꾼 2,000여 명을 이끌고 행궁을 급습했다. 마침 북면임아승지 야율적렬이 근왕병을 이끌고 행궁으로 왔다. 반란군은 졸지에 중과부적의 신세가 되었다.

소호도는 강물에 투신하여 죽었으며, 야율중원은 부상당한 채 사막으로 도주했다. 야율중원은 사막에서 고립무원의 처지가 되자, "아들놈이 나를 이 지경으로 만들었구나!"라고 탄식하며 자살했다.

요 도종은 야율인선의 손을 굳게 잡고 "이 반란을 평정한 것은 모두 경의 공로이다."라고 말했다. 이에 그에게 '상부(尙父)'의 존호를 더하고 북원추밀사, 송왕 등 관작을 하사했다. 요나라 역사에서 이 사건을 '황태숙의 반란'이라 칭한다.

황태숙의 반란을 평정한 이후에, 요 도종은 허수아비 황제로 전락했으며, 권신 야율을신이 국정을 농락했다.

4. 야율을신에게 농락을 당하여 황후와 태자를 죽게 하다

거란 오원부(五院部) 출신인 야율을신은 겉모습은 인자하고 겸손하게 보였지만 속마음은 교활하기 그지없었다. 요 흥종 중희 연간에 문반리(文

班吏), 필연리(筆硯吏) 등 하급 관리로 지내다가 황제의 눈에 들어 호위태보로 승진했다. 그는 요 도종이 즉위한 후에도 황제의 총애를 받아 동지점검사사, 북원동지 등 고위직에 제수되었다.

요 도종은 국가의 중대사를 처리할 때면 언제나 그를 불러 조언을 구했다. '황태숙의 반란'을 진압하는 데 공훈을 세운 그에게 북원추밀사·위왕·광시익성갈충평란공신 등 관작을 하사했다.

함옹(咸雍) 원년(1065) 요 도종은 야율인선에게 우월, 요왕 등 관작을 더해주고 야율을신과 함께 북원추밀원의 정사를 관장하게 했다.

함옹 4년(1068) 북방 유목민족인 조복족(阻卜族)의 부족장 탑리간(塔里干)이 반란을 일으켰다.

요 도종은 야율인선을 서북로초토사로 임명하고 매 문양 인장과 황제의 권력을 상징하는 상방검(尙方劍)을 하사한 후 유시했다.

"경은 조정에서 멀리 떨어져 있으므로 매번 상주하여 재가를 받으면 반란군을 토벌할 기회를 놓칠 염려가 있다. 경이 상황에 따라 적절히 처리하라."

야율인선은 척후병을 엄격하게 배치하고 적군의 요충지를 틀어막았으며, 복종하는 자들을 회유하고 군대의 모든 일을 질서정연하게 처리했다. 탑리간이 공격해오자 그를 80여 리까지 추격하여 무찔렀다. 얼마 후 탑리간이 다시 대군을 이끌고 공격했지만 대패를 당했다.

파리사(把里斯), 독몰(禿沒) 등 북방의 또 다른 부족이 탑리간을 구하러 왔지만 탑리간이 연패를 당하는 모습을 보고 감히 싸우지 못하고 항복했다.

북방을 안정시킨 후 개선한 야율인선은 야율을신이 황제의 총애를 등에 업고 온갖 불법을 저지르는 모습을 보고 분노하여 그를 탄핵했다. 뜻밖에도 요 도종은 야율을신을 두둔하고 조치를 취하지 않았다. 야율인선은 오히려 야율을신의 모함을 받아 남경유수로 좌천되었으며, 함옹 8년(1072)에 숨을 거두었다. 그가 사망한 후 요나라 조정에는 야율을신을 견제할 세력이 없었다.

함옹 5년(1069) 요 도종은 또 야율을신에게 수태사(守太師) 관직을 더해주고 군권을 지휘하게 했다. 야율을신이 황제에 버금가는 권력을 행사하자 그의 저택은 그에게 뇌물을 바치고 아부하여 출세하려는 자들로 문전성시를 이루었다. 그의 눈 밖에 난 충직한 관리들은 파면을 당하기 일쑤였다.

요 도종의 외아들 야율준(耶律濬·1058~1077)은 재능이 뛰어나고 문무를 겸비하여 아버지의 총애를 독차지했다. 그의 생모는 요 도종의 첫 번째 황후인 소관음(蕭觀音·1040~1075)이다. 소황후는 요 성종 야율융서의 외손녀인데 요 도종과는 사촌 관계이다. 그녀는 성품이 부드럽고 용모가 빼어났을 뿐만 아니라 시문과 음악에도 정통했다. 요 도종은 아름답고 매력적인 그녀 이외에의 다른 후궁과는 잠자리를 함께 하지 않았을 정도였다.

요 도종의 1남(야율준) 3녀(야율살갈지·耶律撒葛只, 야율규리·耶律糾里, 야율특리·耶律特里)의 생모가 모두 소황후인 것을 보면, 두 사람이 서로 얼마나 사랑했는지 짐작할 수 있다.

양왕 야율준은 명실상부한 적장자로서 함옹 원년(1065) 7세 때 태자로 책봉되어 미래의 황제로 자리매김했다.

대강(大康) 원년(1075) 야율준이 17세가 되었을 때 요 도종은 태자에게 남북추밀원사 관직을 겸임하게 했다. 이제 태자가 성인이 되었으니 본격적으로 국정에 참여하라는 아버지의 뜻이었다. 야율준은 아버지의 뜻을 받들어 법령과 제도를 정비하기 시작했다. 그런데 권신 야율을신이 국정을 농단하고 있음을 알아차리고 여러 차례 문제점을 제기했다. 야율을신은 이런저런 변명으로 위기를 모면했다.

어쨌든 야율준이 조정에 개혁의 바람을 일으키자 야율을신은 태자가 자신을 제거하지 않을까 두려웠다. 더구나 소황후도 평소에 국정을 좌지우지하는 자신을 싫어하고 있음을 눈치 채고 있었기 때문에, 자기에게는 태자와 황후가 눈엣가시와 같은 존재였다.

두 사람을 제거하지 않으면 자기가 살아남을 수 없다고 생각한 야율을신은 측근 장효걸(張孝杰)에게 흉계를 꾸미게 했다. 장효걸은 중희 24년(1055)에 야율을신의 도움으로 장원 급제한 후 출세의 가도를 달려 북부재상에 오른 자였다. 그는 탐욕이 넘치고 야비하기 그지없었는데 야율을신과 결탁하여 권세를 누렸다.

장효걸은 야율을신에게 소황후를 음해하여 폐출시키면 그녀의 소생인 태자 야율준도 몰락할 수밖에 없다고 말했다. 두 사람은 먼저 이간계로 소황후를 제거하기로 결심했다.

중원의 한족 문명을 동경했던 소황후는 예술적 재능이 대단히 뛰어났다. 한족 출신 영관(伶官: 궁정 예인·藝人)인 조유일(趙惟一)에게 비파, 고쟁(古箏) 등 악기 연주와 작곡법을 배웠다. 황후와 궁정 예인은 신분을 초월하여 예술적 공감대를 형성했다. 소황후를 끔찍이 사랑한 요 도종은 두 사람의 관계를 문제삼지 않았다.

요 도종은 요나라의 역대 황제들이 대부분 그랬던 것처럼 사냥에 빠져 지냈다. 툭하면 국정을 내팽개치고 자신의 보마(寶馬) '비전(飛電)'을 타고 단신으로 맹수를 사냥하러 산속으로 사라졌다. 어느 때에는 근위병들이 황제의 소재를 몰라 여러 날 동안 산속을 샅샅이 뒤진 적도 있었다. 남편의 안위를 걱정한 소황후는 그가 사냥을 나갈 때마다 충고를 마다하지 않았다. 하지만 요 도종은 그녀의 말을 듣지 않고 더욱 사냥에 광분했으며 점차 그녀를 멀리하기 시작했다.

소황후는 「회심원(回心院)」 사곡(詞曲) 10 수(首)를 지어 남편이 다시 자신을 사랑해주기를 바라는 애절한 마음을 표현했다. 조유일은 황후의 부탁을 받고 그 사곡을 악보로 만들어 심금을 울리는 연주를 했다. 아내의 애절한 마음을 담은 음악에 감동한 요 도종은 다시 그녀의 처소를 찾았다.

당시 소황후에게는 단등(單登)이라는 시녀가 있었다. 그녀는 원래 '황태숙의 반란'을 일으킨 야율중원의 계집종이었다. 그녀도 비파와 고쟁 연주에 능했지만 그 기교가 소황후에게는 미치지 못했다.

어느 날 단등은 황제의 부름을 받고 고쟁을 연주하여 황제의 환심을 샀다.

소황후가 남편에게 말했다.

"단등은 대역죄를 저지른 신하의 계집종입니다. 그녀가 춘추 시대의 예양(豫讓)처럼 주인을 위하여 복수하지 않으리라고 누가 장담할 수 있겠습니까?"

예양은 춘추 시대에 진(晉)나라 정경(正卿) 지백요(智伯瑤)의 가신이었다. 자신을 알아 준 지백요의 원수를 갚고자 조양자(趙襄子: 조·趙나라를 기틀을 다진 종주·宗主)를 여러 차례 암살하려고 했지만 실패했다. 투항을 거부하고 자결하기 전에 "선비는 자기를 알아주는 자를 위해 목숨을 바치고, 여자는 자기를 사랑해주는 남자를 위해 화장을 한다."라는 유명한 고사를 남겼다. 전국 시대에 진시황을 암살하려고 했던 형가(荊軻)와 함께 중국을 대표하는 자객으로 유명하다.

소황후는 질투가 나서 그랬는지는 모르겠지만 어쨌든 단등을 남편의 곁에서 쫓아내는 데 성공했다. 단등은 이 일로 소황후에게 원한을 품었다. 그런데 공교롭게도 그녀의 여동생 청자(淸子)가 야율을신의 정부였다.

청자를 통해 단등이 소황후에게 원한을 품고 있음을 알게 된 야율을신은 어떤 사람에게 음란하기 그지없는 「십향사(十香詞)」를 짓게 했다.

그리고 그것을 단등에게 주면서 말했다.

"소황후에게 이 사(詞)는 송나라 황후가 지은 것이라고 말하고 친히 평가해주시라고 부탁해라."

단등을 통해 「십향사」를 읽어 본 소황후는 몇 글자 감상평을 썼다. 그런데 그것이 황후의 목숨을 빼앗을지 누가 알았겠는가. 야율을신의 사주를 받은 단등과 청자의 남편 주정학(朱頂鶴)이 황제에게 소황후와 조유일이 몰래 간통하고 있으며, 「십향사」를 그 증거로 제시했다.

명백한 모함이었지만, 요 도종은 그만 이성을 잃고 광분하여 철골타(鐵骨朵)로 소황후를 내리쳤다. 철골타는 표면이 뾰족한 쇠몽둥이인데 요나라 시대의 병기이다. 소황후의 갈비뼈가 으스러졌다. 그는 야율을신과 장효걸에게 소황후와 조유일을 죄상을 밝히게 했다. 조유일은 사지가 못에 박히는 형벌, 불에 달군 석탄으로 몸을 지지는 형벌 등 혹형을 당하고 죽었다.

대강 원년(1075) 11월 요 도종은 소황후에게 자결을 명했다. 태자, 공주 등이 엎드려 눈물을 흘리며 모후를 살려달라고 애원했지만 아버지의 마음을 바꿀 수 없었다. 결국 소황후는 「절명사(絶命詞)」 한 수를 남기고 자진했다.

태자 야율준은 모후가 모함을 받고 죽은 사실을 알고 소리쳤다.

"내 어머니를 죽인 놈은 야율을신이다. 언젠가는 반드시 복수하겠다."

하지만 어리석은 요 도종은 여전히 황후가 음란한 짓을 저질러서 죽였다고 생각했다. 아버지의 태도에 실망한 야율준은 우울증을 앓기 시작했다. 야율을신을 제거하지 않으면 삶의 의미가 없었다. 야율을신도 태자가 자기 목숨을 노리고 있음을 알아차리고 불안했다.

야율을신의 측근인 전전부점검 소십삼(蕭+三)이 그에게 말했다.

"문부백관과 백성들 모두 태자에게 마음을 주고 있으며, 더구나 공(公)은 권문세가 출신이 아닙니다. 태자가 황위를 계승하는 날에는, 우리들은 살아남지 못할 것입니다. 하루빨리 손을 써서 그를 제거해야 합니다."

모함과 사주는 중국 역사의 단골 '레퍼토리'이다. 소십삼의 말에 공감한 야율을신은 동지북원선휘사사 소득리특(蕭得里特) 등 측근들과 함께 태자를 모함하여 제거할 음모를 꾸몄다. 그들은 호위태보 야율사자(耶律査刺)를 사주하여 거란행궁도부서 야율살자(耶律撒刺), 지북원추밀사사 소속살(蕭速撒) 등이 황제를 폐위하고 태자를 추대하려는 음모를 꾸미고 있다고 황제에게 밀고하게 했다.

사실 야율살자는 백성들에게 선정을 베푼 어진 관리이며, 소속살은 인품이 충직하고 전공을 쌓은 충신이었다. 두 사람은 권신 야율을신에게는 눈엣가시와 같은 존재였다. 요 도종은 야율사자에게 그들을 체포하여 역모죄를 밝히게 했다.

그들에게 아무리 모진 고문을 가해도 모반한 증거가 나오지 않았다. 요 도종은 그들을 차마 죽이지 못하고, 야율살자는 시평군절도사로, 소속살은 상경유수로 좌천시켰다. 그리고 황궁을 호위하는 금위군 600여 명에게 호위 태만의 책임을 물어 매질을 가한 후 변방으로 쫓아냈다. 그는 또 야율을신의 건의를 받아들여 "역모를 고발한 자에게는 후한 상을 주겠다."라는 조서를 내렸다.

졸지에 아버지의 눈 밖에 난 태자는 억울하기 짝이 없었다. 야율을신에 대한 복수심이 뼈에 사무쳤다.

대강 삼년(1077) 야율을신이 또 패인랑군(牌印郎君: 황궁의 어장·御帳, 부계·符契, 은패·銀牌 등 귀중품을 관리하는 관직) 소와도알(蕭訛都斡)을 사주하여 태자를 모함하게 했다.

소와도알이 입궁하여 황제의 면전에서 이렇게 고백했다.

"예전에 야율살자 등 태자 측근들이 야율을신을 죽이고 태자를 황제로 추대하려는 음모를 꾸몄을 때 사실은 신(臣)도 가담했습니다. 지금 자백하지 않으면 나중에 음모가 발각되어 연좌의 형벌을 받지 않을까 두려워하여 자수합니다."

그의 말을 사실로 믿은 요 도종은 분노가 폭발했다. 그는 소암수(蕭巖壽), 소홀고(蕭忽古) 등 태자를 모시고 있던 측근들을 모조리 죽였을 뿐만 아니라, 사자를 보내 외지에 나가있는 야율살자와 소속살도 살해하게 했다. 태자가 거주하는 동궁 주변에서 학살이 자행되었을 때가 마침 한여름이었는데 시체 썩는 냄새가 사방에 진동했다.

또한 태자 야율준을 별궁에 유폐한 후 좌이리필(左夷離畢: 형옥을 관장하는 관직) 야율연가(耶律燕哥)에게 태자를 문초하게 했다.

태자가 그에게 하소연했다.

"나는 황상의 유일한 아들이오. 그래서 황상께서 나를 태자로 책봉하셨소. 그런데도 내가 무슨 다른 일을 꾸밀 수 있겠소? 공(公)과 나는 당형제 관계이오. 황상을 배알하면 내가 아무런 잘못을 저지르지 않았다고 변호해주기 바라오."

하지만 야율연가는 야율을신의 패거리였다. 태자의 하소연을 오히려 태자가 모반죄를 시인했다는 말로 조작하여 황제에게 아뢰었다. 요 도종은 진노하여 태자를 서인으로 강등하고 상경성에 유폐했다.

같은 해 11월 야율을신은 비밀리에 기고예랄상온(旗鼓拽剌詳穩: 요나라 황제의 의장과 호위를 관장하는 관직) 소달로고(蕭達魯古)를 상경성으로 보내 야율준을 살해하게 했다. 야율준은 젊은 나이인 19세 때 한을 품고 죽었다. 상경유수 소달득(蕭撻得)은 태자가 중병에 걸려 죽었다고 황제에게 거짓으로 아뢰었다.

막상 한 명뿐인 아들이 죽었다는 소식을 듣고 비통함을 감추지 못한 요 도종은 아들의 시신을 용문산(龍文山)에 매장하게 했다. 얼마 후 아들이 어떻게 죽었는지 알기 위해 자신의 며느리이자 태자비인 소골유(蕭骨裕)를 도성으로 불러들이려고 했다.

태자비가 도성으로 오면 모든 비밀이 탄로 날 것을 두려워한 야율을신은 자객을 보내 태자비를 살해한 후 그녀도 태자의 죽음을 괴로워하여 스스로 목숨을 끊었다고 허위 보고했다.

태자와 태자비가 이렇게 비참하게 죽었는데도, 요 도종은 사건의 진상을 파악하지 못하고 권신 야율을신에게 농락을 당한 바보 황제였다. 야율을신은 태자를 제거한 기쁨으로 측근들과 함께 며칠 동안 연회를 열었을 정도로 기고만장했다.

태자와 태자비 사이에는 아들 야율연희(耶律延禧·1075~1128)가 있었는데 요 도종의 한 명뿐인 손자이기도 하다. 부모가 죽었을 때 그는 두 살배기 아이였다. 요 도종은 어린 손자와 손녀 야율연수(耶律延壽)를 대신 소회충(蕭懷忠) 집안에서 키우게 했다.

당시 야율을신은 송위국왕 야율화로간(耶律和魯斡)의 아들이자 요 도종의 조카인 야율순(耶律淳·1063~1122)을 새로운 태자로 책봉하는 게 이치에 맞는다고 주장했다. 그는 요 도종 사후에도 야율순을 꼭두각시 황제로 내세워 여전히 권력을 유지하려고 했다. 그의 검은 속셈을 알고 있었던 조정 대신들은 눈치만 살필 뿐이었다. 요 도종은 아무 것도 모른 채 야율을신의 주장대로 태자를 책봉하려고 했다.

북원선휘사 소올납(蕭兀納)과 좌이리필 소도외(蕭陶隗)가 황제에게 직언했다.

"적손(嫡孫: 야율연희)이 엄연히 살아 있는데 그를 태자로 책봉하지 않는 것은, 국가를 남에게 넘겨주는 일과 다르지 않사옵니다."

요 도종은 그제야 황손의 존재를 알아차리고 손자와 손녀를 황궁으로 불러들여 키우게 했다. 야율연희는 소올납 등 충신들의 신변 보호로 살아남을 수 있었다. 하지만 야율을신은 여전히 그의 목숨을 호시탐탐 노리고 있었다.

대강 5년(1079) 정월 황제가 금위군을 거느리고 사냥을 나가려고 했다. 야율을신이 황제에게 황손은 도성에 머무르게 하고 사냥을 나가는 게 좋겠다고 건의했다. 황제가 도성을 비운 틈을 타서 황손을 죽이자는 음모였다.

야율을신의 속마음을 눈치 챈 소올납이 황제에게 간했다.

"황상께서 사냥을 나가실 때 나이 어린 황손을 도성에 머물게 하겠다는 얘기를 신(臣)이 들었습니다. 만약 황손을 보호할 신하가 없으면 그에게 변고가 일어나지 않을까 두렵습니다. 신이 도성에 남아 황손을 모시고 싶습니다."

 소올납의 간언에 일리가 있다고 생각한 요 도종은 야율연희의 안전을 위하여 그를 자기 곁에 두고 사냥을 떠났다. 이때부터 그는 야율을신을 의심하기 시작했다.

 마침 황제의 어가 행렬이 북상하여 흑산(黑山)의 평정(平淀)에 이르렀을 때 요 도종은 많은 수행하는 관리들이 야율을신의 뒤를 따르는 모습을 보고 크게 불쾌했다. 야율을신이 얼마나 막강한 권세를 누리고 있기에, 황제인 자신보다 뒤를 따르는 신하들이 많겠냐는 불만이자 두려움이었다.

 요 도종은 야율을신을 황궁에서 몰아낼 속셈으로 그를 지남원대왕사로 보낸 후, 관례대로 일자왕(一字王) 작위를 박탈하고 이자왕(二字王)인 혼동왕(混同王) 작위를 내렸다.

 대강 7년(1081) 겨울 야율을신은 금지 물품을 외국에 몰래 판 범죄가 발각되어 철골타로 맞는 형벌을 당하고 내주(來州)에 유폐되었다. 얼마 후 그는 북송으로 달아나려는 음모를 꾸미고 집안에 무기를 은닉한 일이 발각되어 교살을 당했다.

 요 도종은 인생 말년에 이르러서는 더 이상 정사를 돌보지 않고 여색에 빠져 지냈다. 참지정사 야율엄(耶律儼)의 아내 형씨(刑氏)는 용모가 수려했다. 요 도종은 그녀의 미모에 반해 수시로 그녀를 황제의 침전으로 불러들였다.

 야율엄은 황제와 아내가 불륜 관계임을 알면서도 아내에게 이렇게 말했다.

 "황상을 잘 모셔야 하오. 황상의 뜻을 거역하는 일은 절대 없어야 하오."

야율엄은 백성들에게 선정을 베푼 관리로 유명했지만 황제의 총애를 받고 출세한 이면에는 이런 추문이 있었다.

23세 때 황위를 계승한 요 도종은 집권 초기에는 나름대로 국가를 잘 다스려 백성들의 삶을 편안하게 하려는 노력을 했다. 전국 각지에 사신을 파견하여 세금을 공평하게 부과하게 했으며 백성들에게 농업과 양잠을 장려하여 생산량을 늘리게 했다. 또 이재(理財)에 밝은 유신(劉伸)을 참지정사로 임용하여 재정을 확충하고 빈민을 효과적으로 구휼했다.

하지만 나이 들어서는 불교를 지나치게 맹신한 나머지 각종 불사를 일으키는 데 엄청난 재물을 낭비했다.

대강 4년(1078) 염불만 하고 공양미를 받는 승려가 무려 36만 명이나 달해 국가의 재정에 큰 부담이 되었다. 천재지변을 당한 백성들이 굶주려도 그들을 구휼할 양식이 없었다. 요 도종이 초심을 잃고 간신배들에게 휘둘려 정사를 제대로 돌보지 못했기 때문이다. 요나라는 그의 무능으로 인해 점차 망국의 길로 접어들었다.

수창(壽昌) 7년(1101) 요 도종은 혼동강(混同江) 유역의 행궁에서 재위 45년, 향년 69세를 일기로 붕어했다.

당송팔대가 중의 한 명으로 유명한 소철(蘇轍)은 북송 원우(元祐) 4년(1089)에 요 도종의 생신을 축하하기 위하여 국신사 자격으로 요나라를 방문했다. 그가 직접 요 도종을 배알하고 이런 평가를 남겼다.

"연회석에서 북조 황제(요 도종)의 외모를 살펴보니 나이가 60여 세쯤 되는 노인이었다. 하지만 황제의 행동거지가 경쾌하고 건강했으며 음식을 마음껏 즐겼다. 그는 오랜 기간 재위한 까닭에 이해득실을 잘 따졌다. 우리나라와는 오랜 세월 동안 우호 관계를 유지하고, 요나라 땅에 사는 한인(漢人)들은 편안히 생업에 종사하고 있다. 사람들은 모두 편히 살고 있으며 전쟁을 싫어한다."

또 북송 시대의 문학가 조설지(晁說之)도 요 도종을 이렇게 평가했다.

"지금 노주(虜主: 송나라 사람이 요나라 군주를 멸시하는 호칭) 야율홍기(요 도종)는 능력이 있는 군주이다. 노주가 북방의 가축을 키우는 야만의 땅에서 태어났지만 사람됨이가 어질고 유순하며 전쟁을 싫어하고 형벌과 살인을 좋아하지 않음을, 길거리를 지나는 사람들도 모두 알고 있다. 또한 그는 송 인종의 인덕을 흠모하여 배우고자 했다. 송 인종을 언급할 때마다 반드시 손을 이마에 대고 경의를 표현했으며, 송 인종의 기일에는 몸과 마음을 깨끗이 하고 제사를 지냄을 잊지 않았다. 그는 일찍이 백금 수백 냥으로 불상 두 좌를 주조한 후 불상의 등에 '후세에는 중국에서 태어나기를 바랍니다.'라는 명문을 새겼다. 이를 통해 그가 어떤 마음을 가졌는지 알 수 있다."

북송 지식인들은 무능하기 짝이 없는 요 도종을 어째서 이처럼 높이 평가했을까? 요 도종은 재위 기간 중 북송을 침략하지 않고 우호 관계를 유지했으며, 한족의 중원 문명을 동경했고 송 인종 조정(趙禎·1010~1063)을 존경했기 때문일 것이다.

북송 제4대 황제 송 인종은 중국을 대표하는 성군 중의 한 명이다. 따라서 요 도종이 송 인종을 흠모한 것은 사실일 수 있다.

요 도종이 어떤 군주였는지 한 마디로 평가하기 쉽지 않다. 때로는 백성들에게 선정을 폈으며, 때로는 여느 황제보다도 우매한 짓을 많이 했다. 특히 사리 분별을 제대로 하지 못하여 태자를 죽음에 이르게 했고, 야율을신 등 간신배에게 농락을 당한 것은 그의 가장 큰 약점이었다.

『요사』는 그를 이렇게 평가했다.

"도종은 즉위 초기에는 직언을 구하고 치국의 도를 추구했으며, 농업을 권장하고 학교를 일으켰으며, 재해를 당한 백성을 구휼하는 등, 여러 가지 선정을 베푼 것은 참으로 칭찬할 만하다. 하지만 조정을 비방하는 자를 처벌하는 법령이 시행되고, 고발하는 자를 포상하는 일이 날로 심해졌다. 이에 따라 온갖 간사한 무리가 활개를 치고, 아첨하는 자들이 다투어 출세했다. 그리고 사악한 간신이 농간을 부려 태자, 황후 등을 죽음에 이르게 하여 황실의 기반을 위태롭게 했다. 올곧은 신하는 몰락하고, 여러 부족들은 반란을 일으켰으며, 해마다 군사를 일으켜 백성을 편안하게 살게 한 적이 없었다. 또한 도종은 불교를 지나치게 숭상하여 1년 동안 승려 36만 명에게 공양을 했으며, 하루에 3,000명이 머리를 깎고 승려가 되었다. 그는 사소한 선행에만 힘쓰고 국가의 근본은 멸시하였으니 어찌 국가가 제대로 다스려졌다고 논할 수 있겠는가."

천조제 야율연희

1 • 성장 과정과 황위 계승
2 • 충신과 간신을 구별하지 못하고 사냥에 빠져 지내다
3 • 여진족 완안아골타가 일어나 요나라를 공격하다
4 • 고욕·야율장노·고영창 등이 반란을 일으키다
5 • 소봉선에게 속아 문비, 아들 등을 죽이다
6 • 금나라군에게 쫓겨 떠돌다가 망국의 군주로 전락하다

제9장

천조제 야율연희

1. 성장 과정과 황위 계승

요 도종이 한 명뿐인 아들 태자 야율준과 태자비 소골유를 어떻게 죽음에 이르게 했는지는, 앞 장에서 자세히 언급했다. 야율준의 아들이자 요 도종의 손자인 야율연희(耶律延禧·1075~1128)는 어린 시절에 부모가 누명을 쓰고 죽은 후에 황궁에서 쫓겨나 대신 소회충 집안에서 양육되었다.

야율연희 또한 권신 야율을신에게 암살당할 위기에 처했으나 북원선휘사 소올납 등 충신들의 보호로 간신히 살아남았다. 요 도종은 야율을신 등 간신들을 제거한 후에야 비로소 그들의 모함에 속아 태자를 희생시킨 어리석음을 깊이 후회했다. 이윽고 태자 야율준을 소회태자로 추봉한 후, 그의 유골을 천자의 의식으로 옥봉산(玉峰山)에서 다시 장례를 치르게 했다.

누명을 쓰고 죽은 아들에 대한 요 도종의 죄책감은 한 명뿐인 손자 야율연희에 대한 지극한 총애로 이어졌다. 대강 6년(1080) 요 도종은 다섯 살에 불과한 야율연희를 양왕으로 책봉하고, 수태휘·중서령 등 관작을 하사했다. 또 대강 9년(1083)에는 손자를 연국왕으로 책봉했으며, 대안 7년(1091)에는 천하병마대원수, 상서령 등 최고위 관직에 임용했다. 이 무렵 청년으로 성장한 야율연희는 요 도종에 의해 황위를 계승할 후계자로 낙점되었다.

그런데 야율연희는 성품이 거칠고 탐욕이 많았다. 더구나 부모 없이 자랐기 때문에 천방지축으로 행동했다. 요 도종은 머리가 영민하지 못하고 공부에는 도무지 관심이 없으며 사냥에 빠져 지내는 손자를 볼 때마다 마음이 무거웠다. 야율연희 이외에는 마땅한 후계자가 없었기 때문에, 어쨌든 손자를 바르게 교육시켜서 요나라 천하를 물려주는 수밖에 없었다.

요 도종이 야율을신을 제거한 후 가장 신임한 신하는 전전도점검 소올납이었다. 소올납은 야율연희가 야율을신의 마수에서 벗어나 후계자가 되는 데 결정적인 기여를 하여 난릉군왕으로 책봉된 총신이었다.

어느 날 요 도종이 왕사유(王師儒), 야율고(耶律固) 등 대신들에게 말했다.

"소올납은 충직하고 순수한 사직의 중신이오. 당나라 황제를 보좌한 적인걸과 요 목종을 황제로 추대한 야율옥질도 능력이 소올납에게는 미치지 못하오. 경들은 연국왕에게 짐의 뜻을 전하시오."

소올납은 황제의 뜻을 받들어 야율연희의 스승이 되어 그를 가르치기 시작했다. 그는 방만하기 이를 데 없는 야율연희에게 최선을 다해 군주가 갖추어야 할 소양과 치국의 도(道)를 가르쳤다.

하지만 야율연희는 스승의 가르침을 따르지 않고 멋대로 행동했다. 소올납이 그의 과오를 지적하면, 그는 오히려 스승에게 강한 반감을 품었다.

요 도종도 야율연희의 성품에 문제가 있음을 진작부터 알고 있었다. 하지만 적손 이외에는 황위를 계승할 마땅한 인물이 없었기 때문에 대안을 찾을 수 없었다.

수창 7년(1101) 정월 요 도종이 병사하기 직전에 야율연희에게 신신당부했다.

"너는 성격이 지나치게 강경하니 절대 평지풍파를 일으키지 마라."

또한 대신들에게도 당부했다.

"태자가 경거망동하면 경들이 힘써 간언하여 막아야 하오."

이윽고 요 도종이 병사한 직후에, 야율연희는 26세 때 제9대 황제로 즉위했다. 대신들은 그에게 천조황제(天祚皇帝)라는 존호를 바쳤다. 그가 요나라의 마지막 황제인 천조제(天祚帝)이다.

2. 충신과 간신을 구별하지 못하고 사냥에 빠져 지내다

천조제는 즉위 직후에 연호를 건통(乾統)으로 바꾸고 천하에 대사면을 실시한 후, 억울하게 죽은 조모 소관음과 아버지 야율준의 원한을 갚기 위하여 조정에 피바람을 일으켰다. 조모와 부모는 천하의 간신 야율을신과 그 패거리의 모함으로 비참하게 죽었지 않았던가.

건통 원년(1101) 6월 천조제는 조모를 선의황후로 추존하고 요 도종의 능묘인 경릉에 합장하게 했다. 대강 원년(1075) 11월에 자결한 소관음은 사망한 지 26년 만에 비로소 손자 천조제에 의하여 정궁 황후의 품계를 회복하고 남편 요 도종의 능묘에 합장되었다.

천조제는 또 아버지 야율준을 대효순성황제로 추존하고 묘호를 순종으로 정했으며, 어머니 소골유를 정순황후로 추존했다. 부모와 조모를 황제와 황후로 추존함으로써 자신의 정통성을 강화함과 동시에, 아직 조야에서 활동하는 야율을신 일당에 대한 피의 보복을 단행했다.

야율을신·장효걸·소십삼·소득리특 등은 이미 세상을 떠났지만 무덤을 파헤쳐 시신에 형벌을 가하는 부관참시를 당했으며, 아울러 그들의 일족은 모두 그들에게 피살된 사람들 집안의 노예가 되게 했다. 반면에 그들에게 박해를 당하여 죽은 자는 사후 복권되었고, 파직을 당한 자는 복직되었다.

이러한 조치로 인해 사람들은 황제가 간신을 배척하고 충신을 중용하는 올바른 정책을 펼칠 것이라 기대했다. 하지만 천조제는 충신과 간신을 구별하지 못한 어리석은 군주였다.

소달로고는 야율을신의 사주를 받고 태자 야율준을 살해한 간신이다. 천조제가 야율을신의 일당을 처단했을 때 그는 언제 살해당할지 모르는 두려움에 항상 몸에 칼을 품고 살았는데 황제의 측근 야율아사(耶律阿思)에게 뇌물을 써서 살아남을 수 있었다. 천조제는 자기 아버지의 목을 벤 자가 소달로고였는데도 야율아사의 농간으로 그를 단죄하지 못했다.

소봉선(蕭奉先)은 천조제의 후궁인 원비 소귀가(蕭貴哥)의 오빠이다. 사람 됨이가 악독하고 간사한데도 황제의 총애를 받아 북원추밀사, 난릉군왕 등 관작을 받았다. 그는 황제의 눈을 가리고 판단을 흐리게 하여 결국 요나라를 망국의 길로 가게 한 최악의 간신이 되었다.

간신들이 황제를 둘러싸고 국정을 농단하는 와중에도 충신이 없었던 것은 아니다. 북부재상 소올납은 황제의 스승으로서 젊은 황제를 위하여 충언을 아끼지 않았으며 국정을 보필하는 데 혼신의 노력을 다했다. 하지만 스승의 고언을 불편하게 생각한 천조제는 그를 외직인 요흥군절도사로 좌천시켰다.

어느 날 소올납이 내부(內府)의 서각(犀角: 약재로 쓰는 코뿔소의 뿔)을 불법으로 사용했다고, 불전소저(佛殿小底: 불당을 관리하는 하급 관리) 왕화(王華)가 모함했다.

천조제는 소올납을 문책하게 하자 소올납이 말했다.

"신(臣)이 선조(先朝: 요 도종 시대의 왕조)에서 관직을 맡고 있을 때 선황제(요 도종)께서 신에게 매일 국고에서 10만 전을 꺼내 사비(私費)로 사용해도 좋다고 윤허하셨습니다. 그렇지만 신은 단 1전이라도 유용한 적이 없었는데 설마 서각을 사적으로 사용했겠습니까?"

소올납은 고관대작이었지만 지극히 청렴한 인물이었기에 그런 혐의를 반박하며 항의할 수 있었다. 하지만 천조제는 그의 말을 듣고 더욱 진노하여 그를 태부관 관직을 박탈하고 영변주자사로 좌천시켰다.

요나라 황제들은 사냥을 좋아했다. 황제가 수많은 병사와 수행원들을 동원하여 사냥을 나가는 것은 황제의 취미 활동뿐만 아니라, 권위와 위세를 천하에 떨치는 일종의 거대한 의식이기도 하다. 그 필요성은 인정되지만 너무 자주 행하면 백성들에게 막대한 피해를 준다.

천조제는 정사를 돌보지 않고 시도 때도 없이 사냥을 즐겼다.『요사』는 그가 정사를 돌보지 않고 "일 년 중 대부분을 사냥터에서 보냈다."라고 기록할 정도였다.

이를테면 그가 즉위한지 얼마 안 된 건통 2년(1102) 정월에는 압자하(鴨子河)로, 2월에는 춘주(春州)로, 6월에는 산수원(散水原)으로, 7월에는 흑령(黑

嶺)으로 사냥을 나갔다. 그가 머무르는 곳에는 언제나 호화로운 행궁이 조성되었으며 미희들과 함께 주지육림에 빠져 지냈다. 황제의 방탕한 생활과 관리들의 폭정으로 백성들의 원성이 자자했다.

굶주림에 허덕이는 백성들은 급기야 도적떼로 변하여 약탈에 나섰다. 조종가(趙鍾哥)라는 대도는 감히 궁궐을 침입하여 궁녀와 궁중의 물건을 약탈하여 달아난 일이 있었다.

천경(天慶) 3년(1113) 윤(閏) 4월 어떤 자가 자신을 '이홍(李弘)'으로 칭하고 민중을 현혹하여 반란을 일으켰다. 위진남북조 시대부터 도교(道敎)의 도덕천존(道德天尊)인 태상노군(太上老君)이 이홍이라는 이름으로 인간 세상에 강생하여 백성들을 구제한다는 민간 신앙이 있었다.

그래서 중국에서는 군주가 폭정을 저지르고 백성이 도탄에 빠질 때마다 이홍이라는 이름을 걸고 반란을 일으키는 자들이 많았다. 천조제의 요나라를 타도하고 도교의 이상 세계를 원하는 민중의 세력이 날로 확장되었다.

요나라 조정은 이홍을 자칭하는 자를 체포하여 사지를 절단한 후 오경(五京)의 저잣거리에 매달아 놓았다.

황제는 오로지 사냥과 유흥을 즐기고, 소봉선 등 간신들은 국정을 농단하며, 지방 관리들은 백성을 수탈하고, 민란이 끊이질 않고 일어났을 때 요동 지방에서 거대한 정치적 변화가 일어났다. 바로 여진족 완안아골타의 등장이었다.

3. 여진족 완안아골타가 일어나 요나라를 공격하다

요나라가 전국 각지에서 일어난 민란을 진압하느라 여념이 없을 때 요나라의 지배를 받고 있던 여진족 사회에서 완안아골타(完顔阿骨打·1068~1123)라는 절세의 위인이 등장했다.

완안아골타(이하 아골타로 칭함)는 송화강(松花江) 이북, 영강주(寧江州) 이동 지역에서 거주한 생여진 완안부(完顔部) 추장 완안핵리발(完顔劾里鉢)의 둘째 아들로 태어났다. 의지가 굳고 힘이 장사이며 신궁 소리를 듣는 명궁이었을 뿐만 아니라 지도력과 전략도 뛰어나 싸우면 반드시 승리하는 위대한 전사였다. 그는 아버지 완안핵리발, 숙부 완안파랄숙(完顔頗剌淑) 그리고 또 다른 숙부 완안영가(完顔盈歌·1053~1103)로 이어지는 추장들을 보필하며 혁혁한 전공을 세웠다.

당시 완안부 역대 추장은 요나라 황제에 의해 여진절도사로 임용되었다. 요나라 황제는 여진족 추장을 절도사로 임용함으로써 여진족을 간접 통치하는 방법을 선택했다.

건통 2년(1102) 반란을 일으킨 요나라 장수 소해리(蕭海里)가 반란군을 이끌고 여진족 거주 지역으로 달아난 적이 있었다. 소해리는 완안부로 사자를 보내 동맹을 맺기를 바랐다. 하지만 완안영가는 그의 제의를 거절하고 소해리의 반란군 토벌에 나섰다. 이때 아골타는 선봉에 서서 소해리를 화살로 쏘아 죽이고 반란군을 진압했다.

건통 3년(1103) 족장 완안영가가 사망하자 완안핵리발의 장남 완안오아속(完顔烏雅束·1061~1113)이 부족장으로 추대되었다. 완안오아속은 동여진의 부족을 정복하고 고려의 천리장성 동쪽 끝의 정주(定州)까지 진출했다.

고려 조정은 윤관(尹瓘·?~1111)에게 별무반을 이끌고 가서 완안여진족을 토벌하게 했다. 고려 예종(睿宗) 2년(1107) 윤관은 동북 지역의 천리장성을 넘어 완안여진족 부락들을 점령한 후 9개 성(城)을 쌓았다. 하지만 고려는 연이은 전투에서 패배하자 완안여진족의 요구를 거절하지 못하고 9개 성을 돌려주었다. 완안여진족은 고려와의 화의를 맺은 후 본격적으로 생여진의 여러 부족을 통합하는 전쟁에 나섰다.

당시 임해군절도사 소올납은 여진족이 날로 세력을 떨치는 모습을 보고 불안한 마음을 금할 수 없어 황제에게 상소했다.

"역적 소해리가 여진족 지역으로 달아난 이래로, 여진족은 황궁과 조정을 얕잡아보는 마음을 품고 있습니다. 저들이 어떤 짓을 벌일지 모르니 병력을 증강하여 예측할 수 없는 일에 대비해야 합니다."

"여진족 1만 명이 모이면, 그들을 당해낼 수 없다."라는 요나라 사람의 말이 있었을 정도로, 여진족의 호전성은 유명했다. 소올납은 이 점을 두려워하여 황제에게 대비책을 마련해야 한다고 상소했지만, 천조제는 그의 주장을 묵살했다.

천경 원년(1111) 황룡부지부로 임용된 지 얼마 안 되어 다시 동북로통군사로 쫓겨난 소올납이 또 상소했다.

"신(臣)이 관할하는 지역은 여진족의 거주 지역과 접경을 이루고 있습니다. 여진족의 행위를 관찰하면 저들이 야심을 품고 있음을 알 수 있습니다. 저들이 반란을 일으키기 전에 병사들을 파견하여 저들을 섬멸해야 합니다."

이후에도 소올납은 여러 차례 상소했지만, 천조제는 끝내 그의 말을 듣지 않았다.

천경 2년(1112) 2월 천조제가 낚시를 하러 춘주(春州: 내몽골 흥안맹돌천현·興安盟突泉縣) 혼동강(混同江)으로 행차했다. 요나라 황제가 행궁에 머무르고 있으면, 행궁을 중심으로 1,000리 안의 여진족 추장들은 모두 황제를 배알하러 와야 했으며, 황제는 그들에게 성대한 '두어연(頭魚宴)'을 베풀어주는 게 관례였다. 두어연이란 황제가 첫 번째로 큰 물고기 한 마리를 낚은 후에 베푸는 연회이다.

아골타 등 여진족 추장들이 빠짐없이 참석하였다. 주흥이 한창 무르익을 때 여진족 추장들은 순서에 따라 황제가 하사하는 술을 마시고 춤을 추며 노래를 불러야 했다. 황제 앞에서 하는 일종의 '장기 자랑'이었다.

아골타의 순서가 되었을 때 그는 가무를 사양하고 의연하게 앉아 있었다. 천조제가 그에게 몇 차례 가무를 권했지만 그는 어색한 미소만 지을 뿐이었다.

천조제는 일개 여진족 추장이 감히 어명을 따르지 않는 모습을 보고 대단히 불쾌했다. 게다가 아골타는 의지가 강하게 보이고 기골이 장대한 모습이었다.

천조제는 그가 평범한 인물이 아님을 직감하고 추밀사 소봉선에게 은밀히 말했다.

"저놈은 보통 놈이 아닌 것 같다. 훗날 화근이 될 수 있으니 변방의 일을 구실로 삼아 죽여 버려라."

소봉선이 아뢰었다.

"저놈은 무식하기 그지없어서 예의가 없사옵니다. 무슨 큰 잘못을 저지르지 않았는데도 죽이면, 여진족 추장들이 폐하를 흠모하는 마음에 상처를 주지 않을까 걱정이옵니다. 설사 저놈이 딴 마음을 품고 있더라도 여진족 추장 주제에 무슨 대업을 이룰 수 있겠습니까?"

천조제는 소봉선의 말을 듣고 연회가 끝난 후 아골타를 돌아가게 했다. 소봉선의 잘못된 판단과 천조제의 방심은 다잡은 호랑이를 다시 산중으로 돌려보낸 격이 되고 말았다.

그 후 아골타는 더 이상 요나라 황제의 부름에 응하지 않고 본격적으로 여진족 통합 전쟁에 나섰다.

천경 3년(1113) 완안오아속이 사망한 직후에 아골타가 마침내 부족 연맹의 수장으로 추대되었으며, 사람들은 그를 '도발극렬(都勃極烈)'이라고 칭했다. 이는 '가장 큰 우두머리'라는 뜻인데 훗날 아골타가 황제를 칭하기 전까지 금나라 최고 통치자의 관직명이 되었다.

당시 아골타는 명목상 천조제의 신하였지만 요나라의 간섭에서 벗어나 본격적으로 세력을 확장하기 시작했다. 이듬해 6월 천조제는 아골타를 회유하기 위하여 그에게 '생여진부족절도사'라는 관직을 하사했다.

아골타는 천조제가 자신을 의심하고 있음을 눈치챘다. 하루빨리 여진족 부족들을 통일하여 독립하는 길만이 살길이었다. 그가 통일 전쟁을 시작하자 추장 조삼(趙三)과 아골산(阿鶻產)이 그에게 저항했다. 아골타가 두 사람의 가족을 포로로 잡았다. 두 사람은 함주(咸州)로 달아나 요나라의 병마상온사에게 아골타가 반란을 일으켰다고 보고했다.

요나라 최고의 군정 기관인 북추밀원에서 황제에게 반란 사건의 진상을 아뢰었다. 뜻밖에도 천조제는 그것을 대수롭게 생각하지 않고 지방 관리에게 처리하게 했다.

요나라 황제의 무능함을 간파한 아골타는 천경 4년(1114) 봄에 정식으로 요나라 타도를 기치로 내걸고 군사를 일으켰다. 아골타가 영강주(寧江州: 길림성 부여·扶餘)로 진격했을 때 천조제는 마침 사냥을 하고 있었는데 전황이 불리하다는 보고를 받고도 적극적으로 대처하지 않았다. 다만 해주자사 고선수(高仙壽)에게 소수의 지방군과 발해군을 이끌고 영강주로 떠나게 했다. 아골타는 고선수가 이끈 군대를 섬멸했다.

한인행궁부부서 관직을 맡고 있던 소도소알(蕭陶蘇斡)은 영강주가 아골타의 수중으로 들어가자 황제에게 상소했다.

"여진족은 작은 부족이지만 용감하고 화살을 잘 쏩니다. 그들은 반란을 일으킨 소해리를 잡아 죽인 이래 날로 세력을 떨치고 있습니다. 반면에 우리나라 군대는 오랜 세월 동안 훈련을 받지 않고 싸우지 않았기 때문에, 강적을 만나면 수세에 몰릴 위험이 있으며 이에 여진족의 여러 부족은 우리나라를 배신하게 될 것입니다. 그러면 우리는 다시 그들을 제압할 수 없을 것입니다. 지금 가장 좋은 계책으로는 전국 각지에서 병사들을 대규모로 동원하여 압도적으로 그들을 정복하는 것입니다."

여진족이 흥기하기 전에 군대를 대규모로 동원하여 선제 공격함으로써 아직 소수에 불과한 여진족 군대를 섬멸하자는 주장이다.

하지만 북원추밀사 소득리저는 소도소알과는 정반대의 주장을 폈다.

"소도소알의 계책은 하찮은 여진족에게 나약함을 보일 뿐입니다. 활수(滑水) 이북의 병사들만 파견해도 충분히 여진족을 제압할 수 있습니다."

활수는 혼하(渾河)를 지칭한다. 혼하는 요령성 중부와 동부를 지나 발해만으로 흐르는 강이다. 소득리저는 여진족 지역과 접경을 이루고 있는 혼하 이북의 병사들만 동원해도 여진족의 침략을 막을 수 있다고 생각했다.

여전히 여진족을 하찮게 본 천조제는 소득리저의 건의를 받아들였다. 간신 소봉선의 동생인 소사선(蕭嗣先)에게 혼동강을 사이에 두고 영강주와 마주보고 있는 출하점(出河店: 흑룡강성 대경조원현·大慶肇源縣)에서 여진족의 침략을 저지하게 했다.

소사선이 이끄는 병사는 7,000여 명, 아골타가 이끄는 병사는 3,700명이었다. 아골타는 병력 수에서 불리했지만 거세게 부는 먼지바람을 이용하여 은폐와 기습으로 소사선의 군대를 전멸시켰다. 그 후에도 빈주(賓州: 길림성 광원점·廣元店), 함주(咸州: 요령성 개원·開原) 등지에서 요나라 군대를 연이어 격파했다.

아골타는 연전연승을 통하여 자기도 황제가 될 수 있다는 자신감을 얻었다. 천경 5년(1115) 정월 초하루 아골타는 마침내 개국 황제가 되어 국명을 대금(大金: 이하 금나라로 칭함), 연호를 수국(收國)으로 정했다.

4. 고욕·야율장노·고영창 등이 반란을 일으키다

아골타가 황제를 칭했다는 소식을 듣고 크게 놀란 천조제는 동지함주로병마사 야율장노(耶律章奴) 등 신하들을 여러 차례 금나라에 사신으로 보내 화의를 제의했다. 만약 거부하면 친히 천조의 대군을 동원하여 정벌하겠다고 협박했다.

아골타는 천조제의 제의를 거부하고 요나라의 군사 요충지인 황룡부(黃龍府: 길림성 농안현·農安縣)를 향해 진격했다. 천조제는 야율알리타(耶律斡里朵)를 도통으로, 소을설(蕭乙薛)을 좌부도통으로, 야율장노를 우부도통으로 각각 임명하고, 달로고성(達魯古城: 길림성 부여·扶餘토성자·土城子)에서 금나라군에 대적하게 했다. 요나라군의 병사는 27만여 명에 달했지만, 금나라군은 1만여 명에 불과했다. 병력만 따지면 금나라군이 도저히 이길 수 없었다.

하지만 소도소알이 우려했던 것처럼 요나라군은 오랜 세월 동안 싸우지 않아 전투 경험이 없었다. 요나라군이 오합지졸임을 간파한 아골타는 기병을 분산 배치하고 높은 지대에서 낮은 지대로 전광석화처럼 돌격하는 전술을 구사하여 요나라 대군을 섬멸했다.

달로고성 전투는 정말로 여진족 1만 명이 모이면, 그들을 당해낼 수 없다는 사실을 증명했다.

천조제는 요나라 대군이 전멸했는데도 여전히 방탕한 생활에서 벗어나지 못했다.

발해(渤海·698~926)는 요 태조 야율아보기에게 망한 이래 요나라의 지배를 받았다. 천조제 시대에 들어와 요나라 관리들은 발해인을 가혹하게 착취했다. 천경 5년(1115) 2월 요주(饒州: 내몽골 파림우기·巴林右旗)에서 거주하던 발해인 고욕(古欲)이 요나라가 혼란에 빠진 틈을 타서 대왕(大王)을 자칭하고 발해 부흥을 외치며 반란을 일으켰다. 그는 마보군(馬步軍) 3만여 명을 거느리고 여러 차례 요나라군을 궁지에 몰아넣었다. 반란을 일으킨 지 3개월 만에 소도소알에게 진압되었지만, 요나라 전역은 대란의 소용돌이로 빠져들었다.

천경 5년(1115) 9월 금나라군이 마침내 군사적 요충지인 황룡부를 함락했다. 황룡부가 금나라의 수중으로 들어가면 요나라 오경(五京)의 안전을 담보할 수 없기 때문에, 천조제는 거란인, 한인 등으로 조직한 병사 10여만 명(호칭 70여만 명)을 친히 거느리고 출병했다.

천조제가 타문(駝門)에 이르렀을 때 요나라군의 선봉 지휘관이었던 도감 야율장노가 모반을 획책했다. 그는 천조제를 시해하고 송위국왕 야율화로알(耶律和魯斡)의 아들이자 요 도종 야율홍기의 조카인 야율순(耶律淳·1063~1122)을 새로운 황제로 추대하려고 했다. 이윽고 야율순 부인 소보현녀(蕭普賢女)의 오빠 소적리(蕭敵里)와 조카 소연유(蕭延留)를 야율순에게 보내 자신의 뜻을 밝혔다.

야율순이 주저하며 결정을 내리지 못하고 있을 때 천조제가 그에게 행궁사자 을신(乙信)을 보내 야율장노가 어명을 어기고 모반을 획책한 사실을 알려주었다.

야율순은 눈물을 흘리며 두 사자를 참수했고 그들의 수급을 천조제에게 보내며 충성을 맹세했다.

야율장노는 야율순이 말을 듣지 않자 패거리 수백 명을 이끌고 상경성을 습격하여 관청 창고의 재물을 약탈했다.

이윽고 조주(祖州: 내몽골 파림좌기·巴林左旗)에 이르러 요 태조 야율아보기의 능묘에서 제사를 지내며 하늘을 향해 아뢰었다.

"태조께서 수많은 전쟁을 치르시고 대요의 위대한 기업(基業)을 이룩하셨습니다. 하지만 오늘날 천하가 와해되고 있습니다. 흥종 황제의 손자인 위국왕 야율순은 성품이 인자하고 덕행을 갖추고 있어서 국가를 잘 다스리고 백성을 편안하게 할 제왕의 재목이라고, 신은 사사로이 생각했습니다. 신 등은 그를 추대하여 사직의 대업을 주관하게 하고자 합니다. 마침 그가 초원 지대의 호초전(好草甸)으로 떠났기 때문에 큰일을 이루지 못했습니다."

"근래에 이르러 주상(천조제)은 오직 향락만을 추구하고 정사를 돌보지 않았습니다. 이에 따라 강적이 멋대로 침략하고 우리 군사는 연패했습니다. 게다가 도적이 벌떼처럼 일어나 국가가 누란의 위기에 처했습니다. 저희들은 종실의 일원으로서 선황제들의 성은을 대대로 입었습니다. 이에 위로는 구묘(九廟)의 천령(天靈)을 편안하게 하고, 아래로는 만민의 생명을 구하고자 이번 거사를 일으켰습니다. 이는 저희들의 지극한 정성에서 나온 것입니다. 바라옵건대, 저희들을 보살펴주옵소서."

야율장노는 여러 주현에 격문을 돌리고 유랑민들을 모았는데 요주(饒州)에 거주하는 발해인, 도적 수령 후개(侯槪) 등이 호응하여 반란군이 수만 명에 이르렀다. 그는 반란군을 이끌고 황제의 겨울 행궁인 광평전(廣平淀: 내몽골 통료·通遼)으로 진격했다.

하지만 진격 도중에 그의 패거리 야율여고(耶律女古) 등이 난폭하게 행동하고 온갖 불법을 저지르며 부녀와 재물을 약탈하여 민심을 잃었다. 야율장노는 그들을 통제하려고 했지만 뜻대로 되지 않았다. 또 상경성 공격에 패배하여 쫓기는 신세가 되었다.

예전에 아골타에게 반기를 들고 요나라에 투항한 순국여직(順國女直) 수령 아골산(阿鶻産)이 야율장노의 무리를 추격하여 200여 명을 사로잡았다.

야율장노는 사자(使者)로 변장하여 여진 부족으로 도망가려다가 순라군에 붙잡혔다. 저잣거리에서 허리가 잘리는 형벌을 당했는데 시신에서 적출한 심장은 종묘에서 제물로 바쳐졌고, 갈기갈기 찢긴 시신은 오로(五路)에 전시되었다. 반란에 가담한 자들은 모두 참수형을 당했다. 야율장노의 모반은 요나라 종실이 얼마나 사분오열되었는지 단적으로 드러낸 사건이었다.

한편 아골타는 각개 격파 전술로 사방에서 요나라군을 공격했다. 요나라군이 연전연패하자, 장춘주(長春州: 길림성 길백성·吉白城)로 달아난 천조제는 아골타에게 화의를 청하여 일단 위기를 모면하는 수밖에 없었다.

천경 10년(1120) 4월 아골타는 정예병을 이끌고 요나라 경내로 진격하여 상경을 함락했다. 금나라군은 상경에 있는 종묘를 불태웠으며 역대 황제의 능묘를 파헤쳐 보물들을 약탈했다. 봉건 왕조 시대에 종묘가 파괴되고 능묘가 훼손되는 것은 망국의 전조였다.

당시 중경에 있던 천조제가 소문을 듣고 소봉선에게 물어보자 소봉선은 이렇게 대답했다.

"금나라군이 상경에서 재물을 약탈했지만 역대 황제들의 위엄과 명성을 두려워하여 감히 종묘와 능묘를 훼손하지 못했습니다. 신(臣)이 이미 관리들을 보내 지키게 했사옵니다."

완전한 거짓말이었지만 천조제는 더 이상 추궁하지 않고 사냥을 나갔다.

고영창(高永昌)은 원래 거란(요나라)에 멸망을 당한 발해 귀족의 후손이다. 요나라에서 공봉관을 맡고 있었는데 천경 6년(1116)에 반란을 일으켰다. 옛날 발해의 땅인 동경(東京)의 요양부(遼陽府)를 점령하고 대발해황제(大渤海皇帝)를 자칭했다. 얼마 후 또 '대원(大元)'을 건국하고 연호를 융기(隆基)로 정했다.

고영창은 발해 유민들의 호응을 얻어 일시에 세력을 확장했지만, 휘하 병사들이 약탈을 자행하는 바람에 민심을 잃었다.

천조제는 지북원추밀사사 소한가노(蕭韓家奴)와 남부재상 장림(張琳)에게 고영창을 토벌하게 했다. 요나라군은 침주(沈州)에서 대원군을 격퇴했지만 동경의 요양부는 수복하지 못했다. 고영창은 혼자만의 힘으로 요나라에 대적할 수 없자 아골타에게 사신을 보내 대원과 금나라가 동맹을 맺고 요나라와 싸우자고 제안했다.

아골타는 고영창에게 제왕의 칭호를 포기하지 않으면 동맹을 맺을 수 없다고 단호하게 말했다. 고영창에게 황제를 칭하지 말고 금나라 신하가 되어 자기를 섬기면 도와주겠다는 뜻이었다.

고영창은 아골타의 주장을 묵살했을 뿐만 아니라, 오히려 예전에 금나라에서 포로로 잡아 간 발해인들을 송환하라고 요구했다. 아골타는 진노하여 대원을 정벌하기로 결정했다.

천경 6년(1116) 5월 금나라군은 먼저 요나라군이 주둔하고 있는 침주를 점령한 후 파죽지세로 도성 요양부로 진격했다. 금나라군이 도성 근처까지 진격해오자 고영창은 금나라 군영에 사신을 파견하여 제왕의 칭호를 포기하고 신하로서 금나라 황제를 섬기겠으니 화의를 맺자고 했다. 금나라 장수 완안알로(完顏斡魯)가 호사보(胡沙補) 등을 보내 협상을 벌이게 했다.

마침 그때 발해인 고정(高楨)이 금나라 군영에 투항하여 완안알로에게 말했다.

"고영창은 정말로 투항한 게 아니오. 금나라군의 공격을 늦추는 계책을 쓰고 있을 뿐이오."

완안알로는 즉시 화의를 멈추게 하고 요양부로 진격했다. 그런데 호사보 등은 이미 요양부에 머물고 있었는데 고영창에게 살해되었다.

양군은 요양부성 아래에서 일대 접전을 벌였다. 발해군이 대패하자 은승노(恩勝奴) 등 발해군 장수들이 성문을 열고 투항했다.

고영창은 기병 5,000여 기를 이끌고 발해만 바다로 달아났다. 얼마 후 부하 장수 달불야(撻不野)의 배신으로 장송도(長松島)에서 붙잡혀 참수형에 처해졌다.

이 시기부터 요나라 오경 중의 하나인 동경과 그 일대의 여러 주(州)가 금나라 판도로 들어왔다. 천경 7년(1117)에는 춘주(春州: 내몽골 돌천현·突泉縣), 천경 10년(1120)에는 요나라의 황도였던 상경(上京: 내몽골 적봉·赤峰) 임황부(臨潢府) 등이 금나라군에게 연이어 함락되었다.

5. 소봉선에게 속아 문비, 아들 등을 죽이다

금나라가 요동 반도 전 지역을 넘어 흑룡강·내몽골·산서 지방 등 광활한 지역으로 팽창하고 있을 때 요나라 황실과 조정에서는 무능한 천조제에게 불만을 품고 황제 퇴출의 음모를 꾸미는 자들이 나타났다.

천조제는 황후 소탈리라(蕭奪里懶)이외에도, 덕비 소사고(蕭師姑)·문비 소슬슬(蕭瑟瑟)·원비 소귀가(蕭貴哥)·조소용(趙昭容) 등 후궁 4명을 거느렸다. 소귀가의 오빠는 천조제를 미혹에 빠트리고 요나라를 망하게 한 간신 소봉선이다.

황후는 황자를 낳지 못하고 세상을 떠났으며, 덕비는 연왕 야율달로(耶律撻魯)를, 문비는 진왕 야율오로알(耶律敖盧斡·1103~1122)을 낳았다. 그리고 원비는 양왕 야율아리(耶律雅里)·진왕 야율정(耶律定)·허왕 야율녕(耶律寧) 등 세 황자를, 조소용은 조왕 야율습니열(耶律習泥烈)을 낳았다.

이 왕 6명 중에 진왕 야율오로알이 사람됨이 너그럽고 인정이 많았으며 문무를 겸비했다. 어느 날 그는 침전에 들어가다가 내시 다자(茶刺)가 책을 읽고 있는 모습을 보았다. 당시 황궁에서는 내시는 책을 읽을 수 없었으며 발각되면 처벌을 받았다.

마침 다른 왕들이 침전에 도착하자 야율오로알은 황급히 내시가 읽던 책을 소매에 숨기게 했다. 행여 그들이 내시가 책을 읽고 있는 모습을 보면 그를 처벌하지 않을까 염려했기 때문이다.

그들이 모두 돌아간 후에 야율오로알이 내시에게 조용히 말했다.

"정말 다행이구나. 앞으로는 책을 읽을 때 다른 사람의 눈에 띠게 하지 마라."

노예에 불과한 일개 내시에게도 이렇게 따뜻한 마음을 품은 진왕(晉王)이었다. 사람들은 진왕이 성군의 자질을 타고났다고 여기고 훗날 황위를 계승하기를 바랐다.

게다가 진왕의 생모 문비 소슬슬은 선량한 성품을 타고 났으며 어렸을 적부터 시문을 좋아하고 가무에 능하였다. 천조제도 그녀를 총애했다.

그녀는 국가가 존망의 위기에 처해 있는데도 황제가 주지육림에 빠져 지내면서 충신을 배척하고 간신만을 중용하는 현실에 크게 실망했다. 황제에게 수시로 직언을 했을 뿐만 아니라, 시사(詩詞)를 지어 현실을 풍자하기도 했다. 천조제는 점차 그녀를 싫어하기 시작했다.

동로도통 야율여도(耶律餘睹)의 아내 소씨(蕭氏)는 문비 소슬슬의 누이이다. 야율여도는 천경 연간(1111~1120)에 반란군을 진압하여 명망이 높았다.

소봉선은 천하의 민심이 진왕 야율오로알에게 쏠리는 모습을 보고 무척 두려웠다. 야율오로알이 황위를 계승하면 자신이 제일 먼저 숙청을 당할 게 분명했다. 그는 문비 모자를 제거한 후 조카 진왕(秦王) 야율정을 황제로 추대하는 것이 살길이라고 생각했다.

보대(保大) 원년(1121) 소봉선은 문비가 언니의 남편 야율달갈리(耶律撻曷里), 여동생의 남편 야율여도, 남동생 소현(蕭顯) 등과 결탁하여 천조제를 퇴위시키고 아들 진왕 야율오로알을 황제로 추대하려는 음모를 꾸미고 있다고 모함했다.

천조제는 평소에 문비에게 좋지 않은 감정을 품고 있었기 때문에 소봉선의 모함을 사실로 믿고 문비와 야율달갈리 그리고 소현을 죽이게 했다.

마침 야율여도는 금나라군과 대치하고 있었는데 문비가 사약을 마시고 죽었다는 얘기를 듣고 금나라에 투항했다. 아골타는 그의 직책을 인정해주고 계속 군대를 지휘하게 했다.

보대 2년(1122) 야율여도가 금나라군을 이끌고 요나라 중경으로 진격했다. 이윽고 중경이 함락되자 천조제는 거용관을 빠져나와 원앙락(鴛鴦濼: 하북성 장북현·張北縣에 있는 호수)으로 달아났다.

소봉선이 겁에 질린 천조제에게 계책을 냈다.

"야율여도는 요나라 왕자 야율반(耶律班)의 후예입니다. 그가 금나라군을 이끌고 온 목적은 요나라의 종묘사직을 폐지하려는 것이 아니고, 진왕 야율오로알을 황제로 추대하려는 것입니다. 폐하께서 종묘사직의 안전을 바라신다면 아들 한 명 죽여도 아까운 일은 아닐 것입니다. 진왕이 죽으면 저들은 싸우지 않고 퇴각할 것입니다."

정말 황당한 얘기였지만 천조제는 또 그의 말을 믿고 아들을 죽이게 했다.

야율오로알의 측근이 그에게 달아나라고 권하자 그가 말했다.

"내가 어찌 구차한 몸을 지키려고 신하된 자의 절개를 잃겠는가."

이윽고 그가 19세의 나이에 절명했다는 소식이 전국에 전해졌다. 눈물을 흘리지 않은 사람이 없었으며 황제를 원망하는 소리가 하늘을 덮었다. 천조제는 금위군 5,000여 명을 거느리고 서쪽으로 달아났다. 얼마나 정신없이 도망갔는지 상건하(桑乾河)를 건너는 도중에 옥새를 물에 빠뜨리고 말았다.

훗날 야율여도는 원수우도감으로 승진하여 북송 정벌에 나서서 서경(西京: 하남성 낙양·洛陽)을 정벌하는 등 혁혁한 공을 세웠다. 하지만 금나라에서 더 이상의 출세 길이 막히자, 금나라 천회(天會) 10년(1132)에 반란을 도모하다가 발각되어 서하로 달아났다. 서하가 그를 받아주지 않자 다시 서역 달단부로 도망갔다. 달단부 부족장이 금나라 감군 완안희윤(完顏希尹)의 지시를 받고 야율여도 부자를 죽이고 두 사람의 수급을 금나라 황제에게 바쳤다.

6. 금나라군에게 쫓겨 떠돌다가 망국의 군주로 전락하다

한편 금나라군에 쫓기는 신세가 된 천조제는 백수락(白水灤), 여고저창(女古底倉) 등 오늘날의 내몽골 일대를 전전했다. 그는 금나라군이 끈질기게 추격해오고 있다는 첩보를 듣고 망연자실했다.

소봉선이 황제에게 또 협산(夾山: 내몽골 고무천현·古武川縣에 있는 음산·陰山)으로 몽진하자고 건의했다.

그제야 소봉선 부자에게 농락을 당한 사실을 깨달은 천조제가 말했다.

"너희 부자가 짐을 이 지경으로 만들었구나. 지금 너를 죽여서 무슨 이익이 있겠는가. 당장 짐의 곁을 떠나라. 네가 남아 있으면 분노한 장졸들이 반란을 일으켜 짐에게도 위해를 가하지 않을까 두렵다."

정말로 천조제는 망국의 군주답게 최후의 순간까지 자기만 살고자 급급했다. 소봉선 부자는 눈물을 흘리며 정처 없는 길을 떠났는데 도중에 금나라군에게 잡혔다. 금나라 장수는 소봉선의 장남 소앙(蕭昂)을 현장에서 살해했으며, 소봉선과 차남 소욱(蕭昱)을 금나라 도성으로 압송했다. 그런데 압송 도중에 요나라군에게 잡혀 천조제에게 끌려온 처지가 되었다. 천조제가 두 사람에게 사약을 마시고 죽게 했다.

훗날 송말원초(宋末元初) 시기에 활동한 역사학자 섭융예(葉隆禮)는 『거란국지(契丹國志)』에서 요나라가 망한 원인에 대하여 이렇게 말했다.

"요나라를 망하게 한 것은 소봉선(蕭奉先)과 이엄(李儼: 야율엄·耶律儼이라고 칭하기도 함)이었지, 여진족이 아니었다. 국가의 흥망성쇠는 권력을 잡은 신하들이 어떻게 행동했는지에 달려 있다. 천조제는 방탕하고 음란한 짓을 일삼고 정사를 소씨 황후 일족에게 맡겼으며 소봉선과 이엄의 속임수에 현혹되었다. 아골타를 믿어서는 안 되는데 믿었으며, 진왕 야율오로 알을 해쳐서는 안 되는데 해쳤다. 천조제가 협산(夾山)으로 도망가는 불행을 당할 수밖에 없었던 것에는 다 이유가 있었던 것이다. 결국은 200여 년에 걸쳐 쌓아 올린 기업(基業)이 하루아침에 무너지고 말았다. 간신들이 국가를 망하게 한 잘못이 이처럼 극명하게 드러난 경우도 없을 것이다. 아, 참으로 슬프도다!"

섭융예는 천조제는 물론이고, 소봉선 등 간신들 또한 요나라를 망친 주범으로 지목했다.

어쨌든 천조제가 금나라군에게 쫓겨 이곳저곳을 떠돌아다닐 때 남경(南京)에 있는 신하들은 황제의 행방을 알 수 없었다. 어떤 이는 황제가 죽었다고 주장하고, 또 어떤 이는 포로가 되었다고 주장했다.

보대 2년(1122) 3월 재상 이처온(李處溫), 임아 야율대석(耶律大石) 등 대신들이 남경에서 송위국왕 야율화로간의 아들이자 요 도종의 조카인 야율순(耶律淳·1063~1122)을 황제로 추대했다. 야율순이 다스린 요나라를 북요(北遼·1122~1123)라고 칭하며, 그가 북요의 제1대 황제가 된다. 그는 연호를 건복(建福)으로 바꾸고 천조제를 상음왕(湘陰王)으로 강등한 후 요나라 부흥을 도모했다.

이에 연주(燕州)·운주(雲州)·평주(平州)·상경(上京)·중경(中京)·요서육로(遼西六路) 등 지역은 야율순의 통제를 받았으며, 고비사막 이북, 남북로의 양도초토부(兩都招討府), 일부 번부(藩部) 등 지역은 아직도 천조제의 영향력 아래 있었다.

요나라가 이렇게 분열된 상황에서 북송과 금나라로 투항하는 장수들이 속출했다. 보대 2년(1122) 4월 금나라 장수 완안종한(完顏宗翰)이 서경을 점령하자 천조제는 또 와사열(訛莎烈)로 달아났다.

같은 해 6월 야율순은 등극한지 3개월 만에 향년 59세를 일기로 병사했다. 그는 임종 직전에 이처온 등 중신들에게 천조제의 다섯 번째 아들인 진왕 야율정(耶律定)을 다음 황제로 추대하라고 유언했다. 야율정이 북요의 제2대 황제가 된다.

당시 야율정은 남경에 있지 않고 전란을 피해 청총삭(青冢鑠: 내몽골 호화호특·呼和浩特 부근)에 숨어 있었기 때문에, 야율순의 황후 소보현녀가 황태후로 추대된 후 섭정을 시작했다. 그녀는 건복 원년(1122)을 덕흥(德興) 원년(1122)으로 바꾸고 야율정이 돌아오기를 기다렸다.

당시 요나라가 망국의 길에서 벗어날 수 없다고 생각한 권신 이처온은 북송의 태사 동관(童貫)과 은밀히 사통하며 북송으로 망명할 계획을 세웠다. 그리고 또 상황이 여의치 않으면 금나라 관리들과 내통하여 소보현녀를 시해하려는 음모를 꾸몄다. 하지만 음모가 발각되어 아들과 함께 처형을 당했다.

소보현녀는 금나라에 다섯 차례나 사신을 파견하여 금나라 황제가 야율정을 황제로 인정해준다면 어떤 조건도 받아들이겠다고 했다. 거의 애원에 가까운 호소를 했지만 거절당했다. 금나라군은 거용관을 격파하고 남경으로 진격했다.

소보현녀는 자신이 천조제의 아들을 황제로 세웠으므로 천조제가 자신을 문책하지 않으리라 여겼다. 이에 대신들을 거느리고 천덕군(天德軍: 내몽골 파언요이·巴彦淖爾)으로 가서 천조제를 만났다.

하지만 천조제는 그녀를 보자마자 살해하고 이미 사망한 야율순을 서인으로 강등한 후 종실 족보에서 제명했다. 야율순이 자신을 상음왕으로 강등한 것에 대한 보복이었다.

보대 3년(1123) 4월 금나라군이 청종채(青冢寨: 내몽골 호화호특 남쪽)에서 요나라의 진영을 포위 공격했다. 진왕·허왕·비빈·공주·종실 등이 포로로 잡혀 동쪽으로 끌려갔다.

천조제는 백수락(白水濼: 내몽골 우익전기·右翼前旗에 있는 호수)에서 금나라군과 싸웠는데 대패하여 서쪽 운내주(雲內州: 내몽골 고양현·固陽縣 일대)로 도망갔다.

같은 해 5월 천조제를 수행한 대신 야율적렬이 태보 특모가(特母哥) 등 신하들과 결탁하여 한밤중에 천조제의 둘째아들 양왕 야율아리(耶律雅里·1094~1123)를 모시고 서북쪽으로 달아났다. 그들은 달사령(達沙嶺)에서 야율아리를 황제로 추대했다.

야율아리가 북요 제3대 황제이며 연호를 신력(神曆)으로 바꾸었다. 그는 성품이 너그럽고 관대하여 사람을 죽이는 것을 싫어했다. 요나라를 배신하고 달아난 자를 잡아도 죽이지 않고 곤장으로 엉덩이를 때리는 태형으로 처벌했으며, 스스로 귀순해 오는 자가 있으면 관직을 하사했다.

그는 측근들에게 이런 말을 했다.

"짐에게 귀부하고 싶은 자는 귀부하고, 귀부하기 싫은 자는 떠나게 하라. 어찌 억지로 강요할 수 있겠는가."

또 시종들에게 『정관정요』와 임아 야율자충(耶律資忠)이 지은 『치국시(治國詩)』를 수시로 읽게 하여 역사의 귀감을 얻고 치세에 활용하고자 했다. 하지만 그는 천하 대란을 수습하는 데 염증을 느끼고 격구와 사냥에 빠져 지냈다.

신력 원년(1123) 10월 야율아리가 사자산(查刺山)으로 사냥을 나갔다. 하루 동안 영양(羚羊) 40마리와 늑대 21마리를 잡았는데도 만족하지 않고, 미친 듯 사냥에 몰두하다가 피로가 누적되어 등극한지 5개월 만에 향년 29세를 일기로 사망했다.

보대 4년(1124) 정월 천조제가 도통 마가(馬哥) 군영으로 들어갔다. 금나라군이 마가를 공격하여 생포하자 천조제는 황급히 북쪽으로 달아났다. 같은 해 7월 그는 협산(夾山)에서 패잔병을 수습하여 권토중래를 노렸다. 하지만 어양령(漁陽嶺), 천덕주(天德州) 등 일부 지역을 점령하고 남하하던 도중에, 엄알하수(奄遏下水: 산서성 대동·大同 서북쪽)에서 금나라군에게 궤멸되었다.

보대 5년(1125) 천조제는 시종 몇 명과 함께 고비사막에서 정처 없이 떠도는 신세가 되었다. 양식과 물이 떨어지자 얼음을 녹인 물로 배를 채울 수밖에 없었다. 같은 해 2월 응주(應州)의 신성(新城: 산서성 회인현·懷仁縣)에서 금나라 장수 완안루실(完顔婁室)에게 붙잡히고 말았다. 천조제는 금나라 상경으로 압송되었는데 당시 금나라 황제는 금 태조 아골타의 친동생인 금 태종 완안오걸매(完顔吳乞買·1075~1135)였다.

금 태종은 천조제를 죽이지 않고 해빈왕(海濱王)으로 강등했다. 이로써 전성기에 오늘날의 북중국, 몽골, 시베리아, 중앙아시아 동쪽의 일부 지역 등 광대한 영토를 다스렸던 대제국 요나라는 요태조 야율아보기가 916년에 건국한지 황제 9명, 209년 만에 역사 속으로 사라졌다.

금나라 천회(天會) 6년(1128) 천조제는 재위 24년, 향년 53세를 일기로 파란만장한 삶을 마감했다. 그는 불교를 맹신한 군주였다. 그의 통치 기간에 승려들은 특별한 대우를 받았으며, 전국의 성읍과 명산에 대찰이 건립되었으며 불사를 일으키는 데 엄청난 재물이 사용되었다. 요나라가 망한 원인 중의 하나가 불교의 흥성과 부패였음은 부인할 수 없다.

천경 3년(1113) 천조제는 승려들이 환속하는 것을 금지했으며, 수시로 그들에게 불교의 계율에 대하여 자문을 구했다. 그는 또 『대장경』을 고려에 하사하기도 했다. 훗날 고려에서 제작한 『팔만대장경』은 요나라의 것을 참고했다고 한다.

그런데 천조제 사후에 요나라가 완전히 망한 것은 아니었다. 야율아보기의 8대 손 야율대석(耶律大石·1087~1143)이 요나라가 망하기 직전에 탈출하여 1124년에 왕을 칭하고 가돈성(可敦城: 몽골의 불간 아이막)을 근거지로 삼았다. 또 1132년에 엽밀립(葉密立: 신강성 액민하·額敏河)에서 황제를 칭하고 연호를 연경(延慶)으로 정했다. 그가 건국한 국가를 서요(西遼·1124~1218)라고 칭한다. 서요의 마지막 황제 쿠출룩(屈出律·?~1218)이 몽골군에게 패망할 때까지 94년 동안 존속했다.

『요사』는 천조제까지의 요나라 역사 209년을 이렇게 총체적으로 평가했다.

"요나라는 북방의 초원에서 일어나 막강한 무력으로 광활한 대지로 진격하여 황하의 북쪽 지역을 석권하고 후진과 후한을 세워 신하의 나라로 다스렸으니 얼마나 위대한 제국이었던가. 태조와 태종은 수많은 전쟁에서 승리한 기세를 몰아 새로 건국된 국가를 다스리며 영민한 계략으로 멀리 내다보았으니 참으로 위대하도다. 세종은 능력이 보통이었고, 목종은 포악하여 연이은 시역(弑逆)의 변고를 당했지만 황위는 흔들리지 않았다. 이는 선황제들의 위엄이 아직도 요나라 천하의 백성들을 압도할 수 있었기 때문이다. 성종 이후로는 안으로는 내치에 힘쓰고 밖으로는 영토를 확장했을 뿐만 아니라, 주변 국가들과 우호를 굳건히 하여 사방을 평안하게 했다. 요나라가 200여 년 동안 유지될 수 있었던 역량은 여기서 나온 것이다."

"하지만 천조제에 이르러서는 국운이 쇠퇴하고 백성의 바람에 위배되는 일을 하였으며, 간신의 말만을 철석같이 믿고 스스로 국가의 근본을 무너뜨렸다. 이에 신하들은 딴마음을 품기 시작했다. 금나라 병사들이 집결하자 내란이 먼저 일어나고 황제 폐위의 음모가 난무했으며 반란이 도처에서 연이어 일어났다. 결국 요나라는 와해되어 다시 일어설 수 없게 되었으니 참으로 애통하도다!"

"황족의 성씨인 야율씨와 황후의 성씨인 소씨는 대대로 외척 관계인데 의리에 바탕을 두고 고락을 함께 했다. 하지만 소봉선이 개인의 이익을 탐하고 국가의 이익을 파괴함으로써 천하 대란의 불행을 자초했다. 천조제는 궁지에 몰려서야 비로소 소봉선이 자기를 망쳤음을 깨달았지만, 과오를 바로잡기에는 어찌 너무 늦지 않았던가. 야율순과 야율아리는 이른바 '명분이 바르지 못하고 언어가 불순'하여 큰일을 이루지 못했다. 야율대석이 간신히 명맥을 이어 간 것은 그나마 나았을 뿐이지만 얼마나 지속되었겠는가."

금나라 역대 황제

1

금 태조 완안아골타

1 • 전공을 쌓아 여진부족 연맹의 수장으로 추대되다
2 • 요나라를 정벌하고 금나라를 건국하다
3 • 연전연승을 거두며 국가의 기틀을 다지다
4 • 북송과 '해상의 맹약'을 맺다
5 • 요나라를 망하게 하고 내치에 힘쓰다

제1장

금 태조 완안아골타

1. 전공을 쌓아 여진부족 연맹의 수장으로 추대되다

우리 한민족과 국경을 맞대고 있었고 역사적으로 대단히 밀접한 관계를 유지했던 여진족(女眞族)은 대략 3,000여 년 전에 중국의 동북부 지방에 거주했던 숙신(肅愼)에서 기원한다. 한(漢)나라에서 진(晉)나라에 이르는 시기에는 읍루(挹婁), 남북조(南北朝) 시기에는 물길(勿吉), 수(隋)나라에서 당(唐)나라에 이르는 시기에는 흑수말갈(黑水靺鞨)로 칭했다.

요나라에 들어와서는 여진(女眞)으로 칭했는데 요 흥종(遼興宗) 야율종진(耶律宗眞)의 이름에 '진(眞)' 자가 들어갔기 때문에 여직(女直)으로 칭하여 피휘(避諱)하기도 했다.

여진족은 백두산 이북, 연해주, 흑룡강, 우수리강 유역 등 산림과 평원으로 이루어진 광활한 지역에서 부족 단위로 거주했는데 요나라의 지배를 받았다. 요나라 시대에 여진족은 숙여진(熟女眞)과 생여진(生女眞)으로 구별되었다. 숙여진은 요나라와 인접한 국경 지대에 거주하면서 호적이 요나라에 편입되어 직접적인 통치를 받은 부족들을 지칭한다.

생여진은 송화강(松花江) 이북, 영강주(寧江州) 이동 지역에 거주하면서 호적이 요나라에 편입되지 않고 여진족의 전통 풍습을 지키고 있는 부족들을 지칭한다. 따라서 생여진은 숙여진에 비해 요나라의 통제와 간섭을 비교적 덜 받았다.

생여진 부족들 가운데 하나인 완안부(完顔部)는 안출호수(按出虎水: 흑룡강 하얼빈 아십하·阿什河) 유역에서 대대로 거주했다.

원나라 시대인 지정 5년(1345)에 탈탈(脫脫) 등이 편찬한 『금사(金史)』에 의하면 금나라의 시조 함보(函普)는 60여 세 때 고려에서 왔다고 한다.

그가 가족을 이끌고 고려를 떠나고자 할 때 그의 형 아고내호불(阿古乃好佛)은 자신은 고려에 남아있겠다고 말했다.

"훗날 우리 자손들은 반드시 만나게 될 거야. 나는 가지 않겠네."

함보는 아우 보활리(保活里)와 함께 고려를 떠나 생여진의 거주 지역으로 이주했다. 함보는 완안부의 거주지인 복건수(僕乾水: 흑룡강성 목단강) 유역에, 보활리는 야라(耶懶: 러시아 투허·Tukhe 강) 유역에 정착했다. 훗날 함보 일족은 완안부의 구성원으로 흡수되었다.

이 정사(正史)의 기록에 의하여 추측하면, 함보는 고려인이거나 고려에 귀부한 여진인 또는 발해인일 것이다. 금나라를 세운 금 태조 완안아골타가 고려를 '부모의 나라'라고 칭한 사실을 보아도, 금나라 황족의 선조가 고려와 불가분의 관계를 맺고 있었음을 짐작하게 한다.

어쨌든 11세기 후반부에 완안부족장 완안오고내(完顔烏古乃·1021~1072)가 백산부(白山部) 등 5개 부족을 통합하여 강력한 부족 연맹의 수장으로 떠오르자, 요나라에서 그를 절도사로 임용하고 간접 통치했다. 완안오고내가 사망한 후에는 그의 둘째아들 완안핵리발(完顔劾里鉢·1039~1092·훗날 금 세조로 추존)이 부족 연맹의 수장이 되었다.

요나라 함옹(咸雍) 4년(1068) 여진족의 위대한 영웅 완안아골타(完顔阿骨打·1068~1123: 이하 아골타로 표현함)가 완안핵리발의 둘째아들로 태어났다. 생모는 나라씨(拿懶氏: 훗날 익간황후로 추존)이다.

아골타는 어렸을 때 친구들과 놀면서 혼자의 힘으로 여러 명을 제압했을 정도로 힘이 장사였으며, 머리가 총명하고 행동거지가 신중하여 아버지의 총애를 받았다.

완안핵리발이 야작수(野鵲水)에서 자기에게 반기를 들고 일어난 흘석열부(紇石烈部)의 족장 나배(腊醅), 마산(麻産) 형제와 싸울 때 중상을 입었다. 완안부로 돌아와 어린 아들 아골타를 무릎에 앉히고 머리를 쓰다듬으며 말했다.

"이 아이가 어른으로 성장하면, 내가 무슨 걱정이 있겠느냐?"

아골타가 열 살 무렵에 화살을 쏘면 백발백중이었다. 어느 날 요나라에서 완안부로 온 사신이 아골타가 활을 잡고 있는 모습을 보고 그에게 날아가는 새들을 향해 활을 쏘아보게 했다.

아골타가 연속으로 쏜 세 발이 모두 명중하자 요나라 관리는 깜짝 놀라 말했다.

"활솜씨가 신궁(神弓)인 남자이구나."

또 어느 날 아골타가 흘석열부의 활리한(活離罕) 집안에서 베푼 연회에 참석했다. 참석자들이 함께 걸어가다가 남쪽에 높은 언덕이 있는 모습을 보고 화살을 언덕까지 쏘는 시합을 했다. 그들 모두 화살을 쏘았지만 언덕에 미치지 못했다. 오직 아골타가 쏜 화살만이 언덕을 넘어 꽂혔다. 화살이 날아간 거리가 320 보(步)를 넘었는데 부족장 자제들 가운데 화살을 가장 멀리 쏜다는 만도가(謾都訶)도 그에 비해 100 보나 차이 났다.

훗날 금나라 해릉왕(海陵王) 완안량(完顔亮) 시대인 천덕(天德) 3년(1151)에 특별히 기념비를 세워 금 태조 아골타의 활솜씨를 세상에 널리 알렸다.

요나라 대안(大安) 7년(1091) 알륵부(斡勒部) 족장 배내(杯乃)와 온도부(溫都部) 족장 오춘(烏春)이 공모하여 반란을 일으켰다. 요나라의 절도사 관직을 겸하고 있던 완안핵리발은 아우 완안팔랄숙(完顔頗剌淑), 족제(族弟) 사불실(辭不失) 등 장수들에게 반란을 진압하게 했는데 젊은 아골타가 숙부를 돕고자 선봉에 서서 전공을 세웠다.

배내는 생포되어 요나라로 압송되었다. 흘석열부로 달아난 오춘은 나배 등과 함께 다시 반란을 일으켰는데 아골타의 숙부 야율환도(耶律歡都)에게 패배한 후 사망했다.

오춘이 사망한 후에 와모한(窩謀罕)이 완안핵리발에게 화의를 요청했으나 얼마 후 변심하여 완안부를 공격했다. 완안부 병사들이 반격하여 와모한의 성채를 포위했다.

당시 혈기 방장한 23세였던 아골타는 무장을 하지 않은 채 성채 주위를 걸어 다니면서 병사들을 호령했다. 성채 위에서 아골타의 동태를 살피고 있던 장사 태욕(太峪)이 준마를 타고 성 밖으로 쏜살같이 달려 나와 창으로 아골타를 공격했다. 아골타는 맨손으로 그와 혈투를 벌였다. 마침 그 광경을 본 아골타의 외삼촌 활랍호(活臘胡)가 말을 타고 달려왔다. 세 사람은 서로 엉겨 붙어 싸웠는데 태욕이 중상을 입고 가까스로 달아났다.

어느 날 아골타는 아버지에 알리지 않고 사홀대(沙忽帶)와 함께 말을 타고 적진을 기습하여 적장을 죽이고 재물을 빼앗았다. 두 사람은 돌아오는 길에 추격병들의 공격을 받았다.

아골타는 그들의 추격을 따돌리다가 그만 길을 잃고 말았다. 말발굽 소리가 요란히 들려오자 아골타는 사람 높이보다 높은 언덕을 단숨에 뛰어넘어 위기에서 벗어났다.

그는 말을 다루는 솜씨와 활쏘기가 신기에 가까웠기에 혼자서도 적진을 급습하고 물러나는 전술을 구사했다.

대안 8년(1092) 완안핵리발이 중병에 걸려 일어나지 못했을 때 아골타는 요나라 통군사(統軍司)에 갈 일이 있었다.

완안핵리발이 아들에게 이런 당부를 했다.

"너는 일을 빨리 끝내고 5월 중순이 되기 전에 돌아와야 한다. 그래야만이 내가 너를 볼 수 있겠구나."

그는 머지않아 세상을 떠날 것이라는 것을 예감하고 아들에게 그렇게 말했을 것이다. 아골타는 갈로소고(曷魯騷古)를 만나 병사를 통솔하는 일을 상의한 후 아버지가 세상을 떠나기 하루 전날에 완안부로 돌아왔다.

완안핵리발은 임무를 마치고 무사히 돌아온 아들을 껴안고서 곁에 있는 아우 완안영가(完顔盈歌·1053~1103·훗날 목종으로 추존)에게 말했다.

"장남 완안오아속(完顔烏雅束·1061~1113·훗날 강종으로 추존)은 성격이 선량하고 의지가 나약하다네. 이 둘째아들만이 대업을 이룰 거야."

여진족을 통일하여 제국을 이룰 수 있는 진정한 영웅은 장남이 아니라 둘째아들임을 아우에게 일깨워준 것이다. 완안영가는 형의 뜻을 받들어 조카를 잘 보좌하겠다고 맹세했다. 그 후 그는 모든 일을 아골타와 함께 처리했으며, 아골타가 원정을 마치고 돌아오면 반드시 마중 나와 영접을 했다.

완안핵리발이 세상을 떠난 후 그의 또 다른 아우 완안파랄숙(完顏頗剌淑·1042~1094·훗날 숙종으로 추존)이 부족 연맹 수장과 절도사 관직을 계승했다. 그가 부족 연맹을 이끌고 있을 때 흘석열부의 족장 마산이 반란을 일으켰다. 그는 한때 완안핵리발을 궁지에 몰아넣은 맹장이었다.

완안파랄숙은 완안오아속과 아골타에게 반란군을 진압하게 했다. 아골타는 완안부의 오랜 적수였던 마산을 죽이고 그의 수급을 요나라에 바쳤다. 요나라 조정은 아골타의 전공을 인정하여 그에게 '상온(詳穩)' 관직을 하사했다. 상온은 여러 관부(官府)를 관장하는 장관이다. 이는 아골타가 정식으로 요나라의 관리가 되었음을 의미한다.

대안 10년(1094) 완안파랄숙이 세상을 떠났으며, 완안영가가 부족 연맹 수장과 절도사 관직을 계승했다. 아골타는 완안파랄숙, 완안영가, 두 숙부의 휘하에서 온도부 족장 발특(跋忒)을 추격하여 죽였으며, 오고론부(烏古論部) 족장 유가(留可)의 근거지인 유가성(留可城)을 격파했고, 오탑부(塢塔部)로 진격하여 오탑성을 함락하는 등 혁혁한 전과를 쌓아 부족 연맹에서 명실상부한 실권자로 자리매김했다.

요나라 건통(乾統) 2년(1102) 반란을 일으킨 장수 소해리(蕭海里)가 병사들을 이끌고 여진족의 거주 지역으로 달아났다. 그는 완안부에 사자를 파견하여 동맹을 맺자고 제안했다. 완안영가는 그의 제안을 거절하고 오히려 사자를 생포하여 요나라로 압송했다. 요나라 조정은 완안영가에게 반란군을 토벌하게 했다.

완안영가는 병사 1,000여 명을 징집하여 출전하고자 했지만, 징집한 병사가 얼마 안 되어 출전을 망설였다.

아골타가 완안영가에게 용감하게 말했다.

"이 정도의 병사면 무슨 일인들 도모하지 못하겠습니까?"

병사 숫자가 중요한 게 아니고 소수라도 정예군을 거느리면 승리할 수 있다는 확신이었다. 요나라 조정은 아골타에게 요나라 병사와 연합하여 반란군을 토벌하라고 했다. 하지만 아골타는 단독으로 싸우겠다는 의지를 굽히지 않았다. 요나라 발해유수가 그에게 갑옷을 하사하려고 했지만 아골타는 받지 않았다.

완안영가가 아골타에게 어째서 갑옷을 받지 않았냐고 묻자, 아골타는 이렇게 대답했다.

"내가 발해유수가 준 갑옷을 입고 싸워 승리하면 발해유수의 공로가 되기 때문입니다."

아골타는 요나라 신하의 신분이었지만 언젠가는 독립하겠다는 야망을 품고 있었던 것이다. 그 후 소해리의 반란군을 토벌하고 그들로부터 많은 재물과 군마를 노획했다. 그가 단독으로 출전하여 승리했기 때문에 가능한 일이었다.

건통 3년(1103) 완안영가가 세상을 떠난 후 완안핵리발의 적장자이자 아골타의 형인 완안오아속이 부족 연맹 수장과 절도사 관직을 계승했다. 하지만 완안핵리발이 우려했던 것처럼, 완안오아속은 성격이 선량하고 의지가 나약하여 부족 연맹을 제대로 통솔하지 못했다.

이에 완안부와 동여진 부족들 간의 대립이 격화되었다. 완안부 군대가 반기를 들고 일어난 동여진 부족을 토벌하면서 고려의 국경인 천리장성 동쪽 끝의 정주(定州)까지 진출하여 병사들을 주둔시키는 일이 벌어졌다.

고려 숙종(肅宗) 9년(1104) 고려 조정은 임간(林幹)을 동북면행영병마사로 임명하고 여진족의 남침을 막게 했다. 이른바 '제1차 여진 정벌'이다. 임간이 대패하여 돌아오자 고려 조정은 다시 윤관(尹瓘·?~1111)을 파견하여 싸우게 했지만 또 패배하고 말았다. 윤관은 보병만으로는 여진족의 기병을 물리칠 수 없다는 사실을 깨닫고 신기군(神騎軍)과 신보군(神步軍) 그리고 항마군(降魔軍)으로 편성된 별무반(別武班)을 창설한 후 대규모 원정을 준비했다.

고려 예종(睿宗) 2년(1107) 윤관이 대군을 이끌고 갈라전(曷懶甸: 함경남도 함흥시 일대) 등지에서 여진족을 소탕한 후 9개 성(城)을 쌓았다. 이른바 '제2차 여진 정벌'이다. 당시 완안부 추장들은 고려와 싸우는 동안에 요나라가 개입하지 않을까 두려워하여 완안오아속에게 갈라전을 포기하자고 주장했다.

하지만 아골타가 적극적으로 반대했다.

"만약 병사를 일으켜 고려를 공격하지 않으면, 어찌 갈라전 지역만 잃겠는가. 다른 부족의 땅도 모두 우리 것이 아닐 것이오."

아골타의 강력한 권유를 받은 완안오아속은 이복동생 완안알새(完顏斡賽)에게 고려를 공격하게 했다. 고려 예종 4년(1109)까지 지속된 고려와 여진 간의 전쟁은 결국 여진의 승리로 끝났다. 고려는 화의를 통해 9개 성을 돌려주고 철수했다.

이 시기부터 완안부 여진은 후방에서 고려와의 마찰을 피하고 국가를 건설하고자 하는 원대한 야망을 품었다. 반면에 고려는 아골타라는 탁월한 인물의 등장으로 인하여 북방 진출을 포기할 수밖에 없었다.

12세기 초 완안부 여진이 주변 부족들을 통합하고 점차 초보적 형태의 국가를 건설하고 있을 때 여진족을 지배하고 있던 요나라에서 천조제 야율연희가 황제로 등극했다. 그는 국정을 내팽개치고 사냥과 주지육림에 빠져 지낸 무능한 군주였다.

요나라 황실과 거란 귀족들은 자신들의 욕망과 사치를 채우기 위해 여진족에게 막대한 공물을 요구했다. 이를테면 완안부가 거주하는 생여진 지역에서는 인삼·담비가죽·명마·구슬·해동청·밀랍·마포 등 다양한 토산품들을 정기적으로 요나라에 바쳐야 했다.

특히 해동청은 사냥에 탐닉한 천조제와 거란 귀족들이 너무나도 사랑한 날짐승이었다. 백조, 기러기 등 깃털을 장식용으로 쓰는 날짐승은 높이 날기 때문에 화살을 쏘아 잡을 수 없었다. 민첩하고 빠르게 나는 해동청 이외에는, 어떤 조류도 잡을 수 없었다. 그래서 그들은 길들인 해동청으로 날짐승을 사냥하는 데 완전히 매료되었다.

해마다 사신을 보내 해동청 수백 마리를 요구한 요나라는 아예 '응로(鷹路)'를 설치했다. 응로란 직역하면 '매의 길'인데 요나라 상경 임황부에서 해동청이 많이 잡히는 생여진 오국부(五國部: 흑룡강 하류 지역에 있는 생여진 5개 부족)까지 연결된 5,000여 리(里)의 길이다. 해동청뿐만 아니라 생여진 지역에서 나오는 특산물을 상경으로 보내는 전용 도로이기도 하다.

또 오국부의 완도로(完睹路: 혼동강 하류의 완달산·完達山 지역)에 '장응관(障鷹官)'이라는 관직을 설치하여 해동청 등 공물을 거두어들이고 운송하는 일을 감독하게 했다. 만약 응로가 막히거나 문제가 생겨 공물이 제때 도착하지 않으면, 여진 부족장들은 처벌을 받았다.

그런데 요나라가 요구하는 공물의 수량이 해마다 늘어나 여진족이 감당할 수 없는 형편에 이르렀다. 요나라 변방의 관리와 악덕 상인들은 조정의 묵인 아래 여진족의 토산품을 헐값에 매입했는데 사실상 빼앗은 거나 다름이 없었다. 그들의 착취에 분노한 여진족은 노예의 사슬을 끊어내고 독립하는 길만이 살길이라고 생각했다.

천경 3년(1113) 10월 완안오아속이 병으로 사망했다. 아골타가 마침내 부족 연맹의 수장으로 추대되었으며, 사람들은 그를 '도발극렬(都勃極烈)'이라고 칭했다. 이는 '가장 큰 우두머리'라는 뜻인데 훗날 아골타가 황제를 칭하기 전까지 금나라 최고 통치자의 관직명이 되었다.

2. 요나라를 정벌하고 금나라를 건국하다

아골타는 완안부를 중심으로 여러 부족들을 통합하고 강력한 세력으로 성장하여 요나라에 더 이상 굴종하지 않았다. 천경 4년(1114) 6월 천조제는 아골타를 회유할 목적으로 사신을 보내 그에게 '생여진부족절도사' 관직을 하사했다. 하지만 아골타는 천조제가 자신을 의심하고 있음을 간파했다.

당시 성현수(星顯水: 길림성 연길·延吉의 포이합통하·布爾哈通河) 유역에서 거주하던 흘석열부의 발근(勃堇: 족장을 의미함) 아소(阿疏)가 완안부에 반기를 들고 요나라로 도망간 일이 있었다.

아골타는 아소를 체포한다는 것을 명분으로 완안습고내(完顔習古乃)를 요나라로 보내 허실을 정탐하게 했다.

완안습고내는 아소를 압송해오지는 못했지만 아골타에게 천조제는 무능하고 방탕한 생활을 하고 있으며 신하들도 마찬가지라고 아뢰었다. 아울러 요나라 지형과 현지 사정을 낱낱이 보고했다.

아골타는 요나라를 공격하여 요나라의 속박에서 벗어나고 싶었지만 언제, 어떻게 정벌해야 할지 결정을 내리지 못했다.

예전에 갈라전 전투에서 고려군을 무찌르고 5개 성을 차지한 명장 완안루실(完顏婁室) 등 장수들에게 말했다.

"요나라 사람들은 오만방자하게 행동하며 우리의 이익을 해치고 있을 뿐만 아니라, 완안부 이외의 부족들에게도 우리를 견제하도록 강요하고 있소. 내가 먼저 요나라가 우리를 감시하고 통제하는 북방의 전략적 요충지를 점령하여 우리 군대의 위세를 떨친 후 요나라를 정벌하고자 하는데 너희들의 생각은 어떠한가?"

완안루실이 대답했다.

"요나라는 안팎으로 곤경에 처해 있습니다. 이는 마치 강한 활로 쏜 화살이 이미 끝에 다다른 것 같습니다. 지금이 요나라를 정벌할 적기입니다."

그의 말에 고무된 아골타는 요나라 정벌의 결심을 굳히고 장수들에게 성채를 쌓으며 무기를 정비하고 명령을 기다리게 했다. 요나라 통군사는 완안부에서 수상한 군사 활동이 벌어지고 있다는 소식을 들었다.
즉시 절도사 날가(捏哥)를 보내 정탐하게 했다.

"너희들은 딴마음을 품었는가. 무기를 수리하고 성채를 쌓는 목적이 무엇이냐. 감히 요나라에 대항하겠다는 뜻이냐?"

아골타가 대답했다.

"성채를 보수하는 일은 단지 우리를 스스로 지키기 위함이오. 이게 무슨 질문거리가 되겠소?"

날가가 돌아간 후에 요나라는 또 추밀원시어 야율아식보(耶律阿息保)를 보내 이 일을 책망했다.
아골타가 대답했다.

"우리는 작은 나라이오. 대국을 섬기면서 감히 예의를 갖추지 않을 수 없소. 하지만 대국은 덕정과 은혜를 베풀지 않았을 뿐만 아니라, 반란을 일으키고 달아난 자를 비호하고 있소. 그래서 대국을 섬기는 작은 나라의 소인이 어찌 바라는 것이 없겠소? 아소를 나에게 보낸다면, 나는 계속 조공을 바칠 것이오. 그를 나에게 보내지 않으면, 어찌 내가 수수방관할 수 있겠소?"

반란을 일으키고 요나라로 달아난 아소를 송환하지 않으면 군사를 일으켜 요나라를 공격하겠다는 의미이다. 사실 아소 송환 문제는 구실에 불과했다.
야율아식보도 그의 말뜻을 알아차리고 돌아가 천조제에게 아골타가 머지않아 침략할 것이라고 아뢰었다. 천조제는 아골타를 과소평가하고 사원통군사와 영강주(寧江州: 길림성 부여·扶餘)에 주둔하고 있는 지방군 그리고 발해군 800여 명으로 대적하게 했다.
아골타는 첩자로 보낸 호사보(胡沙保)를 통해 요나라 지방군의 동태를 파악한 후 부하 장수들에게 말했다.

"요나라 사람들은 내가 병사를 일으키려는 것을 알고 각 지역의 병사들을 집결시키고 있다고 하오. 내가 먼저 그들을 제압해야만 제압을 당하지 않을 것이오."

선공 전략을 펴자는 아골타의 주장에 모두 적극적으로 찬성했다. 아골타는 숙모 포찰씨(蒲察氏: 훗날 정선황후로 추존)에게 요나라를 정벌하겠다는 뜻을 밝혔다.
포찰씨가 그에게 말했다.

"네가 부형(父兄)을 계승하여 나라를 세우려고 하는구나. 시기를 잘 살펴서 행하면 반드시 성공할거야. 나는 나이가 많은 늙은이라, 언제 죽을지 모른다. 너는 나의 안위를 걱정하지 말고 대업을 이루기 바란다."

아골타는 감읍하여 포찰씨에게 장수를 기원하는 술잔을 올렸다. 그녀는 숙종 완안파랄숙의 아내이다. 아골타는 출전에 앞서 집안의 어른이자 포찰씨 부족의 지지를 받기 위하여 그녀를 배알한 것이다.
같은 해 9월 아골타는 내류하(來流河: 송화강 지류인 납림하·拉林河)에서 집결한 병사 2,500여 명과 함께 천지신명에게 제사를 지내고 요나라가 저지른 죄를 열거했다.

"우리는 대대로 요나라를 상국으로 섬기면서 진실한 마음으로 의례를 갖추었으며 때에 맞게 공물을 진상했다. 또 요나라 황제의 어명을 받들어 오춘과 와모한의 반란을 평정했고, 소해리의 무리를 격파했다. 우리가 요나라를 위해 이렇게 헌신했는데도, 요나라는 우리의 공훈을 무시하고 오히려 우리를 침략하고 능멸했다. 게다가 우리는 죄인 아소를 송환해달라고 여러 차례 요청했는데도, 요나라는 들어주지 않았다. 지금 요나라가 저지른 죄를 천하에 묻는다. 천지신명께서 반드시 우리를 도와주실 것이다."

아골타는 또 장졸들과 함께 맹세했다.

"너희들이 한마음 한뜻이 되어 전력을 다해 싸우기를 바란다. 전공을 세운 자들 가운데 노비는 양민으로, 평민은 관리로, 관리는 관직을 높여 주겠다. 그리고 오로지 전공을 기준으로 포상의 경중을 결정하겠다. 만약 내가 이 맹세를 지키지 않는다면, 나는 너희들이 휘두른 몽둥이에 맞아 죽을 것이며, 내 일족도 용서를 받지 못할 것이다."

아골타의 비장하고 엄숙한 맹세를 들은 장졸들은 사기충천하여 영강주성을 향해 진격했다. 아골타는 야율사십(耶律謝十), 대약사노(大藥師奴) 등 장수들이 이끈 요나라군을 격파하고 영강주성을 점령했다.

같은 해 11월 아골타는 출하점(出河店: 흑룡강성 대경조원현·大慶肇源縣)에서 병력의 열세에도 불구하고 권신 소봉선의 동생 소사선이 지휘한 거란족과 한족으로 조직된 요나라군을 섬멸했다.

그런데 전장에서 가까스로 살아남은 요나라 장졸들은 도통(都統)의 행영(行營)으로 가서 전열을 정비하여 다시 싸울 생각을 하지 않고 각자의 고향으로 달아났다. 또 부상을 당한 장졸들은 황제가 머무르고 있는 행궁에 가서 고향으로 보내달라고 요청했을 정도로 군기가 문란했다.

소봉선은 동생 소사선이 패전의 책임을 지고 형벌을 받으면 자기도 연좌죄로 처벌을 당하지 않을까 두려워하여 황제에게 이렇게 아뢰었다.

"동정(東征)에서 패배한 병사들이 두려움에 사로잡혀 가는 곳마다 약탈할까 염려됩니다. 만약 임시 조치에 따라 패잔병들을 특별히 사면하지 않으면, 그들은 서로 뭉쳐서 국가의 심각한 우환이 될 것이옵니다."

천조제는 그의 건의를 받아들여 출하점에서 패주한 병사들에게 사면령을 내리고 본업으로 돌아가게 했으며, 그들이 버린 갑옷과 무기의 행방도 찾지 않았다. 소사선은 궐문(闕門)에 나가 처벌을 기다렸으나 형의 변호 덕분에 관직만 박탈당했을 뿐이었다.

이때부터 싸움에 나서는 요나라 병사들 사이에 이런 말이 유행했다.

"싸우면 죽음만 있을 뿐 공은 없으며, 후퇴하면 살아남을 뿐만 아니라 죄도 없다."

당시 요나라 병사들이 얼마나 무기력하고 전투력을 상실했으며 오합지졸이었는지 짐작하게 한다. 당시 요나라군에는 발해인도 적지 않았다. 아골타는 발해인을 끌어들일 목적으로 포로로 잡은 발해인 양복(梁福)과 알답자(斡答剌)를 일부러 달아나게 했다.

두 사람은 고향 사람들에게 아골타의 말을 전했다.

"여직(여진)과 발해는 본래 한 집안이다. 내가 군사를 일으킨 목적은 요나라의 악행을 처벌하기 위해서이지, 아무런 잘못이 없는 발해인을 함부로 죽이는 것이 아니다."

발해인도 요나라의 핍박을 받고 있었던 형편이라, 아골타에게 귀부하는 발해 부족들이 날로 늘어났다. 아골타는 또 완안루실을 요나라에 호적을 둔 숙여진 부족으로 보내 반기를 들게 했을 뿐만 아니라, 달로고부(達魯

古部)·철려부(鐵驪部)·별고부(鱉古部) 등 동북 변방에서 거주하는 부족들도 회유하여 귀부하게 했다.

아골타는 이렇게 동쪽 후방을 안정시킨 후 본격적으로 서진하여 빈주(賓州: 길림성 농안·農安 광원점·廣元店), 함주(咸州: 요령성 개원·開原) 등지에서 요나라 군대를 연이어 격파했다.

연전연승에 고무된 부족 연맹의 종실과 수장들 사이에서는 아골타를 황제로 추대하고 새로운 국가를 건설하자는 여론이 팽배했다. 아골타의 친동생 완안오걸매(完顏吳乞買), 사촌 완안살개(完顏撒改), 종실 완안사부실(完顏辭不失) 등이 장수들을 거느리고 내년 원단(元旦)에 천명을 받들어 황제로 등극해야 한다고 주장했다.

아골타가 몇 차례 사양하자 이번에는 완안아리합만(完顏阿離合懣)·완안포가노(完顏蒲家奴)·완안종한(完顏宗翰) 등 종실들이 말했다.

"지금 대업은 이미 이루어졌소. 만약 황제를 칭하지 않는다면 천하의 인심을 붙잡을 수 없소."

아골타가 말했다.

"한 번 생각해 보겠소."

몇 번 사양했음에도 천하 백성들의 강권에 어쩔 수 없이 황제로 등극한다는 미담을 연출하기 위하여 이처럼 말했을 것이다.

1115년 정월 초하루 아골타는 47세 때 황제로 등극한 직후에 다음과 같이 선포했다.

"요(遼)나라가 빈철(鑌鐵: 정련하여 단단한 철)을 국명으로 삼은 것은 그것의 견고함을 취할 목적이었다. 빈철은 견고하지만 언젠가는 녹이 쓸어 못쓰게 된다. 오로지 금(金)만이 영원히 변하지 않는다. 또 금은 밝은 색이며, 우리 완안부도 밝은 색을 숭상한다."

이에 따라 국명을 대금(大金)으로, 연호를 수국(收國)으로 정했다. 한자사전에서 '요(遼)' 자는 '멀다' 또는 '요나라'라는 뜻이지, 빈철의 의미는 없다. 하지만 이 글자가 원래 빈철의 의미라는 학설, 또는 거란어 빈철의 음역이라는 학설이 있다. 거란의 발상지가 빈철 생산지였다고 한다.

중국 한족에게 야만인 취급을 당하면서 송화강, 압록강 유역과 백두산 일대에서 수렵과 유목으로 생계를 꾸린 여진족이 마침내 아골타에 의해서 역사상 최초로 국가를 건설하고 동북아시아 역사의 주역으로 등장하는 순간이었다.

3. 연전연승을 거두며 국가의 기틀을 다지다

아골타는 황제로 즉위한 직후에 완안부의 세거지인 안출호수(按出虎水: 흑룡강 하얼빈 아십하·阿什河) 유역에 도성을 건설하고 '황제채(皇帝寨)'라 명명했다. 훗날 황제채는 상경(上京) 회녕부(會寧府: 흑룡강성 하얼빈 아성구·阿城區)로 개칭되었다.

수국 원년(1115) 정월 아골타는 요나라의 군사 요충지인 황룡부(黃龍府: 길림성 농안현·農安縣)를 공격할 준비를 했다. 먼저 황룡부의 관할 지역인 익주(益州)를 점령한 후, 포로로 잡은 주민들을 데리고 돌아왔다.

아골타가 변방을 유린했다는 소식에 놀란 천조제는 도통 야율알리타 등 장수들에게 병사 27만여 명을 이끌고 변방으로 가서 금나라군을 토벌하게 했다.

양군은 달로고성(達魯古城: 길림성 부여·扶餘 토성자·土城子)에서 조우하여 접전을 벌였다. 당시 아골타가 지휘한 병사는 1만여 명에 불과했지만 대승을 거두었다. 같은 해 9월 아골타는 혼동강을 건너 황룡부를 일거에 점령한 후 완안루실을 만호로 임명하고 지키게 했다.

한편 황룡부가 금나라 수중에 들어갔다는 소식을 듣고 깜짝 놀란 천조제는 거란인, 한인 등으로 조직한 병사 10만 명(호칭 70만 명)을 거느리고 출병했다.

아골타도 요나라 황제가 대군을 이끌고 진격해오고 있다는 첩보를 듣고 긴장하지 않을 수 없었다. 소수의 병력으로 대군을 무찌르려면 군심을 하나로 모으며 사기를 높이는 것이 무엇보다도 중요하다고 보았다.

그는 칼로 얼굴에 상처를 내고 하늘을 우러러보며 울면서 말했다.

"애초에 내가 너희들을 이끌고 군사를 일으킨 것은 우리가 더 이상 요나라에 능멸을 당하지 않고 우리의 국가를 건설하려는 목적이었다. 하지만 요나라 군주가 나의 뜻을 무시하고 친정을 단행했다. 지금 우리에게는 두 가지 선택이 있다. 한 가지는 우리가 결사 항전하여 위기를 전화위복의 계기로 삼는 것이다. 다른 한 가지는 너희들이 나를 잡아 요나라 군주에게 바치고 내 일족을 살해한 후 요나라에 투항하면 불행을 행복으로 바꿀 수 있을 것이다."

장수들도 모두 눈물을 흘리며 대답했다.

"요나라 군주가 쳐들어온다고 하니, 저희들은 오로지 폐하의 뜻을 받들어 목숨을 아끼지 않고 싸우겠습니다."

수국 원년(1115) 12월 아골타는 기병 2만 기를 이끌고 효자(爻刺: 길림성 송원·松原)에서 진영을 구축하고 요나라군의 공격에 대비했다.

그런데 천조제가 압자하(鴨子河: 송화강·松花江)를 건너 타문(駝門)에서 금나라군과 결전을 준비하고 있을 때 요나라군의 선봉에 섰던 도감 야율장노가 반란을 일으켰다. 그는 반란군 2만여 명을 이끌고 상경으로 회군했다. 이에 요나라군의 군심이 동요하고 사기가 크게 떨어졌다. 천조제는 친정을 중단하고 철군을 결정할 수밖에 없었다.

아골타는 철수하는 요나라군을 호보답강(護步答岡: 흑룡강성 오상·五常 서쪽)에서 섬멸했다. 천조제는 포위망을 뚫고 극적으로 탈출했는데 하루에 500리를 달려 장춘주(長春州: 길림성 대안·大安 타호성·他虎城)로 도망쳤다.

호보답강 전투는 소수의 정예병으로 10만 대군을 물리친 유명한 싸움이다. 이 시기부터 아골타는 수세에서 공세로 전략을 전환하고 요나라의 주요 도성을 공략했으며, 요나라 주력군은 붕괴하기 시작했다.

수국 2년(1116) 정월 아골타는 천하의 모든 백성을 포용하겠다는 조서를 내렸다.

"내가 요나라군을 격파한 이래, 사방에서 금나라에 투항하러 오는 자들로 넘쳐나고 있다. 너희들은 그들을 보살피고 우대해야 한다. 지금부터 거란·해(奚)·한(漢)·발해 그리고 요나라 호적을 가지고 있는 여직(女直), 실위(室韋)·달로고(達魯古)·올야(兀惹)·철려(鐵驪) 등 부족들의 관리와 부족민, 또 이미 항복했거나 포로가 된 자들, 도망갔다가 돌아온 자들, 모두 죄를 묻지 않고 포용해야 한다. 그들의 추장은 원래의 직위를 유지하도록 하고, 부족민들도 원래의 거처에서 안심하고 살 수 있도록 하라."

이른바 '민족 대통합 정책'이다. 물론 아골타 혼자서 이런 정책을 결정한 것은 아니었을 것이다. 그 휘하의 문인, 관료 등으로 구성된 지식인 집단이 유목민의 지도자 아골타에게 천하의 진정한 군주는 만백성을 포용해야 한다고 건의했을 것이다. 아골타는 중원 왕조의 개국 황제처럼 중국 천하를 통일한 위대한 군주로 자리매김하기를 강렬하게 바랐다.

마침 발해 귀족의 후손인 고영창(高永昌)이 수국 2년(1116) 윤(閏) 정월에 반란을 일으켰다. 옛날 발해의 땅인 동경(東京)의 요양부(遼陽府)를 점령하고 대발해황제(大渤海皇帝)를 자칭했다. 얼마 후 또 대원(大元)을 건국하고 연호를 융기(隆基)로 정했다.

그는 요나라군과 싸워 수세에 몰리자 금나라와 동맹을 맺어 함께 요나라에 대항하자고 했다. 아골타는 그에게 제왕의 지위를 포기해야 만이 도와주겠다고 했다. 고영창이 거부하자 아골타는 같은 해에 5월 대원의 도성 요양을 공격하여 점령했다.

대원은 건국된 지 겨우 5개월 만에 멸망했다. 바다로 달아난 고영창은 장송도(長松島)에서 잡혀 참살을 당했다.

아골타가 대원을 멸망시킨 후 동경의 여러 주현(州縣)과 남로(南路) 숙여진의 부족들이 모두 금나라에 투항했다. 이 시기에 요동 지역은 대부분 금나라의 판도로 들어왔다.

아골타는 조서를 반포하여 요나라 법령을 폐지하고 조세를 감면하며 맹안모극(猛安謀克) 제도를 전국에 설치했다.

금나라가 건국하기 1년 전인 1114년에 아골타는 이미 300호를 여진어로 부족장의 의미인 '모극(謀克)'으로, 모극 10개를 천호장의 의미인 '맹안(猛安)'으로 정했다. 이 제도는 부족 제도를 군사와 행정을 겸한 조직으로 만든 것이다. 처음에는 생여진에게만 적용했으나, 나중에는 다른 민족에게도 적용되었다.

수국 2년(1116) 12월 암반발극렬 야율오걸매 등 대신들이 아골타를 '대성황제(大聖皇帝)'로 받들었다. 아골타는 이듬해부터 연호를 천보(天輔)로 정했다.

한편 금나라군이 요동 지방을 점령하자 요나라 패잔병들이 요서 지방으로 도망쳤다. 요동의 백성들도 전란을 피해 대거 요하를 건너 요서 지방으로 들어갔다.

천조제는 요동 난민들이 금나라를 원망할 것이라고 생각했다. 당시 남경을 지키고 있던 연왕 야율순을 대원수로 삼은 후 난민들을 모집해 '원군(怨軍)'을 편성하게 했다. 야율순이 이끄는 원군 3만여 명은 질려산(蒺藜山: 요령성 부신·阜新에 있는 장고대산·章古台山)에 주둔하면서 결전에 대비했다.

하지만 원군은 패잔병, 한인 난민, 거란인 등으로 조직한 잡군이었다. 장비가 열악하여 창과 칼로 대충 무장했을 뿐만 아니라, 훈련도 부족하여 제대로 전투력을 발휘할 수 없었다. 게다가 원군의 지휘권이 일원화되지 않아, 군사 행동은 천조제와 무능한 노신 몇 명이 결정했다.

당시 민간에는 이런 민요가 유행했다.

"다섯 노인의 나이를 합하면 400세이네. 남면(南面: 군주의 자리)에서, 북면(北面: 신하의 자리)에서 꾸벅꾸벅 졸기만 하네. 자기 정신도 못 차리는데 무슨 여진족과 싸워 그들을 죽일 마음이 있겠는가?"

반면에 금나라군은 상승장군 완안루실과 명장 완안알로고가 이끌었다. 금나라군은 1만 명도 채 안 되었지만 정예 기병이었다.

천보 원년(1117) 12월 양군은 질려산에서 혈전을 벌였다. 금나라군이 원군을 일방적으로 도륙했다. 일부 원군 병사들은 금나라군의 학살에 증오심이 폭발하여 필사적으로 최후까지 싸웠으나 끝내는 전멸을 당했다.

야율순은 기병 500기를 이끌고 도망쳤으며, 금나라군은 신주(新州)로 진격했다. 요나라 신주절도사 왕종보(王從輔)가 성문을 열고 투항했다.

완안알로고가 이끈 금나라군이 영창(寧昌)으로 진격했을 때 영창군절도사 유굉(劉宏)의 막료 공경종(孔敬宗)이 유굉을 설득하여 성을 바치고 투항하게 했다. 완안알로고는 공경종을 앞잡이로 삼아 현주(顯州)를 함락했다. 공경종은 그 공로로 순안(順安) 현령에 임명되었다.

금나라군은 요나라 장수가 항복하면 관직을 그대로 인정해준다는 선무책을 펼쳤다. 이에 건주(乾州)·의주(懿州)·호주(豪州)·휘주(徽州)·성주(成州)·천주(川州)·혜주(惠州) 등 여러 주를 지키고 있던 장수들이 성문을 열고 금나라에 투항했다.

오늘날의 요령성 서부 및 내몽골 동남부 지역이 모두 금나라 영토로 편입되었다.

4. 북송과 '해상의 맹약'을 맺다

아골타가 요나라를 정벌할 당시에, 북송 황제는 휘종(徽宗) 조길(趙佶·1082~1135)이었다. 그는 요나라에 연운 16주를 빼앗긴 한을 품고 있었다. 요나라가 금나라의 침략을 받아 붕괴 직전에 이르렀다는 소식을 듣고, 금나라와 동맹을 맺어 궁지에 몰린 요나라를 공격하면 연운 16주를 수복할 수 있다고 판단했다.

송 휘종은 먼저 검교태위 동관(童貫)을 요나라에 사신으로 보내 내부 사정을 정탐하게 했다. 동관이 노구(盧溝: 북경을 흐르는 영정하·永定河)에 도착했을 때 마식(馬植)이라는 유생이 한밤중에 찾아와 그에게 요나라를 멸망시킬 계책이 있다고 말했다.

마식은 원래 요나라 귀족 출신인데 요나라가 망국의 길로 접어들고 있음을 확신하고 북송에 귀부할 뜻이 있었다. 마식의 계책을 듣고 그가 보통 사람이 아님을 간파한 동관은 그와 함께 북송으로 돌아갔다.

마식은 이름을 이양사(李良嗣)로 개명하고 조정에 계책을 냈다.

"여진은 요나라를 극도로 증오하고 있는데 천조제는 사치와 방탕으로 정사를 망치고 있습니다. 만약 본조(북송)가 산동 지방의 등주(登州)와 내주(萊州)에서 배를 타고 건너가 여진과 우호를 맺고 함께 요나라를 공격하면 취할 수 있을 것입니다."

일부 대신들은 산동 지방에서 발해만을 건너 요동 지방으로 들어가는 바닷길이 100여 년 동안 막혀있기 때문에, 이양사의 주장은 현실성이 없다고 반박했다.

하지만 송 휘종은 이양사의 계책에 흥미를 느끼고 그를 불렀는데 이양사가 이렇게 아뢰었다.

"요나라는 반드시 망할 것이옵니다. 폐하께서는 옛 백성들이 도탄에 빠진 고통을 염두에 두시고 중국(북송)의 옛 강토를 회복하시며 하늘의 뜻을 받들어 천하 대란을 종식시키기를 바라옵니다. 폐하의 군대가 출병하면 현지 백성들이 술과 음식으로 환영할 것이옵니다. 만약 여진이 먼저 계책을 세워 요나라를 제압한다면, 우리는 크게 불리해질 것입니다. 기회를 놓쳐서는 아니 되옵니다."

송 휘종은 그의 주장에 전적으로 공감했다. 그에게 황족의 성씨인 조씨(趙氏)를 하사하고 책사로 삼았다. 마식은 이름이 이양사에서 다시 조양사(趙良嗣)로 바뀌었다.

북송 중화(重和) 원년(1118) 송 휘종은 등주방어사 마정(馬政) 등에게 등주에서 배를 타고 요동 반도로 들어가게 했다. 북송 사절단이 금나라 땅에 도착하자마자 금나라 사람들에게 붙잡혔다. 금나라 사람들은 그들의 방문 목적을 모르고 있었기 때문이다. 마정 등은 아골타가 있는 황제채로 끌려갔다.

아골타가 마정에게 바닷길을 통해 온 이유가 무엇이냐고 물었다. 마정은 양국은 오래 전부터 비단, 말 등을 교역하다가 중단되었는데 다시 바닷길을 열어 교역하자고 제의하고 아울러 아골타의 공적을 찬양했다.

"해가 떠오르는 땅은 실제로 성인이 출현하는 성스러운 곳입니다. 폐하께서 친히 요나라 정벌을 단행하셔서 여러 차례 적군을 물리치셨다는 소식을, 제가 남몰래 들었습니다. 폐하께서 요나라군을 격퇴하신 후에 오대(五代·907~960) 시대에 거란(요나라)에 함락된 한족의 땅을 작은 나라에 돌려주시기를 간절히 바라옵니다."

평소에 여진족을 짐승과 같은 야만인 취급하고 중화사상의 문명적 자부심이 엄청나게 강했던 북송 관료가 아골타에게 얼마나 아부하고 머리를 조아렸는지 짐작하게 한다.

마정은 양국이 동맹을 맺어 요나라를 멸망시킨 후에 연운 16주를 북송에 할양해달라는 것이, 사신으로 온 목적임을 분명히 밝혔다. 당시 북송·요나라·금나라·고려 등 4개국은 자국의 이익과 생존을 위해 치열하게 합종연횡의 전략을 폈다.

이듬해 아골타가 산도(散睹)를 북송에 사신으로 보내 이런 말을 전하게 했다.

"향후 금나라와 송나라가 함께 요나라를 협공하여 얻은 지역은 송나라에 할양할 수 있으나, 금나라가 스스로 취한 지역은 할양하지 않는다."

이를테면 양국이 연운 16주를 협공하여 수복하면 그 지역은 북송에 할양하겠지만, 금나라가 자력으로 차지한 지역은 분할 협상 대상이 아니라는 것이다. 북송도 원래 연운 16주를 회복하는 것이 목표였으므로 아골타의 제안을 흔쾌히 받아들였다.

하지만 북송 대신들 가운데 금나라와의 동맹을 반대하는 자가 적지 않았다.

특히 태재 정거중(鄭居中)이 강하게 반발했다.

"요나라와 전연의 맹약을 체결한 이래 100여 년의 세월이 흐르는 동안, 우리 군사는 칼날을 보지 않았고 농민은 부역에 시달리지 않았소. 옛날에 한나라와 당나라가 주변 국가들에 실시한 화친 정책이라도, 우리나라가 변경을 안정시키기 위하여 실시한 정책만 못하오. 지금 사방에 걱정거리가 없는데 갑자기 맹약을 깨뜨리려고 한다면, 하늘의 노여움과 백성의 원망을 사지 않을까 두렵기만 하오. 게다가 전쟁을 벌이면 승패를 예측하기가 어렵소. 만약 승리한다고 해도, 국고는 탕진되고 백성은 곤궁해질 것이오. 반면에 패배하면 그 해악은 이루 다 헤아릴 수 없을 것이오. 태종 황제께서 뛰어난 용병술로 연운 지역을 수복하려고 했지만, 두 번 모두 패배하였소. 그런데도 오늘날 어찌 함부로 전쟁을 시작할 수 있겠소?"

추밀원집정 등순무(鄧洵武)도 상소하여 반대 입장을 표명했다.

"지금 국가의 군사력은 쇠약해지고 재정은 고갈되었으며 민생은 피폐해졌습니다. 그 상황을 모두 알면서도 감히 말하는 이가 없습니다. 강성한 금나라와 이웃하는 것이 약소한 요나라와 이웃하는 것보다 낫다고 할 수 있겠습니까?"

하지만 당시 군권을 장악하고 있었던 환관 동관(童貫), 재상 왕보(王黼) 등 주전파가 정치적 이득을 얻고자 송 휘종에게 금나라와의 동맹을 맺어야만 연운 16주를 되찾을 수 있다고 주장했다. 공명심에 사로잡혔던 송 휘종은 주전파의 손을 들어주었다.

그런데 북송과 금나라의 외교 접촉 과정에서 뜻밖의 문제가 생겼다. 금나라와의 동맹을 처음으로 제기했던 조양사는 금나라는 북송과 같은 황제 국가이므로 국신사를 파견하여 금나라 황제에게 국서를 바쳐야 한다고 주장했다.

하지만 조의대부 조유개(趙有開)가 반대 의견을 냈다.

"여진 추장은 고작 절도사에 불과한 자로, 대대로 요나라의 관작을 받아왔소. 그들은 항상 중원 왕조를 흠모하며 오히려 신하가 되지 못해 안타까워했소. 어찌 그들을 지나치게 높여 대우하며 국서를 보내야 한단 말이오? 황제가 신하에게 내리는 조서로도 충분하오."

송 휘종은 마침 금나라에서 사신으로 온 이선경(李善慶)에게 의견을 물었다. 이선경은 장수 출신이라 외교 예법에 대해서는 문외한이었다. 그가 별 다른 반응을 보이지 않자 송 휘종은 그에게 수오랑, 종의랑 등 관직을 하사하고, 조유개·호연경(呼延慶) 등으로 구성된 사절단과 함께 금나라로 돌아가게 했다. 사절단은 국서가 아닌 조서를 가지고 떠났다.

사절단이 등주에 도착하여 바다를 건너기 전에 정사(正使) 조유개가 갑자기 병사했다. 얼마 후 아골타는 사절단이 가지고 온 조서를 보고 격노했다. 당장 이선경을 불러들여 북송 관직을 받은 것과 직무 태만을 혹독하게 질책하고 처형했다.

아울러 호연경을 억류한 후 그에게 이렇게 경고했다.

"진정으로 우호를 맺고 요나라를 함께 멸망시키고자 한다면, 서둘러 국서를 보내라. 만약 계속 조서를 사용한다면 결코 따르지 않겠다."

호연경은 억류된 지 반년 만에 풀려나 북송으로 돌아갈 수 있었다. 그가 출발하기 직전에 아골타가 호연경에게 속마음을 토로했다.

"바다를 건너 송나라와 우호를 추구하는 것은 우리 금나라의 본심이 아니다. 나는 이미 요나라의 여러 지역을 점령했으며 다른 주군(州郡)도 쉽게 취할 수 있도. 사신을 보내 회답한 것은 단지 이웃나라와 교류를 하고자 할 뿐이다. 정사가 도중에 죽었더라도 다시 정사를 보내야 마땅한 일이다. 하지만 송나라는 오직 너희 같은 하찮은 자들만 보냈다. 이는 더욱 예의에 어긋날 뿐만 아니라, 너희가 이미 마음을 뒤집었음을 충분히 보여주는 것이다. 원래는 너를 계속 구금하려고 했지만, 잘못이 너희 나라에 있지 너에게 있지 않다는 것을 고려하여 너를 돌려보내는 것이다. 진정으로 우호 관계를 맺고자 한다면 서둘러 국서를 보내라고 너의 군주에게 전하라. 만약 계속 조서를 사용한다면, 나는 너희 나라의 요청에 일체 응하지 않겠다."

아골타는 북송과 동맹을 맺지 않고도 얼마든지 금나라의 막강한 군사력으로 요나라를 정복할 수 있다는 자신감을 보여주었다. 동맹은 너희 북송이 맺자고 해서 우호를 증진하기 위하여 맺는 것일 뿐, 아쉬울 게 없다고 했다. 그런데도 북송 황제가 자신을 신하 취급하는 무례함을 범했으니 잘못을 시정하지 않으면 동맹 따위는 필요 없다고 했다.

송 휘종은 아골타의 요구를 수용하고 협상을 계속 진행하게 했다. 그 후 양국은 계속 사신을 파견하고 우여곡절을 겪은 끝에 천보 4년(1120)에 마침내 동맹을 맺었는데 그 내용은 대략 이렇다.

"금나라는 요나라의 중경 대정부를 취하며, 송나라는 요나라의 남경 석진부를 취한다. 요나라를 멸망시킨 후에 송나라는 해마다 요나라에 바치던 세폐를 금나라에 바친다. 금나라는 연운 16주를 송나라에 돌려준다."

그런데 금나라와 북송 사이에는 요나라가 있었기 때문에 육로로는 사신 왕래가 어려웠다. 양국은 산동 지방의 해안과 발해만을 연결하는 바닷길을 통해 사신 왕래를 시작했다. 이 동맹을 해상 왕래를 통해 맺었다고 해서 '해상의 맹약'이라고 칭한다. 북송이 요나라에게 당한 치욕을 갚고자 금나라를 끌어들인 일이, 훗날 북송에 엄청난 비극을 불러올 줄은 당시 아무도 예상하지 못했을 것이다.

5. 요나라를 망하게 하고 내치에 힘쓰다

천보 3년(1119) 책사 양박(楊朴)이 아골타에게 건의했다.

"옛날부터 영웅이 개국 황제로 등극하거나 황제의 옥좌를 물려받을 때에는 반드시 대국에게 책봉을 요구해야 합니다."

아골타가 대국인 요나라의 황제에게 황제 책봉을 받아야 비로소 천하가 인정하는 황제로 등극할 수 있다는 것이다. 그의 말에 동조한 아골타는 요나라에 사신을 보내 요나라 황제가 대금(大金)을 인정하고 형님의 국가로 섬겨야 하며 자신을 대성대명황제(大聖大明皇帝)로 책봉해달라고 요구했다.

하지만 '중국 황제'라는 자부심이 무척 강했던 천조제는 아골타에게 연전연패를 당한 수모에도 불구하고 여전히 아골타를 자기와 동등한 황제로 인정하지 않았다.

다만 소습니열(蕭習泥烈)을 금나라에 사신으로 보내 그를 '동회국황제(東懷國皇帝)'로 책봉한다는 책보(册寶)를 하사했다. 그런데 '동회국'이란 동쪽에서 요나라를 흠모하고 공경하는 나라라는 뜻으로, 요나라가 금나라를 속국으로 간주하려는 속셈이었다.

아골타는 천조제가 자신을 번국의 황제로 취급한 것에 진노하여 신하들에게 말했다.

"연전연패한 요나라 놈이 사신을 보내 화의를 간청하면서 허장성세로 가득 찬 말만 늘어놓았구나. 저들은 우리의 공격을 늦추어 시간을 벌려는 계책을 쓰고 있음이 분명하다. 당장 저들을 정벌할 계획을 세워라."

천보 4년(1120) 4월 아골타는 친히 병사들을 이끌고 요나라 상경 임황부로 진격했다. 요나라에서 온 사신 소습니열과 북송에서 온 사신 조량사도 원정군을 따라오게 했다. 금나라군이 얼마나 강한지 두 나라 사신들에게 보여 줄 속셈이었다.

아골타는 혼하(渾河) 서쪽에 있는 강가에 이르자 요나라에서 투항한 장수 마을(馬乙)을 상경성으로 보내 황제의 조서를 전하게 했다.

"요나라 군주가 국정을 내팽개치고 황음무도하여 신분의 상하를 막론하고 모두 그를 원망하고 있다. 짐이 군사를 일으킨 이래 요나라의 성읍을 지나갈 때 저항하는 자들에게는 즉시 그들을 공격하여 망하게 했으며, 성문을 열고 투항하는 자들에게는 그들을 위무하고 편히 살게 했다. 성안의 관민들은 반드시 이러한 사실을 알아야 한다. 오늘날 너희 나라와 여러 차례 화의를 맺었으나, 너희들은 반복해서 짐을 속였다. 짐은 천하의 백성들이 오랜 세월 동안 폭군의 실정에 시달리고 고통을 당하고 있는 모습을 차마 더 이상 볼 수 없어서 군사를 일으켜 너희 나라를 정벌할 결심을 했다. 오늘 짐이 진격하면 성은 하루아침에 함락될 것이다. 짐은 위무와 처벌을 병행하면서 무고한 백성들을 절대 해치지 않겠다. 따라서 짐은 너희들에게 무엇이 행복이고, 불행인지 분명히 밝히는 것이다. 너희들은 짐의 뜻을 충분히 헤아려야 한다."

아골타는 싸우지 않고 이기는 게 최선의 전략이라는 것을 알고 있었으므로 가능한 한 선무 정책으로 무혈입성을 원했다. 하지만 상경유수 달불야(撻不野)는 상경성이 견고하고 비축미가 충분하여 금나라군을 막아낼 수 있다고 자신했다.

아골타는 요나라군이 항전의 뜻을 굽히지 않자 총공세를 명령하고 소습니열과 조량사에게 말했다.

"너희들은 내가 어떻게 군사를 통솔하는지 보고 성패를 점쳐보아라."

그는 자신이 얼마나 뛰어난 용병술을 지닌 전략가이자 황제인지를 요나라와 북송에 알리고 싶어 두 사람에게 그렇게 말했을 것이다. 양군은 접전을 벌인지 반나절 만에 외성(外城)이 무너지고 말았다. 천조제는 혼란한 틈을 타서 서경으로 달아났으며, 달불야는 성문을 열고 투항했다.

조량사 등은 아골타의 신묘한 용병술에 놀라 입을 다물지 못하고 만세를 불렀다. 아골타는 상경성 관민을 모두 사면했지만, 요나라 황실의 종묘와 역대 황제의 능묘를 파괴하고 온갖 보물을 약탈했다.

아골타가 상경을 공략하고 올흑하(沃黑河)에 이르렀을 때 안완종간 등 장수들이 간언했다.

"이미 멀리 왔고 더운 계절을 만나 병사와 군마가 모두 지쳤습니다. 만약 쉬지 않고 적의 영토 깊숙이 들어가면 군량이 부족해져 어려움을 겪지 않을까 두렵습니다."

아골타는 그들의 의견을 받아들여 회군을 결정하고 일부 병력을 남겨 경주(慶州)를 공격하게 했다.

천보 5년(1121) 요나라 동로도통 야율여도가 천조제를 시해하고 진왕 야율오로알을 황제로 추대하려고 했다는 누명을 쓰자 금나라에 투항했다. 그는 아골타에게 요나라의 내부 사정을 낱낱이 까발렸다.

"요나라 군주는 오로지 주색과 사냥에 빠져 지내고 있습니다. 그는 정사를 돌보지 않고 간신을 좋아하며 충신을 멀리합니다. 또 툭하면 잔혹한 형벌을 내리고 포상에 인색하며 법령을 번잡하게 만들고 세금을 과도하게 징수하여 백성을 도탄에 빠지게 했습니다. 추밀사 소봉선은 무식하고 능력이 없는 자인데도 아부를 잘하여 군주의 총애를 독차지했으며,

그의 아들 마가가 군대를 관장하고 있습니다. 또 문비가 낳은 진왕(晉王) 야율오로알은 평소에 인품이 훌륭하여 사람들의 신망을 얻고 있습니다. 따라서 그가 마땅히 태자로 책봉되어야 하는데도, 소봉선은 자기 여동생인 원비가 낳은 진왕(秦王) 야율정이 태자로 책봉되어야 한다고 주장했습니다."

"야율오로알은 부마 을신과 함께 그 추밀사 관직을 다시 차지하고자 저를 찾아왔습니다. 우리는 대사를 도모했지만 성공하지 못했습니다. 저는 군사에 관한 책략을 수립하여 요나라 군주에게 올렸습니다. 하지만 소봉선이 중간에서 가로챘으며, 요나라 군주는 그 사실을 알지 못했습니다. 지금 대금의 영토는 날로 확장되고 있습니다. 저는 천명이 금나라 황제에게 있음을 깨닫게 되었습니다. 작년 봄부터 야율신사 등과 함께 올 여름에 금나라에 투항하자고 약속했습니다."

야율여도는 또 요나라군의 병력과 물자에 대해서도 자세하게 알려주었다. 만약 자기가 금나라를 위해서 전공을 세운다면 관작과 포상을 내려달라고 요청했다.

아골타는 그를 통하여 요나라의 내부 사정을 손금을 보듯 자세히 알 수 있었다. 마침내 요나라 침공을 결정한 후 친동생 완안고(完顔杲)를 홀로 발극렬(忽魯勃極烈: 총사령관을 의미함)로 임명하고 전군을 지휘하게 했다.

아울러 기국공 완안핵손(完顔劾孫)의 아들 완안욱(完顔昱), 완안살개의 장남 완안종한(完顔宗翰), 아골타의 서장자(庶長子) 완안종간(完顔宗干), 아골타의 둘째아들 완안종망(完顔宗望) 등 장수들을 부사령관으로 임명했다.

아골타가 금나라 종실 출신의 장수들을 대거 동원하여 대규모 정벌군을 조직한 것은 머지않아 요나라를 멸망시킬 수 있다는 확신을 가지고 있었기 때문이다.

아골타는 야율여도를 앞잡이로 세우고 출정에 나서는 장수들에게 조서를 내렸다.

"요나라의 정치가 혼란스러워 사람과 귀신 모두 요나라를 버렸다. 이제 짐은 중원과 변방을 통일하고자 한다. 너희들은 대군을 이끌고 가서 토벌하라. 병력을 신중히 운용하고 뛰어난 계책을 선택하며, 상벌을 공정하게 시행하고 양식을 충분히 공급해야 한다. 또 항복한 요나라 병사들을 함부로 다루지 말고, 부하들이 약탈하는 것을 엄격히 금해야 한다. 정세를 살펴 진격할 수 있으면 즉시 진격해야 하는데 정확한 진격 시점을 놓치면 안 된다. 중대사가 발생하면 너희들이 전권을 가지고 처리하라. 굳이 짐에게 보고할 필요는 없다. 만약 중경을 함락시키면 노획한 예악에 관한 도서, 서적 등을 모두 궁궐로 보내라."

아골타가 장수들에게 전권을 위임했음을 알 수 있다. 아울러 장수들이 요나라의 수도 중경을 점령하면 서적, 공문서 등을 모두 보내라고 한 명령은, 요나라의 선진 문물을 적극적으로 받아들이겠다는 의미이다. 당시 아골타는 금나라를 건국했지만 문물과 제도가 아직 갖추어지지 않았기 때문에 요나라의 서적 등이 절실히 필요했을 것이다.

천보 6년(1122) 정월 금나라군이 중경을 점령하여 말 1,200필, 소 500마리, 낙타 170마리, 양 47,000마리, 수레 350대를 노획했다.

안안고가 사자를 보내 승전보를 전하고 포로를 바쳤다.

아골타가 조서를 내렸다.

"너희들이 외지에서 군사를 통솔하면서 직책을 다하고 성읍을 함락하여 현지 백성들을 위무하고 편안하게 한 공로를, 짐은 대단히 기쁘게 생각한다. 병사들을 나누어 보내 연산(燕山) 이남의 여러 부족을 항복하게 하며 그 지역의 백성을 위무하고 안정시키는 계획은 이미 정해졌다. 병사들이 연산 이북으로 진출할 수 없다면 둔전을 개간하고 가을에 대거 출병할 때를 기다리면서 다시 원정 계획을 치밀하게 세워서 적절한 때가 되면 즉시 행동하라. 만약 병력을 늘리고 싶으면 구체적인 인원을 짐에게 아뢰어라. 너희들이 한 번 승리했다고 해서 안일하고 태만해서는 안 된다. 항복하여 귀부한 자들을 잘 보살펴야 하며, 장졸들에게 유시를 내려 그들로 하여금 짐의 마음을 알게 하라."

아골타는 승리하면 방화와 약탈이 아니라 무엇보다도 점령지의 백성들을 위무하여 안정을 찾게 하는 것을 무척 중시했다. 천하의 진정한 황제가 되기 위해서는 백성들의 마음을 얻는 것이 가장 중요하다는 사실을 알고 있었다.

안안고는 천조제가 원앙박으로 달아난 것을 알고 완안종한과 함께 그의 뒤를 추격했다. 천조제는 다시 서경으로 달아났는데 서경도 함락되자 음산으로 도망갔다.

같은 해 6월 초하루 아골타는 상경에서 친히 군사를 거느리고 천조제를 추격했다. 두 달이 지난 후 천조제가 대어락(大漁濼: 내몽골 양황기·鑲黃旗 서남쪽)에 있다는 첩보를 입수한, 그는 정예병 10,000여 명을 이끌고 천조제를 추격했다. 완안고, 완안종망 등 장수들도 정예병 4,000여 명을 거느리고 석련역(石輦驛: 산서성 대동·大同 서북쪽)에서 요나라군 35,000명과 접전을 벌였다. 천조제는 요나라 병력의 우위로 승리를 확신했지만 대패하고 말았다.

귀화주(歸化州)와 봉성주(奉聖州)를 지키고 있던 장수들이 연이어 성문을 열고 항복했으며, 울주(蔚州) 성주는 직접 금나라 군영에 와서 투항했다. 천조제는 또 떠돌이 신세로 전락하여 풍찬노숙했다.

당시 요나라 남경에 있었던 대신들은 천조제의 행방을 몰라 전전긍긍했다. 재상 이처온, 임아 야율대석 등 대신들이 송위국왕 야율화로간의 아들이자 요 도종의 조카인 야율순을 황제로 추대했다. 그가 북요의 제1대 황제이다.

그런데 야율순은 등극한지 3개월 만에 병사했다. 천조제의 다섯 번째 아들인 진왕 야율정이 제2대 황제로 추대되었으나 남경에 있지 않았기 때문에, 야율순의 황후 소보현녀가 황태후로 추대된 후 섭정을 시작했다.

천보 6년(1122) 12월 아골타는 요나라가 붕괴 직전에 이르렀음을 확신하고 남경으로 진격했다. 이때 북송 송 휘종도 병사들을 파견하여 금나라군과 협공하게 했다. 하지만 북송군은 수십만 대군이었음에도 불구하고 오합지졸에 불과하여 요나라 수비군을 뚫지 못했다.

천보 7년(1123) 정월 의주(宜州)·금주(錦州)·건주(乾州)·현주(顯州)·성주(成州)·천주(川州)·호주(豪州)·의주(懿州) 등 여러 주의 성주들은 금나라군이 파죽지세로 진격해오자 성문을 열고 투항했다.

아골타는 즉시 조서를 내렸다.

"여러 주의 부족들이 이처럼 짧은 시간에 연이어 귀부하고 있으니 민심이 안정되지 않았을 것이다. 바쁜 농사철이 다가올 날이 얼마 남지 않았다. 각지에 사자를 파견하여 군사를 관장하는 관리에게 병사들이 백성들에게 피해를 입혀 농사를 망치게 하는 일이 절대 없게 해야 한다."

아골타는 이렇게 민심을 위무한 후 계속 남경성으로 진격했다. 금나라군이 남경성을 격파할 무렵에 소보현녀가 달아났다. 지추밀원 겸 연국공 좌기궁(左企弓), 참지정사 우중문(虞仲文) 등 한족 출신 대신들이 성문을 열고 투항했다. 아골타는 그들의 관작을 인정해주고 금패를 하사했다.

이때 요나라 오경(五京)은 모두 금나라의 수중에 들어왔으며, 요나라는 사실상 망한 것이나 다름이 없었다.

아골타는 남경의 모든 재물과 장인, 백성들을 이끌고 상경으로 회군을 결정했다.

당시 좌기궁이 아골타에게 시 한 수를 바쳤는데 그 핵심 내용은 이렇다.

"군왕이시여! 연(燕) 지방을 버리자는 논의를 듣지 마소서. 한 뼘의 산하도 한 뼘의 황금과 같습니다."

좌기궁은 금나라와 북송이 맺은 맹약을 알고 있었기에 이런 말을 했다. 하지만 아골타는 그의 말을 듣지 않고 북송과의 맹약에 의거하여 연경과 6주를 북송에 할양했다. 물론 그는 아무런 대가없이 할양하지 않았다. 북송은 해마다 금나라에 백은 20만 냥, 비단 30만 필을 조공으로 바쳐야 했다.

같은 해 3월 야율마철(耶律麻哲)이 야율여도(耶律餘睹)·야율오십(耶律吳十)·탁자(鐸剌) 등 장수들이 모반을 획책하고 있다고 밀고했다. 그들은 원래 요나라 장수였는데 아골타에게 투항하여 혁혁한 전과를 올리고 있었다.

아골타는 그들을 소환하여 침착하게 말했다.

"짐이 천하를 얻은 것은 짐과 여러 신하들이 일심동체가 되어 필사적으로 싸워 대업을 이룬 결과이지, 너희들의 역량만으로 이루어지지 않았다. 짐은 너희들이 모반을 획책하고 있다고 들었다. 만약 사실이라면 너희들은 말·안장·갑옷·무기 등 여러 가지 물건들이 필요할 것이다. 짐이 그것들을 전부 너희들에게 주겠다. 짐은 식언을 하지 않는다. 짐이 이렇게 했는데도, 너희들이 다시 짐에게 잡히면 더 이상 살기를 바라서는 안 된다. 앞으로도 계속 짐을 위해 일을 하고 딴마음을 품지 않는다면, 짐도 너희들을 의심하지 않겠다."

그들은 모두 벌벌 떨며 아무 말도 하지 못했다. 아골타는 탁자는 곤장 70대를 때리게 하고, 나머지 사람들은 모두 풀어주었다.

같은 해 8월 아골타는 상경으로 회군하는 도중에 중병에 걸렸다. 며칠 후 부도락서행궁(部堵濼西行宮: 길림성 송원·松原)에서 재위 8년, 향년 55세를 일기로 파란만장한 일생을 마쳤다. 그의 묘호는 개국의 제왕에게 부여하는 태조(太祖)이다.

아골타가 최초로 여진족을 통일하여 금나라를 건국하고 요나라를 멸망시킴으로써 중국 동북 지역의 통치자로 자리매김할 수 있었던 원동력은 단순히 싸움만 잘한 것에서 나오지 않았다.

그는 여진족과 발해인은 원래 한 집안이었다는 전제 아래 민족 통합을 이루었다. 설령 거란족, 한족이라도 귀부하면 금나라 백성으로 받아들이고 편히 살게 했다. 그가 요나라를 정벌할 때 선무 정책을 무척 중시했다. 투항한 장수와 관리들은 금나라에서도 원래의 관직을 유지할 수 있었다. 그래서 싸우기도 전에 다투어 성문을 열고 투항한 요나라 성주들이 많았던 것이다.

또한 아골타는 장졸들이 점령지에서 백성들의 생업에 피해를 끼치는 행위를 엄격히 금했다. 종실 완안앙(完顏昂)은 아골타를 따르면서 많은 전공을 세웠다. 항복한 요나라 백성들을 무자비하게 다루어 반란과 이탈이 빈번히 일어났다. 아골타는 진노하여 그의 목을 베어 높은 곳에 매달아 놓아 대중에게 경고하려고 했다. 하지만 대신들이 반대로 차마 그를 죽이지 못하고 그에게 곤장 70대의 형벌을 내린 후 태주(泰州)에서 유폐 생활을 하게 했다. 아골타는 맹장이자 덕장이었으므로 그에게 감복하여 따르는 부하들이 아주 많았다.

여진족은 원래 고유 문자가 없는 야만인이었다. 조세를 징수하거나 병사들을 동원할 때는 화살에 간단한 기호를 새겨서 의미를 전달했으며, 인근 국가들과 교류할 때에는 거란 문자를 차용하는 수밖에 없었다.

아골타는 건국 직후에 황제가 되었는데도 여전히 거란 문자를 차용하는 것에 자존심이 상했다. 천보 3년(1119) 요나라 사신 습니열이 내방했을 때 한족 문명에 익숙한 종실 완안희윤(完顔希尹)에게 여진 문자를 창제하여 요나라와 국서를 교환하게 했다.

같은 해 8월 완안희윤은 한자와 거란 문자를 참고하여 여진 문자를 창제했다. 아골타는 정식으로 여진 문자를 반포하게 했으며 완안희윤의 노고를 치하하고자 말 한 필과 담비가죽으로 만든 옷 한 벌을 하사했다.

이때부터 여진 문자는 금나라의 공식 문자로 사용되어 사법·행정·교육 등 분야의 발전에 공헌을 했다. 하지만 글자체가 한자보다 복잡하여 지배층을 중심으로 제한적으로 사용되다가 소멸되었다.

수국 원년(1115) 금나라를 건국한 아골타가 요나라의 달로고성, 황룡부 등을 점령했을 때 요나라는 고려에 도움을 요청했다. 당시 고려는 요나라를 상국으로 인정하고 조공을 바쳤지만 북송, 금나라 등 국가들과 절묘한 등거리 외교를 통해 자주권을 확보할 수 있었다.

고려의 제16대 왕 예종(睿宗) 왕우(王俁·1079~1122)는 애초에 북송이 금나라와 동맹을 맺고 요나라를 협공하려고 한다는 소식을 듣고 송 휘종에게 사신을 보내 이런 말을 전하게 했다.

"요나라는 형제의 나라이므로 요나라의 사직을 보존해야 변방을 안정시킬 수 있습니다. 반면에 금나라는 호랑이, 이리와 같은 나라이므로 교류해서는 안 됩니다."

고려는 북송과 금나라의 동맹을 반대했지만, 금나라가 새롭게 강대국으로 부상하여 요나라를 유린하자 금나라에 사신을 보내 우호 관계를 맺었다. 그래서 요나라가 금나라에 패망하리라는 것을 확신하고 요나라의 요청을 거부했다. 그 후 요동 지방을 대부분 차지한 금나라의 세력이 압록강 하류의 보주(保州: 평안북도 신의주)까지 확장했다.

그런데 보주는 거란에 빼앗긴 고려의 옛 영토이자 전략적 요충지였다. 고려 예종 11년(1116) 고려는 아골타의 대첩을 축하한다는 명목으로 사신을 금나라에 파견하여 아골타에게 보주 반환을 요청했다.

아골타는 고려와의 적대 관계가 요나라를 정벌하는 데 대단히 불안한 요소로 간주했기 때문에 보주를 반환했다. 고려는 보주를 의주(義州)로 개칭하고 백성을 거주하게 했다. 그 후 고려는 금나라에 대해 형식적인 조공 관계를 수락했지만 영토 회복과 변방의 안정이라는 실리를 얻을 수 있었다.

아골타는 중국을 통일하지 못하고 세상을 떠났지만 그가 훗날 동북아시아에 끼친 영향은 지대했다. 수렵과 유목을 생업으로 삼았던 여진족이 건국한 금나라는 다른 유목 민족도 중국을 통일하고 지배할 수 있음을 보여주는 전례가 되었다.

그 후 금나라는 건국 119년 만에 몽골과 남송의 협공으로 망한다. 어쩌면 칭기즈 칸이라는 천고의 정복자도 아골타에 의해서 천하 통일의 영감을 받지 않았을까 생각한다. 또 훗날 여진족 누르하치와 그의 아들들은 중국을 통일하고 대청 제국을 건설한 것은, 아골타의 후예라는 자부심이 엄청나게 강했기 때문이다.

『요사』는 금 태조 아골타를 이렇게 평가했다.

"태조(아골타)는 영민하고 지혜로운 계략을 지녔으며, 성품이 활달하고 도량이 넓었으며, 인재를 잘 알아보고 적재적소에 기용했으므로, 사람들이 기꺼이 그를 따랐다. 세조(완안핵리발)는 마음속으로 요나라를 취하려는 뜻을 품고 있었다. 이에 형제가 서로 부족 연맹의 대권을 이어받아 강종(완안오아속)에 이르렀고 마침내 태조에게 전해졌다. 강종이 임종할 때 태조를 목종(완안영가)에게 부탁했으니 그 본래의 뜻이 이와 같았던 것이다."

"태조는 동경을 처음 평정한 직후에 요나라의 법률을 폐지하고 조세를 감면했으며 금나라의 제도를 시행하였다. 요나라 군주는 달아났고 송나라는 세폐를 바쳤다. 태조는 유주·계주·무주·삭주 등 여러 주를 송나라에 넘겨주었지만 평주에 남경을 설치했다. 송나라 사람들은 끝내 연(燕) 지방과 대(代) 지방을 지키지 못했으며, 요나라 군주는 사로잡혔고 그 후 송나라 군주도 붙잡혔다."

"비록 금나라의 위대한 업적은 태조가 세상을 떠난 후인 태종(완안오걸매) 천회 연간에 이루어졌지만, 국가의 각종 제도가 정비되고 운용된 일은 태조의 재위 기간부터 시작되었다. 금나라는 천하를 119년 간 소유했는데 태조는 재위 8년 동안에 천하를 다스리는 계책에 결점이 없었으며 군대가 멈추지 않고 전진하고 대업을 완수하여 자손에게 전하였다. 아아, 참으로 위대하도다!"

2

금 태종 완안오걸매

1 • 성장 과정과 황위 계승

2 • 장각의 반란을 진압하다

3 • 고려와 종번 관계를 맺고 후방의 안정을 도모하다

4 • 북송을 멸망시키고 남송으로 진격하다

5 • 위민 정책과 제도 개선으로 발전의 초석을 다지다

제2장

금 태종 완안오걸매

1. 성장 과정과 황위 계승

완안오걸매(完顔吳乞買·1075~1135)는 요나라 태강(太康) 원년(1075)에 완안핵리발(금 세조)의 넷째아들로 태어났다. 그의 친형이 바로 금 태조 아골타이다. 어린 시절에는 숙부 완안영가(금 목종)의 양자로 들어가 자랐다. 그도 친형과 함께 전장을 누비며 많은 전공을 세웠다.

수국 원년(1115) 완안오걸매는 아골타가 황제를 칭하고 금나라를 건국하는 데 일등 공신이 되었다. 아골타는 가장 신뢰하고 가까운 친동생을 암반발극렬로 임명했다. 당시 금나라 조정에는 암반발극렬·국론발극렬·아매발극렬·을실발극렬 등 최고위 관직에 오른 귀족들이 황제를 보좌하여 국정을 이끌었다.

발극렬 가운데 암반발극렬이 가장 높은 지위였으며 사실상 황제의 후계자로 대우받았다. 아골타는 건국 초기에 정국의 안정을 도모하기 위하여 친동생을 암묵적인 후계자로 삼았다. 아골타가 친히 원정을 떠날 때는 언제나 완안오걸매를 도성에 남게 하고 국정을 돌보게 했다. 황제가 도성을 비울 때는 태자가 도성에 남아 황제를 대신하여 국사를 처리한다는 이른바 '감국(監國)'을 친동생에게 맡긴 것이다.

천보 5년(1121) 아골타가 특별히 완안오걸매에게 조서를 내렸다.

"너는 짐과 어머니가 같은 친동생이다. 짐과 너는 의리와 도덕에서 일심동체이므로, 너에게 나를 대신하여 국정을 다스리게 한다. 군대에서 군법을 위반한 자가 있으면 반드시 그의 죄를 밝혀 군법에 따라 조치해야 한다. 그 나머지 일은 대소를 막론하고 본조(本朝: 금나라를 지칭)의 기존 제도에 따라 처리하면 된다."

천보 5년이면 아골타가 세상을 떠나기 2년 전이다. 이 무렵 그에게는 적장자 완안종준(完顔宗峻·?~1124) 등 여러 아들들이 있었는데도 아들을 후계자로 삼지 않고 친동생을 후계자로 삼았음을 알 수 있다. 유목 민족은 농경 민족인 한족의 적장자 계승의 원칙과는 다르게 형이 죽으면 아우가 계승하는 이른바 '형종제급(兄終弟及)'의 전통이 있었기 때문일 것이다. 이는 금나라가 초기에는 적장자 계승의 원칙이 아직 확립되지 않았음을 보여준다.

천보 7년(1123) 6월 아골타가 원앙박에 머무르다 병이 들었다. 알독산(斡獨山) 역참에 이르러 완안오걸매에게 조서를 내렸다.

"지금 요나라 군주는 그의 군대를 모두 잃고 하나라로 달아났다. 특렬(特列), 요설(遙設) 등 요나라 관리들이 요나라 군주의 아들 야율아리를 억류하여 왕으로 세웠지만, 짐이 이미 야율종한에게 조치를 취하게 했다.

친히 순행한 지도 오래되었고 공적 또한 크게 성취했다. 이제 새로 얻은 주(州)와 부(部)를 잘 다스려 안정시켜야하므로 도성으로 돌아가려고 한다. 8월 중순이면 춘주(春州)에 도착할 것이다. 너는 종친들을 거느리고 나를 맞이하라. 만약 표자애(豹子崖)까지 나와 맞이한다면 더욱 좋겠다."

같은 해 8월 아골타와 완안오걸매는 혼하(渾河) 북쪽에서 회합했으며 얼마 후 아골타가 붕어했다.

완안고·완안앙·완안종준·완안종간 등 종실들이 문무백관을 거느리고 완안오걸매를 찾아가 금 태조의 유지를 받들어 황제로 등극하기를 간청했다.

완안오걸매는 자기는 제왕의 재목이 아니라고 극구 사양했다. 그가 종친들의 거듭된 간청을 회피하자 완안종간이 형제들과 함께 그에게 용포를 입히고 옥새를 그의 가슴에 넣었다. 황제로 등극하는 자는 세 번 사양하고 마지못해 수락하는 상투적 의례였다.

마침내 완안오걸매는 금 태조가 세상을 떠난 지 한 달 만에 황제로 등극했다. 그가 제2대 황제 금 태종(金太宗)이다. 이윽고 천보 7년(1123)을 천회(天會) 원년으로 바꾸고 천하에 대사면을 반포했으며, 춘주(春州)의 창고에 비축해 놓은 곡식으로 상경으로 이주하여 살고 있는 투항한 자들을 구휼했다.

2. 장각의 반란을 진압하다

금 태종은 즉위 직후에 친동생 완안고를 암반발극렬로, 금 태조 아골타의 서장자 완안종간을 국론발극렬로 임명했으며, 완안종한과 완안종망에게는 군대의 일을 관장하게 함으로써 친정 체제를 구축했다.

천보 6년(1122) 금나라와 북송은 2년 전에 맺은 '해상의 맹약'에 따라 요나라를 협공하기로 결정했다. 환관 동관이 이끄는 북송의 20만 대군은 남경(북경)을 공격하고, 아골타가 친히 이끄는 금나라군은 장성 이북을 공격해 요나라를 양면에서 압박했다.

남경을 지키던 요나라 군대는 고작 2,000여 명에 불과했지만 북송군의 선봉대 3만여 명을 격파했다. 그 후 요나라 증원군 2만여 명이 도착하자 동관은 소문만 듣고도 달아났으며 북송군은 큰 피해를 입었다. 반면에 금나라군은 대승을 거두며 요나라 곳곳의 성읍들을 점령했다. 장각(張覺)은 한족 출신으로 요나라에서 진사 급제하여 요흥군절도부사가 되었다. 요나라가 패망의 길로 접어들고 금나라가 흥성하는 모습을 보고 자신의 세력 거점인 평주(平州: 하북성 노룡·盧龍, 당산·唐山 일대)를 금나라 장수 완안종한에 바치고 투항했다. 아골타는 그를 임해군절도사 및 평주지주로 임용하고 평주를 다스리게 했다.

북송은 자력으로 남경을 수복하지 못하자 금나라에 도움을 요청할 수밖에 없었다. 금나라군은 장성을 넘어 남경을 함락했다. 북송은 해상의 맹약에 의거해 연운 16주를 얻으려고 했다.

아골타는 남경·탁주(涿州)·역주(易州)·단주(檀州)·순주(順州)·경주(景州)·계주(薊州) 등은 북송에게 넘겨주었지만, 평주는 넘겨주지 않고 남경으로 승격시킨 후 장각을 남경유수로 임명했다.

금나라군은 요동 지방으로 철군하면서 엄청난 재물과 백성들을 약탈했다. 장각은 평주에서 금나라군의 만행을 목격하고 심히 분개했다. 비록 항복한 장수였지만, 휘하에 병력 5만여 명을 거느리고 있어 결코 무시할 수 없는 존재였다. 그가 군사 반란을 일으킬지 모른다는 소문이 아골타의 귀에 들어갔다.

아골타는 사신 유언종(劉彦宗)을 보내 다음과 같은 조서를 전달하게 했다.

"예전에 일개 군(郡)에 불과했던 평산은 지금 남경으로 승격했고, 절도사였던 너는 남경유수가 되었다. 짐이 너에게 베푼 은덕이 두텁다. 어떤 이가 너희들이 딴마음을 품고 있다고 말했는데 어찌하여 농사에 바쁜 시기에 서로 선동을 하고 있는가? 너희들이 하는 일은 위험을 벗어나 안전을 찾는 계책이 아니다. 이에 짐의 뜻을 분명히 전하노라."

천보 7년(1123) 5월 장각은 아골타에게 변명을 해봤자 무의미하고 차라리 북송에 항복하는 것이 상책이라고 생각했다. 마침 좌기궁, 우중문 등 금나라 대신들이 광녕부(廣寧府)로 가는 길에 평주의 밤나무 숲에서 쉬고 있었다. 장각은 자객을 보내 그들을 살해하고 반란을 일으켰다. 얼마 후 병사 5만여 명을 이끌고 남경을 점령한 후 북송에 투항했다.

장각이 반란을 일으켰다는 소식을 들은 아골타는 남경 관리들에게 조서를 내려 경고했다.

"짐이 연경에 머무르고 있을 때 너희 관리와 백성들이 먼저 항복한 일을 가상히 여겨 연경을 남경부로 승격시키고 요역을 줄이며 세금을 감면했노라. 이렇게 은혜를 베풀었는데도 어찌하여 너희들은 다시 반역자가 되려고 하는가? 지금 반란을 평정하고 싶지만 농번기에 악인 한 명 때문에 많은 백성들에게 피해를 주기에는 마음이 아프다. 게다가 요나라의 모든 영토는 짐의 소유가 되었다. 너희들이 그 외로운 남경성을 지킨들 끝내 무엇을 이룰 수 있겠느냐? 지금 내란 수괴만 처벌하고 나머지는 모두 용서하겠다."

장각이 5만 대군을 이끌고 윤주(潤州) 교외에 주둔하며 천주(遷州)·내주(來州)·윤주(潤州)·습주(隰州) 등 네 고을을 위협했다. 아골타는 이복동생 완안도모(完顔闍母)에게 3만 병사를 내어주고 장각을 토벌하게 했다.

완안도모는 금주(錦州)에서 출병하여 장각 군대를 격파하고 승세를 몰아 남경까지 진격하려고 했으나, 무더위와 장마로 병사들이 지치자 해연(海壖)으로 철수하여 휴식을 취했다. 얼마 지나지 않아 완안도모가 또 장각 군대를 무찔렀다.

연패를 당한 장각은 금나라 기병은 평원에서는 강하지만 산악 지형에서는 약점이 노출될 것이라고 판단하고 토이산(兔耳山)으로 유인했다. 완안도모는 장각 군대를 얕잡아보고 진격했다가 산속에서 매복에 걸려 참패를 당했다.

송 휘종은 장각의 승전 소식을 듣고 기쁨이 넘쳤다. 평주에 태녕군(泰寧軍)을 건설하고 장각을 태녕군절도사로 임명했으며, 장돈고(張敦固) 등 장수들을 모두 휘유각대제(徽猷閣待制: 황제의 학술, 문예활동을 보좌하는 문관 직책으로 일종의 명예직)로 책봉했다. 아울러 은자 수만 냥과 비단 수만 필을 하사하여 병사들의 노고를 치하했지만 지원 병력은 보내지 않았다.

천보 7년(1123) 6월 아골타가 세상을 떠난 직후에, 금 태종은 완안종망에게 정예병 2만 명을 이끌고 장각을 토벌하게 했다. 치열한 전투 끝에 장각이 대패하여 남경성으로 달아났다.

완안종망은 남경성에 있던 북송 선무사 왕안중(王安中)에게 대역죄인 장각을 넘겨달라고 강하게 요구했다. 왕안중은 장각을 무기고에 숨기고 왕안종망에게 "장각이 여기에 있지 않다."라고 거짓말했다. 완안종망은 장각을 넘기지 않으면 당장 남경성을 유린하겠다고 협박했다. 왕안중은 장각과 비슷하게 생긴 사람의 머리를 잘라 금나라 진영에 보냈지만 들통이 났다.

왕안중은 어쩔 수 없이 장각을 끌어내어 죄상을 열거하고 난 뒤 처형했다.

장각은 처형을 당하기 직전에 소리쳤다.

"송나라 조정은 조금도 신의가 없구나!"

왕안중은 장각의 수급을 완안종망에게 보냄으로써 금나라군의 남경성 공격을 막았다. 이미 북송에 투항한 요나라 출신 장졸들은 모두 장각이 비참하게 죽는 모습을 보고 눈물을 흘렸다.

요나라 상승군을 이끈 곽약사(郭藥師)도 북송에 투항한 장수였는데 흐느끼며 말했다.

"금나라가 내 목을 요구한다면, 과연 송나라가 나를 살려줄까?"

북송에 투항한 장졸들은 그의 말을 듣고 사기가 크게 꺾였다. 북송이 그들을 제대로 보호해주지 못했기 때문이다. 이 장각의 반란 사건은 금나라와 북송 간의 동맹을 약화시키는 결정적인 계기가 되었다.

천회(天會) 3년(1125) 완안종망은 장각의 반란 사건을 구실로 금 태종에게 북송 정벌을 주청했다. 그 후 송나라 역사에서 가장 치욕적인 '정강(靖康)의 변(變)'이 일어나 북송을 망하게 했다.

3. 고려와 종번 관계를 맺고 후방의 안정을 도모하다

천보 3년(1119·고려 예종 14년) 고려가 중서주사 조순거(曹舜擧)를 금나라에 사신으로 보냈다. 그런데 조순거가 가지고 온 국서에 "금나라의 근원은 고려 땅에서 시작되었다."라는 글귀가 있었다. 이는 고려가 금나라의 부모 나라이며 양국은 형제지간이지, 군신 관계가 아님을 은연중에 밝힌 것이다.

금 태조 아골타는 고려 예종 왕우(王俁)가 자기에게 신하를 칭하지 않은 것을 대단히 불쾌하게 여기고 국서를 거부했다.

천회 원년(1123) 12월 금 태종이 고수(高隨), 사야(斜野) 등을 고려에 사신으로 파견했다. 사절단이 국경에 이르렀을 때 고려 관리들에게 신하국의 예의를 갖추게 했다. 고려 관리들은 양국은 군신 관계가 아님을 이유로 금나라 사신들에게 칙사 대접을 하지 않았다. 금나라 사신들은 당황하여 감히 고려 경내로 들어가지 못하고 급히 금 태종에게 지시를 요청했다.

금 태종은 고려가 요나라를 섬기던 것처럼 금나라를 섬겨야 한다고 엄포를 놓았지만, 즉위한 지 얼마 안 되었고 요나라 천조제를 생포하지 못한 상황에서 양국 간의 갈등을 원치 않았기 때문에 사신들을 돌아오게 했다. 이로 인해 양국의 외교 관계는 일시적으로 중단되었다.

천회 2년(1124) 5월 갈라로군수 완안홀랄고(完顔忽剌古)가 아뢰었다.

"예전에는 해마다 갈라로(曷懶路)의 백성들이 고려의 땅에서 물개·해동청·까마귀·송골매 등 금수들을 포획하여 조정으로 보냈습니다. 최근에도 그것들을 배 두 척에 실어 보냈는데 고려인들이 전선 14척을 동원하여 쫓아왔습니다. 그들은 금나라 선박 두 척을 공격하여 사람들을 죽이고 무기를 빼앗았습니다."

갈라로는 오늘날 북한의 함경남북도와 양강도를 아우르는 지역에 해당한다. 고려 전기에는 동여진이 거주한 지역이었는데 '갈라전(曷懶甸)'이라고 칭했다. 고려와 여진족은 이 지역의 지배권을 두고 자주 충돌했다.

완안홀랄고의 보고를 받은 금 태종의 대책은 이러했다.

"작은 일로 전쟁을 일으키는 것은 아주 잘못된 행위이다. 앞으로는 너희들이 짐의 명령을 받들지 않고서 고려의 땅에 들어가서는 절대 안 된다."

금 태종은 국경 지대에서 고려와의 마찰을 우려하여 갈라로 지역을 다스리고 있는 완안홀랄고에게 자신의 명령 없이는 싸워서는 안 된다고 엄명을 내린 것이다.

또 두 달 후 변방을 지키고 있는 장수 골실답(鶻實答)이 조정에 보고했다.

"고려가 금나라에서 반란을 일으키고 도망간 자들을 받아들이고, 변방에서 병사들을 조련하며 무기를 늘리고 있는 것을 보면, 필시 다른 뜻을 품고 있는 게 분명합니다."

당시 고려는 여진족의 침략을 저지하기 위하여 천리장성을 쌓고 변방의 수비를 강화했다. 골실답은 고려가 금나라를 침략하지 않을까 의심하여 그렇게 보고했다.

금 태종이 내린 조서의 내용은 이렇다.

"고려가 반란을 일으키고 달아난 죄인들을 금나라에 돌려보내지 않는 것은, 필시 그 나름의 곡절이 있을 것이다. 무릇 금나라와 고려가 서로 소통을 할 때는 상식에 어긋나는 행동을 해서는 안 된다. 정말로 고려가 금나라를 침략한다면, 너는 변방의 군대를 정비하여 싸우면 된다. 네가 먼저 감히 고려를 침략해서는 안 된다. 설사 네가 승리했더라도, 짐은 반드시 너를 처벌하겠다."

여느 황제라면 변방에서 일어난 일을 고려 침략의 구실로 삼았을 것이다. 하지만 금 태종은 고려와의 어떤 충돌도 원하지 않았다. 변방을 지키고 있는 장수에게 "설사 네가 승리했더라도, 짐은 반드시 너를 처벌하겠다."라고 말한 것을 통해, 그가 얼마나 고려와의 관계를 중시했는지 짐작할 수 있다.

어쩌면 금 태종은 고려를 '부모의 나라'라고 생각해서 고려에 우호적인 조치를 취했는지도 모르겠지만, 아직 요나라를 멸망시키지 못했고 북송을 침략하여 중원 진출을 노리고 있었기 때문에 전략적인 면에서 후방의 고려를 다독일 수밖에 없었을 것이다.

천회 3년(1125년) 2월 천조제가 금나라 장수 완안루실에게 붙잡혔는데 사실상 요나라는 이때 망했다.

요나라가 망했다는 소식을 듣고 깜짝 놀란 고려 인종 왕해(王楷·1109~1146)는 사재소경 진숙(陳淑)과 상의봉어 최학란(崔學鸞)을 금나라에 파견하여 정세를 파악하고 싶었다.

하지만 금나라는 고려의 국서가 신하가 황제에게 바치는 표문(表文) 형식이 아니며 신하의 예를 갖추지 않았다는 이유로 국서를 받지 않았다. 금 태종은 이미 요나라를 멸망시켰기 때문에 얼마든지 무력으로 고려를 압박할 수 있었다.

게다가 같은 해 10월 금 태종은 도원수 안안고, 좌부원수선봉 완안종한 등 장수들에게 대규모 병력을 동원하여 북송을 정벌하게 했다. 북송의 역주(易州)를 지키고 있던 장수 한민의(韓民毅)가 군대를 이끌고 와서 투항했다. 금 태종은 그를 위주(蔚州)에 안치하게 했다. 금나라가 북송을 침략했다는 소식이 고려 조정에 전해지자 임금과 신하들 모두 경악했다.

고려 인종 4년(1126) 인종은 대신들을 소집하여 금나라를 섬기는 일의 가부를 논하게 했다. 대신들 대부분은 금나라에 사대의 예를 갖추는 것은 옳지 않다고 주장했다.

하지만 이자겸(李資謙)과 척준경(拓俊京)은 이런 주장을 폈다.

"금나라가 소국일 때는 요나라와 우리나라를 섬겼습니다. 하지만 지금 금나라가 급격하게 세력을 일으켜 요나라와 송나라를 멸망시켰으며, 국정을 잘 다스리고 병력도 강성하여 나날이 강대해지고 있습니다. 또 우리와는 서로 국경이 맞닿아 있어서 섬기지 않을 수 없는 상황입니다. 게다가 작은 나라가 큰 나라를 섬기는 것은 선왕의 도리이니, 사신을 보내어 먼저 예를 갖추고 위문하는 것이 옳습니다."

두 사람의 의견을 받아들인 인종은 정응문(鄭應文)과 이후(李侯)를 금나라에 보내 금 태종에게 신하라고 일컫고 표문을 올리고 진상품을 바쳤다.

금 태종은 인종이 보낸 표문을 읽고 너무 기쁜 나머지 즉시 사신을 보내 조서를 전하게 했다. 그 일부 내용은 이렇다.

"소국이 대국을 섬기는 것은 사직을 보존하는 계책이다. 오직 장대하고 훌륭한 인재만이 원대한 사업을 융통성 있게 포용할 수 있는 법이다. 경(卿)의 집안은 왕위를 전하여 대대로 임금의 자리와 봉토를 누려왔다. 글을 올려 높이 보좌하는 성의를 극진히 하였고, 토산물을 공납하는 예절을 다하였다. 또한 자신을 낮추어 호칭하였으니 모든 부분에서 완벽하게 하고 있음을 충분히 보여주었다. 군대를 동원하여 위협하지도 않고, 값비싼 물건을 하사하는 은혜로 유혹하지 않았는데도, 저절로 찾아왔으니 어찌 아름답다고 하지 않겠는가."

이에 고려는 금나라에 신하를 칭하고 충성을 맹세하는 서표(誓表)를 공식적으로 바쳐야했다. 하지만 고려 조정은 차일피일 시간을 끌며 바치지 않았다. 금나라는 여러 차례 사신을 보내 서표를 요구했으나 번번이 거절을 당했다.

금 세종은 지제고 한방(韓昉)을 고려국신사로 임명하고 사신으로 보냈다. 한방이 인종에게 거듭 서표를 요구했다. 인종은 대신들에게 어떻게 대처해야할지 지혜를 모으게 했다.

한방이 대답을 기다린 지 열흘 만에 고려 조정의 답변을 들을 수 있었다.

"작은 나라인 고려가 요나라와 송나라를 200여 년 동안 섬기면서 서표를 바친 적은 없지만, 번신(藩臣)의 예를 잃은 적이 없었소. 지금 상국(금나라)을 섬기는 일도 요나라와 송나라를 섬기던 예와 같아야 하오. 하지만 거듭 충성을 맹세하라는 요구는 오히려 오랫동안 분란을 일으키는 것이니, 성인께서도 허락하지 않을 것이오. 그래서 감히 서표를 사용할 수 없소."

한방이 말했다.

"귀국이 반드시 예법을 따르고자 한다면, 순임금이 5년에 한 번 제후의 영지를 시찰했을 때 제후들이 사방에서 모여들어 순임금을 알현했소. 또 주(周)나라 시대에는 6년마다 오복(五服: 천자·제후·경·대부·사)이 함께 조회했소. 또 6년이 지나면 왕이 시기에 맞게 순행했는데 제후들이 각자 방악(方岳: 태산·화산·형산·항산)에서 천자를 알현했소. 지금 천자(금 태종)께서 서쪽으로 사냥을 나가시려고 하는데 귀국의 왕은 반드시 조회에 참석해야 하오."

한방은 『서경(書經)·순전(舜典)』과 『주례(周禮)·춘관(春官)』에 나오는 내용을 근거로 오히려 고려가 예법을 어기고 있다는 논리를 폈다.
말문이 막힌 고려 대신들은 시간을 두고 의논하여 결정하겠다고 말하자 한방이 단호하게 말했다.

"서표와 조회는 말 한 마디로 결정될 문제이오."

서표를 바치기 싫으면 고려 왕이 직접 금나라 땅으로 와서 황제를 배알하라는 압박이었다. 고려 대신들은 국왕의 명의로 형식적인 서표를 바치는 것이 금나라로 들어가 조회에 참석하는 것보다 훨씬 수월하고 유리했으므로 결국 서표를 선택했다.
한방이 돌아오자 완안종간이 크게 기뻐하며 말했다.

"경이 아니면 누가 이 일을 처리할 수 있었겠는가?"

또 그의 뛰어난 외교술을 칭찬하고 담당 관리들에게 말했다.

"이제부터 국경을 넘어 파견되는 사신은 능력이 뛰어난 적임자를 선발해야 하오."

금나라와 고려는 이처럼 형식적인 종번 관계를 확립한 후에 정치적으로 안정을 도모할 수 있었다. 이 시기 무렵부터 고려는 정월 초하루나 금 태종의 생일인 천청절(天淸節)이 되면 금나라에 사절단을 파견하여 축하했다.

물론 금나라도 거의 매년 사절단을 보내 우호 관계를 증진했다. 고려는 강대국 금나라에게 형식을 양보하고 실리를 취하는 외교 전략을 취함으로써 금나라의 군사적 위협을 피할 수 있었다. 금나라는 고려를 정치적으로 복속시킴으로써 후방의 안전을 확보하고 본격적으로 북송의 중원 지방으로 진출할 수 있었다.

4. 북송을 멸망시키고 남송으로 진격하다

천회 2년(1124) 서하 국왕 숭종(嵩宗) 이건순(李乾順·1083~1139)이 사신을 보내 금 태종을 황제로 받들고 자신을 번국의 왕으로 자칭했다. 그도 고려가 그랬던 것처럼 실리를 얻고자 스스로 그렇게 행동했다.

금 태종은 이건순의 칭신(稱臣)에 대한 보답으로 하채(下寨) 이북과 음산(陰山) 이남 그리고 을실야랄부(乙室耶剌部) 토록박(吐祿泊) 이서 지역의 광활한 지역을 서하에 할양했다.

천회 3년(1125) 요나라 천조제가 포로로 잡혀 상경성으로 끌려왔다. 금 태종은 그를 죽이지 않고 해빈왕으로 강등했다. 마침내 요나라는 금 태종에게 멸망당했다.

같은 해 10월 장각의 반란을 구실로 삼아 북송 정벌을 결심한 금 태종은 암반발극렬 완안고 등 장수들에게 북송을 향해 진격하게 했다. 완안종한이 이끄는 서로군은 운중(雲中: 산서성 대동·大同)에서 북송의 태원(太原)으로 진격하여 공략했으며, 완안종망이 이끄는 동로군은 남경(南京)에서 북송의 연산부(燕山府)로 진격했다.

당시 연산부 수장은 곽약사(郭藥師)였다. 그는 원래 요나라의 정예군 상승군을 거느린 장수였는데 요나라가 금나라에 의해 멸망할 무렵에 북송에 투항했다. 송 휘종은 그에게 무태군절도사, 동지연산부 등 관직을 하사하고 연산부를 지키게 했다.

완안종망은 처음에 상승군의 군기가 엄정한 모습을 보고 놀랐지만 기습과 각개 격파 전술로 상승군을 격파했다.

곽약사는 연산부가 함락의 위기에 빠지자 금나라에 투항하여 완안종망이 연산부로 무혈 입성하는 데 앞잡이가 되었다. 그는 한 번은 요나라에, 또 한 번은 북송에 배신한 장수가 되었다.

완안종망은 그를 통해 북송의 허실을 파악했다. 이윽고 곽약사에게 기병 2,000기를 이끌고 선봉에 서게 한 후 북송의 수도 동경(東京: 하남성 개봉·開封)을 향해 진격했다.

당시 송 휘종과 조정 대신들은 금나라군이 쳐들어온다는 첩보에 경악했다. 송 휘종은 예술 분야에서는 천재적인 재능을 발휘했지만, 정치에는 대단히 무능한 군주였다. 그는 도망갈 궁리만 하고 대신들을 소집하여 어떻게 하면 좋겠냐고 의견을 물었다.

다들 설왕설래하며 대책을 내놓지 못하고 있을 때 태상소경 이강(李綱)이 칼로 팔을 찔러 낸 피로 상소문을 섰다.

"태자가 폐하를 대신하여 국정을 다스리는 일은 국법에 맞는 정상적인 절차이옵니다. 지금 강적이 침입해 사직이 백척간두의 위기에 처해 있는데도 어찌 평상시의 예법만 고집할 수 있겠습니까? 명분이 바르지 않은데도 권력을 행사하면, 과연 무엇에 의지하여 천하의 백성들에게 국난 극복을 호소하여 일말의 희망을 가질 수 있겠습니까? 만약 태자에게 위호(位號)를 내려 폐하를 대신하여 종묘사직을 지키게 하고, 장병들의 마음을 모아 죽음을 각오하고 싸우게 한다면, 천하를 보존할 수 있을 것이옵니다."

이강은 송 휘종이 유약하여 항전 의지가 없을 바에는 차라리 태자에게 양위하는 것이 군민들의 사기를 높이는 길이라고 판단했다. 송 휘종은 혈서를 읽고 양위를 결심했다. 이윽고 태자 조환(趙桓·1100~1156)에게 서둘러 황위를 양위하고 태상황으로 물러났다. 조환이 북송의 제9대 황제 송 흠종(宋欽宗)이다.

송 휘종은 또 이강을 병부시랑으로 임명하고 금나라군의 공격을 저지하게 한 후 남경(南京: 하남성 상구·商丘)으로 피신했다.

완안종망은 북송 황제가 양위했으며 조환이 도성 수비를 강화했다는 했다는 소식을 듣고 철군을 고려했다.

곽약사가 말했다.

"남조(南朝)는 대비 태세를 제대로 갖추지 못했을 것입니다. 동경은 인구가 많고 산물이 풍부하며 황궁에는 진귀한 보물이 넘쳐나 연산부는 비교조차 안 되는 도성입니다. 지금 태자와 왕자들이 남조의 방비가 허술한 틈을 타서 병사들을 이끌고 파죽지세로 신속하게 진격하여 황하를 건너면 반드시 대승을 거두고 갈 수 있을 것입니다. 만약 저들이 대비 태세를 굳건히 했다는 소식을 들으면 황하 이북에서 우리 군대의 위력을 과시하고 남조를 호시탐탐 엿보면서 국위를 떨치고 돌아가도 늦지 않을 것입니다."

천회 4년(1126) 정월 완안종망은 곽약사를 앞잡이로 삼고 동경을 향해 진격했다. 금나라군이 동경성 외곽에 이르렀다는 소식에 놀란 송 흠종은 몰래 금위군을 거느리고 동경성을 떠나려다가 그만 이강에게 들키고 말았다.

이강이 금위군에게 큰 소리로 물었다.

"너희들은 성을 지키고 싶은가, 아니면 도망치고 싶은가?

병사들이 일제히 외쳤다.

"우리는 목숨을 걸고 도성을 지키겠습니다."

이강은 또 기회를 놓치지 않고 황제에게 말했다.

"금위군 병사들의 부모와 처자식은 모두 도성에 있습니다. 그들은 죽음을 각오하고 가족을 지키려고 합니다. 만약 그들을 떠나게 하여 그들이 도중에 달아난다면, 누가 폐하를 보호하겠습니까. 또 금나라군은 폐하께서 멀리 가시지 못했다는 것을 알면 반드시 기병을 보내 추격할 것입니다. 그러면 그때 누가 적을 막을 수 있겠습니까?"

송 흠종은 병사들이 눈물을 흘리며 만세를 외치자 동경성 수성을 다짐하고 이강에게 만반의 대비를 하게 했다. 금나라군은 성을 포위하고 공격했으나 이강의 결사 항전에 부딪쳐 함락하지 못했다.

하지만 백시중(白時中), 이방언(李邦彦) 등 북송의 주화파 대신들은 금나라와 화의하는 길만이 사직을 지키는 길이라고 거듭 주장했다. 송 흠종은 마음이 갈대처럼 흔들렸다.

마침 완안종망도 무력으로 동경을 쉽게 점령할 수 없음을 깨닫고 송 흠종을 협박하며 화의를 요구했다. 송 흠종은 이강을 배제하고 주화파 대신 이절(李梲)을 보내 협상하게 했다.

완안종망은 이절에게 금 수천만 냥과 비단 수천만 필을 바치고 태원(太原)·중산(中山)·하간(河間) 등 삼진(三鎭)의 땅을 할양해야 할 뿐만 아니라, 북송의 친왕과 재상을 인질로 보내야 한다고 요구했다. 이절은 어떤 반론도 제기하지 않은 채 돌아와 그대로 보고했다.

이강이 울분에 찬 목소리로 말했다.

"금나라가 요구하는 황금과 비단은 전국에 있는 것들을 다 긁어모은다고 해도 충당할 수 없을 것입니다. 하물며 동경성 한 곳의 재화로야 더 말할 나위가 있겠습니까. 삼진은 국가의 방패와 같은 곳인데 그곳을 할양한다면, 장차 무엇에 의지하여 국가를 지킬 수 있겠습니까? 인질을 보내는 일에는, 재상이 가는 것은 당연하지만 친왕은 가서는 안 됩니다."

"언변이 능한 인사를 보내 금나라와 협상하여 가능한 것과 불가능한 것 그리고 그 이유를 설명하게 하고, 근왕병이 사방에서 동경성으로 모여들 때까지 며칠간 시간을 끌어야 합니다. 금나라군은 이미 깊이 들어와 고립무원의 처지가 되었으니 요구한 것을 다 받아내지 못하더라도 퇴각할 수밖에 없을 것입니다. 그때에 이르러 다시 그들과 맹약을 맺는다면, 그들은 감히 우리 중국을 얕보지 못할 것이며, 화평도 오래 지속될 수 있을 것입니다."

송 흠종은 이강이 얼마나 진정한 충신인지 알고 있었지만 그를 배제했다. 급기야 완안종망이 요구한 것들을 다 수용하고 굴욕적인 조약에 서명했다.

완안종망은 황금·백은·비단 등 엄청난 재물을 노획하고 철수했다. 같은 해 8월 금 태종은 완안종망, 완안종한 등 장수들에게 재차 북송 정벌을 명령했다.

동경성 사수의 영웅이었던 이강은 무리하게 금나라군과 싸워 "병사들을 죽게 하고 재물을 낭비했다."라는 죄명으로 남방으로 쫓겨났다.

천회 4년(1126) 12월 마침내 동경성이 금나라군에 의해 함락되고 송 휘종과 송 흠종이 포로로 잡혔다.

중국 역사상 한족 왕조의 부자(父子) 황제가 동시에 생포된 전무후무한 일이 벌어진 이른바 '정강(靖康)의 변(變)'이 일어난 것이다.

금 태종은 북송의 두 황제가 포로로 잡혔다는 소식을 듣고 특별히 조서를 내렸다.

"짐이 국가의 사정을 고려해보면 사방의 변경은 아득히 멀어도 아직 전쟁은 종식되지 않았으며, 들판은 광활하지만 전답으로 개간한 땅은 넓지 않다. 그리고 각 분야의 장인들이 대체적으로 갖추어져 있지만 봉록과 작위가 불균형을 이루고 있으며, 사방에서 보내는 공물은 가까스로 도성에 도착하지만, 사신을 머무르게 할 숙소는 여전히 부족하다. 이러한 것들은 모두 백성의 노동력에서 나온다. 따라서 백성이 본업에 힘쓰지 않고 한가하게 지내는 사람을 억제하지 않는다면, 윗사람, 아랫사람 모두 풍족해지기를 바라는 것이 어찌 가능한 일이겠는가. 짐은 백성들이 농사에 힘쓰도록 각 지방의 관리들에게 어명을 내린다."

금 태종은 일반 백성들이 모든 산물을 생산하는 주체임을 인식했다. 그들이 농사 등 생업에 편안하게 종사해야 만이 누구나 풍족한 생활을 누릴 수 있다고 보았다.

그는 천회 5년(1127) 5월에 또 이런 조서를 내렸다.

"근래에 이르러 새로 투항한 백성, 소송 사건에 연루된 자들이 많다. 그런데 지금은 농사철이므로 그들이 농업에 때를 놓칠 수 있다. 따라서 관리들은 농한기까지 기다려 심의를 하고 판결을 내려야 한다."

그는 여진족 출신 황제였지만 농업이 천하의 근본이라는 것을 알고 있었다. 그렇지만 북송을 멸망시킨 기쁨을 마음껏 누리고 싶었다. 두 황제를 포함하여 종친·비빈·대신·환관·궁녀·광대·장인, 일반 백성 등 무려 10여만 명을 상경성으로 끌고 오게 했다. 아울러 엄청난 분량의 금은보화, 비단, 가축 등도 남김없이 가지고 오게 했다.

완안종망, 완안종한 등 장수들은 금 태종의 어명을 받들어 북송 주화파의 우두머리인 태재 장방창(張邦昌·1081~1127)을 꼭두각시 황제로 세우고 '대초(大楚: 역사상 위초·僞楚)'라는 괴뢰 국가를 다스리게 했다. 그 후 장방창은 전전긍긍하며 살다가 매국노로 몰려 사약을 마시고 죽었다.

이로써 송나라의 북송 시대는 끝났다. 송 휘종 조길의 아홉 번째 아들 조구(趙構·1107~1187)가 친왕들 가운데 유일하게 포로로 잡히지 않았다.

정강 2년(1127) 5월 조구는 남경의 응천부(應天府: 하남성 상구·商丘)에서 하북 의병도총관 종택(宗澤) 등 대신들의 추대로 황제로 즉위했다. 그가 송나라 제10대 황제이자 남송(南宋·1127~1279)의 개국 황제인 송 고종(宋高宗)이다.

물론 당시에는 남송이라는 국명은 없었다. 후대의 학자들이 송나라를 북송과 남송으로 구분했을 뿐이다. 건염(建炎) 3년(1129) 그는 장강 이남의 임안(臨安: 절강성 항주·杭州)으로 천도하여 본격적인 남송 정부 시대를 열었다.

한편 금 태종은 동경성 함락에 공훈을 세운 곽약사를 연경유수로 임명한 후 완안씨(完顔氏) 성을 하사했다. 하지만 금나라 조정은 변절을 식은 죽 먹듯 한 그를 의심하기 시작했다. 천회 10년(1132) 그는 삭탈관직을 당하고 감옥에서 비참하게 죽었다.

금나라로 끌려 온 송 휘종 부자는 온갖 치욕을 당했다. 상복을 입고 금 태조 아골타를 모신 태묘 앞에서 무릎을 꿇어야 했을 뿐만 아니라, 이른바 '견양례(牽羊禮)'를 강요당했다.

견양례란 상반신을 드러낸 채 양가죽을 걸치고 목에 매단 밧줄에 질질 끌려 다니는 항복 의식이다. 황제가 이런 짐승 취급을 받았으니 황후, 후궁 등은 더 말할 필요가 없었다. 그녀들은 윤간을 당하거나 성적 노리개로 전락했다. 송 흠종의 황후 주련(朱璉)은 수청을 거부하고 우물에 뛰어들어 자결했다.

금 태종은 송 휘종을 혼덕공(昏德公)으로, 송 흠종을 중혼후(重昏侯)로 강등했다. 천하를 혼란에 빠뜨리고 인덕이 없는 어리석은 공후(公侯)라는 뜻이다.

훗날 송 휘종은 이곳저곳을 개처럼 끌려 다니다가 오국성(五國城: 흑룡강성 의란현·依蘭縣)에서 망국의 한을 품고 죽었다. 송 흠종도 연경에서 격구 대회에 억지로 출전했다가 말발굽에 짓밟혀 급사했다. 금 태종은 또 남송을 정벌할 구실을 찾기 시작했다. 어느 날 그는 우연히 북송의 대문호 소식(蘇軾)과 시인 황정견(黃庭堅)의 시집을 읽고 회심의 미소를 지었다. 두 사람은 북송을 대표하는 문인이자 충신이었는데 당파 싸움에 휘말려 유배 생활을 하다가 죽었다. 그들의 작품과 명성은 북송에서는 말할 것도 없고 요나라, 금나라 등 이웃 국가까지 널리 퍼졌다.

금 태종은 대신들에게 이런 조서를 내렸다.

"소식과 황정견은 충신이다. 본조에서 그들의 시문, 서예 작품 등을 대량으로 간행하여 널리 익히게 하며 그들의 정치적 식견을 선양하라. 아울러 짐이 송나라를 멸망시키려는 목적은 모함을 받고 쫓겨난 소식 등 충신들의 원한을 풀어주며, 어리석은 군주의 총애를 받아 국가를 망치고 백성들을 도탄에 빠지게 한 채경(蔡京) 등 간신배를 징벌하기 위함이다. 따라서 본조가 송나라를 정벌함은 침략이 아니라, 하늘을 대신하여 천도(天道)를 행하는 것이다."

정말로 금 태종이 소식과 황정견의 억울한 누명을 벗겨주기 위하여 남송 정벌을 선언한 것이 아니다. 두 사람을 충신으로 받들고 그들을 배척한 간신배를 징벌한다는 구실로 남송을 침략할 목적이었다. 어쨌든 두 사람은 아이러니하게도 여진족에 의해 부활하는 계기가 되었다. 천회 5년(1127) 5월 완안루실은 하동 지방으로 진격하여 여러 성읍을 지키고 있던 성주들의 항복을 받아냈으며, 완안달라(完顔達懶)는 산동 지역으로 시찰을 나가 항복을 받아낸 후 밀주(密州: 산동성 제성·諸城)를 공략했다. 또한 적호(迪虎)가 단주(單州: 산동성 하택·荷澤)를 함락하자 광신군(廣信軍: 하북성 서수현·徐水縣)의 수장이 투항했다. 이로써 황하 중하류 지역은 모두 금나라의 판도로 들어왔다.

금 태종은 금나라군이 진격하는 곳마다 성문을 열고 투항한다는 소식을 듣고 다음과 같은 조서를 내렸다.

"금나라와 송나라는 이미 황하 이북 지역에서 경계가 확정되었다. 그 지역에 사는 송나라 백성들은 성읍이 파괴된 처참한 모습을 보고 모두 의혹을 품거나 두려워하고 있음을, 짐이 심히 염려하고 있기 때문에 그 지역을 잘 지켜야 한다. 만약 반란이 일어나 토벌할 수밖에 없는 상황이라면 무고한 백성들을 불쌍하게 생각해야 한다. 그리고 그들에게 금나라가 어째서 송나라를 정벌했는지 이치에 맞게 설명함으로써 그들을 안심시키고 안전을 보장해야 한다. 그렇게 선무 조치를 취했는데도 고집을 피우고 이주를 거부하는 자들이 있다면 그들을 토벌해도 좋다. 만약 장졸들 가운데 생포한 포로들에게 재물을 약탈하고 난동을 부리거나 가옥을 무자비하게 파괴하는 자가 있다면, 그의 죄를 철저히 규명하여 처벌하겠다."

금 태종은 정복지의 한족도 자기가 보살펴야 할 백성이라는 인식이 있었기 때문에 그들의 동요를 잠재우고 민심을 안정시키기 위하여 이런 조치를 취했다.
금 태종은 연이어 조서를 내렸다.

"하북과 하동의 여러 군현에서 관리들의 부족이 심각하다. 과거를 실시하여 어진 선비를 선발함으로써 새로 귀부한 백성들을 돌보게 해야 한다. 그리고 황하 이남, 이북의 진사들은 각자 그들의 업무에 근거하여 시험을 보게 해야 한다."

당시 전란의 와중에 적지 않은 지방 관리들이 황하 이남으로 달아나 소수의 여진족으로는 현지 주민들을 통제하기가 대단히 어려웠다. 금 태종은 한족 백성은 한족 출신 관리가 다스려야 반발을 억누를 수 있다고 생각했다. 아울러 한족 지식인들에 대한 가장 좋은 유화책은 과거 제도라는 사실도 알고 있었던 것이다.
천회 6년(1128) 금나라군은 섬서 지방을 유린하고 남하하여 양주(揚州)로 진격했다. 그들의 진격 목표는 장강 이남의 남송을 멸망시켜 중국을 통일하는 것이었다.

금나라군의 전광석화처럼 빠른 진격에 놀란 송 고종은 황급히 건강(建康: 강소성 남경·南京)으로 피신했다. 얼마 후 또 금나라군이 건강으로 진격해 오고 있다는 소식을 듣고 장강을 건너 임안(臨安: 절강성 항주·杭州)으로 달아났다.

천회 7년(1129) 2월 인부로안무사 절가구(折可求)가 인주(麟州)·부주(府州)·풍주(豐州) 등 3개 주를 완안루실에게 바치고 투항했다. 완안루실은 그를 앞잡이로 삼아 진영군(晋寧軍: 섬서성 가현·佳縣)을 포위 공격했다. 진영군 수장 서휘언(徐徽言)이 수자성(守子城)에서 결사 항전하여 금나라군의 공격을 막아냈다.

하지만 얼마 후 금나라군이 성벽을 부수고 성안으로 진격해왔다. 대세를 돌이킬 수 없음을 통감한 서휘언은 처자식이 금나라군에게 치욕을 당하는 것을 원치 않았다. 피눈물을 흘리면서 집안에 장작을 쌓고 처자식을 불에 태워 죽인 후 칼로 목을 찔러 자살하는 순간에 그만 포로로 잡히고 말았다.

서휘언이 절개가 곧은 맹장임을 알고 있었던 완안루실은 그를 회유하여 부하로 삼고 싶었다.

"그대가 귀순한다면 대대손손 연안(延安)의 병사들을 거느리게 하고 섬서(陝西)의 전 지역을 관할하게 하겠소."

서휘언이 그를 노려보며 책망했다.

"나는 송나라 황제의 은총을 받은 몸이다. 송나라를 위하여 죽는 것은 당연한 이치인데 어찌 너희들에게 무릎을 꿇겠느냐?"

완안루실이 진노하여 창으로 그를 죽이겠다고 위협했다. 서휘언은 오히려 가슴을 벌리고 찌르라고 소리쳤다. 완안루실이 태도를 바꾸어 미소를 지으면서 그에게 술 한 잔을 권했다.

서휘언이 술잔을 던지고 욕설을 퍼부었다.

"내가 어찌 오랑캐가 주는 술을 마실 수 있겠느냐?"

완안루실은 그의 절개를 꺾을 수 없음을 알고 화살을 쏘아 그의 몸을 벌집으로 만들어 죽였다. 그와 함께 최후까지 항전했던 태원로병마도감 손앙(孫昻)도 이때 순절했다.

훗날 여진족이 건국한 청나라의 강희(康熙) 연간(1622~1722)에 청나라 조정은 이충사(二忠祠)를 지어 두 사람의 충절을 기렸다. 적장이라도 충신의 기개를 드러내고 죽으면 시공을 초월하여 추앙을 받는 법이다.

같은 해 겨울 완안종필이 기병 4,000기(호칭 10만 대군)를 이끌고 남침했다. 송 고종은 금나라군이 또 장강을 건너 진격해오고 있다는 소식을 듣고 장수들에게 대책을 물었다.

장준(張俊), 신기종(辛企宗) 등 장수들은 호남 지방의 장사(長沙)로 천도해야 한다고 주장했지만, 한세충(韓世忠)이 비분강개한 장계를 올렸다.

"국가는 이미 하북·하동·산동 등 여러 지방을 빼앗겼습니다. 또 강회 지방을 빼앗긴다면, 장차 우리는 어디로 가야합니까?"

한세충의 항전 의지를 확인한 송 고종은 그를 절서제치사로 임명하고 진강(鎭江: 강소성 진강)을 지키게 했다.

천회 8년(1130) 정월 완안종필이 추격의 고삐를 늦추지 않고 건강성을 함락한 후 끈질기게 송 고종을 추격했다. 수하 장수 아리포로혼(阿里蒲蘆渾)이 명주(明州: 절강성 영파·寧波)를 함락하고 명주태수 조백악(趙伯諤)을 사로잡았다.

완안종필은 조백악을 통하여 송 고종이 배를 타고 바다로 달아난 사실을 알았다. 병사들에게 바다로 나가 송 고종을 추격하게 했다. 그런데 금나라군은 바다에 익숙하지 못하여 300리까지 추격하다가 포기하고 철수했다.

같은 해 3월 완안종필과 한세충이 진강에서 대치했다. 한세충은 금나라군이 수전에 익숙하지 못한 약점을 파고들었다. 장강을 봉쇄하고 금나라군을 격파하여 완안종필의 사위 용호대왕을 생포하는 전과를 올렸다. 한세충은 연전연패의 늪에서 헤어나지 못한 남송 조정에 한 줄기 희망이 되었다.

완안종필은 전세가 불리하게 돌아가자 황천탕(黃天蕩: 남경 서하구·棲霞區 동서쪽에 있는 수역)으로 퇴각하여 장강을 건너 북상하려고 했다. 한세충은 배를 이용하여 황천탕에서 진을 치고 있는 금나라군을 포위했다.

그런데 남송군의 배가 너무 크고 무거워 기동성이 떨어졌다. 남송군의 약점을 간파한 완안종필은 활을 잘 쏘는 병사들을 태운 작은 배를 남송군의 거선에 돌진하게 했다. 병사들은 일제히 불화살을 날려 남송군의 배를 불태웠다. 손세순(孫世詢), 엄영길(嚴永吉) 등 장수들이 전사했.

황천탕 전투는 금나라군이 빠르게 움직이는 작은 배와 바람을 이용해 성공한 화공 작전이었다. 완안종필은 장강을 건너 북상할 수 있었다.

그 후 금나라의 주력군은 섬서 지방을 공략하고 사천 지방으로 진격할 전략을 세웠다. 사천 지방은 '천부(天府)의 국가'라는 별칭이 있을 정도로 땅이 비옥하고 물산이 풍부한 지역이다. 이 지역이 금나라의 수중으로 들어가면 남송 정부의 존립에 치명적인 타격이 될 수 있었다.

금 태조 아골타의 다섯 번째 아들 완안종보가 이끄는 금나라군은 부평(富平: 섬서성 부평현·富平縣)에서 남송의 장수 장준(張浚)의 군대를 격파했다. 요주(耀州)·봉상부(鳳翔府)·위주(渭州)·원주(原州) 등 섬서 지방의 여러 주현의 수장들이 연이어 성문을 열고 투항했다.

천회 9년(1131) 장준은 패잔병들을 이끌고 화상원(和尙原: 섬서성 보계·寶雞 서남쪽)으로 퇴각하여 방어선을 구축했다. 화상원은 지세가 험준한 요새인데 한중을 거쳐 사천 지방으로 들어가는 길목이다.

옛날부터 "화상원을 빼앗기면 사천 지방은 없다."라는 말이 있을 정도로 전략적 요충지였다. 장준은 오개(吳玠), 오린(吳璘) 형제에게 화상원을 사수하게 했다.

금나라군도 한중의 관문을 열고 사천 지방으로 진격하기 위해서는 반드시 화상원을 점령해야 했다. 완안종필이 두 갈래 길에서 대군을 이끌고 진격했다. 오개 형제는 금나라군을 협곡으로 유인한 후 험준한 산 위에서 쇠뇌로 화살을 빗발치듯 쏘고 바위를 굴렸다.

졸지에 기습을 당한 금나라군은 협곡에서 고립된 채 우왕좌왕했다. 남송군은 또 야음을 틈타 금나라 군영을 기습하여 막대한 타격을 입혔다. 금나라군의 시체가 들판을 덮었으며, 완안종필은 화살 두 발을 맞고 달아나 가까스로 목숨을 건졌다. 남송군은 금나라 장수 300여 명, 갑사 800여 명을 생포했으며, 노획한 무기는 1만여 점이나 되었다.

화상원 전투의 승리는 남송이 서남 지방을 보위하는 데 결정적인 공헌을 했다. 금나라로서는 남송과 싸워서 처음으로 큰 패배를 당한 전투였다.

천회 11년(1133) 11월 완안종필이 다시 병력을 수습하여 오린이 지키고 있는 화상원을 공격하여 함락했다. 이듬해 2월 그는 사천 지방으로 들어가는 관문인 선인관(仙人關: 감숙성 휘현·徽縣 동남쪽)을 공격했다가 오개에게 패배하여 봉상부(鳳翔府: 섬서성 보개·寶雞)로 후퇴했다.

얼마 후 금나라군은 더 이상 서남쪽으로 진격하지 못하고 장강 이북으로 물러났다.

북송 원부(元符) 연간(1098~1100)에 진사 급제하여 하북서로제형관을 지낸 유예(劉豫)라는 자가 있었다. 건염(建炎) 2년(1128) 제남지부로 임용된 그는 금나라군이 남침하여 제남(濟南)을 포위하자 부하 장수 관승(關勝)을 죽이고 투항했다. 금나라가 한족의 거주지인 중원 지방을 거의 평정했을 때 계속 남침을 단행하기 위하여 중원 지방의 안정이 절실하게 필요했다.

천회 8년(1130) 금나라는 유예를 대제(大齊: 역사상 위제·僞齊라고 칭함)의 황제로 책봉하고 대명부(大名府: 하북성 한단·邯鄲)를 도성으로 삼게 했다. 꼭두각시 황제가 된 그는 금나라 연호를 사용하고 금 태종의 어명에 복종했다. 그 후 부창(阜昌)이라는 연호를 사용하고 변경(汴京)으로 천도하여 하남·섬서·산동 등의 일부 지역을 다스렸지만 여전히 금나라의 괴뢰황제에 불과했다.

천회 12년(1134) 금 태종은 유예에게 남송의 호북 지방으로 진격하게 했다. 유예의 위제군은 양양부(襄陽府) 등 6개 군(郡)을 점령했지만, 남송의 명장 악비(岳飛)의 공격을 받고 퇴각했다. 같은 해 9월 완안종필이 이끄는 금나라군과 위제의 연합군이 회하 유역으로 진격했는데 한세충, 악비 등 장수들의 격렬한 저항을 받았다. 마침 금 태종이 위중하다는 소식이 전해지자 완안종필은 서둘러 북상했다.

훗날 금나라는 무능하고 부패하여 민란을 진압하지 못했으며 남송 정벌에 이용 가치가 없게 된 유예를 폐위했다. 유예는 위제가 망한 후 조왕(曹王)으로 책봉되어 상경 임황부에서 살다가 죽었다.

5. 위민 정책과 제도 개선으로 발전의 초석을 다지다

금 태종은 즉위 초기부터 재해를 입은 백성들에게 여러 가지 위민 정책을 실시했다. 즉위한 지 3개월이 지난 천회 원년(1123) 12월에, 백성들이 내야 할 이자를 면제해주었으며, 함주(咸州) 이남과 소주(蘇州), 복주(復州)의 이북 지역에 흉년이 들어 곡식이 부족해지자, 그 지역에서 남경으로 보내야 하는 군량미를 현지 백성을 구휼하는 데 사용하게 했다.

며칠 후 또 조서를 내렸다.

"최근에 흉년이 들어 민간에서 식량이 부족해지자 자식을 팔아 굶주림을 면하는 자들이 있다고 들었다. 그들은 양식을 마련하여 다시 자식을 찾을 수 없는 가련한 처지이다. 이에 그들이 동등한 노동력을 제공함으로써 자식을 데리고 올 수 있도록 허락한다."

금 태종은 금나라의 귀족 성씨인 완안씨에 대해서는 특혜를 베풀었다. 천회 2년(1124) 정월 완안부 추장 완안아실뢰(完顏阿實賷)에게 이런 조서를 내렸다.

"선황제(금 태조)께서 완안씨 중에서 자신을 팔거나 전당잡힌 자는 관부에서 그들의 몸값을 지급하고 그들의 신분을 회복하게 했다. 하지만 아직도 신분이 회복되지 못한 완안씨가 있다고 들었다. 관부에서는 그들의 형편을 낱낱이 조사하여 그들 대신에 몸값을 지불하고 신분을 회복하게 하라."

그는 자기와 성씨가 같은 완안씨의 신분을 높여주기 위하여 관부에서 대신 속량(贖良)하게 하는 파격적 조치를 취한 것이다.

천회 3년(1125) 7월 국가의 모든 관리와 종실이 사적으로 백성들을 부리는 일을 엄금했다.

연이어 다음과 같은 조서를 반포했다.

> "권문세가가 가난한 백성을 돈으로 사서 노비로 삼으면 안 된다. 만약 가난한 백성을 위협하여 사는 자는 한 사람당 15명의 값을 배상하고, 백성을 속여서 사는 자는 한 사람당 2명의 값을 배상해야 하며, 모두 곤장 100대를 맞는다."

봉건 왕조 시대는 기본적으로 노비가 존재했다. 어느 국가나 노비는 매매의 대상이었다. 하지만 금 태종은 권력자가 돈으로 노비를 사는 것을 법으로 금했다.

천회 8년(1130) 정월 초하루에 반포한 조서에도 이런 내용이 있다.

> "전란을 피해 달아난 평민들, 몇 냥 안 되는 돈을 받고 권문세가로 팔려간 노비들을 모두 그들이 원래 거주한 곳으로 돌려보내라."

금 태종은 권문세가가 많은 노비들을 거느리고 있는 것을 황제 권력에 대한 잠재적 위협으로 간주했다. 금 태조 시대부터 실시한 맹안모극에 소속된 백성들은 사실상 여진 부족장들의 노비에 불과했다. 금 태종은 노비 매매를 엄금함으로써 정치적으로 권력자들의 발호를 억제했다. 이는 백성의 인권을 존중하는 부수적 효과도 있었다. 그가 과거제를 통하여 관리를 선발한 일도 맹안모극의 대대로 세습되는 직위를 약화시키고 황제의 권력을 강화하기 위한 목적이었다.

북송을 멸망시키고 중원 지역을 대부분 장악했으며, 제도 개선과 위민 정책으로 국가 발전의 초석을 다진 것이 금 태종의 업적이다. 하지만 그는 완안씨 귀족 계급을 완전히 통제하지 못한 것 같다.

온갖 역경을 이겨내고 금나라를 건국한 아골타는 건국 초기에 대신들과 함께 이런 맹세를 했다.

"국고에 보관한 재물은 전쟁을 벌일 때만 사용할 수 있다. 만약 맹세를 저버리고 재물을 사적으로 사용하는 자가 있으면, 직위고하를 막론하고 곤장 20대를 맞는다."

아골타는 워낙 근검절약했으므로 사적으로 재물을 남용한 적이 거의 없었다. 하지만 금 태종은 즉위하자마자 국고 안에 무엇이 들어있는지 무척 궁금하여 몰래 들어가 보았다. 진귀한 물품과 맛 좋은 술을 꺼내어 즐겼다.

어느 날 관리가 국고를 점검하던 중에 이 일을 알게 되어 종실이자 군부 실세인 완안종한에게 보고했다. 완안종한은 황제의 체면을 고려하지 않고 조정에서 까발렸다.

대신들은 격론 끝에 맹약대로 금 태종에게 곤장 20대를 때리기로 결정했다. 금 태종은 어쩔 수 없이 맞아야 했다. 대신들은 모두 무릎을 꿇고 백배사죄했다. 금 태종은 아픔을 참고 술 한 잔 마신 후 그들을 용서할 수밖에 없었다.

이 이야기는 금 태종이 지고무상의 황제임에도 대신들과의 약속을 잘 지킨 미담으로 전해오지만, 다른 면에서는 완안씨 권력자들을 완전히 장악하지 못했음을 반증한다. 그가 후계자를 자기 뜻대로 결정하지 못하고 죽은 것도 같은 이유일 것이다.

어쨌든 금 태종의 치세 기간에 금나라의 각종 전장과 제도가 완성되었다. 금 태종은 원래 요나라에 속했던 연운 지역에는 한인(漢人) 관제를 실시하고 행대상서성을 설치했으며, 점령한 북송 지역에 대해서는 한인으로 하여금 한인을 다스리게 하는 정책을 실시했다. 그래서 장방창의 '위초'와 유예의 '위제'가 괴뢰 정부였지만, 한인의 반발을 무마하기 위하여 등장한 것이다.

금 태종은 여진족의 군사 제도를 한인 관제로 개편하여 원수부를 설치하고, 도원수·좌우부원수·도감 등 관직을 임명해 군사를 통솔하게 했다.

경제 정책으로는 우두세(牛頭稅)를 시행했다. 우두세는 여진족의 맹안 모극에게 소 3두(頭)를 1구(具)로 정하고 인구 25명에 경작지 404무(畝)를 분배한 후, 과세한 것이다.

이는 한인에게 부과되는 과세의 21분의 1에 불과했는데 지배계급인 여진족의 특권을 유지하고 강한 군사력을 보장하기 위한 조치였다.

물론 과거제 실시 등 한인 지식인들을 포섭하기 위한 조치도 병행했다. 금 태종은 여진족의 한족에 대한 강한 지배력을 유지하고 한족 문명의 장점을 흡수함으로써 국가 발전의 초석을 다진 것이다.

천회 13년(1135) 정월 금 태종은 재위 13년, 향년 60세를 일기로 상경에서 병사했다.

『금사』는 금 태종을 이렇게 평가했다.

"하늘이 태조가 금나라를 창업하는 것을 도와주었지만 예악의 제도를 마련할 겨를이 없었다. 태종은 완안사야와 완안종간에게는 국정을 맡게 하고, 완안종한과 완안종망에게는 군사의 일을 총괄하게 했다. 요나라를 멸망시키고 북송을 취한 후에는 의례와 제도를 논하고 역법을 제정하여 사시를 밝히고, 무공으로 계승하며 문사(文事)로 펼쳤으므로 비로소 국가를 다스릴 규모가 정해졌다. 재위 13년 동안 궁실과 원림을 늘리지 않았으며, 인생 말년에는 대신들의 계책을 받아들여 희종에게 황위를 계승하게 함으로써 태조의 후계가 정통(正統)을 잃지 않게 하였다. 이를 두고 매우 어려운 일을 행하였다고 할 만하다."

3

금 희종 완안단

1 • 성장 과정과 황위 계승
2 • 한화 정책을 실시하고 종실들을 제거하다
3 • 완안종간과 완안종필이 국정을 보좌하다
4 • 미치광이로 변하여 궁중 정변에 피살되다

제3장

금 희종 완안단

1. 성장 과정과 황위 계승

완안단(完顏亶·1119~1150)은 금 태조 아골타의 적장손이자 완안종준(?~1124·사후 경선황제로 추존)의 적장자로 태어났다. 어렸을 적에 예부상서, 한림학사 등 관직을 역임한 문인 한방(韓昉)을 스승으로 모시고 유가의 학문과 시문을 익혔다. 그는 어린 나이였지만 유가의 선비처럼 유복(儒服)을 입고 유가 경전을 탐독하며 고아한 시문을 읊조리기를 좋아했다.

여진족의 전통 문화에 익숙한 일부 종실들은 그를 '한족 집안의 소년'이라고 비아냥거렸다. 하지만 그는 오히려 그들을 '무식한 오랑캐'라고 비난했다. 아버지 완안종준은 살아생전에 황제로 추대되지 못했지만, 완안단은 금 태조의 적장손이라는 자부심이 대단히 강했다.

천회 원년(1123) 금 태종 완안오걸매가 황제로 즉위한 직후에 "형이 죽으면 아우가 계승한다."라는 여진족의 전통에 따라, 친동생 완안고(完顏

裊·?~1130)를 태자의 지위에 해당하는 암반발극렬로 임명함으로써 일찌감치 후계 체제를 구축했다.

하지만 완안고가 천회 8년(1130)에 형보다 먼저 세상을 떠나자 후계자 선정 문제가 복잡해지기 시작했다.

당시 금 태종에게는 적장자 완안종반(完顏宗磐·?~1139) 등 아들 14명이 있었다. 금 태종은 한족 왕조의 적장자 계승의 원칙에 따라 완안종반을 암반발극렬로 임명하려고 했다.

하지만 천회 10년(1132) 4월에 하남 지방에서 일어난 반란을 평정하고 돌아 온 좌부원수 완안종한은 금 태종이 약속을 어기고 아들을 후계자로 삼으려고 하는 것을 대단히 못마땅하게 생각했다.

그는 북송을 멸망시키고 송 휘종 부자를 포로로 잡아 상경으로 개선했을 때 금 태종이 그의 공로를 크게 치하하여 철판에 붉은색으로 쓴 '단서철권(丹書鐵券)'을 하사하고, 반역죄 이외에 어떤 죄를 저질러도 불문에 부치는 특권을 부여했을 정도로 명실상부한 실세였다. 완안종반이 황제로 등극하면 자신과 같은 종실들이 권력에서 배제될 위험이 있었다. 황위 계승의 영순위였던 완안고가 죽었기 때문에, 차라리 나이가 어린 완안단을 추대하여 권력을 유지하는 게 유리하다고 판단했다.

완안종한은 우부원수 완안종보, 좌감군 완안희윤 등 종실들과 함께 입조하여 국론발극렬 완안종간과 후계자 문제를 상의했다.

"암반발극렬의 자리가 비어있는지 오래 되었소. 지금 서둘러 결정하지 않으면 다른 사람이 차지하지 않을까 걱정이오. 완안단은 태조 황제의 적손(嫡孫)이오. 마땅히 그를 추대해야 하오."

완안종한은 군부의 실력자이며, 완안종간은 국정을 책임지고 운영하는 일종의 '총리'였다. 당시 금 태종은 질병을 앓고 있었기 때문에 국정을 제대로 돌보지 못했다. 군부 실세와 조정 실세가 병든 황제에게 자신들의 의견을 말했다. 금 태종이 난색을 표명하자 두세 번 압력을 가했다.

종실들의 건의를 거절하면 반란이 일어나지 않을까 두려워한 금 태종은 어쩔 수 없이 완안단을 불러 말했다.

"너는 태조의 적손이므로 암반발극렬로 임명한다. 지금부터 너는 나이가 어리다고 말하지 말고 아이들과 어울릴 때에도 오직 덕행에만 힘써야 한다."

이는 사실상 금 태종이 완안단을 후계자로 결정한 말이었다. 완안단이 암반발극렬에 임명된 지 2년 후인 천회 13년(1135)에 금 태종이 붕어했다. 완안종한 등 종실들은 완안단을 황제로 추대했다. 완안단이 제3대 금 희종(金熙宗)이다.

그는 즉위하자마자 금 태종을 추모하기 위하여 전국에 금주령을 내렸으며 연호도 바꾸지 않았다. 고려, 위제 등 국가에서 조문 사절단이 왔을 때에도 연회석에서 음악을 연주하지 못하게 했다. 황제의 국상(國喪) 기간에 금주령을 내리고 음악을 금하는 것은 한족의 관습이었다. 그가 젊은 나이에도 불구하고 얼마나 한족 문명을 숭상했는지 짐작하게 한다.

2. 한화 정책을 실시하고 종실들을 제거하다

완안단이 즉위할 때 만 16세였다. 아직은 혼자의 힘으로 기세등등한 종실 장군들을 통제하고 국가를 통치하기에는 역부족이었다. 사실 완안종한 등이 그를 황제로 추대한 이유는 그가 나이가 어려서 다루기 쉽다고 생각했기 때문이다. 금 희종은 완안종한, 완안종간 등 종실들의 보좌를 받을 수밖에 없었다.

하지만 중원 지방을 평정한 완안종한의 세력이 너무 강대하여 황제의 권력 행사에 커다란 제약이 되었다. 완안종한의 원수부는 황제 중심의 조정에 버금가는 권력을 행사하였으며, 원수부 관리들의 임면은 모두 완안종한에 의해 결정되었다.

금 희종은 한족 왕조의 봉건 제도를 도입함으로써 황제의 권력을 강화하고 싶었다. 게다가 한족 문명에 심취한 그는 금나라가 부족 연맹을 기초로 제정한 각종 제도가 낙후되어 개혁이 절실하게 필요하다고 여겼다. 한기선(韓企先), 한방(韓昉) 등 한족 출신 관리들의 도움을 받아 여진족의 전통적인 '권력 나누기'이자 귀족들이 독점하고 있는 발극렬 제도를 폐지했다.

그리고 중앙 집권 체제의 관료 조직을 완성하기 위하여 황제 아래에 삼사(三師: 태사·태부·태보)를 두었으며, 조정에는 삼성(三省: 상서성·중서성·문하성)을 설치하고 그 아래에 좌승상, 우승상과 좌승, 우승을 두었다.

1138년부터 연호를 천권(天眷) 원년으로 바꾼 후 정식으로 한족의 관료 제도를 선포했다. 이에 따라 금나라의 구제도는 모두 신제도로 바뀌었는데 여진 귀족들은 모두 공훈에 의거하여 관작과 봉토를 받았으며, 관리들이 행하는 각종 의례와 입는 관복의 색깔도 모두 바뀌었다. 이는 한족 왕조의 봉건 제도를 채택함으로써 황제 중심의 중앙 집권 체제를 강화할 목적이었다.

금 희종은 황통(皇統) 연간(1141~1149)에 『황통제(皇統制)』라는 새로운 법전을 선포했다. 이는 여진족의 관습법을 기초로 수·당(隋唐)과 송·요(宋·遼)의 법률을 융합하여 만든 1,000여 조항의 법전인데 금나라의 한족 문명화를 촉진했다. 이러한 일련의 개혁이 주로 천권 연간에 이루어졌으므로 이것을 '천권신제(天眷新制)'라고 한다.

국가를 태평성대로 이끌고 싶은 마음이 간절했던 금 희종은 천권 2년 (1139) 6월에 한림학사 한방과 이런 대화를 나누었다.

"짐이 『정관정요』를 읽을 때마다 당 태종과 신하들의 논의한 내용은 대체적으로 법률로 삼을 만하다고 생각하오."

"그 임금과 신하 간에 논의한 것들은 모두 당 태종이 친히 왕림하여 온화한 미소를 띠며 묻고, 방현령·두여회 등 신하들이 충성을 다하고자 성실하게 대답한 내용들이옵니다. 그 책의 내용이 간단하지만 족히 법으로 삼을 만하옵니다."

"당 태종은 한 시대의 현군이었는데 당 현종은 어떠했는가?"

"당 태종 이래 오직 당 현종과 당 헌종만이 가히 언급할 만한 군주이옵니다. 그런데 당 현종은 시작은 좋았지만 끝이 좋지 않았습니다. 처음에는 온갖 어려움을 극복하고 황제로 등극한 후 요숭, 송경 등 현명하고 능력 있는 신하들을 중용하여 올바른 정치를 폈으므로 개원성세의 치세를 이룰 수 있었습니다. 하지만 말년에는 만사를 게을리 하고 정무를 간신 이임보에게 맡겼습니다. 이임보는 간사한 처신과 아첨으로 황제를 농락했기 때문에 결국은 안사의 난을 초래했습니다."

"참으로 옳은 말이오. 주 성왕은 어떤 군주였는가?"

"주나라 시대의 현군이었습니다."

"주 성왕이 현명한 군주가 될 수 있었던 것은, 주공이 잘 보필한 덕분이라고 짐은 생각하오. 후세에 이르러 사람들은 주공이 형을 죽였다고 의심했지만, 사직의 대계(大計)를 위해서는 잘못된 행동이었다고 말할 수 없소."

금 희종과 한방이 한족 왕조, 특히 주나라와 당나라 역사에 대해 정통하지 않았다면, 이런 수준 높은 대화를 나눌 수 없었을 것이다. 젊은 금 희종은 당 태종처럼 위대한 군주가 되고자 노력했음을 짐작하게 하는 내용이다.

유교를 창시한 공자를 숭배함으로써 금나라가 더 이상 변방 오랑캐의 나라가 아니라 역대 한족 왕조를 계승하고 중원 지방을 지배하는 정통 유교 국가임을, 금 희종은 드러내고 싶었다.

천회 15년(1137) 그는 유교의 의례와 예악을 새롭게 정비한 후 상경에 공자묘를 세웠다. 역대 한족 왕조에서 공자의 후손들에게 '연성공(衍聖公)'이라는 세습 관작을 내리는 전통을 알고 있었다. 금나라에 연성공이 있으면 그것은 공자의 사상을 계승했다는 증표이기도 했다.

천권 3년(1140) 백방으로 수소문한 끝에 공자의 제49대 손 공번(孔璠)을 찾아냈다. 금 희종은 그를 승봉랑으로 임명하고 연성공 작위를 세습하게 한 후 태묘의 제사를 주관하게 했다.

황통 원년(1141) 2월 금 희종은 친히 공자묘에 행차하여 북쪽을 향해 절을 두 번 한 후 측근 신하에게 말했다.

"짐은 어렸을 때 노는 데에만 정신이 팔려 학문에 뜻을 두지 않았는데 많은 세월이 흐른 뒤에야 비로소 후회막심이오. 공자는 높은 직위가 없었지만 그의 도(道)는 숭고하여 만대에 걸쳐 추앙을 받고 있소. 무릇 선(善)을 행함에는 힘쓰지 않을 수 없소."

이때부터 금 희종은 『상서』·『논어』·『오대사』·『요사』 등 유가 경전과 역사서를 밤늦게까지 통독하는 날이 빈번했다.

공자의 핵심 사상은 사람들은 인의예지의 네 가지 도리를 갖추어야 하며, 위정자는 백성들에게 선정을 베풀어야 하는 것이다. 금 희종이 말한 '선(善)'은 바로 이것이다. 실제로 그는 애민 사상을 가진 군주였다.

황통 원년(1141) 9월 전국의 홀아비, 과부 등 홀로 사는 불쌍한 사람들에게 각각 비단 두 필, 솜 세 근을 하사했다. 황통 4년(1144) 10월 하삭(河朔) 지방에서 지진이 발생하여 많은 사람들이 죽었다. 금 희종은 그 지역에 사는 백성들의 요역을 1년 동안 면제해주었을 뿐만 아니라, 시신을 수습할 사람이 없음을 알고 관부의 관리들에게 재물을 풀어 대신 장례를 치르게 했다.

얼마 후 또 섬서 지방에 대기근이 연이어 들었다. 굶주림에 시달려 고향을 떠나 정처 없이 유랑하는 사람들이나 노비로 팔려간 사람들이 부지기수였다. 금 희종은 관부의 관리들에게 곡식과 비단을 방출하여 그들을 구휼하고 고향으로 돌아가게 했다.

금 희종은 이렇게 적극적으로 한족 문명을 받아들이고 일련의 개혁을 진행하며 백성들의 고통을 해결함과 동시에 자기를 황제로 추대한 완안종한의 세력을 제거하기로 결심했다. 먼저 완안종한의 국론우발극렬 겸 도원수 관직을 회수했으며 그에게 태보, 상서령 등 관직을 하사하고 진국왕으로 책봉했다. 그에게 고위 관작을 하사했지만 사실은 병권을 빼앗은 것이다.

원수우감군 완안희윤, 서경유수 고경예(高慶裔), 평양윤 소경(蕭慶) 등은 모두 완안종한의 측근이었다. 금 희종은 그들에게 조정의 고위 관직을 하사하여 황궁으로 불러들였다. 기회를 보아 그들을 일거에 제거할 속셈이었다.

천회 15년(1137) 금 희종은 고경예가 뇌물을 받은 것을 구실로 그를 감옥에 가두고 죽이려고 했다. 완안종한은 금 희종에게 자신의 관직을 박탈함으로써 고경예의 죄를 대신 속죄(贖罪)해달라고 간청했다. 하지만 금 희종은 허락하지 않았다.

고경예가 처형되기 직전에 완안종한이 찾아가 울며 작별을 고했다. 고경예가 그에게 이렇게 말했다.

"공께서 일찍 제 말을 들었다면 일이 이 지경까지 이르지는 않았을 것이오. 제가 죽은 후에 공께서는 각별히 몸조심해야 합니다."

완안종한의 세력이 날로 비대해지고 있음을 두려워한 금 희종이 금태종의 아들 완안종반과 결탁하여 언젠가는 반드시 숙청의 칼날을 휘두를 것이라고 고경예가 미리 알고서 완안종한에게 충고했지만, 완안종한이 대책을 세우지 않은 바람에 자기가 죽게 되었다는 한탄이었다.

결국 고경예는 참수형을 당했으며, 산서로전운사 유사(劉思)도 이 뇌물 사건에 연루되어 처형되었고, 숙주방어사 이흥린(李興麟)은 삭탈관직을 당했다. 완안종한은 측근들이 비참하게 죽자 분노를 참지 못하고 죽었다.

몇 개월 후 금 희종은 또 완안종한이 비호했던 꼭두각시 황제 유예를 촉왕으로 강등한 후 위제의 도성 변경에 행대상서성을 설치하여 조정에서 직접 다스리게 했다.

완안종한의 세력이 몰락한 후, 완안종반과 금 태조의 아들 완안종휘(完

顔宗雋)가 조정의 실세로 등장했다.

특히 완안종반은 원래 금 태종의 적장자로서 황위 계승의 영순위가 아니었던가. 그는 조카 금 희종에게 황위를 빼앗긴 울분을 품고 있었다. 금 희종은 숙부의 불만을 달래기 위해 상서령·태사·송국왕 등 관작을 하사했다.

그런데 완안종반은 금 태종의 적장자라는 이유 하나 만으로 최고위 관작을 차지했을 뿐, 송나라와의 전쟁에서 전공을 쌓은 적이 없었으며 군부에서도 신망이 높지 않았는데도 오만방자하기 이를 데 없었다. 젊은 황제 앞에서 신하의 예의에 어긋나는 행동을 서슴지 않고 했다. 측근들이 그에게 새로 등극한 젊은 군주를 조심해야 한다고 충고했지만 듣지 않았다.

어느 날 완안종반 등 대신들이 빼앗은 땅을 남송에 돌려주는 문제를 놓고 논쟁을 벌였다. 완안종반은 남송에 우호적인 입장을 견지하여 하남, 섬서 등 일부 지역을 돌려주고 공동으로 관리하자고 주장했다.

하지만 금 태조 아골타의 서장자이자 금 희종의 강력한 정치적 후견인이었던 완안종간이 강하게 반대했다. 완안종반은 흥분하여 황제 앞에서 완안종간에게 칼로 위협하는 행위를 했다.

금 희종은 그 모습을 보고 큰 충격을 받았다. 그를 제거하지 않으면 언젠가는 자신도 시해를 당할지 모른다는 두려움이 생겼다.

완안종반과 완안종휴가 좌부원수 완안창(完顔昌)과 결탁하여 멋대로 하남 지방을 남송에 할양했다. 금 희종은 완안종간과 아골타의 넷째아들 완안종필의 힘을 빌려 그를 견제했다.

천권 2년(1139) 6월 낭군 야율오십(耶律吳十)이 모반을 획책하다가 들통이 나 처형당했다. 금 희종은 모반 사건이 완안종반 일당과 연루되었다고 확신했다. 완안종반, 완안종휴 등을 입조하게 한 후 완안종간에게 그들을 반란죄로 죽이게 했다.

완안창도 연루되어 처벌을 당할 위기에 처했으나 귀족 신분으로 혁혁한 공훈을 세운 것이 인정되어 행대좌승상으로 강등되는 것으로 사건을 마무리했다. 그 후 완안창은 또 금 태종의 아들 익왕 완안골라(完顏鶻懶)와 모반을 획책하다가 발각되어 피살되었다.

금 희종은 완안종간에게 완안종반 일당을 일망타진하여 죽인 공로로 태사, 송국왕 등 관작을 하사했으며, 입조할 때에는 황제에게 절을 하지 않고 지팡이를 짚고 궁전에 오르는 특혜를 베풀었다.

천권 3년(1140) 9월 여진 문자를 창제한 완안희윤은 금 희종을 따라 남순(南巡) 도중에 연경에 도착했다. 이때 완안종필도 하남과 섬서 지방을 정복한 후 연경에 도착하여 희종을 알현했다.

완안종필이 원수부로 돌아가기 전에 열린 송별연에서 완안희윤과 말다툼을 벌였다. 다음 날 그는 황후 배만씨(裵滿氏)에게 하직 인사를 할 때 완안희윤이 불충한 언행을 했다고 고발했다. 며칠 후 완안희윤은 "간악한 마음이 드러나 임금을 능멸했다."라는 죄명으로 처형당했다. 그의 아들 동수국사 완안파답(完顏把荅), 부보랑 완안만대(完顏漫帶) 등도 연좌제로 처형당했다.

금 희종이 종실과 권력자들을 연이어 숙청할 수 있었던 이면에는, 여진족 귀족들 간의 권력 다툼이 있었다. 그는 경험이 부족한 젊은 나이였지만, 그들 간의 갈등을 이용하여 정적들을 제거하는 데 성공했다. 반란 세력을 진압한 완안종간과 완안종필은 황제의 신임을 얻어 국정을 주도했다.

3. 완안종간과 완안종필이 국정을 보좌하다

천권 원년(1138) 8월 금나라가 하남과 섬서 지방을 남송에 할양했다. 이는 송 고종 조구가 금나라 황제에게 신하의 예를 갖춘 것에 대한 보답이었다. 금 희종은 우사시랑 장통고(張通古)를 남송에 사신으로 파견하여 송 고종을 번왕으로 책봉하고 맹약을 맺게 했다.

송 고종은 장통고를 접견하는 자리에서 자신은 남쪽을 바라보며 앉고, 장통고는 북쪽을 바라보며 앉게 했다. 군주는 언제나 북쪽을 등지고 남쪽을 향해 앉고, 신하는 남쪽을 등지고 북쪽을 향해 앉는 것은 고대 왕조 시대에 군주와 신하 사이의 주종 관계를 나타내는 불변의 법도이자 질서이다. 만약 앉는 방향이 바뀌면 군신 관계를 부정하는 심각한 문제가 된다.

장통고가 불쾌한 표정을 지으며 말했다.

"대국의 상관은 소국의 군주와 동급이오. 본조의 천자께서 송나라에 하남과 섬서 지방을 하사하셨으며, 송나라가 맹약에 서명하고 표문을 올려 신하의 예를 갖출 것을 약속했소. 따라서 본조의 사신이 어찌 북쪽을 향해 앉을 수 있겠소? 만약 사절단을 폄하하고 모욕한다면, 저는 본조의 사신으로서 천자의 조서를 전할 수 없소."

장통고가 자리를 박차고 일어나 떠나려고 했다. 당황한 송 고종은 절충 방안으로 동쪽과 서쪽에 자리를 마련하게 했다. 자신은 서쪽을 향해 앉고, 장통고는 동쪽을 향해 앉게 한 후 조서를 받드는 의례를 거행했다. 남송이 금나라의 속국으로 전락하는 상징적인 장면이 이렇게 연출되었다.

장통고가 임무를 마치고 돌아오는 길에 남송이 이미 하남 지방에 병력을 배치했다는 사실을 알고 동행한 남송 관리 한초주(韓肖冑)에게 말했다.

"본조의 천자가 남국(南國)에 땅을 할양하여 이익을 주었소. 남국은 마땅히 큰 은혜에 보답할 것을 생각해야 하오. 하지만 지금 변방에 군사를 배치하여 스스로 전쟁의 의심을 사고 있소. 만약 우리가 남조의 죄를 물어 군사를 일으킨다면, 너희들은 어떻게 응대하겠는가? 강좌(江左: 장강 이동 남송의 핵심 지역)도 보존하기 어려울 것인데 하물며 하남과 섬서는 더 말할 나위도 없지 않겠소?"

장통고의 협박에 놀란 한초주는 "삼가 명령을 받들겠다."라고 말하고 남송으로 돌아가 송 고종에게 아뢰었다.
한편 장통고는 상경으로 돌아와 완안종간에게 남송의 사정을 자세히 보고한 후 말했다.

"저들이 아직 군대와 관서를 배치하지 않은 틈을 타서 하남 지방을 수복해야 합니다."

완안종간이 기뻐하며 말했다.

"나도 같은 생각이오."

그는 대신들과 함께 황제에게 이구동성으로 말했다.

"조구는 황제 폐하의 하해와 같은 은혜를 입어 나라를 다시 세웠습니다. 그런데도 은혜를 갚을 생각은 하지 않고 기고만장하며 탐욕이 많아 끝없이 요구하고 있습니다. 만약 지금 하남 지방을 취하지 않으면, 나중에는 다시 차지하지 못할까 두렵습니다."

금 희종이 말했다.

"저들은 내가 하남 지방을 차지하지 못할 것이라고 말하겠지만 잘못된 판단이다. 도원수는 오랫동안 그 지역에 있으면서 이익과 손해를 깊이 연구하였으니 즉시 병사를 일으켜 토벌하라."

천권 3년(1140) 5월 금나라군은 하남 지방뿐만 아니라 섬서 지방도 점령했다. 완안종간은 황제의 절대적인 신임을 받았다. 금 희종은 완안종간이 족질(足疾)로 걷기가 불편하다는 것을 알고 특별히 가마를 하사했다.

황통 원년(1141) 정월 완안종간이 중병에 걸리자 금 희종은 여러 차례 문병을 갔다. 완안종간이 군국(軍國)의 대사를 아뢸 때마다 금 희종은 눈물을 흘리지 않은 적이 없었다. 황후에게 완안종간을 간호하게 하고 그가 쾌유하기를 바라는 마음에 죄를 지은 자들을 석방하기도 했다.

같은 해 5월 완안종간이 세상을 떠나자 금 희종은 비통의 눈물을 흘렸다. 완안종간이 세상을 떠난 다음날 금 희종이 친히 운구 앞에서 곡(哭)을 하려 했다.

천문(天文)을 담당하는 관리가 아뢰었다.

"오늘은 경술일(庚戌日)입니다. 술(戌)과 해(亥)에 해당하는 시간은 곡을 해서는 안 됩니다."

금 희종이 말했다.

"임금과 신하의 의리와 골육의 정을 생각하면, 어찌 무슨 날짜를 피해서 통곡을 한단 말인가."

그는 대성통곡한 후 완안종간을 추모하고자 7일 동안 조회를 열지 않았다. 완안종간이 죽은 지 한 달 후에 예악을 담당하는 관리가 의식을 주관하면서 궁중 음악을 연주하려고 했지만, 금 희종이 못하게 했다. 그가 죽은 지 얼마 안 되었기 때문이다. 금 희종이 얼마나 그를 존경하고 의지했는지 짐작이 간다.

완안종필도 완안종간과 함께 금 희종을 보필한 총신이었다. 천권 2년(1139) 도원수로 승진한 그는 태보, 연경의 행대상서성 등 관직을 겸했다. 황통 원년(1141) 그는 어명을 받들어 남송 정벌을 나섰다. 자고진(柘皋鎭: 안휘성 소호·巢湖 서북쪽)에서는 남송군에게 패배했지만, 호주(濠州: 안휘성 봉양·鳳陽 동쪽)에서는 승리했다. 당시 남송에는 구국의 명장 악비(岳飛)가 이끄는 악가군(岳家軍)이 금나라군과 싸워 연전연승을 거두고 있었다.

완안종필은 영창(穎昌: 하남성 허창·許昌)에서 악가군에게 대패를 당한 후 탄식하며 말했다.

"내가 북방에서 군사를 일으킨 이래, 오늘처럼 연전연패를 당하고 좌절을 겪은 적은 없구나."

그는 악비를 제거하지 않고서는 남송을 정벌할 수 없음을 통감했다. 남송의 재상 진회(秦檜)에게 비밀리에 서신을 보내 "먼저 반드시 악비를 죽여야 만이 양국이 화의를 맺을 수 있다."고 협박했다.

주화파의 우두머리였던 진회는 악비를 모함해 죽였다. 이때 그 유명한 '막수유(莫須有)'라는 죄명이 나왔다. 이는 "죄가 있을지도 모른다."는 뜻인데 보통 어떤 주장이나 비난이 사실에 근거하지 않고 단순히 추측이나 허위에 의한 것임을 나타낼 때 쓰는 말이다.

훗날 악비는 중국 한족이 가장 숭상하는 민족 영웅 중의 한 명으로, 진회는 천고의 간신으로 자리매김했다.

황통 2년(1142) 2월 양국은 정식으로 황통화의(皇統和議, 소흥화의·紹興和議라고 칭하기도 함)를 체결했다. 양국은 국경을 확정하고 남송은 금나라에 신하를 칭하며, 매년 금나라에 은 25만 냥과 비단 25만 필을 바치는 불평등 조약이었다.

송 고종은 지긋지긋한 도피 생활과 전쟁의 공포에서 벗어나 동남 지방에서 '소황제' 노릇을 하며 안정을 찾을 수 있었다. 양국은 조약 체결 이후에 20여 년 동안 싸우지 않고 불안한 평화를 유지할 수 있었다.

완안종필은 귀국 후에 태사, 도원수 등 관직에 임용되어 군정의 대권을 장악하여 금 희종을 보좌하다가 황통 8년(1148)에 병사했다.

그에게는 한 여인과 이런 사연이 있었다. 그는 한 병사의 아내를 탐하여 그 병사를 죽이고 그녀를 빼앗아 매우 총애했다. 어느 날 그가 휴식을 취하고 있을 때 그녀가 갑자기 칼로 그를 찌르려고 했다.

그가 깜짝 놀라 황급히 자리를 피했는데 그녀가 말했다.

"나는 내 남편의 원수를 갚고 싶을 따름이오."

그는 잠시 침묵하다가 그녀를 풀어주었다.

다음 날 그는 장수들을 위로하는 잔치를 베풀었을 때 그녀를 불러들이고 말했다.

"너를 죽이려면 죽일 수 있지만, 네게는 죄가 없다. 그렇다고 해서 너를 내 곁에 둘 수도 없구나. 여기에 있는 장수들 가운데 네 마음에 드는 장수가 있으면 그를 골라 따르도록 하라."

그녀가 한 장수를 지목하자 완안종필이 호탕하게 웃으며 그 장수에게 그녀를 데리고 가게 했다.

어쨌든 금나라 조정을 지탱했던 완안종간과 완안종필, 두 총신의 죽음은 금 희종에게 적지 않은 영향을 미쳤다. 금 희종은 두 총신의 충실한 보필 덕분에 정적들을 제거하고 정치적으로 안정을 찾을 수 있었다. 게다가 영토를 확장했으며 속국으로 거느린 남송에서 해마다 막대한 공물을 받았고, 관리들은 청렴하고 백성들은 편안하게 생업에 종사할 수 있었다.

완안종간 등 대신들이 국정을 보필할 때면 금 희종은 옥좌에 앉아 아무 말도 하지 않았다고 한다. 국정이 원활하게 돌아가고 있었기 때문에 굳이 간여할 필요가 없었던 것이다.

4. 미치광이로 변하여 궁중 정변에 피살되다

금 희종은 충직한 대신들의 보필을 받지 못하자 점차 국정을 돌보지 않고 나태해지기 시작했다. 그가 초심을 잃고 일탈하게 된 이면에는 그의 아내 배만씨(裴滿氏·?~1149)가 있었다. 그녀는 여진 귀족 가문 출신인데 금 희종이 황위를 계승하기 전에 그의 정실부인이 되었다. 남편이 즉위한 후에 그녀 또한 황후로 책봉되었다.

금 희종이 배만황후의 아버지 홀달(忽達)을 태위로 임명했으며, 이미 세상을 떠난 증조부 사야(斜也)를 사공으로, 조부 골사(鶻沙)를 사도로 추증한 것을 보면, 황후 집안이 권문세가였거나 부부 관계가 나쁘지 않았던 것 같다.

당시 원로 대신들의 연이은 사망으로 조정에는 황제에게 충언을 할 강직한 신하가 없었다. 배만황후는 그 틈을 이용하여 거리낌 없이 국정을 간섭하기 시작했다. 누구도 감히 황후의 월권을 지적하지 못했다.

황통 2년(1142) 2월 배만황후는 황궁의 천개전(天開殿)에서 황자를 낳았다. 당시 금 희종은 23세였는데 눈물을 흘리며 아들을 얻은 기쁨을 만끽했다. 즉시 아들의 이름을 완안제안(完顏濟安)으로 짓고 천하에 대사면을 반포했다. 또 태어난 지 한 달 남짓 된 갓난아이를 태자로 책봉했다. 아울러 장인인 태위 훌달을 왕으로 책봉하고 노비를 하사했을 뿐만 아니라, 우마 500마리, 낙타 50마리, 양 5,000마리 등 가축도 별도로 하사했다. 그가 장남을 얻어 얼마나 기뻐했는지 짐작이 간다.

하지만 갓난아이 완안제안은 태어난 지 열 달 만에 혼수 상태에 빠졌다. 황제 부부는 부처님의 가피로 아들을 살리기 위하여 사찰에서 눈물을 흘리며 불공을 드렸으며, 사방 500리 이내의 죄인들을 모두 석방했다. 하지만 장남은 태어난 지 1년도 안 되어 요절했다. 금 희종은 죽은 아들에게 시호 영도태자를 내렸다.

대략 이 시기부터 금 희종은 제정신이 아니었던 것 같다. 배만황후가 더 이상 아들을 낳지 못하자 후궁들에게 아들을 얻고 싶었다. 하지만 배만황후의 견제로 뜻을 이루지 못하자 우울증을 앓았다. 점차 음주와 여색에 빠져들기 시작했다. 전국에서 13세 이상 20세 이하의 아름다운 여자들을 선발하여 궁중에서 성적 노리개로 삼았다. 매일 미희들과 술을 마시며 음락에 젖어 지내는 생활이 지속되었다.

어느 날 재상이 황제의 만취한 모습을 보고 간언을 하자 그의 대답은 이러했다.

"경의 뜻을 알겠소. 오늘은 기왕 술을 마셨으니 내일부터 절제하겠소."

하지만 내일이 되었는데도 여전히 폭음을 했다. 그는 단순히 주색잡기에만 빠진 것이 아니었다. 만취하면 칼로 사람을 찔러 죽이는 만행을 서슴지 않았다.

당시 그에게는 아들이 없었던 게 아니었다. 현비(賢妃)에게서 얻은 아들 위왕 완안도제(完顏道濟)가 있었다. 황통 4년(1144) 술에 만취한 금 희종은 갑자기 둘째아들을 칼로 찔러 죽였다. 완안도제가 황위를 찬탈하지 않을까 의심했기 때문이다.

배만황후는 금 태조 손자이자 완안종간의 둘째아들인 좌승상 완안량(完顏亮)과 결탁하여 남편을 철저하게 고립시켰다.

황통 7년(1147) 금 희종은 연회석에서 만취하여 잘못을 저지르지 않은 예부상서 종례(宗禮)를 죽였다. 얼마 후 또 옥사를 일으켜 해군절도사 전곡(田穀), 좌사랑중 해의(奚毅), 한림대제 형구첨(邢具瞻), 왕식(王植)·고봉정(高鳳廷)·왕효(王效)·조익흥(趙益興)·공이감(龔夷鑒) 등 무고한 관리들을 살해했다.

대신들은 황제가 또 언제 만취하여 자기들을 죽이지 않을까 두려워했다. 황제를 퇴위시켜야한다는 여론이 대신들 사이에서 은밀히 퍼졌다. 그들은 도원수 완안량을 중심으로 당파를 결성했다.

황통 9년(1149) 정월 금 희종이 침전소저(寢殿小底: 황제의 침전을 관리하는 시종 직급) 대흥국(大興國)에게 송나라 사마광(司馬光)의 초상화, 옥으로 장식한 허리띠, 황궁에서 기른 준마 등 진귀한 물건들을 완안량에게 생일 선물로 가져다주게 했다. 종실이자 권력자인 완안량을 관리하는 차원이었다. 배만황후도 대흥국을 통해 그에게 생일 선물을 보냈다.

금 희종은 평소에 두 사람이 정치적으로 야합하고 있지 않을까 의심하고 있던 차에 그 사실을 알게 되어 진노했다. 대흥국에게 곤장 100대의 형벌을 내리고, 보내 준 선물을 전부 회수하게 했다.

완안량은 황제가 자신을 의심하고 있다는 사실을 눈치채고 불안한 마음을 금할 수 없었다. 미리 대응책을 세우지 않으면 언제 죽을지 모르는 운명이었다.

당시 평장정사 완안병덕(完顔秉德), 좌사낭중 삼합(三合) 등 대신들이 요양 지방에 거주하고 있는 발해인들을 연산부(燕山府) 이남으로 보내 둔전을 개척하게 했다. 황제를 곁에서 모시고 있던 시종 고수성(高壽星)도 규정에 따라 이주해야 했다.

하지만 그는 황궁이 있는 상경 회녕부를 떠나고 싶지 않았다. 평소에 배만황후의 세작 노릇을 했기 때문에 그녀에게 부탁하면 계속 회녕부에 거주할 수 있을 것 같았다.

배만황후는 고수성의 간청을 듣고 황제에게 부탁했다. 금 희종은 자기 시종을 먼 곳으로 보낸다는 말을 듣고 진노했다. 당장 삼합을 죽이게 했으며, 완안병덕에게는 곤장을 맞게 했다.

완안병덕은 재상으로서 곤장을 맞은 일을 무척 수치스럽게 생각했다. 금 희종의 딸 대국공주 남편이자 상서좌승인 당괄변(唐括辯)도 미치광이 황제를 두려워하고 있었다. 두 사람은 은밀히 만나 황제 폐위의 음모를 꾸몄다.

좌사원외랑 오대(烏帶)를 통하여 완안병덕과 당괄변이 거사를 준비하고 있다는 사실을 알게 된 완안량은 당괄변을 만나 이런 이야기를 했다.

"우리가 바로잡지 않으면 조만간 화를 입을 것이오. 만약 큰일을 도모한다면 누구를 옹립하는 게 좋겠소?"

"폐하의 동생 작왕 상승(常勝)이 적당한 인물이라고 생각합니다."

완안량이 다른 인물은 없냐고 묻자 당괄변은 이렇게 대답했다.

"등왕 완안석(完顔奭)의 아들인 완안아라(完顔阿懶)가 있습니다."

"완안아라는 방계 혈족인데 어떻게 그를 옹립할 수 있겠소?"

"그렇다면 공께서 다른 뜻이 있으십니까?"

"부득이하다면 내가 아니고 누가 하겠소?"

완안량이 금 희종을 폐위하고 황제로 등극하겠다는 야심을 드러낸 밀담이었다.
좌호위장군 특사(特思)가 그들의 수상한 행동을 보고 배만황후에게 말했다.

"당괄변 등 종실, 대신들이 한가할 때면 몰래 모여 밀담을 나누고 있습니다. 무슨 일을 의논하고 있는지 모르겠습니다."

배만황후가 그의 말을 황제에게 전했다.
금 희종은 진노하여 당괄변을 불러 꾸짖었다.

"네가 완안량과 무슨 일을 꾸미고 있다고? 장차 나를 어떻게 할 계획이냐?"

금 희종은 당괄변을 몽둥이로 때리고 쫓아냈다. 이때부터 황제 폐위의 음모가 더욱 심해졌다.

황통 9년(1149) 4월 21일 밤 비바람이 세차게 몰아치고 천둥, 번개가 요란했다. 마침 황궁 침전의 치미가 벼락을 맞아 불이 붙었다. 불이 침실의 휘장으로 옮아 붙자 금 희종은 황급히 편전으로 피신하여 목숨을 건졌다. 또 며칠 후 거센 바람이 불어 가옥과 전답이 파괴되고 백성 수백 명이 죽었다. 천재지변에 놀란 금 희종은 더욱 정신 이상 증세에 시달렸다.

같은 해 11월 금 희종은 배만황후의 국정 농단 때문에 하늘이 분노했다고 여기고 침전에서 그녀를 칼로 찔러 죽였다. 그 후 작왕 상승의 왕비 살묘(撒卯)를 입궁하게 하여 황후로 책봉했으며, 이미 세상을 떠난 등왕의 두 아들, 완안아라(完顏阿懶)와 완안달라(完顏達懶)를 죽이게 했다.

며칠 후 그는 홀랄혼토온(忽剌渾土溫)으로 사냥을 나갔는데 갑자기 황궁으로 사람을 보내 덕비(德妃) 오고론씨(烏古論氏)와 협곡씨(夾谷氏) 장씨(張氏)를 죽이게 했다.

황제가 닥치는 대로 사람들을 죽이자 황궁에는 백색공포가 엄습했다. 같은 해 12월 완안량, 당괄변 등은 침전을 급습하여 잠을 자고 있는 금 희종을 시해했다. 재위 15년, 향년 30세였다.

금 희종은 어린 나이에 황제로 등극하여 여진족의 낡은 제도와 관습을 버리고 유가 사상에 바탕을 둔 통치 이념을 실현함으로써 황제의 권력을 강화하고 귀족들의 세력을 억제하려고 했다.

집권 초기에는 원로 대신들의 도움으로 정치와 사회 개혁에 상당한 성과를 거둘 수 있었다. 아울러 제국으로서 남송·고려·서하 등 이웃 국가들과도 조공 관계를 맺고 전쟁을 종식시켰다. 이에 따라 백성들은 징병에 끌려 나가지 않고 비교적 자유롭게 생업에 종사할 수 있었다.

하지만 원로 대신들이 사망하고 배만황후가 국정의 전면에 나섰을 때 그는 미치광이 황제로 변했다. 국가가 어느 정도 태평성대를 이루자 초심을 잃고 방탕한 생활을 시작한 것이 결정적인 패착이었다.

게다가 그는 배만황후를 아주 무서워했다. 배만황후가 국정을 농단해도 모르는 척했다. 결국은 울분이 폭발하여 배만황후를 칼로 찔러 죽였다. 그는 만취하면 분노의 감정을 통제할 수 없었기 때문에 닥치는 대로 사람들을 죽인 것이다. 그래서 완안씨 귀족들이 미치광이로 변한 그를 시해할 수밖에 없었을 것이다.

『금사』에서는 그를 이렇게 평가했다.

"희종 시대에는 사방이 평안하여 전쟁이 드물었다. 희종은 종실과 대신들을 존경하여 그들에게 국정을 맡겼다. 그가 황통을 이어 문치를 행한 일은 가히 볼만 하다. 하지만 말년에는 술을 과도하게 마시며 함부로 사람들을 죽였기 때문에 백성들은 황제를 두려워했다. 이른바 '앞에는 아첨하는 자가 있어도 보지 못하고, 뒤에는 역적이 있어도 알지 못한다.'라는 어리석은 군주의 전형이었다. 그에게 재앙이 닥친 것은 하루아침에 일어난 일이 아니었다."

해릉양왕 완안량

1 • 궁중 정변을 일으켜 황제로 등극하다
2 • 살인 행각을 벌이고 패륜을 일삼다가 피살되다

제4장

해릉양왕 완안량

1. 궁중 정변을 일으켜 황제로 등극하다

완안량(完顔亮·1122~1161)은 금 태조 아골타의 손자이자 태사 완안종간의 둘째아들로 태어났다. 어렸을 때부터 총명하고 배우기를 좋아했으며 특히 한족 문명에 심취했다. 젊어서는 유가 선비의 복장을 하고 고상한 노래를 부르며 시문을 잘 지었으며, 금나라에 거주하는 요나라와 송나라의 명사들과 교류하면서 고금의 흥망성쇠에 대하여 논하는 것을 좋아했다. 또 그는 관대한 성품을 지니고 영웅호걸의 기개를 품었으며 문무를 겸비하고 희로애락을 얼굴에 드러내지 않아 많은 사람들의 존경을 받았다.

금 희종은 그가 재능과 인품이 탁월하여 그를 따르는 사람들이 많음을 알고 불편하게 생각했다. 그가 세력을 결집하여 황제의 권위에 도전할지도 모른다고 염려를 했기 때문이다.

그렇지만 금 희종은 아골타의 손자인 완안량의 벼슬길을 막을 수는 없었다. 천권 3년(1140) 18세 때 종실 자제의 신분으로 봉국상장군에 임명된 후 표기상장군·용호위상장군·중경유수·광록대부 등 고위 관직을 역임하면서 실력을 인정받았다.

완안량이 중경유수였을 때 맹안 소유(蕭裕)가 보통 인물이 아님을 알고 그와 함께 천하의 대사를 논하는 일을 즐겨했다. 맹안은 1,000호로 조직된 군사 조직이자 관직인데 천부장과 비슷한 직위이다.

어느 날 소유가 완안량이 딴마음을 품고 있음을 눈치채고 은밀히 말했다.

"유수의 부친 선태사(완안종간)께서는 태조의 장남이십니다. 덕망이 높고 위엄이 있었으므로 백성의 마음과 하늘의 뜻이 마땅히 그에게 돌아가야 했었습니다. 만약 유수께서 큰일을 이루고자 하신다면 제가 힘을 다해 따르겠습니다."

완안량은 소유의 손을 부여잡고 생사를 함께 하기로 맹세했다.

황통 7년(1147) 완안량은 입궁하여 동판대종정사에 임명되었으며, 몇 달 후 또 상서좌승으로 승진하여 조정의 권력을 장악했다. 자기 심복들을 관서 곳곳의 요직에 임용하고 소유를 병부시랑으로 추천했다.

어느 날 완안량은 금 희종과 함께 국사를 논했는데 금 태조가 얼마나 많은 고생 끝에 금나라를 건국했는지 말하면서 눈물을 뚝뚝 흘렸다. 금 희종은 비로소 그의 충정을 이해하고 그에 대한 일말의 의구심을 거두었다.

황통 8년(1148) 완안량은 평장정사, 우승상에 임용되었으며, 이듬해에는 도원수, 태보에 임용되었고 중서성·문하성·상서성 등 삼성(三省)의 일을 관장하여 군권과 행정을 장악한 권신이 되었다. 그의 저택 앞에는 언제나 그와 친밀한 관계를 유지하려는 종실과 대신들로 문전성시를 이루었다.

당시 금 희종이 미치광이로 변하여 닥치는 대로 사람을 죽인 사건과 완안량이 당괄변 등 종실 대신들과 황제 폐위의 음모를 꾸민 일은 앞 장(章)에서 언급했다.

조국왕 완안종민(完顏宗敏)은 금 태조의 열두 번째 아들이다. 재능이 뛰어나고 용감하여 그를 따르는 자들이 적지 않았다. 완안량은 평소에 자신의 숙부가 되는 그를 두려워했다.

완안종민은 금 희종이 닥치는 대로 사람을 죽였을 때 완안량에게 이런 말을 했다.

"주상께서 잔인한 살육을 즐기고 있는데 장차 국가의 중대사는 어찌해야 하는가?"

완안종민은 황제의 만행이 국정을 혼란에 빠지게 하지 않을까 걱정하여 말했는데도, 완안량은 그가 모반을 획책했다고 밀고하려고 했지만 증거가 없어서 포기했다. 이런 일이 있고 난 후에 완안량은 그를 죽이려고 호시탐탐 기회를 엿보았다.

황통 9년(1149) 4월 학사 장균(張鈞)이 조서의 초안을 작성하다가 황제의 뜻에 위배된 내용을 쓴 일로 처형을 당한 일이 있었다.

당시 금 희종이 좌승상 완안종현(完顏宗賢)에게 누가 장균에게 이런 불충한 글을 쓰게 했냐고 묻자 그가 이렇게 대답했다.

"사실은 태보 완안량이 시켰습니다."

금 희종은 심히 불쾌하게 생각하여 완안량을 변경 행대상서성으로 좌천시켰다. 완안량은 중경을 지나갈 때 그곳의 병부시랑 소유와 후일을 도모하기로 은밀히 약속하고 다시 길을 떠났다. 그가 양향(良鄕)에 이르렀을 때 금 희종이 그를 다시 조정으로 불러들여 평장정사로 임용했다.

완안량은 황제의 의도를 몰라 전전긍긍했다. 하루빨리 황제를 폐위하는 것이 자신이 살길이라고 생각했다.

같은 해 12월 금 희종을 폐위하려는 종실 대신들이 완안량을 우두머리로 삼고 거사를 치르기로 결심했다. 몇 달 전에 배만황후가 보낸 선물 사건으로 곤장 백 대를 맞은 적이 있는 대흥국은 황제의 침전을 관리했으므로 밤에는 항상 침전 출입을 통제하는 부절(符節)을 가지고 있었다. 복산홀토와 도단아리출호는 침전을 지키는 호위십인장이었다.

복산홀토는 예전에 완안량의 아버지 완안종간의 은혜를 입은 적이 있었으며, 도단아리출호는 완안량과 사돈 관계였다. 황제의 침전을 관리하고 지키는 이 세 사람은 모두 완안량의 수하로 들어가 생사를 함께 하기로 결심했다.

같은 해 12월 9일 복산홀토와 도단아리출호가 내정에서 당직을 서고 있었다. 거사를 일으킬 결정적인 때가 왔다고 판단한 완안량과 그의 일당은 두 호위십인장의 호위를 받으며 황궁으로 잠입했다. 사전에 내통한 대흥국이 부절로 침전 문을 연 후 완안량·완안병덕·당괄변·오대 등을 황제의 침전으로 인도했다.

금 희종은 평소에 궁중 변란을 두려워하여 항상 칼을 침상 옆에 두고 잠을 잤는데 이날 밤도 그랬다. 완안량 일당이 침전에 들이닥치는 소리에 놀라 잠에서 깬 금 희종은 황급히 칼을 찾았지만 보이지 않았다. 대흥국이 몰래 칼을 숨겨 놓았던 것이다. 결국 금 희종은 완안량 일당이 휘두른 칼에 난자를 당하고 죽었다.

당괄변 등이 완안량을 황제의 옥좌에 앉히려고 했을 때 완안병덕이 주저하는 태도를 보이자 복산홀토가 버럭 소리를 질렀다.

"당초에 우리는 평장정사를 추대하기로 결정하지 않았던가. 지금 또 무슨 의문이 있는가?"

그의 말에 누구도 감히 이의를 제기하지 못했다. 이윽고 옥좌에 앉은 완안량을 향해 모두 만세를 외쳤다. 완안량은 이렇게 궁중 정변에 성공하여 27세 때 제4대 황제로 추대되었다. 하지만 그는 사후에 폐위되었기 때문에 황제의 시호를 받지 못하고 해릉양왕(海陵煬王: 이하 해릉왕으로 칭함)으로 불린다.

해릉왕은 한밤중 궁중 정변의 와중에 측근들에 의해 황제로 추대되었으므로 다른 종실 대신들의 동의를 얻지 못했다. 그는 금 희종이 황후 책봉 문제를 상의하기 위하여 종실 대신들을 입궁하게 했다고 속이고 불러들였다. 금 태조의 손자인 갈왕 완안옹(完顏雍)을 완안종민에게 보내 입궁하게 했다. 완안종민은 해릉왕이 자기를 해치지 않을까 두려워하여 입궁을 망설였다.

완안옹이 그에게 말했다.

"숙부께서 지금 당장 가지 않으신다면 내일 어떻게 해릉왕과 얼굴을 마주보시겠습니까?"

완안종민이 입궁하자 해릉왕은 기회를 보아 그를 죽이려고 했지만 주저했다. 숙부를 해치면 종실들의 비난을 받을 게 분명했기 때문이다.

그의 주저하는 모습을 본 오대가 말했다.

"조국왕(완안종민)은 태조의 아들입니다. 만약 죽이지 않으면 사람들이 반드시 이의를 제기할 것입니다. 지금 당장 제거하는 것이 좋겠습니다."

이에 해릉왕의 명령을 받은 복산홀토가 칼로 완안종민을 난자하여 살해했다.

갈왕이 그 참혹한 살해 현장을 보고 말했다.

"조국왕이 무슨 죄를 지었다고 살해했소?"

오대가 대답했다.

"우리는 이미 하늘이 허락한 큰일을 치렀소. 이는 벌레 한 마리 죽인 것과 같은 하찮은 일에 불과하여 언급할 가치도 없소."

우리는 천명을 받들어 완안량을 황제로 추대했는데 종실 한 명 죽인 일은 언급할 필요조차 없는 하찮다는 뜻이다. 금 희종에게 장균의 필화 사건의 배후에 해릉왕이 있다고 고자질한 좌승상 완안종현도 이때 피살되었다.

2. 살인 행각을 벌이고 패륜을 일삼다가 피살되다

해릉왕은 자신을 황제로 추대한 공신들에게 논공행상을 실시했다. 완안병덕은 좌승상 겸 시중, 좌부원수에, 당괄변은 우승상 겸 중서령에, 오대는 평장정사에, 복산홀토는 좌부점검에, 도단아리출호는 우부점검에,

대흥국은 광녕윤에 각각 임명되었다. 아울러 황통 9년(1149)을 천덕(天德) 원년으로 바꾸고 황제로 등극했음을 천하에 선포했다.

천덕 2년(1150) 정월 해릉왕은 이미 세상을 떠난 아버지 완안종간을 황제로 추존하고 묘호를 덕종으로 정했다. 또 적모(嫡母) 도단씨(徒單氏)와 생모 대씨(大氏), 두 분을 황태후로 추대하고 적모는 영수궁(永壽宮)에, 생모는 영녕궁(永寧宮)에 거주하게 했다. 황위를 찬탈한 황제도 정통성을 확보하기 위하여 제일 먼저 부모를 격상시키는 일은 인지상정이었다.

또한 해릉왕은 민심을 얻기 위해 폭군 금 희종을 동혼왕(東昏王)으로 강등하고, 금 희종에게 살해당한 배만황후를 도황후로 추증했다. 그 후 금 세종 완안옹 시대인 대정 연간(1161~1189)에, 금 희종은 황제의 칭호를 회복했으며 배만황후는 다시 도평황후로 추증되었다. 금 세종과 배만황후는 사후에도 정치적 이해 관계에 따라 호칭이 바뀐 것이다.

그런데 해릉왕에게 적모가 있었던 것으로 보아, 그의 생모 대씨는 완안종간의 첩이었고 해릉왕은 첩이 낳은 아들이었다.

며칠 후 해릉왕은 일곱 가지 정책을 전국에 반포했다.

"첫째, 관리들이 직분을 다하도록 적극 권장한다. 둘째, 농부들이 절기에 맞춰 농사짓게 한다. 셋째, 형벌을 신중히 집행한다. 넷째, 재야의 지위가 낮은 현인들을 발굴하여 등용한다. 다섯째, 가난한 백성들을 구휼한다. 여섯째, 국가의 재물을 절약한다. 일곱째, 관리들의 고과를 실력 위주로 평가한다."

이처럼 해릉왕은 자신의 시대를 맞이하여 국가를 새롭게 발전시키고자 하는 의욕이 넘쳐났다. 이때 시위친군도지휘사 완안사공(完顏思恭) 등 관리를 남송·고려·서하, 세 나라에 사신으로 파견하여 금 희종의 폐위와 자신의 즉위를 알렸다. 세 나라는 즉시 사신을 파견하여 그의 황제 즉위를 축하했다.

뜻밖에도 그는 즉위한 지 불과 서너 달 만에 잔혹한 살인마로 변했다. 자신이 금 희종을 시해하고 황위를 찬탈하여 정통성에 흠결이 있었기 때문에, 금 태종의 아들들은 그에게 잠재적 위험 인물이었다.

해릉왕은 비서감 소유와 함께 음모를 꾸며 금 태종의 여덟 번째 아들 태부 완안종본(完顔宗本), 열 번째 아들 판대종정부사 완안종미(完顔宗美) 등을 모조리 죽이기로 결정했다.

소유의 사주를 받은 상서성령사 소옥(蕭玉)은 완안종본이 어느 날 자기에게 이런 말을 했다고 모함했다.

"당신은 나의 오랜 친구이오. 당신을 믿고 속마음을 털어놓겠소. 얼마 전에 좌승상 완안병덕이 영행대상서성사로 쫓겨났을 때 나와 이별주를 마시며 말했소. '내가 밖에서 군민들에게 태부(완안종본)의 뜻을 잘 전하겠으니 염려 마시오. 태부께서 내응하면 무슨 일인들 이루어지지 않겠소?'"

소옥은 또 완안종본이 계속해서 이런 말을 했다고 모함했다.

"주상께서 나를 볼 때마다 불쾌한 표정을 드러내니 마음이 불안하기 그지없소. 만약 태부께서 언젠가 높은 지위를 차지한다면 내 마음이 안정될 것이오.'라고 완안병덕이 나와 내 아내에게 와서 말했소."

소옥은 또 완안종본이 조만간에 사냥터에서 황제를 시해할 계획이라고 말했다. 그의 말은 모두 거짓이었지만 해릉왕은 종실들을 격구장으로 유인하고 그들에게 반란의 혐의를 씌워 좌위장군 도단특사(徒單特思)에게 살해하게 했다. 완안종본·완안종미·완안병덕 등 해릉왕을 황제로 추대하는 데 공을 세운 자들이, 뜻밖에도 해릉왕과 소유에 의해 제거되었다.

당괄변은 해릉왕이 황위를 찬탈하는 데 도움을 준 황실의 부마도위였다. 그는 우승상 겸 중서령에 임용되어 권력층의 핵심 인물이 되었다.

애초에 완안량이 당괄변과 함께 금 희종을 시해할 역모를 꾸몄을 때 당괄변이 이런 말을 했다.

"우리 집안의 노비들 가운데 유용하게 부릴 만 한 자가 많소."

궁중 정변을 일으키면 내가 부리는 유능한 자들이 많으므로 반드시 성공할 것이라는 얘기였다. 완안량은 오히려 그가 거느리고 있는 부하들이 많음을 알고 그를 경계했다.

금 희종을 시해하던 당일 밤, 완안량 일당은 당괄변의 저택에 모여 함께 식사를 했다. 다들 긴장하여 밥을 제대로 먹지 못하는 와중에도, 당괄변은 태연하게 먹었다. 그 모습을 본 완안량은 당괄변이 침착하고 냉혹한 성격이라는 것을 알고 더욱 그를 경계했다.

완안량이 황위를 찬탈한 후 어느 날 당괄변과 함께 금 태조의 초상화를 보던 중 얼굴을 찡그리며 말했다.

"태조의 눈이 너와 닮았구나."

당괄변은 온몸에 소름이 돋았다. 그 말뜻을 짐작하고 있었기 때문이다. 얼마 후 그는 "내시 장언(張彦)은 관상을 잘 보는데 태부가 천자의 관상이다."라는 말을 완안종본에게 전했다는 죄명으로 처형당했다.

해릉왕은 또 동경유수 야율종의(耶律宗懿), 북경유수 야율변(耶律卞) 그리고 금 태종의 자손 70여 명, 주송국왕 완안종한의 자손 30여 명, 기타 종실 50여 명을 닥치는 대로 살해했다. 금나라가 건국한 이래 황족 완안씨가 이처럼 많이 살해당한 것은 처음이었다.

해릉왕은 황족을 살해하는 데 앞잡이 노릇을 한 소유에게 은자 2천만 관, 말 400필, 소 400마리, 양 4,000마리를 하사했을 뿐만 아니라, 평장정사 겸 감수국사로 임명했다. 그는 황제의 권력에 위협이 되는 자는 친족이라도 모조리 죽인다는 공포 정치를 만방에 알림으로써 절대 권력을 유지하고자 했다. 그의 엽기적인 살인 행각은 여기서 그치지 않았다.

완안살리갈(完顔撒離喝)은 수많은 전투에서 승리하여 개국 공신이 된 장수였다. 그는 오랜 세월 동안 외지에서 군대를 지휘했는데 그를 따르는 장졸들이 아주 많았다. 천덕 2년(1150) 좌부원수 겸 행대상서좌승상으로 임용되었다. 해릉왕은 그가 어명에 복종하지 않을까 우려해 제거하기로 결심했다.

해릉왕의 밀지를 받은 원수부령사 요설(遙設)이 거란 소자(小字)로 쓴 위조 문서로 완안살리갈 부자가 반역을 꾀했다고 모함했다. 결국 완안살리갈은 변경에서 처형당했으며, 친척 20여 명도 연좌제로 죽었다.

몇 년 후 또 망한 요나라에서 귀부한 야율씨(耶律氏), 송나라 조씨(趙氏) 등 130여 명을 살해했다. 두 성씨는 요나라와 송나라의 왕족 성씨이다.

금 태조 아골타의 후궁이었던 소씨(蕭氏)는 해릉왕이 즉위한 이후에 태황태비로 추대되었다. 해릉왕의 생모 대태후는 신분이 소씨보다 높았으나 그녀를 깍듯이 모셨다.

어느 날 연회석에서 대태후가 상석을 소씨에게 양보하고 아래에 앉았다. 해릉왕은 그 모습을 지켜보고 소씨에 대해서 불만을 품었다. 그녀가 아무리 태황태비라고 해도 어쨌든 후궁이 아니었던가. 그런데도 감히 생모 대태후의 양보를 사양하지 않은 결례를 범했다고 생각했다.

천덕 2년(1150) 정월 해릉왕은 소씨가 악행을 저질렀다는 죄명으로 그녀와 그녀의 아들 임왕 완안외가(完顔隈可)를 살해했다.

얼마 후 또 위왕 알대(斡帶)의 손자 활리갑(活里甲)은 화려한 치장을 좋아했다는 이유만으로 멸문의 화를 당했다.

대태후는 친아들이 즉위한 이후에도 도단태후를 존경하고 따랐다. 천덕 2년(1150) 도단태후가 생일이었을 때의 일이다. 대태후는 도단태후에게 무릎을 꿇고 축하주 한 잔을 권했다.

마침 도단태후는 공주, 종실 부인들과 대화를 나누는 중이었기 때문에, 대태후가 올린 술잔을 바로 받지 못하여 본의 아니게 대태후를 잠시 무릎을 꿇게 했다.

그 모습을 지켜 본 해릉왕은 화가 나 연회석을 나가버렸다. 다음 날 그는 공주와 종실 부인들을 곤장으로 때리려고 했다. 심지어 자신의 적모인 도단태후에게도 질책하려고 했다.

대태후의 만류로 그런 일은 일어나지 않았지만, 그 후 해릉왕과 도단태후는 불편한 관계가 되었다.

천덕 4년(1152) 해릉왕은 도성을 중도(中都: 북경)로 천도한 후 대태후를 황궁으로 모셔와 효도를 다했지만, 도단태후는 상경에 머무르게 했다.

도단태후는 조정에서 환관이 올 때마다 옷을 갈아입고 죽음을 기다렸다. 해릉왕이 언젠가는 자신을 가만두지 않고 죽일 것이라는 두려움을 느꼈기 때문이다.

대태후는 도단태후가 전전긍긍하고 있다는 소식을 듣고 아들에게 말했다.

"영수궁(도단태후)이 우리 모자를 후하게 대했으니 잊지 말아야 하네."

정원(貞元) 원년(1153) 4월 대태후가 중병에 걸렸다. 그녀는 임종 직전에 아들에게 유언을 남겼다.

"너는 나 때문에 영수궁 태후를 중도에 모시지 않았구나. 내가 죽거든 그 분을 중도에 모시고 나처럼 섬겨라."

정원 3년(1155) 해릉왕은 비로소 도단태후를 알현하여 그녀 앞에 무릎을 꿇고 사죄하자 그녀는 친히 그를 일으켜 주었다. 같은 해 10월 그녀가 중도에 도착하자 해릉왕은 백관을 거느리고 맞이해 그녀를 수강궁(壽康宮)에 거주하게 했다. 그 후 해릉왕은 생모의 유언대로 도단태후에게 효도했으나, 남송 정벌을 단행하려고 할 때 그녀가 반대하자 그녀를 다시 미워하기 시작했다.

정륭(正隆) 5년(1160) 해릉왕이 남송을 정벌하고자 패인(牌印: 병사들을 징집할 때 관리가 소지한 병부패·兵符牌) 조합(燥合)과 양갈(楊葛)에게 요나라의 옛날 영토인 서북로(西北路: 내몽골 정남기·正藍旗)에서 거란인 장정들을 징집하게 했다.

거란인들이 항의했다.

"서북로는 이웃나라와 가까워 대대로 전쟁을 하여 원한이 쌓였소. 만약 장정들을 모두 군대로 보낸다면, 이웃나라가 쳐들어올 때 노약자들이 모두 화를 입을 것이오. 사신께서 조정에 가서 이 사실을 아뢰어 주시오."

하지만 금나라 조정은 거란인들의 간청을 무시하고 조합, 패인 야율나(耶律娜), 상서성령사 몰답열합(沒答涅合) 등을 다시 파견하여 징집을 독촉했다. 거란인들은 장정들이 모두 군대에 끌려갈 것이라는 소식을 듣고 분개했다.

이에 서북로초토사의 역사(譯史)인 살팔(撒八)은 함평부(咸平府)의 모극 괄리(括里) 등과 함께 거란인의 반금(反金) 세력을 규합하여 반란을 일으켰다. 살팔은 절도사를 자칭하고 한주(韓州)와 함평부(咸平府)를 점령했다. 해릉왕은 추밀사 복산사공(僕散師恭)에게 반란군을 진압하게 했다.

이듬해 복산사공이 도단태후에게 출정 인사를 고할 때 도단태후는 황제가 도성을 남쪽으로 옮기고 남송을 정벌했기 때문에 북방에서 반란이 일어났다고 책망했다.

그녀의 얘기를 전해들은 해릉왕은 버럭 소리를 질렀다.

"그 여자는 짐의 어머니가 아니라, 돌아가신 아버지 양송국왕(완안종간)의 첩일 뿐이다."

얼마 후 해릉왕은 점검 대회충(大懷忠), 한림대제 알론(斡論), 상의국사 호특말(虎特末) 등을 불러 말했다.

"너희들은 지금 당장 영덕궁(寧德宮)으로 달려가 태후에게 조서를 전하고 그녀를 꿇어앉힌 후 살해해라."

대회충 일행이 영덕궁에 들이닥쳐 어명을 전하자 도단태후는 너무 놀라 어쩔 줄 몰랐다. 그녀가 꿇어앉자 그녀에게 매질을 한 후 목을 졸라 살해했다. 해릉왕은 시신을 불태우고 재를 강물에 뿌리게 했다. 그녀의 시종 10여 명도 살해당했다.

해릉왕은 서자의 신분으로 황위를 찬탈했기 때문에 적통 종실과 정실 부인에 대한 자격지심이 그처럼 많은 종실 대신들을 죽인 이유 중의 한

가지가 아닌가 한다.

한편 반란을 일으킨 살팔은 해릉왕이 파견한 진압군에게 중과부적으로 패하여 서요(西遼)로 달아나다가 내부 갈등이 격화되어 부하 장수 이랄와알(移剌窩斡)에게 살해되었다.

해릉왕은 방탕한 생활을 즐긴 호색한이었다. 정부인 도단황후(徒單皇后) 이외에도 비빈 21명을 거느렸다.

어느 날 대신 고회정(高懷貞)에게 이런 말을 한 적이 있었다.

"나에게는 세 가지 포부가 있구나. 국가의 큰일은 모두 내가 주도하는 것이 첫 번째이다. 병사들을 이끌고 원정을 떠나 그곳의 군주를 생포하여 내 앞에서 죄를 묻는 것이 두 번째이다. 친소를 막론하고 천하의 절세미인들을 모두 차지하여 내 아내로 삼는 것이 세 번째이다."

그의 포부를 영웅호걸의 기개로 포장하기에는 너무나 문제가 많은 인물이었다.

용모가 빼어난 귀비 당괄정가(唐括定哥)는 원래 숭의절도사 오대(烏帶)의 아내였다. 오래 전부터 해릉왕과 몰래 사통하고 있었다. 오대가 변방을 지키고 있을 때 명절이나 해릉왕의 생일을 맞이할 때마다 집안의 노비 갈로(葛魯)와 갈온(葛溫)을 황궁으로 보내 예물을 바치고 축하 인사를 드렸다. 그럴 때면 당괄정가도 하녀 귀가(貴哥)를 보내 해릉왕에게 예의를 표했다.

어느 날 해릉왕이 귀가에게 이런 말을 전하게 했다.

"옛날부터 천자는 황후 두 명을 거느리는 법이다. 네가 남편을 죽이고 나를 섬길 수 있겠느냐?"

해릉왕의 말을 전해들은 당괄정가가 한숨을 쉬며 말했다.

"내가 젊었을 때 여색을 밝히는 임금과 부끄러운 짓을 하였다네. 지금은 자식들이 다 성장했는데 어찌 다시 젊었을 때처럼 함부로 행동할 수 있겠소?"

그녀의 말을 전해들은 해릉왕은 또 시종을 보내 이런 말을 전하게 했다.

"네가 차마 남편을 죽일 수 없다면, 너의 가족을 몰살하겠다."

당괄정가는 해릉왕의 협박에도 불구하고 여전히 꿈쩍도 하지 않았다. 해릉왕은 오대를 연회석에서 만취하게 한 후 갈로와 갈온에게 목을 졸라 살해하게 했다. 오대의 시체를 매장하자마자 해릉왕은 서둘러 그녀를 후궁으로 맞이했으며 나중에 귀비로 책봉했다. 그가 말한 '세 번째 포부'가 이렇게 실현되었다.

훗날 당괄정가는 해릉왕의 총애를 잃자 노비와 간통한 것이 발각되어 자살했다.

당괄정가의 여동생 여비(麗妃) 당괄석가(唐括石哥)는 원래 비서감 문모(文謨)의 아내였다. 어느 날 언니를 만나러 궁궐에 들어갔는데 그녀의 미모에 반한 해릉왕에게 강간당했다.

그 후 해릉왕은 문모의 모친 안도과(按都瓜)에게 말했다.

"당괄석과를 후궁으로 삼을 테니 반드시 궁궐로 보내야 한다. 만약 보내지 않으면 내가 다른 수단을 쓰겠다."

해릉왕의 협박에 놀란 안도과가 아들에게 말했다.

"주상께서 다른 방법을 사용하시겠다고 하는데 너를 죽이겠다는 뜻일 것이다. 어찌 아내 한 명 때문에 너의 목숨을 잃을 수 있겠느냐?"

문모는 살기 위하여 아내를 궁궐로 보내는 수밖에 없었다.
어느 날 해릉왕이 문모에게 아직도 아내를 그리워하냐고 물어보자 문모가 대답했다.

"미천한 신하는 감히 다른 생각을 하지 않사옵니다."

해릉왕은 그의 태도를 가상하게 여기고 예부시랑 소공(蕭拱)의 아내 야율택특라(耶律擇特懶)를 아내로 삼게 했다.
야율미륵(耶律彌勒)은 야율택특라의 여동생이다. 해릉왕은 그녀가 절세가인이라는 얘기를 듣고 소공에게 변경에 있는 그녀를 연경 황궁으로 데리고 오게 했다. 소공은 처제를 데리고 연경으로 가는 도중에 그녀와 은밀히 사통했다. 당시 소공의 아버지 소중공(蕭仲恭)은 연경유수였다.

그는 연경에 도착한 야율미륵의 몸매가 처녀와 같지 않음을 보고 걱정하여 "주상께서 의심이 많으시니 아들이 불행을 당하겠구나."라는 말을 남기고 죽었다.

아니나 다를까, 해릉왕은 야율미륵이 처녀가 아님을 알고 진노하여 그녀를 쫓아냈다. 얼마 후 소공도 모함을 당하고 피살되었다.

소비(昭妃) 포찰아리호(蒲察阿里虎)는 처음에 완안아호질(完顔阿虎迭)에게 시집가서 딸 완안중절(完顔重節)을 낳았다. 그 후 완안아호질이 반역죄로 처형을 당하자 종실 완안남가(完顔南家)에게 재가했지만 완안남가도 전쟁터에서 사망했다. 과부가 된 포찰아리호는 딸 완안중절을 키우며 살았다.

당시 완안남가의 아버지 완안돌갈속(完顏突葛速)은 원수감독이 되어 변방에 주둔하고 있었다. 완안량도 완안종필을 따라 변방에서 남송 정벌에 참여했다. 어느 날 그는 포찰아리호의 미모에 반하여 첩으로 삼고 싶었지만 완안돌갈속의 반대로 뜻을 이루지 못했다.

천덕 원년(1149) 완완량이 황위를 찬탈한 후에 포찰아리호를 입궁시켜 소비(昭妃)로 책봉했다. 그런데 포찰아리호는 술주정뱅이였다. 해릉왕의 몇 차례 경고에도 술을 끊지 못하여 점차 총애를 잃었다. 그녀가 처음 입궁할 때 완안중절도 꽃다운 나이에 어머니와 함께 들어왔다.

해릉왕은 완안중절의 미모에 반하여 그녀를 강제로 범한 후 소화궁(昭華宮)에 살게 했다. 포찰아리호는 소화궁으로 달려가 딸이 황제를 유혹했다고 심하게 꾸짖었지만, 해릉왕은 여전히 완안중절과 음란한 짓을 일삼았다.

해릉왕은 후궁 수십 명이 있어도 결코 만족하지 않았다. 황제의 총애를 몇 번 받다가 버림받은 후궁들이 많았다. 그녀들은 성적 욕망을 채우기 위하여 몰래 시녀들을 남자로 변장하게 하고 부부처럼 지냈다. 그런 남장(男裝) 여자를 '가시아(假廝兒)'라고 불렀다.

포찰아리호는 남몰래 시녀 승가(勝哥)를 가시아로 삼아 매일 밤 뜨거운 밤을 보냈다. 얼마 후 두 사람의 부부 놀이는 주방 시녀 삼랑(三娘)에게 발각되었다.

삼랑의 고자질을 들은 해릉왕은 포찰아리호를 불쌍하게 여기고 문제 삼지 않았지만, 그녀에게 삼랑을 문책하지 못하게 했다. 하지만 포찰아리호는 경고를 무시하고 삼랑을 때려죽였다. 결국 해릉왕은 분노가 폭발하여 그녀를 살해했다.

어느 날 해릉왕이 총신 소유에게 이런 말을 했다.

"짐은 자손이 아직 부족하구나. 종실 대신의 아내들 가운데 미모가 뛰어난 여자들을 궁궐로 불러들여 후궁으로 삼고 싶구나."

소유가 대답했다.

"최근에 살해당한 종실 대신들이 아주 많아 조정의 의론이 들끓고 있습니다. 이런 분위기에서 또 무슨 일을 할 수 있겠습니까?"

하지만 해릉왕은 마음에 드는 여자를 품는 일에서는 한 번도 양보한 적이 없었다. 소유도 목숨을 부지하기 위해서는 그의 뜻을 따를 수밖에 없었다. 예쁜 아내를 둔 종실 대신들은 오히려 자기 아내 때문에 피살된 비극이 적지 않았다. 해릉왕의 방탕한 사생활이 황실과 조정을 얼마나 난장판으로 만들었는지 짐작하게 한다.

해릉왕은 소유를 상서우승상으로 임명하고 총애했다. 소유는 해릉왕이 권력을 장악하는 데 결정적인 공헌을 하여 권력의 핵심 인물로 부상했다. 그를 시기하는 사람들은 그가 권력을 농단한다고 모함했지만, 해릉왕이 처음에는 믿지 않았다.

하지만 해릉왕은 소유에 대한 지속적인 모함에 그를 의심하기 시작했다. 해릉왕이 툭하면 종실과 대신들을 죽였기 때문에, 소유는 자신도 의심을 받아 죽임을 당할까 두려웠다. 해릉왕의 만행에 치를 떨고 있는 종실, 대신, 장수들을 은밀히 규합하기 시작했다.

정원(貞元) 2년(1154) 소유는 전(前) 진정윤 소풍가노(蕭馮家奴), 전(前) 어사중승 소초절(蕭招折), 박주동지 요설(遙設) 그리고 자신의 사위 알랄보(遏剌補) 등과 함께 모의하여 요나라의 마지막 황제였던 천조제 야율연희의 손자를 황제로 추대하기로 음모를 꾸몄다.

하지만 해릉왕은 첩자를 통해 소유의 동태를 감시하여 모반을 일으키기 전에 그를 생포하여 친히 심문했다.

두 사람이 나눈 대화는 이러했다.

"네가 반역을 꾀했다고 하는데 사실인가?"

"대장부가 한 일이 이 지경에 이르렀는데 어찌 숨길 수 있겠습니까?"

"너는 짐에게 무슨 원한이 있어서 이런 일을 저질렀느냐?"

"폐하께서 무슨 일을 하실 때는 언제나 신과 의논하셨습니다. 그런데 신의 아우 소작(蕭祚)을 제거하실 때에는 신에게 알리지 않으셨습니다. 또 영성국왕은 신이 하는 일마다 권력을 농단한다고 모함하며 신을 경계하고 있습니다. 그가 폐하의 성지를 받들지 않았다면, 그렇게 하지 못했을 것입니다. 일찍이 폐하께서는 당괄변, 신과 함께 생사를 함께 하기로 약속하셨습니다. 하지만 당괄변은 강인하고 과감하다는 이유로 죽임을 당했습니다. 신은 그가 억울하게 죽은 사실을 알고 있었기 때문에 제명에 죽지 못할까 두려워했습니다. 그래서 반역을 꾀하여 구차한 목숨이라도 지키고 싶었습니다. 태종의 자손들은 죄가 없었는데도 모두 신의 손에 죽었습니다. 신도 천벌을 받아 진작 죽어야 했으나, 이제야 죽게 되었습니다."

"짐은 천자로서 정말로 너를 의심했다면 네 아우들이 조정에 있더라도 어찌 공개적으로 죽이지 못했겠느냐? 네 아우가 죽은 일로 짐을 의심하다니, 너는 잘못 생각한 것이다. 태종의 자손들을 죽인 일도 어찌 너의 마음만 아프게 했겠느냐? 짐은 오로지 국가를 위하여 계책을 세운 것일 뿐이다. 오래 전부터 짐과 너는 임금과 신하로서 화목하게 지내왔다. 지금 네가 큰 죄를 지었지만 목숨만은 살려주겠다. 다만 너는 재상 관직을 더 이상 맡을 수 없으니 죽을 때까지 너의 조상 무덤을 지키며 살아라."

"신은 이미 대역죄를 저질렀습니다. 무슨 면목으로 천하의 사람들을 볼 수 있겠습니까? 다만 교살(絞殺)의 형벌을 당하여 불충한 자들에게 경계가 되기를 바랄 뿐입니다."

해릉왕은 칼로 자신의 왼쪽 팔을 찔러 흘러나오는 피를 소유의 얼굴에 바르며 말했다.

"네가 죽은 후에 짐이 너를 의심하지 않았음을 사람들이 알게 될 것이다."

"신은 오랫동안 폐하의 하해와 같은 은총을 입었습니다. 폐하를 우러러보고 그리워하는 마음은 간절합니다. 이제야 신이 잘못한 것을 깨달았지만 후회해도 소용이 없사옵니다."

해릉왕은 울면서 소유를 문 밖으로 데리고 나가 죽였다. 아울러 소풍가노, 요설 등도 주살을 당했다.

이 역사 기록은 임금과 신하 사이의 비장한 최후를 생동감 있게 표현했지만, 사실은 해릉왕이 얼마나 뻔뻔하고 거짓말을 늘어놓았는지 알 수 있다. 그런데 해릉왕이 살려주겠다고 했는데도, 소유는 왜 죽음을 택했을까.

그는 누구보다도 해릉왕이 잔혹하고 변덕스러운 폭군이라는 것을 잘 알고 있었다. 구차하게 살아가느니 차라리 명예롭게 죽어서 천고의 충신으로 남기를 바라는 마음이었을 것이다.

정륭(正隆) 원년(1156) 해릉왕은 연호를 바꾸고 국정을 일신하고자 했지만 살인 행각은 그치지 않았다. 같은 해 5월 수용(修容: 비빈의 품계) 안씨(安氏)가 거주하는 누각을 관리하는 하녀가 악령에 사로잡혀 춤을 추고 소란을 피웠다고 하여 그녀를 처형했다. 또 정륭 3년(1158)에는 황자 완안신사아부(完顔矧思阿不)가 요절하자 태의부사 사우정(謝友正), 유모 등을 죽였다.

조정 안팎에서는 황제를 원망하는 소리가 끊이질 않았다. 해릉왕은 남송을 멸망시켜 위대한 정복 군주임을 증명함으로써 원성을 잠재우고 싶었다.

정륭 6년(1161) 60만 대군을 네 방향으로 나누어 남송에 대한 전면 공격을 감행했다. 그는 총관병마 32개를 친히 지휘했는데 그 군영의 천막은 마치 양탄자처럼 끝없이 펼쳐졌으며 북과 징소리는 천지를 진동했다.

전쟁 초기에는 병마도통제 유악(劉萼)은 남송 귀화군(歸化軍)·채주(蔡州)·신양군(信陽軍) 등을 공격하여 점령했으며, 좌감군 도단정(徒單貞)은 건강도통 왕권(王權)이 이끄는 남송군을 우이(盱眙)에서 섬멸하고 양주(揚州)를 점령했다. 또 병부상서 겸 신무군도총관 완안원의(完顔元宜)는 회수(淮水)를 건너 소관(昭關)·자고(柘皋)·화주(和州) 등지에서 남송군을 연이어 격파했다.

이처럼 금나라군이 남송 정벌에 승리를 거듭하고 있을 때 동경(東京: 요령성 요양·遼陽)에서 폭군 해릉왕을 폐위하자는 여론이 은밀히 퍼졌다.

금 예종 완안종보의 아들이자 해릉왕의 사촌동생인 동경유수 완안옹이 요양부에서 황제를 칭하고 연호를 대정(大定)으로 정했다. 그는 해릉왕이 도성을 비우고 남정을 떠나 중원 지방이 비어있는 틈을 이용한 것이다.

완안옹이 황제를 칭했다는 소식이 남정군에 전해지자 군심이 요동쳤다. 평소에 해릉왕의 폭정에 시달린 장졸들이 요양부로 달아나 완안옹을 지지했다. 남송군은 그 틈을 타서 반격에 나섰다. 금나라군은 연패를 당하자 전투력을 상실하기 시작했다.

해릉왕은 남송 정벌이 성공하지 못하면 정치적 타격을 입을 수밖에 없었다. 장강을 건너 남송을 굴복시킨 후 북상하여 완안옹의 반란을 평정하기로 결심했다.

하지만 금나라 수군은 채석기(采石磯: 안휘성 마안산·馬鞍山)에서 남송 장수 우윤문(虞允文)에게 대패했다. 해릉왕은 치명적인 타격을 입었는데도 여전히 물러날 생각을 하지 않았다.

정륭 6년(1161) 11월 26일 해릉왕은 병력을 집중시키고 대신, 장수들에게 엄명을 내렸다.

"3일 내에 장강을 건너지 못하면 너희들을 모조리 참수형에 처할 것이다."

대신, 장수들은 해릉왕의 포악한 성격을 잘 알고 있었기 때문에 앉아서 죽음을 기다리느니 차라리 그를 시해하고 북상하여 완안옹을 지지하는 게 낫다고 판단했다. 게다가 병사들도 하루빨리 전쟁을 끝내고 고향으로 돌아가고 싶은 마음이 간절했다.

맹안 당괄오야가 절서병마도통제 완안원의에게 말했다.

"앞에는 회수(淮水)가 가로막고 있어서 우리는 모두 송나라군에게 붙잡히고 말 것이오. 최근에 새 황제가 요양에서 즉위했다는 소식을 들었소. 우리가 함께 큰일을 도모한 후, 전군이 북쪽으로 돌아가는 것이 좋겠소."

완안원의는 다른 군영에 있는 아들 효기부도지휘사 왕상(王祥)을 극비리에 불러 해릉왕을 시해할 계획을 세우게 했다. 다음 날 새벽 완안원의 부자, 도총관 도단수소(徒單守素), 당괄오야 등은 해릉왕을 호위하고 있는 근위대와 짜고 어영을 급습했다.

해릉왕은 남송군이 기습한 줄 알고 황급히 옷을 입고 있었는데 마침 화살 한 개가 그의 침상에 꽂혔다.

그는 그것을 보고 깜짝 놀라 말했다.

"이것은 내 무기가 아닌가?"

그때서야 그는 비로소 부하들이 반란을 일으킨 것을 알고 싸우고자 했지만 화살을 맞고 고꾸라졌다. 연안부의 소윤 납합알로보(納合斡魯補)가 칼로 그를 찔렀는데도 숨이 떨어지지 않자 목을 졸라 죽였다. 이렇게 해릉왕은 재위 12년, 39세 때 객지에서 신하들에게 피살되었다.

대정 2년(1162) 그는 해릉군왕(海陵郡王)으로 강등되었고 시호는 양(煬)으로 결정되었다. 그래서 그를 해릉양왕이라고 부르기도 한다. 여색을 밝히고 정사를 돌보지 않아 국가를 망친 폭군의 시호에는 '양(煬)' 자를 넣기도 한다. 그래서 수나라를 망하게 한 양광(楊廣·569~618)을 수양제(隋煬帝)라고 칭한 것이다.

해릉왕은 살인마이자 이중인격자였다. 12년 동안 재위하면서 자신의 포악한 성격을 숨기고 인자한 모습으로 신하들을 대하였다. 자기가 백성들을 위해 검소한 생활을 한다는 것을 보여주기 위하여 어선(御膳)을 관장하는 관리가 올린 거위 요리를 대신들 앞에서 일부러 먹지 않은 적도 있었다.

하지만 사냥을 하러 순행을 나가면 산해진미를 마음껏 즐겼다. 때로는 낡은 이불을 덮고 있는 모습을 측근들에게 보여주거나, 기운 옷을 입은 모습을 황제의 일거수일투족을 기록하는 관리에게 보여주기도 했다. 훗날 그가 근검절약한 황제였다는 미담을 남기기 위해서였다.

또 전장에서는 병사들이 남긴 밥을 시종들과 함께 먹기도 했으며, 가끔 순행을 하다가 백성의 수레가 진창에 빠진 모습을 보면 먼저 그것을 빠져나오게 한 후에 길을 나섰다. 백성들은 황제의 그런 모습을 보고 감격해마지 않았다.

해릉왕은 대신들과 담소할 때는 고대 성군들의 일화를 들먹이며 자신과 비교했으며, 항상 대신들에게 직언을 서슴지 않게 했지만 의관 기재(祁宰)는 충언을 하다가 참수를 당했다.

그는 또 여느 황제보다도 거대하고 호화로운 궁전을 좋아했다. 남경의 궁전을 지을 때 진귀한 목재 한 개 운반하는 데 2천만 냥이 들었으며, 거대한 수레 한 대를 끄는 데 인부 500명이 동원되었다. 궁전의 장식은 황금과 오색 보석으로 치장했는데 금박가루가 눈처럼 공중에 흩날렸다. 1억 냥을 들여 지은 궁전 한 곳이 마음에 들지 않으면 허물고 다시 지었으니 그 화려함은 상상을 초월했다. 남송을 정벌할 때는 민가를 허물어 얻은 목재로 전함을 건조했고, 시체를 삶아 나온 기름을 사용하고 백성들을 소나 말처럼 부렸다.

『금사』는 해릉왕을 이렇게 평가했다.

"해릉왕은 지략이 충분하여 간언을 물리쳤으며, 언변이 뛰어나 잘못을 감추는 데 능숙했다. 군주가 되고자 하면 그 군주를 시해했으며, 나라를 정벌하고자 하면 그 어머니를 죽였으며, 남의 아내를 빼앗고자 하면 그 남편을 죽였다. 그에게는 삼강(三綱)이 끊긴 지 오래되었으니 무슨 다른 것을 논할 여유가 있겠는가. 그는 종족을 말살하고 충신들을 모조리 제거했으며 예쁜 여자라면 남의 아내, 자매 등을 가리지 않고 모두 후궁으로 취했다. 또 총관병마 32개를 친히 지휘하여 천하 통일을 도모했지만, 끝내는 사악한 기운이 일어나 그를 비참하게 죽게 했다. 훗날 천하의 사람들은 무도한 군주를 언급할 때 해릉왕을 첫 번째로 꼽는다. 아, 후세의 사람들은 어찌 무도한 군주의 포악한 정치를 경계로 삼지 않을 수 있겠는가."

금 세종 완안옹

1 • 아내 오림답씨의 희생 덕분에 살아남다

2 • 해릉왕이 남송 정벌을 떠난 틈을 타 황제를 칭하다

3 • 직언을 장려하여 언로를 창달하다

4 • 사치를 배격하고 실질을 숭상하다

5 • 고금의 역사를 통해 통치의 귀감을 얻다

6 • 여진족의 정체성을 확립하여 지배 계급을 공고히 하다

7 • 선정을 베풀고 인접국과 관계를 개선하여 '대정의 치'를 열다

제5장

금 세종 완안옹

1. 아내 오림답씨의 희생 덕분에 살아남다

완안옹(完顔雍·1123~1189)은 상경 회녕부의 황궁에서 태어났다. 그의 아버지는 금 태조의 다섯 번째 아들인 완안종보(完顔宗輔·1096~1135·예종으로 추존)이다.

완안종보는 지모가 뛰어나 금나라가 요나라를 멸망시키고 북송을 공격하는 데 혁혁한 전공을 세워 우부원수, 좌부원수 등 군대의 최고위 관직을 맡았다. 또한 금 희종 완안단을 암반발극렬로 추대하여 그가 황제로 등극하는 데 공신이 되었다. 완안종보가 세상을 떠났을 때 완안옹은 12세였다.

그의 생모 이홍원(李洪愿·1094~1161·정의황후로 추존)은 요양 발해의 권문세가 출신인데 총명하고 능력이 출중했다. 완안옹은 편모 슬하에서 어린 시절을 보냈지만 생모에게 엄격한 교육을 받았다. 여진족의 관습에 의하면 남편을 잃은 과부는 같은 종족의 다른 사람에게 재가해야 했다. 하지만 이홍원은 아들이 성장한 후 요양(遼陽)의 사찰에서 출가하여 비구니가 되었다.

완안옹은 훤칠한 체구에 차분하고 총명한 성품을 지녔으며 기마와 궁술에 능했다. 젊은 시절에 말을 타고 사냥을 나가 활을 쏘면 그를 뒤따르는 사람들은 "활솜씨가 온 나라 사람들 중에 제일이다."라는 칭찬을 아끼지 않았다. 또한 그는 성품이 관대하고 사람됨이 믿음직했는데 백부, 숙부들과 함께 여러 전쟁에 참전할 때면 그를 따르고 존경하는 병사들이 많았다.

금 희종 연간에 완안옹은 종실 자제의 신분으로 광록대부에 제수되었으며, 몇 년 후에는 갈왕으로 책봉되고 병부상서로 임용되었다. 금 희종은 재위 후반기에 주색에 빠지고 종친과 관료들을 닥치는 대로 살해했다. 황후 배만씨가 남편이 제정신이 아닌 틈을 타 국정을 농단했다. 완안옹도 언제 황제와 황후의 눈 밖에 나면 죽을지도 모른다는 두려움에 떨었다.

어느 날 완안옹의 아내 오림답씨(烏林荅氏)가 남편이 전전긍긍하는 모습을 보고 말했다.

"시아버님이 송나라를 정벌하실 때 얻은 백옥대(白玉帶)를 천자에게 바치는 게 좋겠네요."

그 백옥으로 만든 옥대는 송나라 황제가 사용하던 진귀한 물건이었는데 완안종보가 아들에게 집안 가보로 물려준 것이다.

남편이 주저하는 모습을 보이자 그녀가 또 말했다.

"만약 자손이 없으면 그것을 누구에게 전할 수 있나요?"

멸문의 화를 당하면 천하의 보물도 전해 줄 후손이 없는데 무슨 필요가 있냐는 얘기였다. 아내의 말뜻을 알아차린 완안옹은 즉시 그것을 황제에게 바쳤다. 황제와 황후는 그의 행실을 가상하게 생각하고 총애했다. 완안옹은 지혜롭고 현명한 아내 덕분에 피바람이 몰아치는 숙청의 와중에서 용케 살아남을 수 있었다.

황통 9년(1149) 해릉왕 완안량이 금 희종을 살해하고 황위를 찬탈했다. 그는 희대의 살인마였는데 자신의 권력 유지와 방탕한 생활에 조금이라도 방해되는 자가 있으면 종실, 대신 등 인사들은 말할 것도 없고 심지어 어머니, 아내 등 가족도 살려주지 않았다.

특히 문무를 겸비하고 신망이 두터운 완안옹은 눈엣가시였다. 해릉왕은 완안옹의 병부상서 직위를 박탈했을 뿐만 아니라, 지방 관직으로 전전하게 했다. 완안옹이 한 자리에 오래 있으면 세력을 키워 딴마음을 먹지 않을까 걱정했기 때문이다. 또한 완안옹의 일거수일투족을 감시하여 구실을 찾아 제거하려고 했다. 완안옹은 두려움에 사로잡혀 밤잠을 설치지 않은 날이 거의 없었다.

오림답씨는 해릉왕도 금 희종처럼 탐욕에 눈이 먼 인물임을 간파하고 남편에게 말했다.

"진귀한 보물들을 많이 바쳐서 천자의 환심을 사야 합니다."

완안옹은 망한 요나라의 황제가 사용한 코뿔소 뿔로 장식한 패도(佩刀), 희귀한 옥으로 만든 찻잔 등 세상에 유일무이한 보물들을 수시로 헌상했다. 해릉왕은 그것들을 볼 때마다 찬탄을 아끼지 않았다. 그는 완안옹이 겁이 많고 자신에게 충성을 다하는 인물이라 위협이 되지 않는다고 생각했다.

완안옹은 또 아내가 계책을 낸 덕분에 목숨을 부지할 수 있었다. 오림답씨는 남편이 후처를 맞아들여도 조금도 질투하지 않았으며 오히려 남편에게 후처들의 처소를 자주 찾게 권유하여 가족의 화목을 도모했다. 완안옹은 그런 아내를 진심으로 존경했다. 아내가 병에 걸릴 때마다 곁에서 병이 다 나을 때까지 간병하느라 밤을 지새운 적이 한두 번이 아니었다.

어느 날 오림답씨가 병석에서 남편의 간호에 감동하여 말했다.

"매일 왕께서는 저를 극진하게 돌보아주십니다. 제가 아파서 왕께서 돌보아주시고 있다는 사실을 아는 자는 이해하겠지만, 사정을 모르는 자는 제가 질투하기 때문에 왕을 떠나지 못하게 한다고 오해할 것입니다. 부인의 도리는 가족의 화합을 최우선으로 삼는 것입니다. 제가 인덕이 부족해 집안을 다스리는 데 보탬이 되지 않을까 걱정입니다."

색마 해릉왕은 오림답씨가 아름답고 현명하다는 얘기를 듣고 색욕이 발동했다. 완안옹이 제남윤으로 있을 때 오림답씨를 중도로 불러들이라는 칙령을 내렸다. 가지 않으면 남편이 해를 입을 게 뻔하며 중도로 가는 길에 죽음을 선택하면, 남편은 책임에서 벗어날 수 있고 자신도 절개를 지킬 수 있다고 오림답씨는 생각했다.

그녀는 해릉왕이 보낸 수레를 타고 중도로 가는 도중에 왕부(王府)의 신하 장근언(張僅言)에게 간곡히 당부했다.

"그대가 태산(泰山)에 올라 천지신명에게 기도하여 내가 남편을 저버리지 않았음을 사람들에게 알리기 바라오."

또한 자기를 수행하는 하인들에게 유언처럼 당부했다.

"내가 왕부로 시집을 온 이래 지금까지 대왕께서 도리에 어긋난 일을 한 모습을 한 번도 본 적이 없소. 지금 종실, 대신들이 의심을 받는 것은 대개 하인들이 원한을 품고 주인을 모함하기 때문이오. 여러분은 모두 선대 왕들의 옛 신하들이오. 부디 과거의 은혜를 잊지 말고 부귀를 탐하여 대왕을 팔지 말아주시오. 만약 여러 분들이 내 말을 어긴다면, 내가 죽은 뒤라도 어둠 속에서 지켜보겠소."

다들 감격하여 눈물을 흘렸다. 일행이 중도에서 멀지 않은 양향(良鄕)에 이르렀을 때 오림답씨는 경계가 소홀한 틈을 타서 호수에 투신해 생을 마감했다.

그녀가 자살 직전에 남편에게 남긴 유서의 일부 내용은 다음과 같다.

"여자가 지아비를 섬김은 신하가 임금을 섬기는 것과 같다는 말이 있습니다. 신하가 임금을 일편단심으로 섬긴 연후에야 충성을 말할 수 있습니다. 여자도 남편을 한 마음으로 섬긴 연후에야 절개를 말할 수 있습니다. 그래서 '충신은 두 임금을 섬기지 아니하고, 열녀는 한 남편만을 섬긴다.'라는 말이 생겼습니다. 소첩은 강제로 끌려가는 신세가 되었으나 다행히 당신은 위기를 모면했습니다."

"역적 양(亮: 완안량)은 소첩의 뜻을 알지 못하고 꽃을 옮겨 나비를 잡았고 굶주린 물고기가 미끼를 삼켰다고 생각하고 있습니다. 아! 어찌 제비와 참새가 큰 기러기의 뜻을 알겠습니까? 이제 도성 황궁에서 멀지 않은 양향(良鄕)에 이르렀으니 정절을 지킬 기회가 왔습니다. 소첩의 죽음은 강상(綱常)을 지키기 위함입니다. 만약 구차한 목숨을 구걸하고 치욕을 참아 잠시 수명을 연장한다면, 영원히 치욕을 당할 것이며 더러운 짐승보다 못한 타락한 여자라는 비난을 감수해야 하겠지요. 이것이 어찌 염치 있는 부녀자의 행동이겠습니까? 후세의 간신과 절개를 잃은 여인들에게 경계가 되고자, 소첩은 기꺼이 죽음을 받아들이겠습니다. 스스로 물구덩이에 뛰어들어 죽어서 사람들이 자신의 죽음을 모르게 하는 여자와는 다르지요."

"역적 양의 죄악은 하늘에 사무치니 그가 망할 날도 멀지 않았습니다. 소첩이 간절히 바라건대, 전하께서 선정을 베풀고 기강을 바로잡으며 영웅호걸들을 포섭하고 백성들의 마음을 즐겁게 하며 인의로써 포악을 대체하면, 굳이 점을 치지 않아도 웅지를 펼 수 있을 것입니다. 전하께서는 와신상담하여 분연히 떨쳐 일어나 천하를 안정시키시기 바랍니다. 천한 소첩이 죽었다고 해서 슬퍼하여 몸을 상하게 하시며 아녀자와 같은 태도를 취해서는 절대 안 됩니다. 이제 작별의 서신을 마치고 영원히 이별하옵니다. 아! 역적 양에 대한 끓어오르는 분노를 억누를 수 없구나."

아내가 자살했다는 소식을 들은 완안옹은 슬퍼하는 표정을 조금도 드러내지 않고 부하들에게 현지에서 시신을 초장(草葬)하게 했다. 마음속으로는 창자가 끊어지는 고통을 느끼고 비통함에 젖었지만, 솔직한 감정 표현은 해릉왕의 의심을 사서 죽을 수 있다는 두려움을 느꼈기 때문이다. 그는 아내의 당부대로 철저하게 자신을 낮추고 언젠가는 반드시 보복하겠다는 의지를 불태웠다.

해릉왕은 정말로 그가 자신에게 충성을 한다고 생각했지만 여전히 의심을 거두지 못했다.

오림답씨는 남편이 황제로 등극한 후에 소덕황후(훗날 명덕황후로 개칭)로 추증되었으며, 그녀가 쓴 유서는 『상세종서(上世宗書)』라는 유명한 문장으로 완성되었다.

대정(大定) 11년(1171) 소덕황후의 소생인 태자 완안윤공(完顔允恭)의 생일을 축하하는 연회석에서 예국공주가 일어나 춤을 추었다.

그 모습을 지켜 본 완안옹이 눈물을 흘리며 말했다.

"이 아이의 어머니인 소덕황후는 아내의 도리를 다했소. 짐이 다시 황후를 책봉하지 않는 것은 세상을 떠난 소덕황후의 덕행에 필적할 만한 여자가 없다고 생각하기 때문이오."

이렇게 소덕황후는 사후에 금나라에서 가장 존경을 받는 황후로 자리매김했다.

2. 해릉왕이 남송 정벌을 떠난 틈을 타 황제를 칭하다

완안옹의 외삼촌 이석(李石)은 해릉왕이 연경에서 황궁을 건설할 때 황성(皇城)의 단문(端門)을 지키고 있었다. 해릉왕이 연경으로 천도한 후에, 이석은 관례에 따라 입조해 해릉왕을 배알했다.

해릉왕이 그를 보고 말했다.

"너는 갈왕(완안옹)의 외삼촌이 아닌가?"

이석은 황제의 말에 등골이 서늘해졌다. 만약 살인마 황제가 변덕을 부려 완안옹을 살해하면 자기도 살아남을 수 없다는 것을 알고 있었기 때문에, 황제의 말이 자꾸 귓가에 맴돌았다. 얼마 후 그는 홍중소윤으로 임명되었다. 임기가 끝나자마자 병을 핑계로 고향 동경(東京: 요령성 요양·遼陽)에 은거했다.

정륭 6년(1161) 해릉왕이 군사를 일으켜 남송 정벌에 나섰다. 그런데 서북로초토사의 역사 살팔이 거란인의 반금 세력을 규합한 모극 괄리와 함께 반란을 일으켜 함평부를 점령하고 동경을 위협했다.

당시 완안옹은 동경유수였는데 해릉왕은 자기 후궁의 아버지 고존복(高存福)을 동경부유수로 임명하여 그를 감시하게 했다. 완안옹은 동경성을 방어하기 위하여 파속로(婆速路: 요령성 단동·丹東)에 주둔한 병사 400여 명과 동경성의 장정 수백여 명을 휘하에 두었다. 그는 외삼촌 이석에게 동경성의 치안을 부탁하고 오연사랄(烏延查剌) 등 장수들을 거느리고 반란군을 토벌하러 떠났다.

같은 해 9월 완안옹은 반란군을 토벌하고 동경으로 돌아왔다. 동경부유수 고존복은 황제의 밀명을 받고 완안옹의 일거수일투족을 감시했다. 완안옹은 무기를 제조하고 남은 재료로 갑옷 수십 벌을 별도로 만들었다.

고존복이 그것들을 보고 의심이 들어 완안옹에게 물었다.

"동경유수께서는 어찌하여 갑옷을 만들었습니까?"

완안옹은 동경성 방어를 강화할 목적으로 만들었다고 둘러댔지만 의심을 피할 수 없었다. 고존복은 비밀리에 해릉왕에게 사자를 보내 완안옹이 역모를 꾀하고 있으니 죽여야 한다고 아뢰었다.

지군(知軍: 지방 행정 단위인 군·軍을 관할하는 관직) 이포속월(李蒲速越)은 고존복이 완안옹을 죽이려는 음모를 꾸미고 있음을 염탐하고 완안옹에게 대비책을 세우게 했다.

이석이 외종질 완안옹에게 말했다.

"황제는 포악하고 잔인하기 그지없는 자이다. 하루빨리 거병하여 황제를 처단하지 않으면, 우리 집안은 멸문의 화를 당할 거야."

완안옹도 더 이상 망설일 수 없었다. 해릉왕이 남송 원정을 떠난 틈을 타서 군사를 일으키면 어렵지 않게 도성 연경을 점령할 수 있다고 판단했다. 더구나 종실과 대신들 대부분이 황제의 공포 정치에 원한이 사무쳤기 때문에 자신을 지지해 줄 것이라는 확신이 들었다.

완안옹은 반란군을 방어한다는 명목으로 종실, 장수들을 동경의 청안사(淸安寺)에 소집한 후 기회를 틈타 고존복을 체포했다.

남정만호 완안복수(完顏福壽), 고충건(高忠建), 노만가노(盧萬家奴) 등 장수들은 해릉왕을 따라 병사 2만여 명을 이끌고 남송 정벌에 나섰다. 그들은 완안옹이 동경에서 해릉왕에게 반기를 들었다는 첩보를 듣고 산동 지방에서 군대를 북쪽으로 돌려 동경으로 떠났다.

완안복수 등이 요구(遼口: 요령성 영구·營口)에 이르렀을 때 완안옹은 그들이 어째서 해릉왕의 군영을 이탈하여 동경으로 오고 있는지 알 수 없었다. 그는 측근 도단사충(徒單思忠)을 보내 그들의 의도를 알고 싶었다.

도단사충이 말을 타고 완안복수의 군영으로 들어가 물었다.

"장군께서는 왜 이곳에 왔습니까?"

해릉왕의 어명을 받고 완안옹을 토벌하러 온 것인지, 아니면 완안옹에게 귀부하려고 온 것인지 알고 싶었다.

완안복수가 남쪽을 가리키며 말했다.

"완안량(해릉왕)은 이미 도의를 잃어 천하를 보전할 수 없소. 조국공(완안옹)은 태조의 친손자이오. 그래서 우리가 그를 황제로 추대하려고 온 것이오."

그의 부하 장수들은 모두 동쪽 동경을 향해 만세를 외쳤다. 이때 파속로병마도총관 완안모연(完顔謀衍)도 병사 5,000여 명을 이끌고 완안옹에게 귀부했다. 완안모연은 완안옹 앞에서 무릎을 꿇고 신하의 예의를 갖추었다. 이는 완안옹을 황제로 추대하겠다는 뜻이었다.

정륭 6년(1161) 10월 완안복수 등은 고존복 일당을 살해한 후 완안옹을 황제로 추대했다.

완안옹은 38세 때 제5대 황제로 등극했다. 그가 금나라를 중흥으로 이끈 금 세종(金世宗)이다. 즉위 직후에 연호를 대정(大定)으로 정했다. 아울러 자기를 황제로 추대한 완안모연을 우부원수로, 고충건을 원수좌감군으로, 완안복수를 우감군으로, 노만가노를 현덕군절도사로 각각 임명함으로써 친정 체제를 구축했다.

당시 도성 중도(中都: 북경)에서는 좌위장군 포찰사리지(蒲察沙離只)가 중도유수동지를 겸임하며 황궁 사무를 관장하고 있었다. 봉국상장군 완안아쇄(完顔阿瑣)와 노왕 완안알자(完顔斡者)의 손자 완안장(完顔璋)은 완안옹이 동경에서 황제로 추대되었다는 얘기를 듣고 포찰사리지에게 함께 금 세종에게 귀부하자고 했다. 그가 거부하자 그를 죽이고 동경으로 사자를 보내 금 세종을 황궁으로 모셔오게 했다.

이석이 금 세종에게 아뢰었다.

"지금 해릉왕은 강회(江淮) 지방에 머물러 있으며, 도적이 벌떼처럼 일어나 사방이 혼란에 빠졌습니다. 백성들은 폐하께서 동경에서 오시기를 간절히 바라고 있습니다. 이 기회를 틈타 친히 중도로 향하시어 천하의 중심을 접수하시고 호령을 내리소서. 이는 천추만대의 대업이 될 것이옵니다."

같은 해 12월 금 세종은 대신들을 거느리고 중도에 입성하여 태조묘를 참배한 후 황궁의 정원전(貞元殿)에서 문무백관의 하례를 받았다.

한편 해릉왕은 먼저 남송을 멸망시키고 북상하여 황제를 칭한 완안옹을 죽이려고 했으나, 남송군에게 참패한 후 부하 장수들에게 살해당했다.

3. 직언을 장려하여 언로를 창달하다

대정 2년(1162) 정월 초하루 일식이 발생했다. 금 세종은 즉위하자마자 일어난 자연 현상을 하늘이 내린 경고로 여기고 두려워했다. 즉시 가무를 중단하고 음식의 가짓수를 줄이게 했으며 조회를 열지 않고 홀로 근신했다. 그는 백성들에게 선정을 베풀지 않으면 하늘이 자신을 징벌할 것이라는 두려움을 느꼈다.

금 세종은 근신을 마치고 나서 국가를 잘 다스리려면 무엇보다도 먼저 현명하고 유능한 관리들이 필요하다고 보고 재상에게 특별히 당부했다.

"자신보다 재능이 뛰어난 자가 있는데 그와 권력을 나누는 것을 두려워하여 그를 자신과 동등한 지위에 추천하지 않는 경우가 많다. 짐은 이를 아주 못마땅하게 여기므로, 경은 이런 마음을 품지 마오."

며칠 후 그는 선황제들을 모신 산릉(山陵)에 행차하여 제사를 지내고 환궁하는 도중에 사냥을 하고 싶었다.

좌승상 완안안(完顔晏)이 간언했다.

"변방의 전란이 아직 평정되지 않았으니 유람과 사냥은 마땅치 않사옵니다."

금 세종은 그의 충고를 받아들이고 돌아와 말했다.

"짐은 항상 고대의 제왕들이 솔직하게 신하들의 간언을 수용한 것을 흠모하고 있소. 경들은 할 말이 있으면 즉시 말하고 침묵으로 편안함을 취하지 마오."

그런데 예나 지금이나 아랫사람의 의견과 바람이 최고 통치자에게 전해지는 것은 쉬운 일이 아니다.
금 세종은 여러 차례 신하들에게 의견을 가감 없이 말해주기를 바랐지만 여전히 언로가 창달되지 않자 또 이렇게 말했다.

"짐이 최근에 밖에서 의논하는 말을 들으니 일을 아뢰기가 매우 어렵다고 하오. 짐은 실행 가능한 일이라면 한 번도 따르지 않은 적이 없소. 지금부터는 숨김없이 아뢰기 바라오. 짐은 원래 경들의 솔직한 말을 듣는 것을 좋아하오."

그는 한 걸음 더 나아가 백성들의 의견도 구체적으로 듣고 싶어 했다.

"백성들이 상소한 것들은 상서성에서 자세히 읽어보고 정리하여 짐에게 아뢰라고 여러 차례 말했소. 하지만 경들은 백성들의 상소를 중간에서 차단하고 짐에게 아뢰지 않았소. 따라서 천하의 백성들은 짐이 말만 하고 실천은 하지 않는다고 말하는 것이오. 지금 당장 백성들이 상소한 내용을 조목조목 정리하여 짐에게 아뢰기 바라오."

그는 또 이렇게 말했다.

"백성들이 글을 올려 시정(時政)을 진술한 내용들 중에는, 짐이 정사를 돌보는 데 오히려 도움이 되는 것이 있소. 경들은 국가의 중요한 자리에 있으면서도 올바른 건의나 개선책을 내놓지 않으니, 어찌 이것이 옳다고 하겠는가. 경들이 송사(訟事)를 듣고 판단하며 문서에 판결 날짜를 기록하는 일은 누가 못하겠는가? 당요(唐堯), 우순(虞舜) 같은 성군들도 여러 방면을 살피고 널리 참고하여 태평성대를 이루었소. 정륭 연간에는 군주가 독단적으로 처리했기 때문에 망한 것이오. 짐은 아침저녁으로 바른 말을 듣고자 하니 경들은 짐의 뜻을 헤아려야 하오."

평민들이 상소한 내용들에도 국정에 도움이 되는 것이 있는데 하물며 국가의 요직에 있는 대신들은 어찌하여 국가를 경영하는 데 필요한 올바른 계책을 수립하여 황제에게 아뢰지 않느냐는 비판이다. 소송 건을 처리하고 문서를 작성하는 일은 말단 관리들의 소임일 뿐이라는 것이다.

금 세종은 대정 4년(1164) 8월에도 또 이런 문제점을 지적했다.

"경들이 매번 아뢰는 것은 모두 평범한 일뿐이오. 국가를 다스리고 백성을 안정시키는 일이나 조정에서 시행한 정책 중에서 백성을 불편하게 한 것은 단 한 번도 언급하지 않았소. 이렇게 일하면 누가 재상의 직책을 맡지 못하겠는가?"

금 세종이 생각하는 고위 관료들의 책무는 오늘날에도 그대로 적용된다고 본다.

그는 오히려 대신들이 국정에 관한 사무를 수시로 아뢰지 않는 것을 불편하게 생각하고 말했다.

"짐이 즉위한 지 반년도 채 지나지 않았는데 처리할 일은 아주 많소. 요즘 경들이 아뢰는 장계(狀啓)가 전혀 없구나. 짐이 구중궁궐에 있기 때문에 경들의 보필에 의지할 수밖에 없소. 각자 생각하는 바를 수시로 말해주기 바라오. 짐이 어찌 게으름을 피우겠는가."

정치의 궁극적인 목표는 백성들이 편안하게 살 수 있게 하는 것이다. 관리들이 게으름을 피우지 않고 공무를 성실히 수행해야 가능한 일이기에, 그는 또 이렇게 말했다.

"경들은 백성들에게 주는 이익과 해악을 살피고 발생한 사건의 옳고 그름을 헤아려 때에 맞게 짐에게 아뢰어야 하오. 공무를 처리하면서 한가한 시간이 생겨도 편안함을 추구하여 유유자적하게 지내서는 안 되오."

권력자는 정권을 잡으면 제일 먼저 강조하는 것들 중의 하나가 국민의 여론을 가감 없이 청취하여 국정에 반영하겠다는 얘기이다. 하지만 대부분 초심을 잃고 독단과 편견에 사로잡혀 정치를 망친다. 금 세종은 집권 후반기에 이르러서도 여전히 신하들이 자기에게 직언을 해주기를 진심으로 바랐다.

대정 8년(1168) 금 세종은 새해 원단을 맞이하여 신하들에게 이런 말을 했다.

> "짐은 경들과 함께 천하를 다스리고 있소. 짐이 잘못한 일이 있으면 각자 짐의 면전에서 아뢰어 부족함을 보필하기 바라오. 경들은 짐에게 아첨하고 순종하여 안락한 관직 생활을 추구해서는 안 되오. 경들은 국가의 요직을 맡고 있으므로 국가를 이롭게 하는 도(道)를 행하여 명성을 떨쳐야 하오. 만약 게으르고 편안한 생활만 취한다면, 지금은 편하겠지만 후세에는 과연 어떤 평가를 받겠는가."

유교의 이상적인 통치 방법 중의 하나는 군주와 신하의 협치이다. 군주의 권력과 신하의 권력이 조화를 이루었을 때 상호 감시 기능이 제대로 작동하고 언로가 창달된다.

금 세종은 절대 권력을 가진 황제였음에도 불구하고 신하들의 직언을 기꺼이 듣고 수용했다. 그는 언제나 후대 사람들의 자신에 대한 평가를 염두에 두고 있었기 때문에 아부하는 자를 경계했다. 신하들은 황제의 말을 듣고 모두 만세를 외쳤다. 이런 황제를 보필하는 신하들은 참으로 운이 좋고 행복했을 것이다.

신하의 직언을 개의하지 않고 듣는 군주가 있으면, 충신이 나오는 법이다.

원로 대신 맹호(孟浩)는 충직하고 직언을 아끼지 않아서 황제의 총애를 받았다. 그는 늙고 병이 들자 기주자사 관직을 그만두고 고향에 은거했다.

대정 7년(1167) 금 세종은 그를 어사중승으로 기용했으며, 또 한 달 후에 참지정사로 발탁했다.

하지만 어사중승에서 곧바로 참지정사로 승진한 전례가 없었기 때문에, 맹호가 황제에게 아뢰었다.

"폐하께서 파격적으로 발탁하신 은혜는, 신이 감당할 수 없사옵니다.

금 세종이 말했다.

"경은 자사를 그만두고 중승에 제수되었소. 국가가 인재를 등용하는데 어찌 반드시 등급에 구속되겠는가? 경은 공정하고 충직하며 부지런하게 정사를 돌보았소. 비록 나이가 많아도 몇 년은 더 국가를 위해 힘을 쓸 수 있다고, 짐은 오래전부터 생각하고 있소."

맹호는 머리를 조아리며 성은에 감사할 수밖에 없었다.
어느 날 금 세종이 태자가 거주하는 동궁의 양루(凉樓)에 전각을 증축하려고 하자 맹호가 간언했다.

"태자 또한 신하의 신분입니다. 만약 그가 거주하는 궁실이 지존과 동일하다면 제도에 위배되지 않을까 두렵습니다. 검소함을 미덕으로 삼으셔야 하옵니다."

그의 간언을 흔쾌히 받아들인 금 세종은 공사를 중지시키고 태자에게 말했다.

"짐은 평소에 한 문제(漢文帝)가 진심으로 근검절약한 생활을 마음속으로 흠모해 왔다. 이제 너도 이를 준칙으로 삼아야 한다."

얼마 후 태자의 생일이 되자 금 세종이 동궁에서 대연을 열고 신하들을 초대했다.

그는 큰 옥(玉)으로 만든 술잔과 황금 500냥을 승상 흘석렬지녕(紇石烈志寧)에게 하사하고 대신들을 돌아보며 말했다.

"경들도 공을 세우면 짐이 이와 같이 포상하겠소."

이윽고 또 말했다.

"참지정사 맹호는 공정하고 과감히 간언하였으므로 중승에서 곧바로 집정으로 발탁하였소. 경들도 이와 같으면 서열을 따지지 않고 파격적으로 중용하겠소."

맹호가 황제에게 아뢰었다.

"옛날부터 상벌을 분명히 하지 않고 국가가 잘 다스려졌다는 얘기는 아직 듣지 못했습니다. 국가가 선행을 한 자를 포상하고 악행을 저지른 자를 처벌하는 일은 많이 있겠지만, 천하의 사람들은 그 사실을 알지 못합니다. 지금부터는 공을 세운 자를 포상하고 죄를 지은 자를 처벌할 때마다 반드시 그 사유를 널리 알려 대신들로 하여금 부지런히 노력하게 하고, 소인들로 하여금 두려워하며 경계하게 하소서."

요컨대 신상필벌의 원칙을 지키고 그것을 세상에 널리 알려야 만이 국가가 잘 다스려진다는 주장이다. 금 세종은 맹호의 간언이라면 이의를 제기하지 않고 모두 받아들였다.

맹호는 대정 13년(1173)에 세상을 떠날 때까지 충언을 아끼지 않아 금 세종 시대의 대표적인 충신으로 자리매김했다. 금 세종은 그의 공로를 치하하여 특별히 코뿔소 뿔로 만든 혁대를 하사했다.

한족 출신 양백웅(楊伯雄)은 황통 2년(1142)에 진사 급제했다. 해릉왕 완안량이 중경유수로 있을 때 그를 처음 만나 세상의 일을 논한 후 막역지우로 삼았다.

양백웅이 한주(韓州)에서 군사판관을 맡고 있었을 때의 일이다. 어느 날 상인으로 변장한 도둑 두 명이 관아에 찾아와 여관 주인에게 학대를 당하고 금전을 빼앗겼다고 호소했는데 사실은 양백웅을 속여 금전을 갈취할 속셈이었다.

양백웅은 사건의 진상을 자세히 파악하여 두 사람의 음모를 밝히고 연루자 10여 명을 엄하게 처벌했다. 현지 주민들은 양백웅의 공정한 법 집행에 놀라 복종하지 않은 자가 없었다.

그 후 양백웅은 응봉한림문자로 승진하여 도성에서 근무했다. 당시 완안량이 집정(執政)이었는데 양백웅에게 자신의 저택으로 찾아오라고 당부했다. 양백웅은 승낙했지만 가지 않았다.

어느 날 완안량이 그 이유를 묻자, 양백웅은 이렇게 대답했다.

"군자는 남이 자기를 알아주면 예의를 갖추어 나가는 것일 뿐이지, 남에게 아부하며 출세를 꾀하는 것은 제 본래의 성품이 아닙니다."

완안량은 그의 말을 듣고 더욱 그를 존중했다. 황통 9년(1149) 12월 완안량이 금 희종을 시해하고 황제의 옥좌를 차지했다. 해릉왕은 평소에 눈여겨보았던 양백웅을 우보궐, 수기거주 등 관직에 임용했다.

어느 날 해릉왕이 양백웅에게 물었다.

"군주가 천하를 다스릴 때 가장 소중한 도(道)는 무엇인가?"

양백웅이 대답했다.

"고요함이 가장 소중합니다."

다음 날 해릉왕이 그에게 또 물었다.

"짐이 여러 부족의 맹안을 변방으로 보내 지키게 했는데 어제 경의 대답이 이를 두고 '고요하지 않다.'라는 뜻이었소?"

양백웅이 대답했다.

"군대를 변방에 분산 배치하는 것은 남북이 서로 의지하게 하는 장기적인 방책이옵니다. 신이 말한 '고요함'이란 다만 백성을 소란스럽게 하지 않는 것을 뜻할 뿐이옵니다."

맹안이 거느리는 부족민들을 변방으로 보내 지키게 하는 일은 백성을 괴롭히고 힘들게 하는 민폐이므로 그렇게 하지 말라는 충고이다. 양백웅은 백성이 징집의 고통이 없이 안락하게 사는 것을 '고요함'으로 표현했다.

해릉왕이 또 한밤중에 귀신에 대해서 물어보자 양백웅이 이렇게 대답했다.

"옛날에 한 문제(漢文帝)가 한밤중에 가의(賈誼)를 침전으로 불러들여 백성에 대해서는 묻지 않고 귀신에 대해서만 물어보았기 때문에 후세 사람들에게 비난을 받았습니다. 폐하께서는 신이 우매하다고 생각하지 않으시고 천하를 다스리는 큰 계책을 물어보셨습니다. 그런데 오늘 귀신에 대하여 물어보시니 신은 귀신에 관해서는 배운 바가 없습니다."

군주는 어떻게 천하를 잘 다스려 백성들을 편안하게 살 수 있게 하는 것에 집중해야지, 귀신 따위의 초현실적인 것에는 관심을 두지 말라는 따끔한 충고이다.

하지만 해릉왕이 이렇게 말했다.

"그냥 말해 보시오. 긴 밤의 피로를 달래고자 할 뿐이오."

양백웅은 어명을 거역하지 못하고 부득이하게 말했다.

"신의 집에는 이야기 책 한 권이 있습니다. 죽은 사람이 환생하여 염라대왕에게 어떻게 하면 죄를 범하지 않을 수 있냐고 물었습니다. 염라대왕이 대답했습니다. '네가 일기장 한 권을 마련하여 낮에 한 일을 저녁에 기록해놓아라. 기록할 수 없는 일을 하지 않으면 된다.'"

이는 참으로 의미심장한 말이다. 사람들은 백주대낮에 저지른 나쁜 일은 보통 일기장에 기록하지 않을 것이다. 바로 일기장에 기록할 수 없는 일을 하지 않으면 된다는 뜻이다. 해릉왕은 그 의미를 깨닫고 안색이 변했다.

정륭 6년(1161) 해릉왕이 남송을 친히 정벌하겠다고 선포했다.
양백웅이 간언했다.

"진무제(晉武帝: 서진 개국황제 사마염·司馬炎)가 오나라를 평정할 때도 장수들에게 명령을 내려 출정시켰을 뿐입니다. 폐하께서는 어찌하여 친히 군대를 이끌고 남정(南征)하시려고 합니까?"

해릉왕은 양백웅의 간언을 듣지 않고 남송을 정벌하러 떠났다가 결국 피살되었다.

금 세종은 남송 정벌을 강하게 반대하여 조정에서 쫓겨나 고향에서 은거하고 있는 양백웅이 진정한 충신임을 알았다. 그를 조정으로 불러들여 간의대부, 한림직학사 등 고위 관직에 임명했다. 금 세종은 항상 그를 곁에 두고 조언을 구했다.

대정 6년(1166) 금 세종이 서경(西京) 순행을 준비하면서 양형(涼陘)에 들러 피서하려는 계획을 세웠다. 양백웅은 간관들을 이끌고 궁궐에 들어가 지금은 순행을 떠나 피서를 즐길 때가 아니라고 주장했다. 금 세종은 그의 끈질긴 만류에도 아랑곳하지 않고 순행하다가 양형에서 문제가 발생하여 궁궐로 돌아오는 수밖에 없었다.

그가 양백웅을 예부상서로 임명하고 측근에게 말했다.

"신하들 중 재능이 뛰어난 자는 많으나, 양백웅처럼 충직한 자는 없구나."

그는 또 양백웅을 불러 말했다.

"관룡방(關龍逄)과 비간(比干)은 충언을 하다 죽었는데 만약 현명한 군주를 만났더라면 어찌 그리 되었겠는가?"

양백웅이 답하였다.

"위징(魏徵)이 어진 신하가 되고자 한 것도, 바로 자신이 현명한 군주를 만났다고 생각했기 때문입니다."

관룡방은 하(夏)나라 걸왕(桀王)에게 간언하다 죽은 충신이며, 비간은 상(商)나라 주왕(紂王)에게 간언하다 죽은 충신이다. 관룡방과 비간은 중국 역사에서 충신의 상징이며, 걸왕과 주왕은 폭군의 상징이다. 위징은 당 태종 이세민에게 직언을 아끼지 않은 성공한 충신이었다.

중국 고대에서 당 태종과 위징의 관계를 군주와 신하의 가장 이상적인 관계로 본다. 금 세종은 당 태종처럼 성군이 되고자 했으며, 양백웅도 위징처럼 성공한 충신이 되고자 한 것이다.

대정 17년(1177) 6월 금 세종이 재상에게 이렇게 당부했다.

"짐은 이미 늙은 나이가 되었소. 일시적인 기쁨이나 노여움으로 처리한 일이 잘못되지 않을까 걱정이오. 경들은 짐이 잘못하면 즉시 지적해야 하오. 겉으로만 순종하여 짐의 과실을 만들지 마오."

당시 그의 나이는 54세였다. 옛날 사람들의 평균 수명을 감안하면 그는 죽을 나이가 지났다고 해도 이상하지 않다. 나이가 들면 판단이 흐려지는 것은 생로병사 과정의 한 부분이다. 그는 이 점을 걱정하여 신하들이 자신의 과오를 지적해주기를 바랐다. 성군의 자질을 타고나지 않았으면 이런 말을 하지 못했을 것이다.

몇 달이 지난 후 그가 또 말했다.

"짐의 올해 나이가 쉰다섯 살이오. 만약 예순이 넘도록 산다면 그때 무슨 일을 이루고자 해도 할 수 없을 것이오. 지금 짐이 건강할 때 여진인의 맹안모극 제도, 국가의 정사(政事) 중 아직 완성하지 못한 일, 통일되지 않은 법령 등을 모두 올바르게 처리하여 시행해야 하오. 짐은 시행할 모든 일에 조금도 게으름을 피우지 않을 것이오."

금 세종이 세상을 떠나기 10여 년 전에 한 말이다. 그가 금나라의 전성기를 연 것은 결코 우연이 아니었다.

4. 사치를 배격하고 실질을 숭상하다

국가는 제왕의 소유이며 백성은 제왕의 자식이었던 봉건 왕조 시대에, 천재지변이나 변란이 일어나 백성의 삶이 도탄에 빠졌을 때 정상적인 제왕이라면 스스로 자신을 책망하고 매사에 솔선수범함으로써 위기를 돌파하고자 했다. 대체적으로 성공한 제왕들은 사치를 배격하고 실용을 중시했다.

대정 8년(1168) 금 세종이 비서감 이랄자경(移剌子敬)에게 말했다.

"옛날 요임금, 순임금 시대에는 화려한 장식을 하지 않았으며, 한나라 시대에는 한 문제만이 검소한 생활에 힘썼소. 짐은 궁실을 거대하게 짓고 화려하게 꾸미는 일이 사직을 망치는 길이라고 생각하오. 궁실이 낡아 어쩔 수 없이 수리해야 한다면, 비용은 궁인들의 연간 경비를 줄여 충당하고 더 이상 새 건물을 짓지 않겠소. 궁궐에서 연회를 베푸는 일에는, 최근에 태자의 생일과 설날 아침에만 술을 마셨소. 예전에도 정월대보름과 추석에만 술을 마셨는데 결코 취하지 않았소. 짐은 불교에 대해서는 믿음이 없소. 옛날에 양 무제는 동태사(同泰寺)의 노예가 되었으며, 요 도종은 백성들의 가옥을 사찰 승려에게 하사했을 뿐만 아니라, 삼공(三公: 태사·태부·태보)의 관직까지 더 했으니 그 미혹은 참으로 심각했소."

요임금과 순임금은 중국 고대인들이 가장 숭상하는 두 성군이다. 그래서 요순 시대는 동아시아인의 마음속에 가장 이상적인 유토피아로 자리매김했다.

한나라 제5대 황제인 한 문제 유항(劉恒·기원전 203~기원전 157)은 재위 24년 동안 근검절약하고 선정을 베풀어 국가를 중흥으로 이끈 성군이다. 금 세종은 마음속으로 유항을 본받아 요순 시대가 다시 오기를 기대했을 것이다.

양무제 소연(蕭衍·464~549)은 천재적 재능을 타고나고 인품이 인자하여 정치적 업적을 이룩했을 뿐만 아니라, 문학·예술 방면에도 걸작을 많이 남겼다. 하지만 집권 후반기에 이르러서 불교를 지나치게 맹신하여 대규모의 불사를 자주 일으켰다. 결국 그는 '황제보살'이라는 찬사를 받았지만 국고를 탕진한 끝에 후경(侯景)의 반란을 진압하지 못하고 비참하게 죽었다.

요 도종 야율홍기(耶律洪基·1032~1101)도 불교에 심취하여 불교를 선양하는 데 엄청난 국고를 탕진하여 요나라를 망국의 길로 접어들게 한 장본인이다. 요나라는 불교 때문에 망했다고 해도 과언이 아닐 정도로 불교의 폐해가 심각했다.

금 세종이 불교를 맹신한 두 사람을 거론하고 불교를 믿지 않는 것에는 두 가지 이유가 있다고 본다. 첫째, 유교의 이념으로 국가를 통치하겠다는 생각이 강했으므로 불교를 배척할 수밖에 없었다. 둘째, 불교가 성행하면 불사를 일으키는 데 엄청난 재화가 필요하기 때문에 근검절약을 중요한 덕목으로 삼은 그가 불신할 수밖에 없었을 것이다.

대정 14년(1174) 4월 금 세종이 재상에게 말했다.

"어리석은 백성들이 복을 빌기 위해 불교 사원을 많이 짓는다는 얘기를 들었소. 이미 법령으로 금지했는데도 여전히 위반자가 많소. 법령을 다시 공포하고 단속하여 백성들이 재물을 낭비하지 않도록 하시오."

사실 금나라는 불교를 배척한 왕조가 아니다. 금 태조 아골타는 요나라 영토를 점령한 후 기존의 불교 사원을 보호하며 "불법(佛法)은 중생을 구제한다."라는 칙령을 내렸다. 샤머니즘을 믿는 여진족과 불교를 숭상하는 거란족, 한족과의 융합을 도모하기 위한 정책이었다.

금 세종도 불교 승려에게 과거 시험에 응시할 기회를 주었다. 하지만 불교 사원이 민간의 토지를 흡수하는 일이 빈번해지자 승려 1인 당 경작지를 10묘(畝: 약 6,000㎡) 이하로 제한했다. 그는 불교 세력의 팽창이 요나라가 그랬던 것처럼 망국의 원인이 되지 않을까 우려했기 때문이다.

대정 14년(1174) 금 세종이 상식국(尙食局)의 관리를 초치하여 당부했다.

"태관(太官)이 올리는 음식은 모두 백성들의 고혈이오. 지금 음식의 종류가 지나치게 많아 일일이 셀 수 없을 정도인데 낭비가 너무 심하구나. 지금부터는 입에 맞는 몇 가지 음식만 올리도록 하라."

상식국은 황실의 식생활을 총괄하는 관청이며, 태관은 그 업무를 수행하는 관직이다. 금 세종은 매일 산해진미를 즐겨도 되는 황제였지만 그것이 백성들의 피와 땀으로 만들어진 음식임을 알고 있었으므로 음식 가짓수를 줄이라고 했다. 소박한 어선(御膳)을 먹는 것은 유교에서 말하는 성군(聖君)의 절제된 생활 습관 중의 한 가지이다.

대정 16년(1176) 금 세종이 황궁의 광인전(廣仁殿)에서 태자, 친왕 등 황족들과 함께 식사를 하면서 그들을 차분히 훈계했다.

"재물을 쓸 때에는 반드시 절약하는 습관을 들여야 한다. 만약 남는 것이 있으면 친척에게 나누어 주고 함부로 낭비하는 습관을 버려야 한다."

그는 또 자신이 입고 있던 옷을 들어 보이며 말했다.

"이 의복은 짐이 입은 지 3년이 지났지만 아직도 온전하여 바꾸지 않았다. 너희들도 멀쩡한 옷을 버리는 일이 없어야 한다."

모든 재물은 백성들의 피와 땀으로 만들어진 것이므로, 그는 만백성의 어버이로서 재물을 낭비할 수 없었다. 그래서 솔선수범함으로써 귀족들이 함부로 재물을 낭비하지 못하게 한 것이다.

5. 고금의 역사를 통해 통치의 귀감을 얻다

금 세종은 해릉왕 완안량이 포악한 정치를 하고 무리하게 남송 정벌에 나서 군심이 이반했기 때문에 종실, 대신들의 지지를 받고 황제의 옥좌에 올랐다. 그래서 그는 언제나 해릉왕 시대에 일어난 일을 역사의 귀감으로 삼았다.

대정 7년(1167) 금 세종이 재상에게 말했다.

"해릉왕은 인재의 우열을 분별하지 않고 자기 마음대로 무능한 자들을 많이 발탁했소. 짐은 즉위한 이래 이를 경계로 삼아 오로지 실질적인 재능을 가진 자만을 등용해 왔소. 최근에 여주동지 이랄연수(移剌延壽)가 뇌물을 받고 부정을 저질렀다는 얘기를 들었소. 짐이 그자의 출신을 물어보니 그자는 해릉왕 시대에 매를 사육하는 응방자(鷹房子)였다고 하오. 매를 기르는 자나 주방에서 일하는 자들이 어찌 고을을 다스릴 수 있겠는가. 지금부터는 이런 부류의 직책을 맡은 자에게 백성을 다스리는 관직을 맡겨서는 안 되오."

해릉왕은 자기 마음에 드는 사람이 있으면 매를 사육하는 자나 주방에서 일하는 자에게도 백성을 다스리는 관직을 멋대로 하사했다는 얘기이다.

금 세종은 이것을 반면교사로 삼아 유능한 인재를 적재적소에 배치함으로써 해릉왕 시대의 적폐를 청산하고 효율적인 통치를 이루고자 했다. 이를 통해 그가 능력주의 인사 정책을 폈음을 알 수 있다.

이듬해 그는 또 이런 말을 했다.

"유송(劉宋) 전 폐제(前廢帝)는 상동왕 유욱(劉彧)을 '돼지 왕'이라고 부르고 우리에 가두어 먹이를 던져주며 조롱했소. 그가 저지른 만행은 역사서에 기록되어 선을 권하고 악을 징계하는 교훈이 되었소. 해릉왕은 심복에게 기거주(起居注)를 관장하게 했는데 기록한 내용이 대부분 사실과 다르오. 이제 역사 자료들을 두루 찾아보아 사실을 규명하여 상세하게 기록하라."

유송 전 폐제는 남북조 시대 송나라(420~479)의 폭군으로 악명을 떨친

제6대 황제 유자업(劉子業·449~466)을 지칭한다. 어린 나이에 즉위한 유자업은 그의 숙부 상동왕 유욱(439~472) 등 황족을 가축처럼 취급하며 학대했다. 결국 상동왕 유욱이 궁정 정변을 일으켜 유자업을 시해하고 황제로 등극했다. 그가 남조 송나라 제7대 황제인 송 명제(宋明帝)이다. 그도 자기 형제들을 살해하고 폭정을 일삼다가 죽었다.

그의 아들 후 폐제(後廢帝) 유욱(劉昱·463~477)은 살인을 취미로 삼고 시체를 난도질하여 꺼낸 장기를 보고 희희낙락한 최악의 군주였으며 결국 송나라를 패망의 길로 접어들게 했다.

금 세종은 이러한 남조 송나라 황제들의 폭정을 낱낱이 기록하여 더 이상 그런 비극이 일어나지 않기를 바랐다.

기거주는 군주의 일상 생활을 낱낱이 기록한 것인데 군주가 세상을 떠난 후에 실록을 편찬할 때 기초 자료가 된다. 군주는 살아생전에 사관의 독립성을 보장하기 위하여 기거주를 열람하지 않는 전통이 있었다.

금 세종은 해릉왕이 기거주를 멋대로 조작했다고 확신하고 바로잡도록 했다. 이는 선악을 분명히 구분해 후세에 교훈을 전달한다는 유교적 역사관인 춘추필법으로 자신의 통치 권력의 정당성을 확보하기 위한 목적이기도 했다.

참지정사 맹호가 아뢰었다.

"훌륭한 사관은 곧은 필치로 임금의 모든 행적을 기록합니다. 옛날부터 제왕들이 스스로 자신에 대한 기록을 열람하지 않는 뜻도 바로 여기에 있사옵니다."

대정 9년(1169) 금 세종이 선휘사 경사휘(敬嗣暉), 비서감 이랄자경(移剌子敬)과 고금의 역사를 논하면서 말했다.

"망한 요나라에서는 군주의 음식을 마련하고자 매일 양 300마리를 도축했다고 들었는데 어찌 그것들을 다 먹을 수 있었겠는가? 헛되이 생명만 해칠 뿐이었소. 짐은 비록 지존의 지위에 있지만 식사를 할 때마다 항상 가난한 백성들의 굶주림을 내 자신의 일처럼 생각하오. 몸으로는 악행을 저지르면서 입으로는 복을 빈다면, 무슨 이득이 있겠는가. 해릉왕이 장중가(張仲軻)를 간의대부로 기용했으나, 그로부터 어떤 충고도 듣지 못했소. 짐이 대신들과 국사를 논할 때 바르지 않은 일은 언급하지 않소. 그런데도 경들은 올바른 대답을 하지 않으니, 어찌 신하된 자의 도리를 다한다고 할 수 있겠는가?"

장중가는 시정잡배였는데 음란한 이야기와 웃기는 말을 잘하여 해릉왕의 총애를 받아 비서랑, 간의대부 등 관직에 임용되었다.
어느 날 해릉왕과 장중가는 『한서(漢書)』를 논하며 이런 대화를 나누었다.

"한나라 강토는 겨우 7~8천리에 불과했는데 지금 우리나라는 강토가 만 리에 이르니 참으로 크다고 하겠다."

"본조(本朝)의 강토는 아주 광활하지만 천하에는 4개국이 있습니다. 남쪽에는 송나라, 동쪽에는 고려, 서쪽에는 서하가 있습니다. 이 3개국을 통일해야 비로소 진정한 대국이라 할 수 있사옵니다."

"송나라는 무슨 죄가 있다고 정벌해야 하는가?"

"최근에 송나라 사람들이 말을 사들이고 무기를 수리하며 산동 지방에서 반란을 일으킨 자들을 받아들이고 있다는 얘기를 신이 들었습니다.

따라서 그들이 어찌 죄를 저지르지 않았다고 할 수 있겠습니까?"

해릉왕이 기뻐하며 말했다.

"송나라 유귀비(劉貴妃)는 절세의 미인인데 촉나라 화예(華蕊)와 오나라 서시(西施)도 그녀에게 미치지 못한다고, 예전에 양충(梁珫)이 짐에게 말한 적이 있구나. 지금 병사를 일으켜 송나라를 정벌하여 멸망시키면 천하의 미인을 얻을 수 있겠구나. 이를 두고 일거양득이라 하지 않겠는가. 강남에서 내가 거병했다는 했다는 소식을 들으면 반드시 도망칠 거야."

해릉왕이 패가망신한 결정적인 이유 중의 한 가지는 장중가라는 허풍쟁이 만담꾼의 말만 믿고 단행한 남송 정벌 때문이었다. 어리석고 탐욕스러운 군주에게 가장 어울리는 자는 감언이설과 술수에 능한 간신이다. 그래서 금 세종은 해릉왕과 장중가의 이야기를 타산지석으로 삼은 것이다. 대정 11년(1171) 금 세종이 동궁으로 행차하여 태자에게 말했다.

"내 아들이 황위를 계승할 태자의 자리에 있구나. 짐이 너를 위해 천하를 다스릴 기반을 마련해 놓았으니 네가 다시 힘들게 경영할 일은 없을 것이다. 너는 오로지 조상의 순박하고 두터운 풍습을 잊지 않고, 도덕을 부지런히 닦는 것을 효도로 삼으며, 상벌을 분명하고 공정하게 하는 것으로 다스림을 삼으면 된다. 옛날에 당 태종은 그의 아들 당 고종에게 '나는 고구려를 정복하지 못했는데 너는 반드시 정복해야 한다.'라고 당부했다고 한다. 이웃 국가를 정벌하는 이런 일은 짐이 너에게 물려주지 않겠다."

"요나라 해빈왕은 백성들이 그의 아들을 사랑하는 것을 시기하여 죽였으니 이게 말이나 되는 소리인가. 자식이 백성들에게 많은 사랑을 받는 것은 참으로 아름다운 일인데도, 그는 이런 패륜을 저질렀으니 요나라가 어찌 망하지 않을 수 있었겠는가? 당 태종은 도리를 아는 군주였지만 아들 당 고종에게 이런 말을 한 적이 있다. '너는 이적(李勣)에게 아무런 은혜도 베풀지 않았다. 지금 내가 적당한 구실로 그를 좌천시켰다. 내가 죽은 후에 네가 그를 복야(僕射)에 제수하면, 그는 너에게 충성을 다할 것이다.' 백성들을 다스리는 군주가 어찌 이런 술수를 쓴단 말인가. 아버지에게 은혜를 입었으면 어찌 아들에게 보답하지 않을 리가 있겠느냐? 너는 오로지 성실하고 참된 마음으로 신하들을 다스려야 한다."

금 세종은 태자 완안윤공(完顔允恭·1146~1185)을 무척 총애했다. 완안윤공의 생모는 금 세종이 진심으로 사랑하고 존경한 명덕황후 오림답씨이다.

완안윤공은 대정 2년(1162)에 태자로 책봉되어 아버지에게 후계자 수업을 받았다. 금 세종은 아들에게 치국의 도를 전수하면서 당 태종 이세민과 해빈왕 야율연희를 역사의 사례로 들었다.

이세민은 오늘날 중국에서 최고의 성군으로 추앙받는 인물이다. 그가 죽기 직전에 아들 당 고종에게 고구려를 정복하지 못한 일을 탄식하고 뒷날을 부탁했다고 한다. 또 재능이 뛰어난 이적을 좌천시킨 후 자신이 세상을 떠난 후에 복직시키라고 했다.

금 세종은 당 태종의 이런 유언을 아주 못마땅하게 생각했다. 아무런 이유 없이 이웃나라를 침략해서는 안 되며, 당 태종처럼 사람을 기만하는 용인술을 쓰지 말라는 것이다.

당 태종이 당 고종에게 이적을 다루는 방법을 알려준 것을 뛰어난 용인술로 칭송하지만, 금 세종의 관점으로는 신하를 농락한 것에 불과하다고 보았다.

해빈왕은 요나라 마지막 황제인 천조제 야율연희를 지칭한다. 금 세종이 해빈왕이 아들을 죽였다고 언급한 것은 간신 소봉선의 말만 믿고 넷째아들 야율오로알을 죽이게 한 사건을 말한다. 어리석기 그지없는 해빈왕이 미혹에 빠져 아들을 죽이게 했으니 요나라의 멸망은 당연하다는 얘기이다.

금 세종은 이런 역사적 사실을 예로 들어 태자 완안윤공에게 금나라를 어떻게 다스려야 하는지 가르쳤다. 그 통치 철학의 핵심은 여진족의 순수한 풍습을 유지하고 유교의 덕치와 법치의 조화를 추구하며 권모술수를 배격하고 진심으로 신하를 대하는 것이었다.

황제가 태자에게 충고하는 말을 듣고 만세를 외치지 않는 신하가 없었다.

대정 19년(1179) 금 세종이 대신들과 역사를 논하며 말했다.

"짐이 옛날의 역사서를 읽어보니 지나치게 미화하고 아첨하는 말이 많소. 대체로 역사서는 사실을 기록하는 것이 중요하지, 공허한 말과 아첨을 늘어놓을 필요는 없소. 간사한 신하들은 자신의 이익을 추구할 때 진의를 숨기고 다른 일을 구실로 당파를 결성하오. 그들은 겉으로는 시시비비를 가리는 척하지만, 속으로는 은밀히 세력을 결성하오. 짐이 옛날의 간신들을 살펴보니 국가에서 황위를 계승할 태자를 책봉할 때 현명한 자가 책봉되면 자기에게 불리하지 않을까 두려워했소."

"그래서 그들은 음흉한 일로 풍문을 퍼뜨려 현명한 자가 책봉되는 것을 막았으며, 오로지 어리석고 나약한 자만을 책봉하게 했소. 이는 훗날 어리석고 나약한 자가 황위를 계승하면 자기들이 권력을 농단하고 이익을 취하려는 음모에서 비롯된 것이오. 옛날에 진 무제가 아우를 후계자로 세우려고 했지만 간신들이 방해하여 진 혜제를 세웠소. 진(晉)나라는 잘못된 후계자 선택 때문에 혼란을 거듭하다가 끝내는 망하고 말았소. 이는 간신들의 농간이 국가를 망하게 한 분명한 증거이오."

금 세종은 중국의 역사서에도 미화와 과장이 적지 않다고 비판했다. 춘추필법을 표방한 역사서를 감히 비판한 군주는, 금 세종 이외에는 거의 없을 것이다. 역사서는 사실을 정확하게 기록하는 것이라는 단순한 정의는, 그가 얼마나 실사구시를 중시했는지 짐작할 수 있다.

진 무제 사마염(司馬炎·236~290)은 위(魏)·촉(蜀)·오(吳) 삼국 시대를 통일하고 서진(西晉·265~316)을 건국한 개국 황제이다. 그는 인품과 학식이 뛰어난 친동생 사마유(司馬攸)를 후계자로 세우려고 했으나, 무원황후 양염(楊豔), 외척 양준(楊駿) 등이 적장자가 황위를 계승해야 한다는 주장을 받아들여 적장자 사마충(司馬衷·209~307)을 태자로 책봉했다.

사마충이 제2대 황제 진 혜제이다. 그런데 진 무제가 사마충을 선택한 것은 최악의 실수였다. 사마충은 바보나 다름없는 무능한 인간이었다. "백성들이 쌀이 없으면 왜 고기죽을 먹지 않나?"라는 유명한 말을 남겼다.

진 무제는 아들이 무능하지만 대신들이 잘 보필하면 문제가 없을 것이라고 판단하고 죽었다. 결국 서진은 진 무제가 세상을 떠난 지 26년 만에 망했다. 금 세종은 서진이 망한 원인을 예로 들어 후계자 선택이 얼마나 중요한지 강조한 것이다.

6. 여진족의 정체성을 확립하여 지배 계급을 공고히 하다

금나라는 금 태조 아골타가 건국한 후 한족의 봉건 제도와 요나라의 통치 체제를 수용한 왕조였다. 통치 이념은 주로 유교 사상에 근거했으며, 종교는 여진족 전통의 무속 신앙과 불교가 혼재되었다. 주로 수렵과 유목 위주의 생활을 한 여진족은 중원 한족과 요동 거란족을 다스리기 위해서는 스스로 '한족 문명화' 정책을 펼 수밖에 없었다.

금나라 황제들도 요나라 황제들이 그랬던 것처럼 중국 변방의 황제로 만족하지 않고 중국을 지배하는 진정한 천자가 되고 싶었다. 그래서 북송을 멸망시킨 후에도 남송을 정복하여 중국 통일의 야망을 품었다.

금 세종이 중국 역사를 통달하고 당 태종 등 위대한 군주들을 끊임없이 언급한 것은, 자신이 중국 역대 왕조의 전통을 계승한 황제라는 자부심이 강했기 때문이다.

그는 한족 문명을 수용하면서도 여진족의 전통 문화 보존과 발전에 각별한 노력을 기울였다. 그가 태자에게 "너는 오로지 조상의 순박하고 두터운 풍습을 잊지 말라."고 충고한 것도 바로 이런 이유에서이다.

대정 13년(1173) 3월 남송·고려·서하 등 국가에서 사절단을 보내 금 세종의 생일인 만춘절(萬春節)을 축하했다. 금 세종은 그들을 위해 성대한 연회를 베풀었다.

며칠 후 금 세종이 대신들에게 말했다.

"회녕(會寧)은 우리나라가 흥기하여 왕업을 세운 성스러운 곳이오. 해릉왕이 영안(永安)으로 천도한 이후, 여진족은 점차 옛 풍습을 잊어가고 있소. 짐은 예전에 여진족의 미풍양속을 직접 본 적이 있었는데 지금도 잊지 않고 있소. 지금 궁중 연회와 음악은 모두 한족의 풍습을 따르고 있소. 이는 단지 예법을 갖추기 위한 것일 뿐, 짐이 진정으로 좋아하는 것은 아니오. 동궁(東宮: 태자를 지칭)은 여진 풍속을 알지 못하지만, 짐이 항상 강조하는 까닭에 아직까지 그 풍습을 보존하고 있을 뿐이오. 지금 남아있는 풍습마저도 세월이 흐르면 변하지 않을까 걱정이오. 이는 국가의 장구한 계책이 아니오. 짐은 회녕으로 행차하여 자손들에게 고유한 풍속을 보고 익히게 하겠소."

회녕은 상경 회녕부를 지칭한다. 오늘날 흑룡강성 하얼빈인데 금나라의 발상지이자 처음으로 수도를 정한 곳이다. 정원(貞元) 원년(1153) 해릉왕이 수도를 지금의 북경으로 천도하고 중도(中都)로 명명했다. 이는 중도를 중심으로 세력을 확장해 한족의 영역인 중원 지방을 효과적으로 통치하기 위한 조치였다. 금 세종이 말한 영안은 중도를 지칭한다.

중도 천도는 중국 동북 지역에서 소수민족이 세운 금나라가 중원 왕조로 변모하는 결정적 계기가 되었다. 이는 문명사적 관점에서 보면 여진족의 '한족 문명화'를 의미한다.

금 세종은 한족의 제도로 국가를 다스렸지만 자신이 여진족이라는 자부심이 대단히 강했다. 그래서 태자를 포함한 황실 자제들이 여진족의 고유한 풍습과 언어를 망각하고 한족 문명에 동화되는 모습을 안타깝게 생각하여, 그들을 데리고 여진족의 전통 문화가 살아 숨 쉬는 회녕부로 가고자 했다.

얼마 후 금 세종이 예사전(睿思殿)에 왕림하여 궁전 가수에게 여진어 노래를 부르게 한 후 태자와 친왕들을 돌아보며 말했다.

"짐은 선황제 시대에 이룬 업적을 한시도 잊은 적이 없도다. 여진족의 전통 노래를 들으면서 너희들에게 깨우침을 주고자 한다. 너희들은 어릴 적부터 한족의 풍습만 익히고 여진족의 순수하고 참된 풍습을 알지 못한다. 급기야 여진족 간에 문자와 언어가 통하지 않게 되었으니 이는 근본을 망각한 것이다. 너희들은 짐의 뜻을 받들어 여진족의 전통 문화를 보존해야 할뿐만 아니라, 자손들에게도 짐의 가르침을 준수하도록 해야 한다."

금나라 황제들은 한족의 제도로 중원 지방에 거주하는 한족을 통치했다. 금 세종도 마찬가지였지만 한족 문명이 여진족의 정체성을 약화시키는 현상을 크게 우려했다. 사실 따지고 보면, 한족 문명이 여진족 문명보다 압도적으로 우위에 있다고 해도 지나친 말이 아니다.

금 세종도 이 점을 알고 있었을 것이다. 그래서 한족 문명에 동화되지 않고 여진족의 전통 문화를 지키기 위하여 태자와 친왕들에게 자신의 뜻을 따르게 했다.

얼마 후 그는 또 여진족은 성씨를 한족 성씨로 바꾸는 것을 금하게 했으며, 대정 14년(1174)에는 "황궁을 지키는 금위군 중 여진어에 익숙하지 않은 자들은 반드시 여진어를 학습해야 하며, 향후 한어를 사용하지 못하게 하라."는 칙령을 내렸다.

금 세종은 귀족들이 여진족 고유의 이름을 버리고 한족의 이름을 택하는 풍조를 보고 충격을 받았던 것 같다. 또한 자신을 호위하는 금위군마저도 여진어를 모르고 한어로 말하는 모습을 보고 위기의식을 느꼈을 것이다.

어쨌든 당시 중원 한족은 여진족에게 지배를 받는 민족이었다. 여진족은 무력으로 한족을 정벌하고 통치했지만 세월이 흐르자 여진족이 오히려 한족에게 동화되는 기현상이 일어났다. 금 세종은 여진족이 한족보다 우월하다는 생각을 했기 때문에 이러한 조치를 취했다고 본다.

대정 16년(1176) 정월 초하루 남송·고려·서하 등 국가에서 파견한 사절단이 도착하여 새해를 축하했다.

며칠 후 금 세종이 친왕, 재상, 시종관들과 고금의 흥망성쇠를 논하며 말했다.

"유가 성현들이 편찬한 경전과 서적들은 아주 오래 전부터 성행하여 지금까지 전해지고 있소. 후세에 성현들의 가르침을 전하는 데 유가 경전을 통해 전하는 방법보다 더 좋은 것은 없다고 생각하오. 오늘날 학자들은 그것들의 내용을 암송해야 할뿐만 아니라 실천에 옮겨야 하오. 만약 성현들의 말씀을 실천하지 않고 외우기만 한다면 무슨 소용이 있겠는가? 여진족의 옛날 풍습은 소박하고 진솔한 삶을 담았소. 여진족은 옛날에 글은 알지 못했지만 천지신명에게 제사를 지내고 친척을 공경하고 노인을 존중하며 손님을 접대하고 친구를 믿는 일 등에서 예의를 다했소. 이는 모두 억지로 한 행동이 아니라, 자연스러운 마음에서 나온 것이오. 여진족의 선한 행동은 고서에서 기록된 내용과 다르지 않소. 너희들은 우리 선조의 선행을 배워야 하며 옛 풍속을 잊어서는 안 되오."

한족의 경전과 서적들이 성현을 도를 담고 있으므로 당연히 그것을 배우고 암송해야 하지만, 실천하지 않으면 아무 쓸모가 없다고 금 세종은 생각했다. 그가 이념에 집착하지 않고 실천을 중시한 군주였음을 알 수 있다. 그리고 여진족은 문자가 없었지만 오히려 일상 생활에서 한족보다 수준 높은 문명을 향유했다는 의미를 은근히 내포하고 있다. 이것이 옛날의 풍습을 보존해야 하는 이유가 된다.

대정 9년(1169) 그는 "여진인과 여러 민족의 사람들이 송사에 휘말리면 여진인만이 사건을 심문하고 처리한다."라는 조서를 내렸다. 이는 여진족의 정치적, 사법적 우위를 공표해 지배층의 권력을 공고히 하려는 의도에서 비롯되었다.

대정 17년(1177) 4월에도 이런 조서를 내렸다.

"맹안모극(猛安謀克) 관직에 있던 자가 벼슬에서 물러날 경우, 나이가 60세에 미치지 못하더라도 자손에게 세습하는 것을 허락한다."

맹안은 천호장(千戶長), 모극은 백호장(百戶長)으로 여진족 특유의 군사와 행정을 겸한 사회 제도이다.

며칠 후 또 조서를 내렸다.

"맹안모극은 모두 태조께서 창업하실 때 나라를 위해 고생하고 공로가 있는 자들이다. 그들의 세습 관직은 사소한 죄로 박탈하거나 면직시켜서는 안 된다."

금 세종은 한족 문명을 적극적으로 받아들였지만 다른 한편으로는 여진족 전통과 다른 민족에 대한 지배권을 유지하기 위한 수단으로 맹안모극 세습을 허용했다. 이러한 일련의 조치는 그가 민족 차별 정책을 실시했음을 알 게 한다.

금 세종 시대에는 어느 정도 태평성대를 이루었지만, 그 이면에는 민족 간의 갈등이 내재되어 있었다.

대정 6년(1166) 3월 산동(山東)에서 이통(李通)이 반란을 일으켰는데 진압되었고, 12월에는 태주(泰州)에서 합주(合住)가 모반을 꾀하다가 처형당했다. 대정 9년(1169) 정월 거란족 출신 외실랄(外失刺) 등이 모반을 꾀하다 처형당했으며, 6월에는 기주(冀州)에서 장화(張和) 등이 반란을 일으켰다가 처형당했다. 대정 10년(1170) 4월 귀덕부(歸德府) 백성 장안아(臧安兒)가 모반을 꾀하다 처형당했다. 이처럼 대정 연간(1161~1189) 피지배층 민족의 반란이 유독 많았던 것은 금 세종의 민족 차별 정책 때문이었다.

7. 선정을 베풀고 인접국과 관계를 개선하여 '대정의 치'를 열다

금 세종은 이른바 '쿠데타'를 통해 황제가 되었기 때문에 황위 계승의 정통성 문제를 의식하지 않을 수 없었다. 그는 전임 황제인 해릉왕을 폭군의 대명사로 간주하고 끊임없이 비난했으며 천명에 따라 어쩔 수 없이 황제로 등극하여 도탄에 빠진 백성을 구제할 수밖에 없었다는 논리를 폈다. 백성이 생업에 종사하며 편안하게 사는 것이 그가 궁극적으로 추구한 정치적 목표였다.

대정 3년(1163) 금 세종은 태자소첨사 양백웅을 산서로 보내 민정을 살피게 한 후 재상에게 말했다.

"만주(灣州)의 굶주린 백성들이 뿔뿔이 흩어져 먹을 것을 찾아 떠돌고 있으니 몹시 가엾고 불쌍하구나. 그들을 산서(山西) 지방으로 옮겨 부유한 자들로 하여금 돌보고 구제하게 하며, 길에서도 인구수를 헤아려 음식을 제공하라."

대정 9년(1169) 상서성에서 월왕 완안영중(完顔永中)과 수왕 완안영공(完顔永功)의 두 왕부(王府)가 백성들을 동원하여 거대한 누각을 지었다고 아뢰자 금 세종이 말했다.

"짐이 궁중에서 말라 죽은 대나무를 보고 새로 심으려고 했으나 백성들을 수고롭게 하지 않을까 걱정하여 그만두었다. 두 왕부에는 시종과 호위병이 있고 노비도 많은데 어찌 다시 백성들을 부역시킬 수 있단 말인가. 너희들은 단지 관례에 따라 요청했다고 하지만, 해릉왕이 백성들을 혹독하게 일을 시킨 것들을 어찌 관례로 삼을 수 있겠는가. 앞으로 도성에서 오래된 관례에 따른 부역은 그대로 시행하되, 반드시 관청에서 품값을 지급하고 부역이 과중한 경우는 짐에게 아뢰어야 한다."

월왕 완안영중과 수왕 완안영공은 금 세종과 장원비(張元妃) 사이에서 태어난 왕들이다. 두 사람이 황제의 아들로서 백성들을 동원하여 왕부를 증축하는 것은 큰 문제가 아니었을 것이다.

하지만 금 세종은 백성들을 부역에 동원하는 일을 무척 경계했다. 백성들을 혹사하면 폭군 해릉왕과 다를 바 없다는 것이다. 관례에 따라 어쩔 수 없이 백성들을 동원한다면 반드시 품값을 지불하고 과중한 일을 시켜서는 안 된다. 애민 사상이 없는 군주라면 이런 조치를 취하지 않았을 것이다.

대정 12년(1172) 금 세종이 백화천(百花川)으로 행차했다. 많은 수행원과 금위군이 황제의 어가를 호위했다. 황제의 행렬이 지나가는 곳마다 민간의 농토가 말발굽에 짓밟혔다.

금 세종은 그 모습을 보고 민간의 농토를 짓밟는 행위를 엄금한 후 재상에게 말했다.

"짐이 숙소를 떠날 때마다 말먹이를 주는 도구들은 모두 민간에서 빌리는데 대부분 분실하여 주인에게 돌려주지 않는다. 이는 탄압관(彈壓官)이 직무를 소홀히 했기 때문이다. 탄압관을 즉시 교체하고 지나간 지역마다 조사하여 민간에서 잃어버린 물건들은 모두 변상하라."

이른바 '탄압관'은 금나라 시대의 관직명인데 사회 혼란을 막고 질서를 유지하는 역할을 담당했다. 황제가 행차할 때 호위 병력의 민간 피해를 방지하는 임무를 담당하기도 했다. 금 세종은 탄압관이 직무를 소홀히 했기 때문에 백성이 피해를 입었다고 생각하여 교체를 지시했다.

금 세종은 백성을 직접 다스리는 주체가 관리라고 보았다. 관리의 수준이 낮으면 백성이 피해를 입을 수밖에 없다. 유능한 관리를 선발하는 방법으로는 과거시험보다 좋은 제도가 없었다.

대정 초기에 여진족 출신인 한 신하가 여진족의 전통 제도를 옹호하고자 과거제를 폐지해야 한다고 주장했다. 금 세종이 그에게 태사 장호(張浩)와 상의하여 결정하겠다고 말했다.

이윽고 금 세종과 장호는 이런 대화를 나누었다.

"예로부터 제왕들 중에서 학문을 닦은 사람을 쓰지 않은 군주가 있었는가?"

"있었습니다."

"누구인가?"

"진시황입니다."

금 세종이 신하들을 돌아보며 말했다.

"어찌 경들은 나를 진시황과 같게 하려는가?"

진시황은 유학을 숭상하는 선비들을 탄압하고자 '분서갱유'라는 희대의 만행을 저지른 군주이다. 금 세종은 여진족이었지만 과거제의 장점을 알았으므로 이를 폐지하지 않았다.

금나라의 지배 계급인 여진족은 한족 출신 관료에 비해 통치 경험이 부족했다. 금 세종은 대정 13년(1173)에 '여진진사과(女眞進士科)'를 설치하여 여진족 출신 관리의 자질을 높였다. 한족, 거란족 등 다른 민족도 과거 시험을 통하여 관계에 진출할 수 있었다.

이는 군공(軍功)·음보(蔭補)·세습(世襲) 등의 방법으로 득세한 귀족들의 발호를 억제했을 뿐만 아니라, 유능한 인재들이 출신에 관계없이 관리가 되는 기회를 제공했다. 그래서 "대정 시대는 군현의 관리들이 모두 법을 준수하고 백성은 편안한 삶을 누릴 수 있어서 소강(小康)이라 불렀다."

금 세종은 대외 관계에 있어서도 정벌보다는 화의 정책을 추구했다. 송 고종 조구의 후계자가 되어 황위를 계승한 송 효종(宋孝宗) 조신(趙昚·1127~1194)은 융흥(隆興) 원년(1163)에 금나라에 빼앗긴 중원 지방을 수복하고자 추밀사 장준(張浚)에게 북벌을 명령했다.

남송군은 북벌 초기에는 영벽(靈壁), 홍현(虹縣) 등 지역을 수복하는 전과를 올렸지만, 반격에 나선 금나라군에게 부리진(符離鎭)에서 대패했다.

금 세종은 얼마든지 장강을 건너 궁지에 몰린 남송을 공격할 수 있었지만 남송 조정에서 주화파가 화의를 원한다는 소식을 듣고 진군을 멈추게 했다. 송 효종이 예부상서 위기(魏杞)를 금나라에 사신으로 보내 화의를 진행하게 했다.

남송 융흥 2년(1164) 양국은 마침내 융흥화의(隆興和議)를 체결했는데 그 주요 내용은 이렇다.

"남송은 더 이상 금나라에 신하를 칭하지 않고 양국의 관계를 숙부(금나라)와 조카(남송)의 혈연 관계로 정한다. 아울러 남송은 해마다 금나라에 은 25만 냥, 비단 25만 필을 세폐로 바치며 당주(唐州) 등 6개 주를 금나라에 할양한다."

융흥화의는 남송에게는 불평등 조약이었지만, 양국이 1142년에 체결한 소흥화의(紹興和議)보다는 남송이 자존심을 조금이라도 지킨 결과였다. 이 시기부터 양국은 40여 년 동안 전쟁을 피하고 평화를 유지할 수 있었다.

금 세종은 고려와도 선린우호 정책을 폈다. 고려도 금나라를 상국으로 인정하고 해마다 원단(元旦)이나 황제의 생일이 되면 축하 사절단을 파견하여 실리를 취했다.

고려 의종 24년(1170) 정중부(鄭仲夫), 이의방(李義方) 등 무신들이 정변을 일으켜 제18대 국왕 의종(毅宗) 왕현(王晛·1127~1173)을 폐위시키고 왕현의 아우인 익양공 왕호(王晧·1131~1102)를 허수아비 왕으로 추대했다. 왕호가 제19대 국왕 명종(明宗)이다.

이 시기부터 고려는 고려 원종(元宗) 11년(1270)까지 100여 년 동안 무인들이 국가를 다스린 '무신 정권'의 시대가 되었다.

당시 고려는 금나라를 상국으로 받들고 있었으므로 금나라 황제에게 왕위 교체 사실을 보고해야 했다. 명종은 내시 유응규(庾應圭)를 공부낭중에 임명하고 금나라에 사신으로 파견했다.

유응규는 명종과 의종의 명의로 각각 작성한 표문 두 개를 가지고 갔다. 의종이 중병에 걸렸고 왕위를 계승해야 할 아들도 아둔하여 군왕의 재목이 아니기 때문에, 어쩔 수 없이 인종(仁宗)의 유훈에 따라 동생 명종에게 양위했다는 것이 표문의 주요 내용이었다.

그런데 이때 금나라가 관례에 따라 의종의 생일을 축하하기 위해서 야율규(耶律紃)를 사신으로 보냈다. 뜻밖에도 야율규가 고려의 변방에서 입국을 거부당했다. 금 세종은 고려 조정에서 정변이 일어난 것으로 의심하고 이부시랑을 보내 진상을 조사하게 했다.

얼마 후 금 세종은 왕위 찬탈의 진상을 파악하고 진노했다. 마침 고려에서 사신으로 온 유응규가 올린 표문을 읽고 그에게 말했다.

"너희 나라는 소국이지만 임금과 신하의 의리와 형과 아우의 서열을 알고 있으면서 어찌하여 형을 쫓아내어 왕위를 찬탈하고 거짓말로 꾸며 상국을 속이려고 하느냐?"

유응규가 대답했다.

"전왕(前王)께서 불행하게도 중병에 걸리고 아들 또한 총명하지 못하기 때문에 어쩔 수 없이 선왕(先王)의 유훈에 따라 동생에게 양위한 것입니다. 작은 나라가 어찌 감히 천자를 속이겠습니까? 배신(陪臣: 제후국의 신하가 천자에게 자칭할 때 쓰는 겸양어)은 비록 물이 펄펄 끓는 가마솥에 삶아지거나 도끼로 참형을 당할지라도 말을 바꾸지 않겠습니다."

금세종은 흘석렬양필(紇石烈良弼), 맹호(孟浩) 등 대신들과 상의한 끝에 고려의 왕위 계승을 인정하지 않고 출병하려고 했다.

하지만 유응규는 새로 즉위한 명종을 위한 표문에 대한 황제의 답서를 요구하며 단식 항의를 벌였다. 결국 단식 7일 만에, 금세종은 유응규와 타협하여 출병 명령을 철회하고 명종에게 답서를 내리기로 결정했다. 그 후 명종은 환국한 유응규에게 군기감 겸 태자중사인으로 특별 승진시

컸다.

사실 금 세종은 고려와의 전쟁을 피하기 위하여 고려 조정에서 일어난 궁중 정변을 묵과할 수밖에 없었다. 이는 고려가 금나라의 번국이었지만 실제로 자주권과 외교권을 행사했다는 증거가 된다.

고려 명종 4년(1174) 서경유수 조위총(趙位寵)이 천민 출신인 무인 이의민(李義旼)이 의종 왕현을 시해하고 폭정을 일삼은 것을 명분으로 삼아 서경에서 반란을 일으켰다. 반란 초기에는 황해도 자비령(慈悲嶺) 이북 40여개 성(城)의 성주들이 그에게 호응하여 위세를 떨쳤지만, 중서시랑평장사 윤인첨(尹鱗瞻)의 토벌 작전에 걸려들어 서경에서 고립되었다.

대정 15년(1175) 조위총은 금나라에 사신을 보내 자비령 이서와 압록강 이동 지역에 있는 40여개 성을 금나라에 바치겠으니 구원병을 보내달라고 간청했다.

금 세종은 조위총의 간청을 구실로 고려의 내정에 개입하여 영토를 확장할 수 있었지만 고려와의 우호 관계를 고려하여 승낙하지 않았다. 그 후 고려 조정이 반란을 진압하고 조위총을 참수형에 처했다는 소식을 전하자 금 세종은 위로의 조서를 내렸다.

대정 17년(1177) 정월 고려 사절단이 황궁에 도착하여 새해를 축하했다. 아울러 대역죄를 저지른 조위총을 받아주지 않은 것에 대하여 감사를 표하기 위하여 옥으로 만든 화려한 옥대(玉帶)를 바쳤다. 하지만 며칠 후 궁정 관리가 고려에서 바친 옥대가 돌로 만든 가짜임을 알고 금 세종에게 아뢰었다.

"고려가 감히 천자를 속이고 가짜 옥대를 바쳤사옵니다. 마땅히 책임을 물어 엄벌에 처해야 하옵니다."

금 세종이 웃으며 말했다.

"소국(고려)에는 진짜 옥을 감별할 수 있는 사람이 없어서 옥처럼 생긴 돌을 옥으로 잘못 알았을 뿐이오. 더구나 사람이 물건을 바꾸지 않고 오로지 그 물건의 덕(德)을 생각한다면, 그것을 받지 않겠다고 물리치는 것이 어찌 예의에 맞겠는가?"

정말로 고려에서 일부러 옥처럼 생긴 돌로 만든 옥대를 금 세종에게 바쳤는지는 모르겠지만, 사실이라면 양국 간의 외교 문제로 비화될 수 있었을 것이다.

하지만 금 세종은 황제로서 넓은 아량을 베풀어 인덕으로 고려를 포용하는 모습을 보여주었다. 사실은 그가 고려의 사소한 실수 때문에 일어날 수 있는 외교적 마찰을 피하기 위하여 묵인한 것이다.

금 세종의 재위 기간인 대정 연간(1161~1189)에는 재능이 뛰어난 인재들이 중용되어 국가 발전에 힘을 보탰으며 남송·고려·서하 등 이웃나라들과 선린 우호 관계를 맺음으로써 백성들이 편안하게 생업에 종사할 수 있게 했다.

대정 23년(1183) 역경소(譯經所)에서 『주역』·『서경』·『노자』·『논어』·『맹자』·『신당서』 등 서적을 여진어로 번역하여 금 세종에게 바쳤다.

금 세종이 말했다.

"짐이 『오경(五經)』을 여진어로 번역하게 한 이유는 여진족에게 인의도덕이 어디에 있는지 알게 하려는 것이오."

금세종은 즉시 번역본을 대량으로 간행하여 여진족에게 널리 익히게 했다. 이는 그가 여진족의 정체성을 지키면서 한족의 전통 사상을 적극적으로 받아들인 증거이다.

그는 '작은 요순'이라는 칭송을 들었을 정도로 어진 군주였다. 그래서 그가 다스린 시대를 '대정(大定)의 치(治)'라고 부른다.

하지만 금 세종은 한인, 거란인 등 여진족의 지배를 받는 사람들에게도 관리가 되는 길을 열어주었지만, 어디까지나 여진족 우선의 정책을 폈다. 그의 통치 기간은 어느 정도 융성한 시기였으나 반란이 끊임없이 일어난 것은 민족 차별 때문이었다.

대정 29년(1189) 정월 중병에 걸린 금 세종이 중도 궁전의 복안전(福安殿)에서 재위 29년, 향년 66세를 일기로 붕어했다.

그는 금나라의 역대 황제 10명 중 가장 큰 업적을 이룬 군주였는데 자신을 이렇게 평가한 적이 있었다.

"짐이 20여 년 동안 재위하면서 해릉왕의 실패를 거울로 삼아 여러 차례 개혁을 했지만, 오류를 범하고 실수를 저지르지 않을 수 없었다."

그는 폭군 해릉왕이 망친 국정을 바로잡는 데 전력을 다했지만 그 과정에서 자신도 잘못과 실수가 있었다고 자인했다. 그는 인격이 높은 군주였기에 이런 진솔한 자평을 했다고 본다.

『금사』는 그를 이렇게 평가했다.

"세종이 즉위한 후 몇 년마다 한 번씩 지방으로 관리를 파견하여 군현(郡縣) 관리들의 승진과 퇴출을 심사하여 결정하게 했다. 따라서 대정 연간에는 지방 관리들이 모두 국법을 준수하고 백성의 생업이 번창하여 소강(小康)이라 불릴 정도로 안정된 시대를 이루었다."

금 장종 완안경

1 • 태자 완안윤공의 서거로 황위를 계승하다
2 • 삼촌 완안영도와 완안영중을 제거하다
3 • 유교 사상을 바탕으로 국가를 다스리다
4 • 금 세종의 업적을 계승하여 '명창의 치'를 이루다
5 • 남송과의 '가정화의'를 체결하다
6 • 이사아와 서지국이 국정을 농단하다

제6장

금 장종 완안경

1. 태자 완안윤공의 서거로 황위를 계승하다

앞 장(章)에서 설명한 바와 같이, 금 세종 완안옹은 아내 오림답씨의 헌신적 사랑과 희생이 없었다면 결코 황제가 될 수 없었을 것이다.

금 세종은 자신을 살리기 위해 죽은 아내를 결코 잊을 수 없었다. 황제로 등극하자마자 이미 세상을 떠난 아내를 소덕황후로 추존했다. 그는 원비 장씨(張氏) 등 비빈들을 거느렸지만 황후의 자리는 죽을 때까지 비워 두었다. 아내를 향한 변치 않은 사랑이자 그리움의 표현이었다.

금 세종은 또 즉위한 해인 대정 원년(1161)에 소덕황후가 낳은 적장자 완안윤공을 초왕으로 책봉했다. 완안윤공은 사람됨이가 신중하며 너그럽고 효성이 지극했을 뿐만 아니라, 외모도 출중하여 아버지의 총애를 독차지했다.

이듬해 금 세종은 완안윤공을 태자로 책봉하고 그에게 신신당부했다.

"유가의 예법에서 적장자를 귀하게 여기므로 너를 태자로 책봉한다. 너는 형제에게 우애를 다하고, 백관을 예로 대접하며, 태자라는 지위로 인해 교만해지지 말라. 매일 학문에 힘쓰고 내가 부르지 않으면 식사에 참여하지 않아도 된다."

당시 완안윤공은 16세였는데 태자로 책봉되기에 적당한 나이였다. 게다가 소덕황후가 낳은 적장자였으니 후계자로 결정된 것은 당연했다. 아버지는 아들이 자신의 뒤를 이어 성군이 되기를 바랐으며, 아들은 아버지의 바람에 조금도 어긋나지 않게 인격을 수양하고 치국의 도를 익혔다.

금 세종은 명문가의 규수를 간택하여 태자의 배필이자 자기 며느리로 삼고 싶었다. 그가 즉위한 후에 마침 어사대부 도단정(徒單貞)이 남경(南京: 하남성 개봉·開封)에서 급히 와서 황제를 배알했다.

금 세종이 그에게 말했다.

"경은 폐주(廢主: 해릉왕을 지칭)의 심복이었지만 그를 도와 포악한 짓을 하지 않았소. 더욱이 경의 집안은 가풍이 엄하고 훌륭하니 경의 딸을 태자의 배필로 삼겠소."

이렇게 금 세종의 결정에 따라 대정 4년(1164)에 도단정의 딸 도단부인(徒單夫人)이 완안윤공의 태자비로 책봉되었다.

대정 8년(1168) 태자비가 무주(撫州: 하북성 장북·張北)의 완안마달갈산(麻達葛山: 하북성 화피령·花皮嶺)에서 태자의 적장자이자 금 세종의 적장손인 완안마달갈(完顏麻達葛·1168~1208)을 낳았다.

금 세종은 적장손이 태어났다는 소식을 듣고 기뻐서 어쩔 줄 몰라 했다. 다음 날 동궁에 행차하여 연회를 베풀고 기쁨에 겨워 태자에게 말했다.

"조종(祖宗)께서 덕을 많이 쌓으셔서 오늘처럼 경사스러운 날이 있구나. 이는 참으로 사직의 축복이구나."

이윽고 또 사도 이석(李石)과 추밀사 흘석렬지녕(紇石烈志寧) 등 대신들에게 말했다.

"짐의 아들은 많지만 소덕황후가 낳은 아들은 태자 한 명뿐이오. 짐이 조종의 은덕을 입어 적장손을 보게 되었으니 얼마나 기쁜지 모르겠소. 그가 태어난 마달갈산은 지세가 넓고 평탄하며 기운이 맑은 곳이니 적장손의 이름을 완안마달갈로 명명하오."

군신들 모두 만세를 불렀다. 금 세종이 적장손의 탄생에 감격한 것에는 이유가 있었다. 그는 즉위 초기부터 황위를 찬탈했다는 반대 세력의 비난을 받고 있었는데 그것은 정국의 불안 요소였다. 하지만 이제 황제와 태자 그리고 적장손 3대가 삼위일체를 이루어 황실의 정통성과 안정을 확보할 수 있게 되었으니 얼마나 기뻤겠는가.

대정 10년(1170) 한 관리가 산동 지방의 민심을 살피고 돌아왔다.

태자 완안윤공이 그에게 현지 백성들을 고통스럽게 하는 일이 무엇인지 묻자 그가 이렇게 대답했다.

"화폐 문제가 백성들을 가장 고통스럽게 합니다. 관청의 창고에는 돈이 가득 쌓여 있어서 더 이상 보관할 장소가 없자 노천에 쌓아두는 지경에 이르렀습니다. 그런데 민간에는 돈이 유통되지 않기 때문에 백성들이 고통을 겪고 있습니다."

완안윤공이 말했다.

"창고에 아무리 많은 재화를 쌓아놓아도 사용하지 않으면 무슨 이익이 있겠는가?"

그는 호부상서 장중유(張仲愈)를 불러 말했다.

"천자는 재물을 천하에 보관하는데 어찌하여 별도로 창고에만 쌓아두겠는가?"

그는 또 금 세종에게 직접 아뢰었다.

"돈을 창고에 두는 것은 들판에 구리 광석을 두는 것과 다를 바 없습니다. 화폐가 유통되게 하여 관부와 백성이 모두 이익을 얻게 윤허해주시기를 바라옵니다.

금 세종은 태자의 건의를 기쁜 마음으로 받아들이고 관련 부서에 의논하여 시행하도록 조서를 내렸다.

대정 24년(1184년) 금 세종이 상경으로 순행을 떠나기 전에 태자에게 국정을 위임하기로 결정하고 말했다.

"이번에 상경으로 순행을 떠나면 그곳에서 1~2년 정도 머무를 계획이므로 너에게 국정을 맡긴다. 너는 농민이 농사를 짓고 상인이 이익을 추구하는 것처럼 국가를 잘 다스려야 한다. 네가 아버지의 사업을 망치지 않는 것이 바로 가업을 잇는 일임을 명심해라."

완안윤공이 말했다.

"신이 동궁에 거주한 지 20여 년이 되었는데 그 동안 과오가 많았사옵니다. 폐하께서는 신의 생모를 불쌍하게 여기시고 신을 책망하시지 않았습니다. 신은 우매하여 대임을 감당하기 어렵습니다. 다만 폐하를 모시고 순행에 나서고 싶습니다."

금 세종이 손사래를 치며 말했다.

"사람들이 자식을 키우는 것은 늙어서 도움받기를 바라는 마음 때문이다. 짐이 태위·상서좌우승·참지정사 등 신하들에게 너를 보필하게 했다. 그들은 모두 원로 대신들이니 그들과 상의하여 결정하면 된다. 정사를 돌보는 일은 결코 어렵지 않다. 네가 마음을 바르게 하고 참언을 멀리한다면, 한 달 후에는 자연히 익숙해질 것이다."

완안윤공은 눈물을 흘리며 거듭 사양했지만 아버지의 뜻에 따라 도성 중도에 남아 국정을 총괄하기 시작했다.
어느 날 완안윤공이 좌승상 도단극녕(徒單克寧)에게 말했다.

"폐하께서 순행을 떠나시면서 나에게 국사를 위임하셨소. 형옥(刑獄)과 관련된 사건은 사람의 생사가 달려있는 가장 중요한 일이오. 형벌을 논할 때에는 지극히 공정해야 하오. 폐하께서 환도하실 때까지 어떤 잘못도 저질러서는 안 되오."

그는 형옥과 관련된 보고가 있을 때마다 자세히 열람한 후 상서성의 도사(都事)를 불러 공정하게 처리하게 했다. 공문서를 읽고 지시를 하느라 밤잠을 설친 적이 하루 이틀이 아니었다.

어느 날 측근 신하가 황궁의 저수지에 연꽃이 만개한 모습을 보고 연회를 베풀어야 한다고 아뢰었다.

이에 완안윤공이 말했다.

"성상께서 동쪽으로 순행을 떠나시면서 나에게 국정을 돌보게 했소. 그런데도 내가 어찌 유흥과 연회로 국정을 소홀히 할 수 있겠는가. 연꽃 몇 송이를 꺾어 감상하면 충분하오."

중도의 신하들은 모두 태자가 성실하게 감국(監國)하는 모습을 보고 찬양해 마지않았다. 상도에 머물고 있던 금 세종도 소식을 듣고 크게 기뻐했다.

대정 25년(1185) 6월 완안윤공이 갑자기 중병에 걸려 황궁의 승화(承華殿)에서 향년 39세를 일기로 서거했다. 태자의 급서에 가장 큰 충격을 받은 사람은 다름 아닌 금 세종이었다. 당시 그는 이순의 나이를 넘긴 62세였는데 황위를 계승할 태자가 급서했으니 얼마나 당황했겠는가.

그는 평소에 장원비(張元妃)가 낳은 서장자 완안영중(完顔永中) 등 여러 아들들을 두고 있었지만, 적장자가 황위를 계승해야 황실의 정통성을 확보할 수 있다고 생각했다. 이제 적장자가 세상을 떠났기 때문에 완안마달갈(완안경)이 황위 계승의 영순위가 되었다. 당시 완안마달갈은 17세였다.

금 세종은 완안마달갈이 하루빨리 국정을 익히게 하고 싶었다. 태자가 세상을 떠난 직후에 완안마달갈을 원왕으로 책봉하고 금나라의 수도인 중도(中都)의 행정·사법·치안 등을 총괄하는 대흥부의 업무를 관장하게 했다.

완안마달갈이 조부 금 세종에게 여진어로 쓴 감사의 글을 올리자, 금 세종이 감격해마지 않으며 재상에게 말했다.

"짐이 여러 왕들에게 본조(本朝)의 언어를 익히게 했는데 오직 원왕만이 본조의 언어에 능통하니 참으로 기쁘구나."

금 세종은 평소에 여진족의 정체성을 지키고자 여진어 학습을 아주 중시했다. 여러 왕들 가운데 완안마달갈이 여진어를 유창하게 말하고 쓸 수 있었기 때문에 더욱 금 세종의 총애를 받았다.

대정 26년(1186) 5월 금 세종은 완안마달갈을 상서우승상으로 임명하여 국정을 관장하게 했다.

며칠 후 할아버지와 손자는 이런 대화를 나누었다.

"너는 정사를 돌본지 며칠이 되었느냐?"

"나흘이 되었습니다."

"너는 경윤(京尹)의 업무를 맡는 것과 상서성(尙書省)의 일을 처리하는 것이 같다고 생각하느냐?"

경윤은 수도의 행정 장관을 가리키는 직책으로 오늘날의 '서울시장'과 같으며, 상서성은 중앙 관청으로 황제를 보좌하며 정무를 총괄하는 핵심 기구이다. 금 세종은 완안마달갈이 두 부처의 차이와 역할을 제대로 이해하고 있는지 궁금하여 물어보았다.

완안마달갈이 대답했다.

"같지 않습니다."

금 세종이 미소를 지으며 말했다.

"경윤의 업무가 복잡하고 세밀한 특징이 있다면, 상서성은 국가의 중대사를 처리하는 관청이므로 서로 다르다. 너는 아직 어리기 때문에 정무를 관장하는 방법을 익혀야 한다. 짐이 너를 상서우승상으로 임명한 것은 한편으로는 너의 재능을 시험해 보고, 다른 한편으로는 네가 조정의 정치에 익숙해지기를 바라는 마음에서이다."

금 세종은 또 완안마달갈에게 『여지도(輿地圖)』를 건네주고 금나라의 판도를 이해하게 했다.

같은 해 11월 금 세종은 완안마달갈을 황태손으로 책봉하고 이름을 완안경(完顔璟)으로 개명하게 한 후 그에게 특별히 당부했다.

"너는 아직 어리지만 명덕황후의 적손은 오로지 너 한 명뿐이구나. 그래서 너에게 일을 맡겨 시험해보니 너는 치국의 도를 배울 만한 자질이 있구나. 짐은 정식으로 너를 황태손으로 책봉한다. 너는 내가 완성한 사업을 반드시 지키고 발전시켜야 한다. 올바른 일을 행하고 인덕을 수양해야 하며, 사악하고 아첨하는 자들을 가까이 해서는 안 된다. 또 짐에게 충성과 효도를 다하고 대중의 기대를 저버리지 않으면 반드시 좋은 일이 있을 것이다.

금 세종은 비빈들에게 얻은 아들도 여러 명 있었지만, 오로지 자기와 명덕황후의 적손인 완안경에게 황위를 물려주고자 했다. 그가 자기를 위해 희생한 아내 명덕황후를 얼마나 그리워하고 사랑했는지 짐작해 본다. 완안경은 아직 어린 나이였기 때문에 그에게 인격을 수양하고 제왕의 도를 익혀야 한다고 신신당부한 것이다.

이때 금 세종은 몸이 쇠약해져서 국정을 제대로 돌볼 수 없는 형편이었다. 그래서 황태손에게 더욱 애틋한 마음을 품고 충고했을 것이다.

대정 28년(1188) 금 세종은 노환으로 병상에서 일어나지 못했다. 그는 자신의 수명이 얼마 남아있지 않았음을 직감하고 황태손에게 '섭정지보(攝政之寶)'를 하사하고 직접 국정을 관장하게 했다.

대정 29년(1189) 정월 금 세종이 붕어하자 완안경이 21세 때 금 세종의 영구 앞에서 즉위했다. 그가 제6대 황제 금 장종(金章宗)이다.

2. 삼촌 완안영도와 완안영중을 제거하다

완안영도(完顏永蹈·?~1193)는 금 세종의 여섯 번째 아들이자 금 장종의 숙부가 된다. 젊은 나이에 황위를 계승한 금 장종은 숙부에게 장덕군절도사, 위왕, 정왕, 정무군절도사 등 고위 관작을 하사했다. 그에게 최고의 대우를 해줌으로써 황제의 권력을 안정시키고자 했다.

하지만 완안영도는 황제로 등극하지 못한 불만을 품었다. 어느 날 집안 하인 필경수(畢慶壽)를 통해 관상을 잘 보고 천문에 밝다는 곽간(郭諫)·최온(崔溫)·마태초(馬太初) 등 도사들을 알게 되었다.

완안영도가 곽간을 불러 자신과 가족의 관상을 보게 했다.

곽간이 말했다.

"대왕의 관상은 비범하며 왕비와 두 왕자도 크게 귀하게 될 관상입니다. 게다가 대왕께서는 이원비의 장남으로서 다른 왕들과는 비교할 수 없을 정도로 존귀하십니다."

그의 말을 듣고 흥분을 감추지 못한 완안영도가 또 최온과 마태초를 불러 천문을 관찰하게 했다.
최온이 말했다.

"축년(丑年)에 병화(兵禍)가 일어날 것이며, 토끼띠에 해당하는 자가 내년 봄에 병권을 잡고 지위를 얻을 것입니다."

그들 모두 완안영도가 천명에 따라 황제로 등극할 것이라고 예언했다. 완안영도는 그들의 말을 깊이 믿고 은밀히 내시 정우아(鄭雨兒)와 결탁하여 황제의 동정을 살피게 하였다. 그리고 최온을 책사로 삼고 곽간과 마태초를 앞세워 여러 곳을 돌며 세력을 규합했다. 택국공주 장락(長樂), 부마도위 포랄도(蒲剌睹) 등이 그와 뜻을 함께 하기로 했다.

하지만 노비 천가노(千家奴)가 완안영도 일당이 모반을 획책하고 있다고 관가에 고발했다. 금 장종은 즉시 평장정사 완안수정 등에게 그들을 일망타진하게 했다.

이에 완안영도와 그의 부인 변옥(卞玉), 두 아들 안춘(按春)과 아신(阿辛), 택국공주 장락은 사약을 마시고 죽었으며, 최온·곽간·마태초 등은 처형당했다. 천가노는 전(錢) 2,000관을 받고 특별히 오관잡반서사로 승진했다. 사실 이 모반 사건은 금 장종이 황제의 권력을 강화하기 위하여 황족의 세력을 꺾은 것이다.

완안영중(完顔永中·?~1194)은 금 세종의 서장자이자 금 장종의 백부가 된다. 금 장종은 즉위 직후에 완안영중에게 서경유수, 한왕 등 관작을 하사하고 완안영중과 그의 형제들에게 각각 황금 500냥, 은 5,000냥, 전 2,000관, 비단 300단, 명주 2,000필을 하사했다.

그리고 특별히 완안영중 저택의 수리비로 전 300만 관을 하사했을 뿐만 아니라, 그의 아들 완안석고내(完顏石古乃)는 은청영록대부로, 또 다른 아들 완안아리합문(完顏阿離合懣)은 봉국상장군으로 임용했다.

명창 2년(1191) 금 장종의 생모 도단부인(徒單夫人: 효의황후로 추증)이 세상을 떠났다. 황제의 생모가 세상을 떠났는데도 오왕 겸 진정부사 완안영성(完顏永成)과 수왕 겸 정무군절도사 완안영승(完顏永升)은 장례 기간에 맞게 조문하지 않았다.

금 장종은 두 왕의 예법에 어긋나는 행동에 분노하여 녹봉 한 달 치를 감봉하고 두 왕을 보좌하는 관리들에게는 태형 50대의 형벌을 내렸다.

당시 완안영중은 심한 몸살을 앓아 중도 대흥부에서 거행한 장례식에 참석하지 못했다. 백부의 처신에 진노한 금 장종은 사신을 보내 "상복을 벗는 날이 가까워졌는데도 아직 오지 않았다."고 그를 책망했다.

완안영중은 황제의 꾸중에 놀라 아픈 몸을 이끌고 장례 기간이 끝나기 전에 가까스로 도착하여 조문할 수 있었다. 하지만 이때부터 금 장종은 백부가 자신을 업신여긴다고 여겼다.

명창 4년(1193) 금 장종은 숙부 완안영도 일당의 모반 사건을 처리한 후에는 제왕사마(諸王司馬)라는 관직을 설치하여 왕족의 일거수일투족을 감시하게 했다. 왕족의 궁정 출입, 사냥, 연회 등 사적인 일체의 행동은 모두 감시 대상이었다.

하동제형판관 파리해(把里海)가 사적으로 호왕 완안영중을 배알한 죄로 곤장 100대를 맞고 관직에서 해임되었다.

이미 세상을 떠난 상서우승 장여필(張汝弼)은 완안영중의 외삼촌이다. 장여필의 아내 고타알(高陀斡)이 대정(大定) 연간에 완안영중의 어머니 초상화를 그려 모시고 있으면서 도사들을 불러 완안영중의 복을 빌게 하는 등 불순한 뜻을 품고 있었다.

명창 5년(1194) 고타알은 저주를 꾀한 죄로 처형당했다. 금 장종은 이 일이 완안영중의 지시였을 것이라고 의심했으나 증거를 찾지 못했다.

마침 완안영중 수하의 부위(傅尉)가 완안영중의 네 번째 아들이 조정에서 왕족을 지나치게 통제한다는 불평을 늘어놓고 불순한 언행을 했다고 탄핵했다. 금 장종은 어사중승 손즉강(孫卽康) 등에게 진상을 파악하게 했다.

완안영중의 둘째 아들 완안신도문(完顔神徒門)이 지은 노래 가사 중에 역모를 암시하는 내용이 발견되었다. 또한 완안영중의 집안 하인 덕가(德哥)가 완안영중이 시첩(侍妾) 서설(瑞雪)에게 이런 말을 했다고 고발했다.

"내가 천하를 얻으면 아들을 대왕으로 삼고 너를 비(妃)로 삼으리라."

금 장종은 예부상서 장위(張暐), 병부시랑 오고론경예(烏古論慶裔) 등에게 죄상을 밝히게 했다.

장위 등은 완안영중과 아들들이 모반을 획책하고 있다고 아뢰었다. 이에 금 장종이 재상들에게 말했다.

"호왕(완안영중)은 단지 말실수를 한 죄일 뿐, 완안영도가 저지른 중죄와는 다르다."

완안영중이 어쨌든 금 세종의 서장자였기 때문에 그를 모반죄로 몰아 죽이기가 쉽지 않았을 것이다.

참지정사 마기(馬琪)가 말했다.

"완안영중과 완안영도의 죄상은 다르지만 본질은 같사옵니다."

좌승상 청신(淸臣)도 완안영중이 평소에 딴마음을 품고 있다고 주장했다. 금 장종은 백관들에게 완안영중의 죄상을 설명하고 어떻게 처리해야 할지 의논하게 했다. 모두 법에 따라 처벌해야 한다고 주장했다. 다만 궁적감승 노이용(盧利用)만이 완안영중을 사형시켜서는 안 된다고 주장했다.

하지만 금 장종은 백부 완안영중에게 사약을 내려 죽게 했으며, 완안신도문·완안아리합문 등은 저잣거리에서 효수형에 처하게 했다.

사실 완안영도와 완안영중가 정말로 반란을 꾀하여 황위를 찬탈하려고 했는지 확실하지 않다. 젊은 금 장종이 백부와 숙부를 황제의 절대 권력에 위협이 된다고 보고 제거했다고 보는 게 타당하다. 왜냐하면 그는 두 사람을 죽인 후에 복권시켜 관작을 다시 추증하고 자손들에게 제사를 지내게 했기 때문이다.

3. 유교 사상을 바탕으로 국가를 다스리다

금 장종은 황제로 등극한 지 1년 후에 연호를 명창(明昌) 원년(1190)으로 정하고 자신의 시대가 본격적으로 시작되었음을 만방에 선포했다.

같은 해 8월 재상에게 말했다.

"어떻게 하면 백성들이 말업(末業)을 버리고 본업(本業)에 힘쓰도록 하여 비축을 늘릴 수 있겠는가?"

말업은 주로 상공업을, 본업은 농업을 지칭한다. 이는 금나라가 이미 여느 한족 왕조처럼 농업을 중시하는 정책을 폈음을 보여준다.

이에 조정 대신들에게 의논하게 하자 호부상서 등엄(鄧儼)이 아뢰었다.

"지금 풍속이 문란하고 사치 풍조가 만연해 있으니 제도를 정해 상하(上下)를 분명히 하고, 의복·주거 등에서 각기 차등을 두어야 합니다. 아울러 혼인이나 장례식을 치를 때 지나친 예법을 억제하고 쓸데없이 낭비하는 일을 금지해야 합니다. 쓰는 것을 절제하면 저축은 자연히 늘어날 것입니다."

우승 이라리(伊喇履)와 참지정사 완안수정(完顏守貞)도 아뢰었다.

"사람의 본성은 아름다운 것을 보면 원하게 마련입니다. 만약 제도로 규제하지 않으면 사치 풍조가 더할 수 없이 심하게 될 것입니다. 백성들은 이로 말미암아 궁핍해질 수밖에 없습니다. 따라서 선황제의 태평한 시대를 계승한 오늘날에, 이러한 문제를 깊이 연구하여 법률을 제정한 후에 영원히 시행되게 해야 합니다."

윗사람과 아랫사람이 신분 질서에 순응하여 생활하고 근검절약해야 한다는 주장은 유교의 전형적인 생활 양식이다. 언뜻 보기에는 신분 차별을 강조한 것 같지만, 각자 자기의 형편에 맞게 생활하고 역할에 충실했을 때 비로소 사회가 안정된다는 것이다. 또 국가의 지배 계급이 사치를 배격하고 근검절약해야만, 일반 백성들은 비로소 안락한 삶을 누릴 수 있다고 주장했다. 금 장종은 대신들의 주장에 공감하고 유교 사상에 바탕을 둔 정책을 폈다.

명창 3년(1192) 금 장종이 체주(棣州)의 효자 유유(劉瑜)와 금주(錦州)의 효자

유경우(劉慶祐)에게 비단과 곡식을 하사하고, 그들의 마을에 정려(旌閭)를 세우며, 그들의 신역(身役)을 면제하게 했다.

국가의 사직을 지키고 봉건 질서를 유지하는 데 '효자'만큼 중요한 요소는 없다. 부모에게 효도하는 자는 군주에게 충성하고 국가를 위해 희생한다는 확고한 믿음이 있었기 때문이다.

금 장종이 대신들에게 물었다.

"예로부터 효행과 의리를 실천한 사람들 중에서 관리로 임용된 자가 몇 명이나 되었는가?"

좌승 완안수정이 대답했다.

"세종 시대에 유정(劉政)이 모친을 극진하게 섬긴 효자여서 관직에 임용된 적이 있사옵니다. 그렇지만 효자들은 대체적으로 순진하여 공무를 처리하는 데 능하지 못했사옵니다."

유정은 금 세종 시대의 유명한 효자이다. 어머니가 눈이 멀어 맹인이 되자 매일 혀로 어머니의 눈을 핥아 드렸는데 열흘 만에 다시 볼 수 있게 되었다. 또 어머니가 병에 걸렸을 때는 밤낮으로 곁을 지키며 옷을 벗지 않았으며 자신의 넓적다리 살을 베어 어머니에게 드렸다. 어머니가 돌아가신 후에는 무덤 곁에서 오두막을 짓고 3년 동안 시묘(侍墓)를 살았다.

명주(洺州) 방어사가 이 사실을 조정에 보고했다. 금 세종은 유정의 효행을 칭찬하고 그에게 태자장음승(太子掌飮丞)이라는 벼슬을 하사했다. 태자장음승은 태자가 먹는 음식을 관장하는 관리이다.

하지만 유정은 황제의 기대와는 다르게 태자를 모시는 일에 서툴렀던 것 같다. 그래서 완안수정이 효자라고 해서 반드시 일을 잘하는 것은 아니라고 아뢴 것이다.

금 장종이 말했다.

"어찌 효자, 의인들이 모두 공무에 능숙하지 못하다고 말할 수는 없지 않은가. 그들은 성품이 선량하고 행실이 올바르기 때문에 조금이라도 쓸 만하면 등용해야 한다. 나중에 명예나 이익을 탐내어 효행을 거짓으로 꾸미는 자들이 나타날 수 있다. 하지만 그들의 가짜 효행도 선행이 아니라고는 볼 수 없소. 효자, 의인으로 추천된 사람들을 모두 조사하여 쓸 만한 사람이 있으면 짐에게 아뢰도록 하시오."

금 장종이 가짜 효행이라도 선행이 아니라고는 볼 수 없다고 말한 것은, 사회적 교화를 우선시한 유교의 통치 철학을 반영한다. 효자, 의인은 능력이 조금 부족해도 관리가 되기에 문제없다고 생각했는데 유교의 충효 사상을 국가의 이념으로 삼지 않았다면, 이런 말을 할 수 없었을 것이다.

상서성의 관리가 금 장종에게 "불교와 도교를 믿는 자들은 부모와 친척에게 절하지 않아 풍속을 문란하게 하는데 이보다 더한 폐단은 없습니다."라고 아뢰었을 때, 금 장종이 유교의 예법에 따라 관혼상제를 시행하라고 한 것도, 그의 유교 중심 사상을 엿볼 수 있다.

매년 음력 9월 1일은 금 장종의 생일인 천수절(天壽節)이다. 천수절에는 각국의 축하 사절단과 문무백관이 황궁에 모여 황제의 생일을 축하했다.

하지만 명창 3년(1192) 천수절에는 금 장종이 한 해 전에 세상을 떠난 생모 도단부인(徒單夫人: 효의황후로 추존)의 3년 상이 끝나지 않음을 이유로 하례를 받지 않았을 뿐만 아니라, 축하연도 열지 못하게 했다. 그는 신하와 백성들에게 유교의 상례(喪禮)를 철저하게 준수하는 모습을 보여주고 싶었기 때문이다.

며칠 후 공묘(孔廟)를 관리하는 관청에서 곡부(曲阜)의 선성묘(宣聖廟)를 증축하는 공사가 완료되었다고 아뢰었다.

금 장종은 다음과 같은 칙령을 내렸다.

"당회영(黨懷英)에게 비문을 짓게 하라. 짐이 직접 석전례(釋奠禮)를 행하겠으니 관련 전례를 상세히 조사하여 아뢰어라."

중국의 고대 왕조에서 제왕이 공묘를 참배하는 것은 엄청나게 중요한 정치적 의미를 가진다. 자신이 한족 문명의 수호자로서 통치의 정당성을 만천하에 선포하는 국가적 의식이다.

금 장종도 천하의 명실상부한 주인이 되기 위해서는 공자 숭배가 절실하게 필요했다. 공자의 고향인 곡부에 있는 선성묘를 증축하고 시문(詩文)과 전서(篆書)가 '당대의 제일'이라는 찬사를 듣는 한림학사 당회영에게 비문을 짓게 한 후, 그가 친히 공자에게 지내는 국가적 제사인 석전례를 주관하겠다는 것은, 한족 문명의 정수인 유교를 국시(國是)로 삼음으로써 통치의 정당성을 확보할 뿐만 아니라, 한족의 전폭적인 지지도 이끌어내겠다는 의도에서 나왔다.

명창 5년(1194) 금 장종과 평장정사 완안수정이 이런 대화를 나누었다.

"전국에 있는 공자묘의 현황은 어떠한가?"

"지금 여러 현에서 공자묘 건립을 논의 중입니다."

"승려들은 사찰과 불상을 매우 호화롭게 단장하며, 도사들도 도관(道觀)을 잘 꾸며놓았는데 유학자들만이 공자묘를 방치하여 거의 폐가로 만들었구나."

"유학자들은 공자묘 안에 있는 학교에 오래 머물지 않기 때문입니다. 승려와 도사들이 사찰이나 도관에서 장기간 거주하고 있는 것과는 상황이 다릅니다."

"승려와 도사들은 불교와 도교로 이익을 추구하는 자들이오. 그래서 그들은 사람들에게 시주를 많이 받기 위하여 사찰과 도관을 장엄하고 화려하게 꾸미는 것이오."

금나라의 역대 황제들은 대체적으로 불교를 후원하며 정치적, 사상적 통합 수단으로 삼았다. 특히 금 세종은 오경(五京) 곳곳에 대규모의 사찰을 조성하고 승려에게 관직을 수여했다. "사찰이 도성을 가득 메웠다."는 기록이 있을 정도로 불교가 융성했다.

금 장종은 불교와 도교를 배척하지는 않았지만 두 종교의 융성이 국가 발전에 도움이 안 된다고 보았다. 승려와 도사들은 생산적인 일에 종사하지 않고 놀고먹으며, 사찰과 도관을 짓는 데 엄청난 재화를 낭비한다는 인식이 있었기 때문이다.

반면에 그는 현실 정치에 가장 유용한 유교는 불교와 도교에 비해 쇠퇴한 모습을 보고 실망했다. 그래서 전국 각지에 공자묘와 향교를 건립하여 유교 중흥을 도모한 것이다.

중국은 수나라(581~618) 시대부터 평민도 과거 시험에 합격하면 관료가 되어 입신양명할 수 있었다. 일반적으로 과거 시험의 주요 과목은 유교 경전이었다. 요나라, 금나라 등 유목 민족이 세운 국가의 과거제 도입 여부는 '한족 문명화'의 바로미터가 된다.

금 장종은 즉위한 해인 대정 29년(1189)에 기존의 과거 시험에 경동과(經童科)를 추가했다. 이것은 13세 미만의 아동이 유가의 경전에서 출제한 시험 문제를 통과하면 관직을 받을 수 있었다. 물론 나이가 어렸기 때문에 관리가 되어 직접 백성을 다스린 것은 아니며, 인재를 조기에 발굴한다는 차원이었다.

금 장종은 또 명창 연간(1190~1196)에 기존의 과거 시험과는 다른 제거굉사과(制擧宏詞科)를 특별히 신설했다. 이것은 과거에 급제하지 못한 한족 문인들을 적극적으로 등용해 유교에 바탕을 둔 통치 체제를 공고히 하고자 하는 목적에서 나왔다.

태화(泰和) 4년(1204) 금 장종은 금위군 중에서 35세 이하의 군인은 『효경』과 『논어』를 학습하게 했다. 금위군은 대부분 여진족 출신이었는데 그들에게 유교의 충효 사상을 주입함으로써 황제의 신변 안전을 담보하고자 했다.

태화 6년(1206) 그는 상서성에 조칙을 내렸다.

"조부모나 부모를 돌볼 사람이 없는데도 자손들이 먼 곳으로 떠나 여러 해가 지나도록 돌아오지 않는 것은, 풍속과 교화를 해치는 행위이다. 예전에는 그런 불효자들에게 2년 유배형을 내렸지만 형벌이 너무 가벼운 것 같다. 상서성의 관리들은 이전 시대의 법률을 참고하여 다시 논의해 보고하라."

금 장종의 재위 후반부에 해당하는 태화 연간(1201~1208)은 금나라가 남송과의 연이은 전쟁과 몽골 초원에서 칭기즈 칸의 등장으로 인하여 쇠퇴의 길로 접어드는 시기였다. 금나라 천하가 혼란한 시기에 접어들자 자식들이 늙은 부모를 버리고 유리걸식하는 일이 빈번해졌다.

금 장종은 자식이 부모를 버리는 패륜은 풍속과 교화를 해치며 결국은 국가가 붕괴될 수 있다는 절박함을 느끼고 있었기 때문에 법률을 엄격하게 제정하라고 한 것이다.

4. 금 세종의 업적을 계승하여 '명창의 치'를 이루다

금 장종은 할아버지 금 세종이 이루어놓은 업적을 기반으로 비교적 수월하게 국정을 다스릴 수 있었다. 그렇지만 그는 이전 시대부터 내려온 구습을 혁파하고자 했다.

대정 29년(1189) 11월 금 장종이 조정 중신들에게 말했다.

"오늘날 인재를 등용하는 데 자격을 너무 따지고 있소. 자격에 따라 순서대로 채용하는 방법은 당나라에서 시작되었는데 이런 방식으로 어떻게 훌륭한 인재를 얻을 수 있겠는가?"

출신 성분을 따지거나 과거 시험을 통해서만 관리를 선발한다면 유능한 인재를 많이 확보할 수 없기 때문에, 관리 채용 방법이 다양해야 한다는 젊은 황제의 생각이다.

평장정사 여림(汝霖)이 황제와는 다른 의견을 개진했다.

"관리를 선발할 때 비범한 인재만이 자격에 구애받지 않습니다."

능력이 출중한 인재라는 확신이 들었을 때에만 자격에 구애받지 않고 관리로 선발해야 한다는 주장이다.

금 장종이 반박했다.

"최우보(崔祐甫)가 재상이 되었을 때 1년도 되지 않아 800여 명을 관리로 추천한 적이 있는데 그들이 모두 뛰어난 인재여서 추천되었겠는가?"

당나라 대종(代宗) 이예(李豫·726~779) 시대에, 재상 원재(元載)가 매관매직을 일삼아 관료 조직의 기강이 무너졌다. 그의 뒤를 이어 재상이 된 상곤(常袞)은 적폐를 일소하고자 과거 시험에 합격한 자에게만 관직을 주었다. 하지만 이 방법 또한 문제점이 드러났다. 소수의 과거 급제자들이 당파를 결성하여 자기들의 이익만을 추구했기 때문이다. 최우보가 재상이 된 후 인재라면 과거의 합격 여부에 관계없이 모두 선발했다. 1년도 안 되어 800여 명이 그의 천거로 관리가 되었다.

금 장종은 이 최우보의 예를 들어 과거제에만 고집하지 않고 다양한 방법으로 인재를 확보해야 한다고 생각했다.

며칠 후 그가 상서성에 칙령을 내렸다.

"지금부터 5품 이상의 관리는 각자 자기가 알고 있는 인재를 추천해야 하며, 해마다 추천할 인원의 수를 정할 것이다. 만약 추천하지 않는 자는 어질고 능력 있는 인재를 가려 숨긴 죄로 처벌하겠다. 또한 당나라의 제도에 따라, 5품 이상의 관리는 임지에 부임한 직후에 자신을 대신할 만한 후임자를 천거해야 한다. 짐은 제형사(提刑司)로 하여금 관리들이 제대로 칙령을 따르고 있는지 조사하게 할 것이다."

금 장종은 형식적인 자격보다 실질적인 능력을 중시하는 관리 채용 방식을 통해 관료제의 경직성을 완화하고 관가에 활력을 불어넣고자 했다.

제형사는 지방 관리의 비리 조사, 승진과 면직, 농업 장려 및 현장 조사, 둔전 관리 등의 업무를 관장하는 기관이다. 금 장종은 제형사로 하여금 5품 이상의 고위 관리들을 감찰하게 함으로써 관리 채용의 공정함과 책임성을 강화했다. 이로써 그가 국가 경영에 필요한 인재 확보에 얼마나 심혈을 기울였는지 알 수 있다.

명창 3년(1192) 7월 금 장종이 상서성에 칙령을 내렸다.

"재해를 입은 백성들이 유리걸식하다가 요동 지방으로 오면 갑자기 식량을 구하기 어려워 굶어 죽는 자들이 생길 것이다. 산량관(散糧官)에게는 그들이 정착하기 원하는 곳을 물어보고 문서를 발급하게 하며, 각 지방의 관리들에게는 인구수를 계산해 식량을 분배하게 하라. 또 부자들에게는 두 달 동안 곡식을 방출하여 그들을 부양하게 하며, 그들이 방출한 곡식은 가을에 거둔 세금으로 충당하게 하라."

'산량관'은 식량 운반, 저장, 분배 등의 일을 담당하는 관리이다. 재해가 발생하여 백성들이 유리걸식하면 산량관이 그들을 구휼했다. 당시 하주(河州) 지방에서 재해가 발생하여 기아에 허덕이는 백성들이 산물이 풍족한 요동 지방으로 몰려왔다.

금 장종은 그들이 제때 식량을 구하지 못하여 아사자가 발생하지 않을까 우려하여 상서성에 구체적으로 대책을 세우게 한 것이다.

같은 해 9월 또 상서성에 칙령을 내렸다.

"지난 해 산동과 하북 지방의 재해를 당한 지역에서 미납된 조세와 빌려준 전곡(錢穀)을 즉시 징수하면, 가난한 백성들이 생활고에서 벗어나지 못할까 걱정이다. 풍년이 들 때까지 기다려 분할 징수하면 된다."

중국의 역대 왕조는 대부분 농업을 천하의 근본으로 삼은 사회였다. 국가가 보유한 재화와 역량은 기본적으로 농민이 생산한 산물에 매긴 세금에서 나왔기 때문에, 흉년이 들면 농민은 말할 것도 없고 국가의 재정도 심각한 타격을 입었다. 군주가 어리석고 무능하면 흉년을 만난 농민들의 형편을 고려하지 않고 지방 관리들에게 가렴주구를 일삼게 하여 결국은 사직을 망치곤 했다.

반면에 군주가 현명하고 유능하면 재해를 당한 농민들에게 먼저 돈과 곡식을 빌려주어 기아를 면하게 해주었다. 빌려준 돈과 곡식은 풍년이 들어 백성들에게 여유가 생겼을 때에 갚게 하는 것이 관례였다.

금 장종은 이런 조치를 "윗사람과 아랫사람이 모두 이익을 본다."고 여기고 적극적으로 시행했다.

이윽고 또 재상에게 말했다.

"짐은 관리를 한번 임용하면 그에게 오랜 기간 동안 업무를 맡기고 싶소. 만약 관리에게 오늘은 예관(禮官)의 업무를 맡기고, 내일은 돈과 곡식을 관장하는 일을 맡긴다면, 아무리 뛰어난 인재들이라도 일을 완벽하게 처리하는 자는 드물 것이오."

관리들을 자주 교체하면 업무의 전문성과 효율성이 떨어진다는 얘기이다.

재상이 대답했다.

"중간 정도의 재능을 가진 자라도 직무를 오랫동안 수행하게 하면 업무에 익숙해져 결국은 능력을 발휘하게 되옵니다."

명창 4년(1193) 정월 상서성에서 대흥부의 추관 소덕수(蘇德秀)를 예부주사로 임명하겠다고 아뢰자 금 장종이 말했다.

"짐이 관리들을 한 자리에 오래 근무하게 해야 한다고 얼마 전에 경에게 말했지 않았느냐? 형옥의 업무를 담당한 지 얼마 안 된 관리를 호부로 보내 일하게 하고 또 다시 예부로 보내 일하게 한다면, 아무리 뛰어난 인재라도 어찌 여러 가지 업무를 모두 감당할 수 있겠느냐? 만약 관리에게 한 가지 업무를 오랫동안 맡게 한다면, 재능이 보통인 자라도 새로 업무를 맡은 자보다도 나을 것이다. 아울러 일에 익숙해지면 반드시 성과도 있을 것이니 앞으로는 관리들의 직책을 함부로 변경하지 말라."

대흥부는 금나라의 수도 중도의 행정을 관할하는 부서이며, 추관은 대흥부에서 사법과 감찰 업무를 담당하는 관직이다. 추관 소덕수를 느닷없이 국가의 의례를 관장하는 예부주사로 임명하는 것은 옳지 않으며, 능력이 보통인 자도 한 가지 업무를 오랫동안 맡으면 일정한 성과를 낼 수 있다고 보았다. 금 장종이 얼마나 업무의 전문성과 효율성을 중시했는지 알 수 있다.

그가 또 말했다.

"관리가 정무에 특별한 업적을 쌓았다는 것은 업무 처리에 뛰어난 능력을 발휘했다는 의미이다. 만약 관리가 단순히 청렴할 뿐이라면, 그것은 관리의 본분에 불과하다. 부패한 관리들이 많기 때문에 청렴한 관리가 두드러져 보일 뿐이다."

관리가 청렴하다는 이유 한 가지만으로 높이 평가될 수 없다. 청렴함은 기본이며 뛰어난 능력을 발휘하여 특별한 업적을 쌓아야만 진정한 관리라고 할 수 있다는 주장이다. 금 장종의 관리에 대한 이러한 인식은 금나라가 그의 통치 기간에 융성할 수 있는 원동력이 되었다.

금나라의 예악, 법률 등도 금 장종 시대에 완성되었다. 명창 연간(1190~1196) 『금찬수잡록(金纂修雜錄)』 400여 권이 출간되었다. 이것은 금나라가 의례와 음악을 정비하기 위해 편찬한 서적인데 주로 당송(唐宋) 시대의 예악을 참고했다.

또한 태화 원년(1201)에는 당나라 법률서인 『당율소의(唐律疏議)』를 기본으로 삼고 『태화율의(泰和律義)』를 제정했다. 이것은 금나라의 법률 체계를 가장 구체적으로 구현한 상용 법전이다. 태화 연간(1201~1208) 전쟁이 빈번했기 때문에 실생활에서는 제대로 시행되지 못했지만, 훗날 원나라의 법제도에 지대한 영향을 끼쳤다.

금나라는 명창 시대에 이르러 유교를 기반으로 한 봉건 제도가 완성되었으며 경제적 안정과 번영을 누릴 수 있었.

명창 6년(1206) 총인구가 4,800여만 명에 이르렀고, 태화 연간에는 5,600여만 명을 넘었다. 중국 역사에서 이 시대를 '명창(明昌)의 치(治)'라고 부르며, 어느 정도 소강(小康) 사회를 이루었다고 평가한다.

5. 남송과의 '가정화의'를 체결하다

금나라와 남송은 1164년에 융흥화의(隆興和議)를 체결한 이래 40여 년 동안 평화를 유지했다. 금 장종은 금나라의 역대 황제들 중에서 한족 문명에 대한 이해가 가장 깊었다. 그 자신이 시문·서예·그림 등 문학과 예술 분야에 우수한 작품을 많이 남긴 문인이자 예술가이기도 했다. 게다가 그는 정복 전쟁을 싫어했으며 남송·고려·서하 등 주변 국가들과 우호 관계를 유지했다.

하지만 태화 연간에 이르러 금나라는 남송에 해마다 과도한 세폐(歲幣)를 요구했으며, 남송 황제 송영종(宋寧宗) 조확(趙擴·1168~1224)을 업신여기는 외교적 결례를 범하여 두 나라 사이에 긴장이 조성되었다. 조확은 자기와 나이가 같은 금장종을 백부로 섬겨야 하는 처지에 울분을 품었다.

당시 남송 조정은 권신 한탁주(韓侂胄)가 장악하고 있었다. 그는 '경원당금(慶元黨禁)'이라는 정치 투쟁을 통하여 주희(朱熹) 등 도학파를 제거하고 송영종의 비호 아래 무소불위의 권력을 휘둘렀다.

금 장종이 주색잡기에 빠져 지내고 있으며 금나라가 여러 해에 걸친 황하의 범람과 몽골의 침략으로 인하여 국력이 쇠잔해졌다는 첩보를 접한 한탁주는 송 영종에게 금나라를 공격하여 중원의 빼앗긴 땅을 수복해야 한다고 주장했다.

남송 개희(開禧) 원년(1205) 송 영종은 한탁주를 평장군국사로 임명하고 그에게 북벌의 대임을 맡겼다. 이른바 '개희북벌(開禧北伐)'이었다.

북벌 초기에는 남송군이 사주(泗州) 등 일부 지역을 수복하고 기세를 올렸으나 금나라군의 강한 반격을 받고 수세에 몰리기 시작했다. 좌부원수 복산규(僕散揆)가 이끈 금나라군은 당주(唐州)·채주(蔡州)·양주(揚州) 등지에서 남송군을 궤멸시키고 파죽지세로 남진했다. 특히 화주(和州)에서는 8,000여 명, 진주(眞州)에서는 2만여 명이 참수를 당한 참상이 벌어졌다.

한탁주는 사천선무부사 오희(吳曦·1162~1207)에게 최후의 희망을 걸었다. 하지만 오희는 이미 사천 지방에서 금나라와 내통하고 있었다. 사촌

동생 오현(吳晛), 서경망(徐景望)·조부(趙富)·미수지(米修之)·동진(董鎭) 등 측근들과 함께 반역을 모의했다.

비밀리에 문객 요회원(姚淮源)을 금나라에 보내 대산관(大散關: 섬서성 보계·寶鷄) 밖의 계주(階州)·성주(成州)·화주(和州)·봉주(鳳州) 등 4주를 바치겠으니 자신을 촉왕으로 책봉해달라고 간청했다. 당시 한탁주는 오희의 변절을 눈치채지 못하고 그의 지원만을 기다리고 있었다.

흥주중군정장 이호의(李好義)가 칠방관(七方關: 섬서성 녕강현·寧强縣)에서 금나라군을 격파했지만, 오희는 조정에 보고하지 않고 측근들을 소집하여 말했다.

"강남(남송)은 이미 함락되었고, 황제는 사명(四明: 절강성 영파·寧波)으로 피신했다고 하오. 이제 우리는 시세에 따라 행동해야 하오."

금나라에 복종하여 사천 지방에서 왕으로 독립하겠다는 얘기였다. 다들 놀란 입을 다물지 못하고 있을 때 왕익(王翼)과 양규지(楊駃之)가 반박했다.

"당신이 촉왕을 칭한다면 오씨 가문 80년 충효의 명성은 하루아침에 무너질 것이오."

하지만 오희는 병권을 장악하고 북쪽을 향해 절을 한 후 금 장종이 그를 오왕으로 책봉한다는 조서와 금인을 받았다.

개희 3년(1207) 정월 오희는 흥주(興州: 섬서성 한중·漢中)에서 정식으로 즉위했다. 흥주 관청을 임시 궁궐로 삼고 거주했다. 즉위 직후에 신하들에게 금나라 복장을 착용하고 금나라 사람처럼 머리를 삭발하게 하여 반발을 샀다. 게다가 백성들을 대규모로 동원하여 도성을 건설하자 민심이 심각하게 이반했다.

오희가 금나라 황제의 꼭두각시가 되어 폭정을 일삼자 사천 지방 인사들의 공분을 샀다. 흥원부통판 양진중(楊震仲)은 지조와 명성이 높은 관리였다. 당시 그는 대안군(大安軍)의 사무를 임시로 맡고 있었는데 오희의 투항 요구를 거부하고 자살했다.

자살 직전에 가족에게 이런 글을 남겼다.

"무흥(武興: 오희를 지칭)의 반역을 따르면 절개를 잃어 무슨 면목으로 살아갈 수 있겠는가. 내가 죽으면 화는 내 한 몸에 그치고 처자식에게는 미치지 않을 것이다. 사람들 중에 죽지 않을 자가 있겠는가? 내가 죽더라도 아들이 살아서 독립할 수 있다면, 그것은 죽지 않은 것과 같다."

대를 이을 자식이 있으면 절개를 지키고 죽어도 좋다는 유가적인 인생관이다. 왕익과 양규지도 오희에게 저항하다가 처형당했다.

오희 가문의 백모 조씨(趙氏)도 즉위 소식을 듣고 '오씨 가문의 수치'라며 분노해 인연을 끊었으며, 숙모 유씨(劉氏)는 밤낮으로 울며 오희를 저주하다가 결국 쫓겨났다.

개희 3년(1207) 2월 28일 양거원(楊巨源)·이호의(李好義)·안병(安丙) 등 인사들이 의병 70여 명을 이끌고 오희의 침전을 기습하여 살해했다. 오희의 시체는 사등분되어 남송 조정으로 보내졌다.

결국 개희 북벌은 남송의 치욕적인 패배로 끝났다. 송 영종이 단순히 민족 감정만을 내세우고 주도면밀한 준비 없이 무모하게 북벌을 단행했고 오희의 반란으로 사분오열된 것이 결정적인 패인이었다. 더구나 한탁주는 자신의 정적을 제거하기 위한 수단으로 북벌을 주장했기 때문에 금나라와 싸우기도 전에 주전파와 주화파 사이에 심각한 갈등이 있었다.

패전의 책임을 뒤집어 쓴 한탁주는 금나라에 사신을 보내 화의를 간청하는 수밖에 없었다. 언변에 능한 소산현승 방신유(方信孺)를 가조봉랑에 임명하고 사신으로 보냈다. 방신유가 금나라 군영이 있는 호주(濠州)에 이르렀을 때 금나라 장수 흘석렬자인(紇石烈子仁)이 그를 감옥에 가둔 후 음식물을 주지 않고 칼을 들이대며 강화 조건으로 다섯 가지 사항을 요구했다. 전쟁을 도발한 한탁주의 목을 베어 금나라에 바쳐야 한다는 것이 요구 사항 중의 한 가지였다.

방신유는 흘석렬자인의 협박에 굴복하지 않고 결코 한탁주의 목을 내어줄 수 없다고 버텼다. 그의 생사를 초월한 결연한 태도에 감탄한 흘석렬자인은 방신유를 석방하고 변경(汴京)으로 가게 했다. 방신유는 변경에서 좌승상 완안종호(完顔宗浩)를 만났다.

두 사람은 이런 대화를 나누었다.

"얼마 전에는 전쟁을 일으키더니, 오늘은 비굴하게 찾아와서 화의를 애걸하는 이유가 무엇이냐?"

"예전에는 병사를 일으켜 복수하고자 한 일은 송나라의 종묘사직을 위해서였소. 지금 비굴하게 화의를 간청하는 일은 백성을 위해서 하는 것이오."

그 후 방신유는 계속 두 나라 사이를 오가며 화의를 중재했는데 한탁주 문제가 가장 큰 걸림돌이 되었다. 금나라는 한탁주의 목을 잘라 보내지 않으면 군사를 일으켜 공격하겠다고 협박했다.

개희 3년(1207) 주화파의 우두머리인 예부시랑 사미원(史彌遠), 참지정사

전상조(錢象祖) 등이 모의하여 한탁주를 살해했다. 남송이 한탁주의 수급을 금나라로 보낸 이후에야 비로소 화의가 다시 진행되었다.

가정(嘉定) 원년(1208) 양국은 가정화의(嘉定和議)를 체결했는데 그 주요 내용은 다음과 같다.

> "첫째, 양국의 경계는 종전과 동일하게 유지된다. 둘째, 송나라는 금나라를 조카가 백부를 섬기듯 예를 갖추어 대해야 한다. 셋째, 해마다 송나라가 금나라에 세폐로 바치는 백은은 30만 냥, 비단은 30만 필로 정한다. 넷째, 송나라는 금나라에 고사은(犒師銀: 일종의 전쟁 배상금) 300만 냥을 별도로 바친다."

이 조약은 44년 전에 체결한 융흥화의보다 더 불리하고 굴욕적이었는데 남송이 국력과 현실을 무시하고 무리하게 북벌을 단행한 후과였다. 그후 남송의 금나라에 대한 종속 관계는 한층 더 심화되었다.

6. 이사아와 서지국이 국정을 농단하다

명창 5년(1194) 황하 유역에서 봄부터 시작된 장마가 7월이 되었는데도 그치지 않았다. 매일 황하의 물줄기가 용처럼 꿈틀거리며 솟아올랐다. 급기야 양무(陽武: 하남성 원양현·原陽縣)에서 제방이 붕괴되어 대홍수가 발생했다. 산동 지방으로 흐르던 황하의 본류가 남쪽의 회수로 방향을 틀었다. 이에 하남·산동·강소 등 광활한 곡창 지대가 물바다로 변했다. 이재민 수백 만 명이 삶의 터전을 잃고 유리걸식했다.

금 장종은 430여만 명의 인력을 동원하여 황하의 물길을 바로잡고자 했지만 홍수 피해를 입은 지역이 워낙 넓어 제방을 복구하지 못했다.

태화 원년(1201)과 태화 8년(1208)에 황하가 또 범람하여 하남 지방 복양(濮陽), 산동 지방 조주(曹州) 등지가 침수되어 엄청난 피해를 입었다. 이재민을 구휼하고 무너진 제방을 복구하느라 막대한 재화를 써야 했다.

이처럼 금 장종 시대에 연이어 발생한 대홍수는 금나라 경제에 치명타를 가했다. 설상가상으로 금 장종은 재위 후반기에 이르러 초심을 잃고 정사를 제대로 돌보지 않았다.

금 장종 완안경이 황위를 계승하기 전인 대정 23년(1183)에, 금 세종은 적손 금원군왕 완안마달갈(완안경의 원래 이름)의 배필로 조정 중신 포찰정수(蒲察鼎壽)의 딸인 포찰씨(蒲察氏)를 간택했다.

완안마달갈의 정실부인이 된 포찰씨는 대정 26년(1186)에 적장자 완안홍유(完顏洪裕)를 낳았다. 증손자를 얻은 금 세종은 뛸 듯이 기뻐하여 완안마달갈을 황태손으로, 포찰씨를 황태손비로 책봉했다. 황태손과 황태손비는 부부 사이가 무척 좋았다.

하지만 완안홍유가 태어난 지 2년 만인 대정 28년(1188)에 요절했다. 금 세종과 완안경은 비통해 마지않았으며, 포찰씨는 큰 충격을 받아 병석에서 일어나지 못했다. 몇 개월 후 그녀도 세상을 떠나고 말았다.

완안경은 졸지에 아내와 아들을 잃었다. 대정 29년(1189) 금 세종이 붕어하자 완안경이 황위를 계승했다. 그는 포찰씨를 흠회황후로 추증한 후 황후의 자리를 비워두었다.

이사아(李師兒 · ?~1209)라는 계집아이가 있었다. 그녀의 아버지 이상(李湘)과 어머니 왕혜아(王盻兒)는 천한 신분이었다. 어린 시절에 가족이 범죄를 저질러 황궁의 노비, 내시 등을 관리하는 관청인 궁적감의 노비로 편입되었다.

그녀는 용모가 빼어나고 영특하여 금 세종 시대인 대정 말기에 궁녀로 선발되었다. 다른 궁녀들과 함께 궁중 교육을 담당하는 궁교 장건(張健)에게 궁중 예법과 문자를 배웠다.

당시 궁교는 푸른색 장막을 치고 궁녀들을 가르쳤다. 서로 얼굴을 못 보게 할 목적이었다. 그래서 장건이 장막 밖에서 가르치면 궁녀들이 장막 안에서 목소리를 듣고 배웠다. 또 궁녀들이 질문을 하면 장건이 목소리를 듣고 대답했다. 그런데 궁녀들 가운데 한 궁녀가 배움에 으뜸이었다. 장건은 평소에 그녀가 누구인지 궁금했는데 목소리가 옥쟁반에 구슬 구르듯 청아한 궁녀라는 것만을 알고 있었을 뿐이다.

금 장종이 즉위한 후 어느 날 장건에게 물었다.

"궁녀들 중에서 누가 가장 가르칠만한가?"

장건이 대답했다.

"목소리가 청아한 궁녀가 가장 가르칠만하옵니다."

목소리가 청아한 궁녀는 다름 아닌 이사아였다. 마침 환관 양도(梁道)도 미모와 교양을 갖춘 그녀를 황제에게 후궁으로 추천했다. 금 장종은 그녀를 불러들이고 시중을 들게 했다. 그는 문학과 예술을 사랑한 군주였다. 그가 시를 읊조리고 서예를 할 때마다 이사아는 그의 감흥을 정확하게 이해하고 화답했다. 또한 그녀는 황제의 기분을 기가 막히게 잘 맞추었다. 금 장종은 하루라도 그녀를 보지 못하면 안달이 날 정도로 그녀에게 빠져들었다.

명창 4년(1193) 금 장종은 이사아를 정이품 소용으로 책봉했으며, 이듬해에는 정일품 숙비로 품계를 높여 주었다. 또 이미 세상을 떠난 그녀의 아버지 이상을 금자광록대부·상국주·농서군공 등 고위 관작에 추증했다. 심지어 그녀의 조부와 증조부에도 벼슬을 추증했다.

이숙비(李淑妃)의 오빠 이희아(李喜兒)는 원래 저잣거리의 무뢰한이었다. 여동생이 황제의 총애를 독차지한 덕분에 선휘사, 안국군절도사 등 관직에 임용되었으며, 그의 아우 이철가(李鐵哥)도 근시국사, 소부감 등 황제를 지근거리에서 보좌하는 관직을 맡았다.

이씨 가족은 하루아침에 조정의 실세로 떠올랐다. 그들에게 뇌물을 바쳐 관직을 얻으려는 자들로 문전성시를 이루었다. 남경(南京)에 거주하는 이병(李炳)과 중산(中山)에 거주하는 이저(李著)는 족보를 조작해 이숙비의 집안이라 속이고 벼슬을 얻었다.

승안(承安) 4년(1199) 금 장종은 이숙비를 황후로 책봉하려고 했다. 하지만 금나라가 건국한 이래 황후는 도단씨, 포찰씨 등 명문 부족에서 간택하는 관례가 있었다. 게다가 이숙비는 한족 출신으로 신분이 천했을 뿐만 아니라 죄인의 딸이었기 때문에, 귀족들의 거센 반발을 샀다. 금 장종은 어쩔 수 없이 그녀를 원비로 책봉하고 사실상 황후와 동등한 대우를 받게 했다.

궁적부감 서지국(胥持國)은 황제가 이원비의 손에서 놀아나고 있음을 알았다. 그녀에게 뇌물을 바치고 아부하여 하루아침에 재상에 해당하는 상서우승의 직위에 올랐다. 서지국은 이원비의 은밀한 지원 아래 국정을 농단하기 시작했다.

당시 사람들은 "경동(經童)이 재상이 되고, 감비(監妃)가 비빈이 되었다."고 풍자했다. 경동과(經童科) 출신인 서지국은 정식으로 과거에 급제하지 않고 재상의 직위에 올랐으며, 미천한 궁녀 출신인 이원비가 육궁(六宮)의 안주인이 되어 국정을 농단하고 있다는 비난이었다.

서지국에게 아부하여 출세하려는 자들이 구름처럼 모여들었다. 그들

중에서 우사간 장복형(張復亨), 우습유 장가정(張嘉貞) 등 간신 10명이 이른바 '서문십철(胥門+哲)'이라는 당파를 결성하여 충신들을 쫓아내고 조정의 정치를 난장판으로 만들었다.

완안수정은 금 세종, 금 장종 시대의 유명한 충신이었다. 강직하고 청렴할 뿐만 아니라 법률과 예악에도 정통하여 금 장종이 '명창의 치'를 이루는 데 결정적인 공을 세웠다. 금 장종과 완안수정은 서로 존경하여 군신 관계를 넘어 막역지교가 되었다.

서지국은 완안수정이 눈엣가시였다. 이원비를 통해 황제에게 끊임없이 모함하여 완안수정을 지방으로 쫓아내려고 했다. 금 장종은 완안수정이 모함당한 것을 알았으나 서지국과 이원비의 반발을 두려워하여 그를 동평(東平: 산동성 동평현·東平縣)의 지방관으로 보냈다.

금 장종은 갑작스럽게 조정 중신을 지방으로 좌천시키는 게 미안했던지 이런 말을 했다.

"경은 공신의 후예로 일찍이 벼슬길에 올라 능력과 업적을 널리 알렸소. 동평은 중요한 지역인데 흉년이 들어 현지 백성들이 고통을 받고 있소. 경이 가서 다스려주길 바라오."

완안수정이 떠날 때 어마(御馬)와 금화를 하사했다.

그 후 금 장종은 완안수정이 어떻게 지내고 있는지 궁금하여 신하들과 이런 대화를 나누었다.

"완안수정이 동평을 어떻게 다스리고 있을까?"

"그다지 노력을 기울이지 않는 듯하옵니다."

"완안수정의 재능이면 한 지역을 다스리고도 남을 여력이 있을 텐데."

사실 완안수정은 동평에서도 선정을 베풀었다. 다만 간신들의 모함을 받고 있었을 뿐이었다. 금 장종도 이런 사실을 알고 있었지만 갈등을 피하려 애써 모르는 척했다. 그가 인생 말년에 얼마나 무능했으면 간신과 후궁의 눈치를 보고 살았을까.

승안 2년(1197) 어사대 관리들이 목숨을 걸고 서문십철을 탄핵했다. 금 장종은 서문십철을 지방의 한직으로 전출시키는 것으로 어사대의 반발을 무마했다. 시지국도 문책을 당하여 통주대부로 물러났다.

하지만 얼마 후 서지국은 다시 추밀부사로 기용되어 추밀사 완안양(完顏襄)과 함께 북경(北京: 내몽골 영성·寧城 서쪽)에서 군대를 지휘했다. 이듬해 서지국이 북경에서 사망했다. 금 장종은 국정을 농단한 간신을 단죄하지 못하고 오히려 그에게 통민(通敏)이라는 시호를 내렸다.

태화 8년(1208) 금 장종이 세상을 떠나기 전에 상서성에 특별히 조칙을 내렸다.

"국가를 다스리는 근본은 기강(紀綱)에 있다. 기강을 바로 세우는 데 가장 중요한 것은 신상필벌이다. 하지만 오늘날 중앙의 성부(省部) 같은 중요한 기관부터 지방의 사현(司縣)에 이르기까지 법도를 따르지 않고, 사사로운 이익만을 추구하고 있다. 관리들이 고하를 막론하고 모두 직무에 태만하고 허송세월을 보내고 있는 것이 풍습이 되어버렸으니 어찌 국가가 제대로 다스려지겠는가."

"조정 중신들은 백관의 근본이 되어야 하며, 경사는 중원의 모범이 되어야 한다. 지금부터 각자 과오를 뉘우치고 법도를 준수하며 힘써 공적을 이루어야 한다. 아울러 감정에 치우쳐 공정함을 잃어서는 안 되며, 권세를 두려워해 잘못된 결정을 내려서도 안 된다. 오로지 모든 일을 바르게 처리하여 백성들의 모범이 되어야 한다."

죽음을 직감한 그는 지난 과오를 반성하는 차원에서 이런 조칙을 내렸을 것이다. 같은 해 11월 그는 후사를 남기지 못하고 재위 18년, 향년 40세를 일기로 붕어했다.

사실 금 장종은 예술 분야에 일가견을 이룬 군주였다. 그는 북송 황제이자 위대한 예술가였던 송 휘종 조길을 흠모하여 그가 남긴 서화 작품을 모방하기를 좋아했다. 사람들은 금 장종이 송 휘종의 '수금체(瘦金體)'로 글씨와 그림을 정교하고 핍진하게 표현했다고 말했다. 훗날 그는 당 현종 이융기, 후당 장종 이존욱, 남당 후주 이욱, 송 휘종 조길과 더불어 중국 역사에서 음악을 가장 사랑하고 이해한 군주 5명으로 뽑혔다. 금나라 황제들 가운데 그보다 뛰어난 예술적 재능을 발휘한 황제는 없었다.

『금사』는 금 장종을 이렇게 평가했다.

"장종은 재위 20년 동안 세종이 오랜 세월 국가를 평화롭게 다스린 것을 계승하여 천하의 백성들을 어느 정도 편안하게 했으며, 예악을 바로잡고 형법을 수정하며 관료 제도를 정비했다. 이에 제도와 문물이 찬란하여 한 시대의 통치 규범으로 발전했다. 또한 신하들에게 한 선제(漢宣帝)가 어떻게 명분과 실리를 종합적으로 검증했으며, 당나라 시대의 관료 평가 제도에 대하여, 그는 신하들에게 여러 차례 질문하여 정책에 반영함으로써 자신의 업적이 요나라와 송나라를 넘어 한나라와 당나라에 비견되고자 했다. 그는 치세를 염원한 군주라고 평가할 수 있다."

"하지만 그는 후궁의 전횡을 막지 못해 조정을 난장판으로 만들었고, 적장자를 세우지 못했으며 종실을 멀리하고 의심하여 부적합한 사람에게 황위를 계승하게 한 과오를 저질렀다. 따라서 종묘사직을 영원히 지키겠다는 그의 말은 결국 허울뿐인 수사(修辭)가 되었으니 후세의 자손들에게 단 하루도 유용하지 못했다. 금나라의 쇠망은 사실상 금 장종부터 시작되었다."

위 소왕 완안영제

1 • 성장 과정과 황위 계승

2 • 금 장종의 비빈들을 제거하다

3 • 금나라군이 몽골군과 동요군에게 궤멸되다

4 • 권신 호사호에게 쫓겨난 후 독살당하다

제7장

위 소왕 완안영제

1. 성장 과정과 황위 계승

금 장종 완안경은 자식복이 눈곱만큼도 없는 불행한 군주였다. 정실 부인 포찰씨가 낳은 완안홍유는 태어난 지 2년 만인 대정 28년(1188)에 요절했다. 몇 개월 후 포찰씨도 세상을 떠났다.

후궁들에게 얻은 둘째아들 완안홍정(完顏洪靖), 셋째아들 완안홍희(完顏洪熙), 넷째아들 완안홍연(完顏洪衍), 다섯째아들 완안홍휘(完顏洪輝) 등 모두 태어나자마자 죽었거나 몇 해를 살지 못하고 요절했다.

태화 2년(1202) 금 장종이 가장 총애한 이원비가 여섯째아들 완안특린(完顏忒鄰·1202~1203)을 낳았다. 금 장종은 감격의 눈물을 흘렸으며, 대신들은 다투어 황자의 탄생을 축하하는 표문을 올렸다. 금 장종은 즉시 국가 연회를 열게 했는데 5품 이상의 신하들은 황궁의 신룡전(神龍殿)에서, 6품 이하는 동쪽 행랑채에서 음주가무를 마음껏 즐겼다.

완안특린이 태어난 지 한 달 만에 갈왕으로 책봉되었다. 이 왕호는 본래 금 세종이 처음 받은 것으로, 대정(大定) 연간 이후에는 아무도 감히 받을 수 없었다. 또 완안특린이 태어난 지 3개월이 되었을 때 금 장종은 승려와 도사 3,000명에게 도첩을 발급하고 황자의 복을 기원하는 행사를 치르게 했다. 하지만 금 장종이 이렇게 지극정성을 다했는데도, 완안특린은 겨우 두 살까지 살다가 요절하고 말았다.

태화 8년(1208) 승어시녀(承御侍女) 가씨(賈氏)와 범씨(范氏)가 임신을 했다. '승어시녀'란 후궁들 중에서 지위가 가장 낮은 궁녀로 황제의 잠자리를 모시는 일을 했다. 이미 아들 6명을 잃은 금 장종은 두 후궁에게 마지막 희망을 걸었다. 하지만 그는 아이가 태어나기도 전에 폐렴에 걸려 병석에 누웠다.

마침 위왕 완안영제(完顔永濟·?~1213)가 무정군에서 황궁으로 왔다. 그는 금 세종 완안옹의 일곱째아들인데 어머니는 이원비이다. 천성이 검소하여 화려한 꾸밈을 좋아하지 않았으며 키가 크고 수염이 길었다. 그는 유약하고 무능했지만 금 장종의 아버지 완안윤공의 이복동생이었으므로, 금 장종이 통치할 때 숙부가 되는 그에게 노왕·위왕·안무군절도사·무정군절도사 등 관작을 하사했다.

금 장종은 즉위 직후에 삼촌들이 자신을 황제로 인정하지 않고 권력을 빼앗지 않을까 두려웠다. 명창 연간 초기에 숙부 완안영도(完顔永蹈)와 백부 완안영중(完顔永中), 두 삼촌에게 모반 혐의를 씌워 살해했을 때 평소에 권력에 관심이 없었던 완안영제는 황제의 의심을 사지 않아 살아남을 수 있었다.

금 장종이 삼촌들 중에서 완안영제가 가장 무능하여 자기에게 위해를 가할 인물이 아니라고 생각한 것도, 그가 목숨을 지킨 이유 중의 하나였다. 게다가 금 장종은 무골호인 완안영제를 좋아했다.

태화 연간에 이르러 금 장종은 두 삼촌을 죽인 일을 몹시 후회하여 왕으로 복권시켰다. 그리고 후사가 끊긴 완안영도를 안타깝게 생각하고 완안영제의 아들 완안안진(完顔按辰)을 완안영도의 아들로 입적하여 제사를 모시게 했다.

금 장종은 아들들이 모두 요절하자 마음속으로 완안영제에게 황위를 계승하게 할 생각을 하고 있었을 때 마침 완안영제가 황궁으로 입궐했다. 금 장종은 아픈 몸에도 불구하고 완안영제와 함께 격구를 즐겼다.

얼마 후 완안영제가 무정군으로 돌아가려고 하자 금 장종이 말했다.

"숙왕(叔王)은 주인이 되기 싫어서 이렇게 급하게 가려는 것이오?"

이는 숙부에게 황위를 물려주려는 자신의 뜻을 몰라주고 무정군으로 떠나려 하는 것에 대한 서운한 심정을 드러낸 말이었다.

완안영제가 당황하여 안절부절 못하자 곁에 있던 이원비가 황제에게 말했다.

"이는 경솔하게 말씀하실 일이 아니옵니다."

태화 8년(1208) 11월 금 장종은 병세가 악화되어 침전에서 일어나지 못했다. 이원비는 환관 이신희(李新喜), 평장정사 완안광(完顔匡) 등과 상의하여 완안영제를 황제로 추대하기로 결정했다. 며칠 후 금 장종이 붕어하자 완안영제가 황제의 영구 앞에서 제7대 황제로 등극했다. 그가 위 소왕(衛紹王)이다.

2. 금 장종의 비빈들을 제거하다

금 장종이 붕어하기 직전에 이런 유조를 남겼다.

"짐의 비빈들 중에서 두 명이 임신했다. 만약 아들 한 명이 태어나면 그를 태자로 책봉해야 하며, 두 명이 태어나면 그 중에 한 명을 가려서 책봉해야 한다."

임신한 두 비빈은 앞서 언급한 승어시녀 가씨와 범씨이다. 금 장종은 세상을 떠나기 직전까지도 그녀들이 자기 아들을 낳아주기를 간절히 바랐다. 그는 어쩔 수 없이 숙부 완안영제에게 황위를 물려줄 수밖에 없지만, 훗날 자기 아들이 숙부의 뒤를 이어 황제가 되기를 염원했다.

위 소왕은 금 장종의 비빈과 조정 중신들 앞에서 유조를 금과옥조로 삼겠다고 맹세했다. 하지만 그가 바보가 아닌 이상 아직 태어나지도 않은 조카의 아들을 태자로 책봉할 리가 없었다. 게다가 두 비빈이 아들을 낳는다고 누가 장담할 수 있겠는가. 그는 은밀히 금 장종의 비빈들을 제거할 음모를 꾸미기 시작했다.

위 소왕이 즉위한 직후인 대안 원년(1209) 2월, 평장정사 복산단(僕散端)과 좌승 손즉강(孫即康)이 아뢰었다.

"범씨는 산달이 3개월이나 늦어지고 있사옵니다. 태의부사 의사안(儀師顏)이 진맥을 짚어보니 지난 해 11월부터 뱃속의 태아가 손상을 입었다고 하옵니다. 범씨는 이미 아들을 낳을 수 없음을 깨닫고 머리를 삭발하고 비구니가 되기를 바라옵니다."

위 소왕은 범씨의 처지를 동정하고 그녀의 뜻대로 비구니가 되게 했다. 아울러 자신은 선황제의 유조를 지키려고 노력했지만 어쩔 수 없었다는 아쉬움을 드러냈다.

사실 위 소왕은 복산단 등 신하들과 공모하여 범씨를 낙태시킨 후 비구니가 되게 했다. 그는 신하들의 의심을 피하기 위해 천지신명에게 제사를 올리며 가씨가 아들을 낳을 수 있기를 진심으로 바라는 모습을 보였다.

하지만 그는 측근들에게 여전히 이원비와 가씨를 일거에 제거할 음모를 꾸미게 했다.

같은 해 4월 누군가 조정에 투서했는데 그 대략적인 내용은 다음과 같았다.

"태화 7년(1207) 정월 선황제께서 잠시 병환 중이셨을 때 이원비가 환관 이신희와 은밀히 의논하기를, '태자가 아직 정해지지 않았으니 궁인으로 하여금 거짓으로 임신한 것처럼 꾸며 다른 아이를 태자로 속이자.'고 했다. 하지만 가씨가 구토를 하고 임신 증상을 나타냈다. 이에 이원비는 어머니 왕혜아, 환관 이신희와 짜고 출산 예정 시기가 되면 이씨 집안에서 아이를 데려와 황제의 아들로 바꿔치기 하려고 했다."

위 소왕은 투서를 읽어보고 진노하여 다음과 같은 조서를 내렸다.

"선황제께서 병세가 위중하실 때 이씨(李氏)를 여러 차례 불렀으나 이씨는 오지 않았다. 또 이씨에게 의복을 가지고 오게 했는데 즉시 오지 않고 그 어미와 은밀히 후사를 의논했다. 선황제께서 평소에 다른 후궁들을 총애하실 때마다, 이씨는 그들을 끊임없이 시기하고 질투했다. 급기야는 무당 이정노(李定奴)에게 종이와 나무로 인형, 원앙부(鴛鴦符)를 만들어 저주하게 하여 선황제의 후사를 끊었다. 이씨 일당이 저지른 만행은 말로 표현할 수 없을 정도로 심하다. 저주를 퍼부은 일이 발각된 후 대신들을 보내 그들을 심문하니 모두 자백했다. 또 재상을 보내 다시 심문해도 같은 결과가 나왔다."

"유관 기관의 관리들이 이씨를 형법에 의거하여 극형에 처해야 한다고 주장했지만, 이씨는 선황제를 오랫동안 모셨으므로 사형만은 면하게 해 주고 싶었다. 하지만 왕공, 대신들이 모두 형법을 엄격하게 집행해야 한다고 주장하기 때문에, 부득이하게 이씨에게 사약을 내려 자진(自盡)하기를 명한다."

이에 이원비뿐만 아니라 어머니 왕혜아, 환관 이신희도 처형당했다. 그녀의 오빠 안국군절도사 이희아와 남동생 소부감 이철가는 파직을 당하고 변방으로 유배를 갔다. 이때 아무 잘못도 없는 가씨도 사약을 마시고 죽었다.

사실 이 사건은 위 소왕과 이원비를 대표로 하는 외척 세력 간의 권력 투쟁의 소산이었다. 위 소왕과 그의 측근들이 모략을 꾸며 외척 세력을 제거한 것이다.

훗날 우부원수 호사호(胡沙虎)가 궁중에서 벌어진 권력 암투를 빌미로 위 소왕을 시해했다. 지녕(至寧) 원년(1213) 호사호에 의해 황제로 추대된 금 선종 완안순이 이원비의 억울한 누명을 벗겨주고 이씨 일족을 복권시켰다.

3. 금나라군이 몽골군과 동요군에게 궤멸되다

대안 원년(1209) 위 소왕은 외척 세력을 제거한 직후에 아들 완안종각(完顏從恪·?~1232)을 서둘러 조왕(胙王)으로 책봉했다. 이듬해에는 조왕을 태자로 책봉함으로써 황위는 아들이 계승한다는 원칙을 분명히 밝혔다. 황제의 권력에 누구도 감히 도전하지 못하게 하고 자신만의 새로운 시대를 펼칠 목적이었다. 하지만 그는 이미 쇠락의 길로 접어든 금나라를 부흥시킬 능력이 없는 군주였다.

더구나 몽골의 초원 지대에서 천고의 영웅 테무친(1162~1227)이 나타났다. 원래 몽골인은 금나라의 지배를 받으며 노예와 다름없는 생활을 하고 있었다.

금 장종 태화 6년(1206) 테무친이 몽골의 부족들을 최초로 통일하고 몽골 제국을 건국했다. 몽골의 부족장들은 그에게 이른바 '칭기즈 칸'이라는 존호를 바쳤다. 칭기즈 칸은 온 세상을 다스리는 유일무이한 군주라는 뜻이다. 이 시기부터 그는 본격적으로 인류 역사상 유래를 찾아보기 힘든 정복 전쟁을 벌이기 시작했다.

칭기즈 칸은 금나라를 철천지원수로 여기고 언젠가는 반드시 멸망시켜야겠다는 야망을 품었다. 당시 몽골 제국이 북방에서 흥기하자 금나라와 서하가 동맹을 맺고 대항했다. 칭기즈 칸은 위 소왕이 즉위한 직후인 대안 원년(1209)에, 금나라를 정벌하기 위해서 먼저 서하를 공격했다.

서하 황제 양종(襄宗) 이안전(李安全·1170~1211)은 상국으로 섬기던 금나라에 구원을 요청했다. 하지만 위 소왕은 구원 요청을 거절하고 오히려 몽골과 서하가 싸우기를 바랐다. 두 나라가 전쟁으로 국력을 소진하는 것이 금나라에 유리하다고 판단했기 때문이다.

결국 이안전은 칭기즈 칸에게 항복하고 금나라와의 동맹 관계를 끊었다. 위 소왕은 칭기즈 칸이 서하를 속국으로 삼았다는 소식을 듣고 기겁했다.

예전에 칭기즈 칸이 변방에서 금나라에 공물을 진상할 때 위 소왕 완안영제와 접촉한 적이 있었다. 그는 완안영제를 무능하고 비겁한 사람으로 보았다. 완안영제가 황제가 되었다는 얘기를 듣고 금나라를 정벌할 절호의 기회가 왔다고 판단했다.

마침내 대안 3년(1211)에 10만 기병을 일으켜 금나라 변경을 유린했다.

몽골군의 진격에 놀란 위 소왕은 황급히 50만 대군을 징집했다. 평장정사 독길천가노(獨吉千家奴)와 참지정사 완안호사(完顔胡沙)에게 주력군을 이끌고 중도(中都) 북쪽의 환주(桓州)·창주(昌州)·무주(撫州) 등지에서 몽골군의 남침을 저지하게 했다. 아울러 서경유수 호사호(胡沙虎)에게는 금계호(金界壕: 내몽골자치주에 있는 방어 시설)에서 방어선을 구축하게 했다.

독길천가노는 몽골군과 직접 싸우지 않고 750여 리에 달하는 방어선을 구축하는 데 엄청난 인력과 물자를 동원했다. 병사들은 싸우기도 전에 고된 노역에 시달려 사기가 급격히 저하되었다. 금나라군의 소극적인 방어 전략을 간파한 칭기즈 칸은 전광석화처럼 빠른 몽골 기병으로 한 곳을 집중적으로 공격하면 방어선이 쉽게 무너질 것이라고 판단했다.

그는 먼저 주치·차가타이·우구데이 등 세 아들에게 3만 기병을 이끌고 서경(西京: 산서성 대동·大同)을 공격해 호사호의 군대를 묶어두게 했다. 그리고 친히 7만 기병을 이끌고 금나라의 군사 요충지인 오사보(烏沙堡), 오월영(烏月營) 등지를 연이어 공격하여 점령했다. 독길천가노가 힘들게 구축한 방어선은 무용지물이 되고 말았다.

위 소왕은 독길천가노의 지휘권을 박탈하고 완안호사에게 군대를 지휘하게 했다. 완안호사는 몽골군의 우회 공격을 두려워하여 환주 등 3주(州)를 포기하고 야호령(野狐嶺: 하북성 장가구·張家口)으로 후퇴했다.

야호령은 옛날부터 몽골 고원과 서역, 중원을 연결하는 전략적 요충지이다. 완안호사는 산악 지형을 이용해 몽골군의 중도 공격을 차단한다는 전략을 세웠다.

대안 3년(1211) 8월 완안호사, 호사호 등 장수들이 45만 대군을 야호령 일대에 배치하고 결전에 대비했다. 양군은 야호령 일대의 환아취(獾兒嘴) 등지에서 혈전을 벌였다.

몽골군은 중과부적이었지만 빠른 기습과 각개 격파로 금나라군을 궤멸시켰다. 당시 얼마나 많은 병사들이 죽었는지 시체가 하천의 물길을 막았으며 들판 100여 리를 뒤덮었다.

완안호사는 사지를 가까스로 탈출하여 회하보(澮河堡: 하북성 회안현·懷安縣)에서 패잔병을 수습했다. 칭기즈 칸은 기병 3,000기를 이끌고 회하보로 진격했다. 양군은 또 3일 동안 혈전을 벌였는데 금나라군의 완전한 궤멸로 끝났다. 회하천(澮河川)은 붉은 핏물로 넘쳐났으며, 완안호사는 극적으로 도망갔다.

몽골군이 중도를 향해 진격해오고 있다는 소식을 들은 위 소왕은 어찌할 바를 몰라 신하들과 마주 앉아 울기만 했다. 같은 해 9월 몽골군이 중도의 관문인 거용관(居庸關: 북경 창평구·昌平區)을 압박했다. 상경유수 도단일(徒單鎰)이 병사 2만여 명을 이끌고 와서 중도를 수비했다.

칭기즈 칸은 일단 철군했다가 금나라 숭경(崇慶) 원년(1212)에 서경(西京)을 공격하여 원수좌도감 오둔양(奧屯襄)이 지휘한 금나라군을 전멸시켰다.

당시 금나라의 지배를 받고 있던 요동 지방의 거란인들은 금나라가 몽골군에게 유린당하는 모습을 보고 기회를 틈타 독립하려고 했다. 금나라는 거란인들이 금나라를 배반하고 몽골에 귀부하는 것을 막기 위해 여진인 두 호(戶) 사이에 거란인 한 호를 끼워 살게 했다. 거란인들은 금나라의 이런 감시 정책에 불만을 품었다.

숭경(崇慶) 원년(1212) 거란족 출신 천호장 야율유가(耶律留哥·1165~1220)가 융안(隆安: 길림성 농안·農安), 한주(韓州: 길림성 이수현·梨樹縣) 등지에서 일거에 10만 대군을 집결시키고 스스로 도원수를 칭했다. 그 후 몽골에 귀부하여 몽골 장수 안진(按陳)과 동맹을 맺고 몽골군의 지원을 받아 적길뇌아(迪吉腦兒: 요령성 창도·昌圖 부근)에서 금나라군을 대파했다.

다음 해 야율유가는 왕을 자칭하고 망한 요나라를 그리워하는 거란인들의 지지를 얻고자 국호를 요(遼)로, 연호를 천통(天統)으로 정했다. 이윽고 국가의 기본 관제를 정비한 후 귀인현(歸仁縣: 요령성 창도 북쪽 사면성)에서 금나라 선무 포선만노(蒲鮮萬奴)가 이끈 40만 대군을 격파했고, 안동동지 아련(阿憐)의 항복을 받아냈다.

그는 요동 지방 일대를 장악한 후 함평(咸平: 요령성 개원·開原 노성진·老城鎭)에 도읍을 정하고 중경(中京)이라고 불렀다. 신하들은 그에게 황제로 등극해야 한다고 아뢰었다.

하지만 그는 황제를 칭하는 것을 포기하고 칭기즈 칸에게 복종하여 동요(東遼·1213~1269)의 왕으로 책봉되었다. 칭기즈 칸과 야율유가의 공격에 심각한 타격을 입은 금나라군은 사실상 이때부터 주력군이 사라졌으며, 중원 지방은 몽골군의 도살장으로 변했다.

그 후 금 선종 완안순 시대인 정우(貞祐) 4년(1216)에, 야율유가의 동생 야율시불(耶律廝不·?~1216)이 형이 칭기즈 칸에게 복종한 것에 반발해 요나라의 법통을 계승한다는 것을 명분으로 병변을 일으켰다. 징주(澄州: 요령성 해성·海城)에서 황제를 칭하고 후요(後遼·1216~1219)를 건국했으며 연호를 천위(天威)로 정했지만, 즉위한 지 한 달 만에 부하 장수들에 피살되었다.

그 후 후요 조정에서는 장수들끼리 피비린내 나는 권력 다툼이 일어났다. 야율통고여(耶律統古與)가 대요수국왕(大遼收國王)을 칭한 야율금산(耶律金山) 살해하고 왕으로 즉위했다. 하지만 얼마 후 야율함사(耶律喊舍·1176~1220)

가 야율통고여를 죽이고 권력을 장악했다. 그가 후요의 마지막 군주이다.

하지만 그도 몽골과 동요의 공격을 피해 압록강을 건너 고려로 달아났다. 금나라 흥정(興定) 2년(1218) 몽골은 고려와 동맹을 맺고 야율함사를 토벌했다. 금나라가 망하고 몽골이 흥하는 격변기에, 요동 지방에서 연이어 일어난 변란의 여파가 고려에 큰 피해를 주었다.

그 후 동요도 원나라 지원(至元) 6년(1269)에 원나라에 병합되었다.

4. 권신 호사호에게 쫓겨난 후 독살당하다

권신 호사호(胡沙虎·?~1213)는 여진족의 명문 부족인 흘석렬(紇石烈) 출신인데 금 세종, 금 장종 시대에 고위직을 역임했다. 성격이 워낙 난폭하며 탐욕스럽고 전횡을 일삼았기 때문에 탄핵을 당하여 강등되었다.

태화 6년(1206) 그는 금나라가 남송과 전쟁을 벌일 때 회음(淮陰)을 점령하고 초주(楚州)를 포위한 전공으로 원수좌감군으로 승진했다.

대안 3년(1211) 위 소왕은 몽골군이 남침하자 호사호를 서경유수로 임명하고 서경을 방어하게 했다.

호사호는 병사 7,000여 명을 이끌고 정안(定安)의 북쪽에서 몽골군과 싸웠는데 대패를 당하고 울주(蔚州)로 달아났다. 울주의 관청 창고에서 백은 5,000냥과 의복, 비단 등을 강탈하고 관민의 말을 빼앗아 자형관(紫荊關)에 들어간 후 내수현령(淶水縣令)을 몽둥이로 때려죽인 만행을 저질렀다.

그가 중도에 도착한 후에 위 소왕은 그를 처벌하기는커녕 오히려 우부원수 겸 상서우승으로 임명했다.

호사호는 더욱 기고만장하여 전횡을 휘둘렀다. 몽골군이 중도를 향해 진격해오자 그는 위 소왕에게 보병과 기병 2만 명을 내어주면 선덕주(宣德

州)에 주둔하겠다고 했다. 하지만 중도를 방어할 병력도 부족한 상황에서, 위 소왕은 그에게 병사 3,000명을 이끌고 중도 방어의 거점인 규천(潙川: 하북성 회래현·懷來縣)에 주둔하게 했다.

숭경 원년(1212) 정월 호사호는 몽골군과 맞서 싸울 자신이 없자 상서성에 서찰을 보내 주둔지를 다른 곳으로 옮겨달라고 했다.

"몽골군이 쳐들어오면 막아낼 방법이 없소. 내 목숨은 아깝지 않으나 병사 3,000명의 안위가 걱정이며, 12관(關)과 건춘궁(建春宮) 및 만녕궁(萬寧宮)도 지킬 수 없을 것이오."

조정 대신들은 호사호가 싸울 생각은 안 하고 도망갈 궁리만 하는 것에 분노했다. 그를 조사해 15가지 죄목을 열거한 후 파면하고 고향으로 추방했다. 하지만 얼마 후 호사호는 위 소왕의 측근 환관들에게 뇌물을 주어 다시 중도로 돌아올 수 있었다.

지녕(至寧) 원년(1213) 위 소왕은 호사호를 우부원수로 임용하고 중도성 북쪽에서 무위군 5,000명을 지휘하게 했다. 당시 몽골군은 파죽지세로 중도 근교까지 진격해왔다. 중도성이 함락될 위기에 처했는데도 호사호는 싸울 생각은 하지 않고 매일 말을 타고 나가 매사냥을 즐겼다.

위 소왕이 사자를 보내 그를 책망하자 그는 마침 먹이를 주던 매 한 마리를 죽이고 소리쳤다.

"나는 평소에 하고 싶은 대로 행동한다. 남에게 간섭받는 것을 아주 싫어해. 누구든 내 행동을 간섭하려고 하면, 이 매처럼 될 것이야."

사자가 위 소왕에게 그의 오만불손한 언행을 보고했는데도, 위 소왕은 아무런 조치도 취하지 않았다. 호사호는 황제가 무능하고 나약하다는 사실을 알고, 몽골군이 중도를 공격하는 혼란한 틈을 이용해 완안추노(完顔丑奴) 등 측근들과 함께 반란을 모의했다.

같은 해 8월 25일 저녁 호사호는 반란군을 이끌고 중도성으로 진격했다. 그는 중도성을 지키고 있던 대흥부지부 도단남평(徒單南平)과 그의 아들 형부시랑 겸 부마도위 도단몰열(徒單沒烈)을 죽이고 황궁을 포위했다. 호사호는 동화문(東華門)을 지키고 있던 친군백호 동아(冬兒)에게 성문을 열게 했으나 거절을 당하자, 장작을 쌓아 동화문을 불태우고 황궁 안으로 쳐들어갔다.

이윽고 호사호는 황궁을 장악하고 감국도원수를 자칭했다. 다음 날 아침 측근들에게 위 소왕을 황궁 밖으로 끌어내어 왕부에 감금하게 했다. 그는 옥새를 가로채 황제로 등극하고 싶었다. 환관을 내궁으로 보내 옥새를 가져오게 했다.

당시 상서좌부인 정씨(鄭氏)가 옥새를 관리하고 있었다. 그녀는 황궁에서 변란이 일어났음을 알아차리고 옥새를 품에 안고 지켰다.

환관이 옥새를 내어달라고 요구하자 그녀는 단호히 말했다.

"옥새는 오직 황제께서만 쓰시는 물건인데 호사호가 왜 가져가려고 하는가? 죽어도 줄 수 없다."

그녀의 비장하고 당당한 태도에 놀란 환관이 호사호에게 말을 전했다. 호사호가 직접 그녀를 찾아와 옥새를 요구했다. 그녀는 차가운 눈빛으로 그를 한 번 흘겨보고는 눈을 감은 채 단정히 앉아 움직이지 않았다. 호사호가 달려들어 옥새를 빼앗으려고 했다.

그녀가 갑자기 벌떡 일어나 옥새를 높이 쳐들고 소리쳤다.

"한 발짝이라도 더 다가오면, 내가 이 옥새를 부숴 버리겠소."

호사호는 그녀의 목숨을 걸고 저항하는 태도에 놀라 물러서는 수밖에 없었다. 이윽고 그는 황궁을 수색해 '선명지보(宣命之寶)'라는 글씨가 새겨진 금인(金印)을 찾아냈다. 가짜로 만든 황제의 조서에 금인을 찍어 부하들을 고위 관직에 임용했다.

며칠 후 호사호는 환관 이사중(李思中)에게 위 소왕을 독살하게 했다. 같은 해 9월 그는 완안순(完顏珣)을 황제로 옹립했다. 완안순이 금 선종(金宣宗)이다.

정우(貞祐) 4년(1216) 금 선종이 완안영제를 위왕(衛王)으로 복권시키고 시호 '소(紹)'를 내렸다. 그래서 후세 사람들은 그를 위 소왕이라고 부른다.

완안순이 즉위한 후 위 소왕에 대한 기록을 없앴기 때문에 그가 어떤 군주였는지 정확히 알 수 없다. 다만 그의 재위 기간(1208~1213)에 연호가 대안(1209~1211)·숭경(1212~1213)·지녕(1213) 등 세 번 바뀐 것으로 보아, 그는 금나라 말기의 혼란한 정국을 수습할 능력이 조금도 없었던 것 같다.

봉건 왕조 시대에 연호가 자주 바뀌는 이유는 대체적으로 군주가 무능하고 부패하여 혼란을 야기했기 때문이다.

『금사』는 그를 이렇게 짧게 평가했다.

"위 소왕은 안으로는 정치를 혼란에 빠뜨렸으며 밖으로는 몽골군의 침략을 막지 못했으니 금나라는 이미 망조가 들었던 것이다. 몸은 시해를 당하고 영토는 축소되었으며 기록은 망실되었다. 금나라가 남쪽으로 천도한 후에는 그에 대한 기록을 더 이상 찾아볼 수 없었다."

8

금 선종 완안순

1 • 호사호, 도단일 등 대신들에 의해 황제로 추대되다
2 • 기울어진 국운을 회복하기 위해 노력하다
3 • 남경으로 천도한 후 중도성이 함락되다
4 • 지방 군벌 9명을 제후로 책봉하다
5 • 남송을 침략하여 국운 회복을 도모하다

제8장

금 선종 완안순

1. 호사호, 도단일 등 대신들에 의해 황제로 추대되다

앞 장(章)에서 설명한 바와 같이, 호사호는 지녕 원년(1213) 8월에 반란을 일으켜 위 소왕 완안영제를 독살한 후 황위를 찬탈하려고 했다.

당시 상서우승상 도단일은 조정 안팎에서 신망이 높은 원로 중신이었다. 호사호가 반란을 일으켰을 때 그는 말에서 떨어져 다리를 다쳐 집에서 요양하고 있었다. 호사호는 그를 포섭하기 위하여 병문안을 구실로 찾아왔다.

도단일이 그에게 말했다.

"금나라는 완안씨(完顏氏)가 세운 나라이므로 역대 황제는 모두 완안씨이오. 지금 천하의 사람들이 감국도원수가 황제로 등극하는 것을 바라겠습니까. 만약 바라지 않는다면 설사 황제가 되어도 얼마나 오래 버틸 수 있겠소?

호사호가 그러면 어떻게 하면 좋겠냐고 묻자 그는 이렇게 대답했다.

"익왕은 금 현종의 장자이자 금 장종의 형이오. 그는 인품이 중후하고 능력이 뛰어나 다스리는 지역마다 사람들의 찬사가 끊이질 않고 있소. 당신이 그를 황제로 추대한다면, 이는 만세의 공훈이 될 것이오."

익왕은 금 세종 완안옹의 서장손이자 금현종 완안윤공의 서장자이며, 금 장종 완안경의 이복형이 되는 완안순(完顔珣·1163~1224)이다. 그는 젊었을 때부터 풍왕·익왕·형왕·승왕 등 여러 지역의 왕으로 책봉될 때마다 선정을 베풀어 백성들의 신망을 받았다. 도단일이 말한 것처럼, 그는 제왕이 되기에 부족함이 없었다. 호사호는 결국 도단일의 뜻을 따르기로 결정했다.

지녕 원년(1213) 9월 완안순은 호사호, 도단일 등 대신들에 의해 황궁의 대안전(大安殿)에서 황제로 추대되었다. 그가 제8대 황제 금 선종(金宣宗)이다. 당시 그는 50세였는데 늦은 나이에 추대되었음을 알 수 있다.

금 선종은 즉위 직후에 호사호에게 태사, 삼서령 겸 도원수, 택왕 등 관작을 하사했다. 또 며칠 후 부마 웅명(雄名)의 저택을 그에게 하사했다. 호사호가 자신을 황제로 추대한 것에 대한 보답이었지만, 사실은 조정의 권력을 장악하고 있는 그를 회유하기 위해서였다.

또한 금 선종은 인정전(仁政殿)에 나가 대신들과 함께 정사를 의논할 때 특별히 호사호에게 의자를 하사했다. 의자에 앉아서 황제에게 말해도 된다는 뜻이다.

호사호는 조금도 사양하지 않고 의자에 앉았다. 다른 대신들은 모두 서서 아뢰어야만 했는데도 말이다. 호사호의 권세가 얼마나 높았으면 그런 오만방자한 행동을 했겠는가.

금 선종은 도단일에게도 좌승상, 광평군왕 등 관작을 하사했다. 도단일의 부상당한 다리가 아직 낫지 않음을 보고 조회할 때 무릎을 꿇지 않아도 된다고 했다. 그는 충신 도단일을 통해 호사호를 견제하고자 했다. 얼마 후 연호를 정우(貞祐)로 바꾸고 대사면을 반포하여 자신의 시대가 시작되었음을 천하에 알렸다.

2. 기울어진 국운을 회복하기 위해 노력하다

금 선종이 즉위할 당시에, 금나라는 북방의 몽골, 서북방의 서하, 남방의 남송에 의해 포위된 형국이었다. 북방에서는 몽골이 끊임없이 중원 지방을 유린했으며, 남방에서는 남송이 금나라가 수세에 몰린 틈을 타 침공했다. 설상가상으로 금나라에 복종하고 있던 서하도 호시탐탐 기회를 노렸다.

금 선종은 사면초가에 빠진 금나라를 구하기 위해서는 적폐를 청산하고 황제의 권력을 강화해야 했다.

즉위하자마자 신하들에게 조서를 내렸다.

"이제 짐이 대위(大位)에 올랐다. 앞으로 경들은 보고 들은 것들을 숨기지 말고 모두 짐에게 직언해야 한다."

언로를 창달함으로써 군주와 신하 간의 소통을 원활하게 하겠다는 의미이다. 얼마 후 또 6품 이하의 관리들도 건의할 내용이 있으면 직접 황제에게 아뢰게 했다.

좌간의대부 장행신(張行信)이 국난을 극복하기 위해서는 황제 본인부터 매사에 근검절약하고, 대중의 의견을 널리 구하며, 상벌을 분명히 해야 한다고 상소했다. 그의 주장을 흔쾌히 받아들인 금 선종은 관작을 하사하고 상벌을 결정할 때 여진족과 다른 민족 간의 어떤 차별도 하지 않게 했다. 또한 황궁의 궁녀 130명을 사가로 돌려보냄으로써 황제 스스로 과도한 재정 지출을 줄이고 있음을 보여주었다.

장행신이 또 상소했다.

"예로부터 군주가 즉위하면 반드시 태자를 책봉하여 황위 계승자로 삼고, 조서를 반포하여 조정과 민간에 알렸사옵니다. 신이 남몰래 살펴보건대, 황제의 적장자가 조회에 참석할 때마다 태자의 의장과 호위를 사용하지만, 궁중에 이르러서는 다시 제왕(諸王)의 반열로 돌아갑니다. 하물며 태자를 모시는 신하를 임명했는데도 아직 그 예법이 정해지지 않았사옵니다. 이는 '명분이 바르지 않으면 말도 순리에 맞지 않는다.'라는 옛말과 다르지 않습니다."

"옛날 한 문제(漢文帝) 원년에 처음으로 아들 유계(劉啓)를 태자로 책봉한 것은 종묘사직을 보존하기 위함이었사옵니다. 신이 감히 원하옵니다. 폐하께서 대신들과 자세히 의논하시어 전대(前代)의 고사(故事)를 감안하여 조속히 조서를 내리시어 태자의 지위를 결정하셔야 하옵니다. 아울러 태자를 보필할 관리들을 신중히 선발하시고 그들로 하여금 태자가 인덕과 역량을 기르도록 보필하게 한다면, 천하는 크게 안정될 것이옵니다."

사실 금 선종은 위 소왕이 신하에게 독살된 후 추대되었기 때문에 정통성 문제가 있었다. 그래서 하루빨리 황위 계승의 영순위인 태자를 책봉함으로써 황실의 정통성 문제를 해결하고 정국의 안정을 도모하자는 주장이다.

금 선종은 장행신을 크게 칭찬하고 정우 원년(1213) 윤 9월에 장남 완안수충(完顔守忠·?~1215)을 태자로 책봉한다는 조서를 내렸다.

"짐이 미천한 몸으로 왕업을 계승하고 조종의 유업을 생각하여 밤낮으로 쉬지 않고 국사를 돌보고 있다. 위로는 구묘(九廟: 천자의 종묘)의 영령을 받들고, 아래로는 만방(萬方)의 기대를 해결하고자 한다. 태자 수충(守忠)은 성품이 온화하고 인자하며 짐의 적장자이다. 순서를 말하면 마땅히 황위 계승자가 되어야 하며, 예법을 논하면 여러 사람의 마음을 만족시킬 만하다. 이에 수충을 태자로 책봉한다."

완안수충이 정확히 몇 살 때 태자로 책봉되었는지 알 수 없으나, 금 선종이 즉위하자마자 책봉되었다. 금 선종은 적장자를 태자로 책봉함으로써 황실의 안정과 황제의 권력을 강화하고자 했다.

하지만 불행하게도 완안수충이 책봉된 지 2년 만에 남경(南京: 하남성 개봉·開封)에서 죽었다. 금 선종은 그에게 장헌태자라는 시호를 내리고 애도했다. 얼마 후 자기 손자이자 장헌태자의 아들인 완안갱(完顔鏗)을 황태손으로 책봉했는데 완안갱마저도 요절하고 말았다.

자손이 끊긴 금 선종에게는 참으로 불행한 일이었다. 그는 조부 금 세종이 통치한 시기를 태평성대로 생각했다. 금 세종 시대의 제도와 예법을 부활하여 망해가는 금나라를 부흥시키고 싶었다. 하지만 그가 처한 시대 상황은 갈수록 난마처럼 꼬였다.

3. 남경으로 천도한 후 중도성이 함락되다

술호고기(術虎高琪)는 금 장종 시대에 남송군을 여러 차례 격파했으며, 황제의 어명을 받들어 금나라에 항복한 남송의 장수 오희(吳曦)를 촉왕으로 책봉하는 데 공을 세워 평남용호장군이라는 칭호를 받았다. 대안 3년 (1211) 몽골 선봉대가 중도를 공격할 때 당시 태주자사였던 술호고기가 규군(糺軍) 3,000여 명을 이끌고 중도로 와서 통현문(通玄門) 밖에서 주둔했다. 그 후 진주방어사로 전임되었으며 원수우도감의 직권을 부여받았다. 금 선종이 즉위한 직후에는 원수우감군으로 승진했다. 그는 호사호 휘하의 장수였는데 상관에 버금가는 권세를 누렸다.

정우 원년(1213) 8월 몽골군이 또 중도를 공격하자 금 선종이 술호고기에게 조서를 내렸다.

"군사에 관한 안건을 모두 조정에 보고한 뒤 결정한다고 들었다. 이러다가는 기회를 놓칠 수 있지 않겠는가. 지금부터는 즉각 결단을 내리시오. 짐은 오직 성공만을 요구할 뿐이오."

자신과 조정 대신들의 의견을 묻는 데 시간을 지체하지 말고 전장에서 신속하게 몽골군을 무찌르라는 황제의 명령이었다. 금 선종이 몽골군의 침략에 얼마나 다급했으면 술호고기에게 이렇게 말했겠는가. 술호고기는 중도 방어를 책임지고 양향(良鄕)에서 몽골군에 대항했지만 번번이 패하고 말았다.

호사호가 그에게 엄중히 경고했다.

"너는 싸울 때마다 패배했다. 앞으로 또 승리하지 못하면 군법으로 다스리겠다."

술호고기는 또 참패하자 처형당하지 않을까 두려웠다. 차라리 정변을 일으켜 호사호를 살해하는 것이 살길이라고 생각했다. 같은 해 10월 군대를 이끌고 중도로 들어가 호사호 저택을 포위한 후 호사호를 살해했다. 그는 호사호의 수급을 조정에 바치고 죄를 청했다.

금 선종은 호사호가 살해당했다는 얘기를 듣고 오히려 안도했다. 오만방자한 그가 황제의 권력에 도전할 위험한 인물로 생각했기 때문이다. 금 선종은 술호고기를 사면하고 좌부원수로 임명했다. 술호고기가 일으킨 정변에 가담한 장졸들도 포상을 받았다.

하지만 늑대를 쫓아내려다가 호랑이를 불러들인 셈이 되고 말았다. 술호고기가 군권을 장악하자 금 선종은 그를 재상의 반열인 평장정사로 임명하는 수밖에 없었다.

사실 이 사건은 금나라 말기 군벌들 간의 치열한 권력 투쟁이었으며, 황제가 그들을 제대로 통제하지 못했음을 반증한다. 설상가상으로 칭기즈 칸의 몽골군이 하북 지방의 여러 군현을 유린했다. 중도 등 몇 개 성(城)만이 가까스로 함락되지 않았다.

서하도 풍전등화의 위기에 빠진 금나라 회주(會州: 감숙성 회녕현·會寧縣)를 공격했다. 금 선종은 도통 도단추아(徒單醜兒)에게 서하군을 격퇴하게 했지만 적지 않은 충격을 받았다. 자칫하다간 몽골·서하·남송, 세 나라의 협공을 당할 형국이었다.

정우 2년(1214) 3월 칭기즈 칸이 중도를 포위했다. 몽골군 장수들은 칭기즈 칸에게 중도성을 파괴하여 금나라를 멸망시키자고 건의했다. 하지만 칭기즈 칸은 장수들의 건의를 물리치고 금 선종에게 사파르(薩巴勒)를 보내 다음과 같은 말을 전하게 했다.

"너의 산동, 하북 지방의 군현은 모두 내 땅이 되었고, 네가 지키는 곳은 오직 연경(중도)뿐이다. 하늘이 이미 너를 나약하게 했는데 내가 다시 너를 궁지에 몰아넣는다면, 하늘이 나를 어떻게 보겠는가. 이제 내가 철군하려고 하는데 너는 나의 군사를 위로하여 장수들의 분노를 풀어줄 수 없겠는가?"

칭기즈 칸의 처사는 그만큼 치밀하고 영악했다. 당시 몽골군은 오랜 원정에 지쳐 재정비가 필요한 상황이었다. 부하 장수들의 말만 믿고 서둘러 공격했다가는 천하의 몽골군도 승리를 장담할 수 없는 상황이었다. 그래서 하늘에 뜻에 따라 철군하겠다는 명분을 내세워 금나라를 복종시킨 후 많은 재물을 갈취한 후 떠날 생각이었다.

그의 제안은 절체절명의 위기에 빠진 금 선종에게 한 줄기의 희망과도 같았다. 대신들은 황제 앞에서 갑론을박을 벌였다.

평장정사 술호고기가 말했다.

"몽골군은 말과 병사들이 지쳐 있으므로 결전을 벌여야 하오."

하지만 상서우승상 겸 도원수 완안승휘(完顔承暉)는 반대했다.

"안 되오. 우리 병사들은 중도에 있지만 그들의 가족은 각지에 흩어져 있어 그 마음이 어디를 향할지 알 수 없소. 만약 패배하면 병사들은 모두 뿔뿔이 흩어질 것이며, 설사 승리하더라도 가족을 생각해 떠날 것이오. 종묘사직의 안위가 이 한 번의 결정에 달려 있소. 사신을 보내 화의를 청하고, 그들이 철수한 후에 대책을 세우는 것이 상책이오."

좌승상 도단일도 화친을 주장했다. 이에 금 선종은 화친하기로 결정하고 완안승휘를 칭기즈 칸의 군영으로 보내 화의를 청하며 다음과 같은 약속을 했다.

"위 소왕의 딸 기국공주, 어린 남녀 500명, 말 3,000필 그리고 황금과 비단을 바친다."

칭기즈 칸은 마침내 포위를 풀고 북상했다. 금 선종은 승상 완안복흥(完顔福興)을 보내 칭기즈 칸을 거용관까지 배웅하게 했다.

그때 그와 함께 북상한 기국공주 완안씨는 칭기즈 칸의 '제4 오르도'에서 금나라 황족 출신의 고귀한 혈통을 인정받아 '공주황후'로 존칭되었다.

오르도는 몽골 제국에서 칸의 후궁 및 그 행정 조직을 가리키는 용어이다. 금나라가 몽골과의 화의 조건으로 공주를 바친 일은 흔히 말하는 혼인 동맹이었다. 이는 결국 금나라가 몽골에 종속되는 계기가 되었다.

금 선종은 이렇게 굴욕적인 화의 조건을 받아들여 칭기즈 칸을 북상하게 했지만, 몽골군이 언제 또 쳐들어올지 모르는 불안감에 시달렸다. 도성 중도는 칭기즈칸의 세력 거점인 몽골 동부의 오논 강 유역에서 가까웠다. 몽골군이 마음만 먹으면 단시일에 중도를 유린할 수 있었다.

게다가 중도는 식량 사정이 날로 악화되어 병사들에게 군량을 제때 공급할 형편이 못 되었다. 금 선종은 대흥부지사 서정(胥鼎)에게 군량 조달을 책임지게 했다. 서정은 지방에서 중도로 연결되는 보급로가 몽골군에게 차단된 상황에서 중도의 백성들이 곡식을 바치고 관직을 사는 것이 유일한 해결책이라고 여기고 이른바 '납곡매관(納穀買官)'을 건의했다. 이는 매관매직을 통해 민간의 식량을 모아 군량미로 충당하려는 의도였다.

금 선종은 그의 건의를 받아들였다. 그런데 또 얼마 후 참지정사 오둔충효(奧屯忠孝)에게 민간의 식량을 샅샅이 수색하여 징수하게 했다. 민가마다 2개월분의 식량만 남기고 나머지는 모두 관청에 납부해야 했다. 관청은 그 대가로 명목뿐인 관직, 은초(銀鈔), 승려·도사의 계첩(戒牒)을 지급했다.

정우 2년(1214) 3월 조정의 양식 수탈로 민심 이반을 우려한 장행신이 상소했다.

"지금 백성들이 비축한 식량은 겨우 두 달 치 생계를 유지할 정도에 불과한 실정입니다. 그런데도 이를 다시 빼앗는다면, 백성들은 식량이 완전히 바닥나는 날이 왔을 때 단순히 해당 관청을 원망하는 데 그치지 않고, 반드시 조정이 백성들의 고통을 외면한다고 크게 원망할 것입니다. 지금 적군이 코앞에 다가와 백성들이 두려움에 떨고 있는 상황에서, 그들에게 의지할 곳이 없다는 절망감을 안겨준다면 예기치 못한 변고가 발생할 수도 있습니다. 그렇게 되면 결국 얻는 것보다 잃는 것이 훨씬 클 것입니다."

금 선종은 장행신의 말이 옳다고 여기고 백성들에게 곡식을 징수하는 행위를 금지시켰다. 그는 사직을 지키고 백성들에게 피해를 주지 않는 방안으로 남경(南京: 하남성 개봉·開封) 천도를 고려했다.

남경은 북쪽으로 황하가 흐르고 있어서 외침을 방어하기에 유리했다. 아울러 산물이 풍부하고 인구가 많아 옛날부터 역대 왕조의 도성이 자리 잡은 천혜의 도읍지였다.

원수좌도감 완안필(完顏弼), 참지정사 경서의(耿瑞義) 등 대신들이 황제의 마음을 알아차리고 남경 천도를 적극적으로 주장했다.

하지만 도단일은 반대 의견을 밝혔다.

"천자의 어가가 한 번 남방으로 움직이면 북방의 길은 모두 지킬 수 없사옵니다. 지금 이미 몽골과 강화를 맺었으므로 군사를 모으고 양식을 비축해 중도를 굳건히 지키는 것이 상책이옵니다. 반면에 남경은 사방에서 적의 공격을 쉽게 받을 수 있는 곳이옵니다. 그리고 요동 지방은 금나라의 근본이며 산을 의지하고 바다를 등진 지형이므로 그 험준함은 믿을 만 하옵니다. 한쪽 방면만 방어하며 훗날을 도모하는 것이 차선책이옵니다."

요컨대 남쪽의 평지에 위치한 남경으로 천도하는 것이 가장 위험하며, 도성 중도와 요동 지방을 끝까지 지키는 것이 국가를 보위하는 현실적인 대안이라는 주장이다.

금 선종은 중도는 양식이 부족하여 장기전에 대비할 수 없다는 이유를 들어 남경 천도를 고집했다. 태학생 조창(趙廟) 등 400명이 황궁으로 몰려와 천도를 적극적으로 반대하는 상소를 연명으로 올렸다. 금 선종은 국가의 대계가 이미 결정되었으니 중도에 포기할 수 없다고 말하고 그들을 위로한 후 돌아가게 했다.

정우 2년(1214) 5월 금 선종은 종친, 문무백관 등을 거느리고 남경을 향해 출발했다. 출발하기 전에 도원수 완안승휘와 좌부원수 말념진충(抹撚盡忠)에게 태자 완안수충을 모시고 중도를 사수하게 했다. 황제 일행은 장마를 뚫고 같은 해 7월에 가까스로 남경에 도착했다.

한편 칭기즈 칸은 금 선종이 자기와 아무런 상의도 없이 남경으로 천도했다는 소식을 듣고 진노했다. 마침 거란족 출신 금나라 장수인 작답(斫答)이 반란을 일으켰다. 그는 거란족으로 조직된 규군(糺軍)을 이끌고 중도성을 공격했지만 함락하지 못하자 칭기즈 칸에게 투항했다.

칭기즈 칸은 몽골군과 규군을 동원하여 중도를 공격하기로 결정했다.

사무타이(撒木台) 장군에게는 몽골군을 지휘하게 하고, 거란족 출신 장수인 석말명안(石抹明安)에게는 작답과 함께 중도를 공격하게 했다. 또 요동에서 중도로 연결되는 보급로를 차단하기 위하여, 무칼리(木華黎) 장군에게는 요동 지방으로 진격하게 했다.

정우 3년(1215) 석말명안은 고북구(古北口: 북경 밀운·密雲 동북쪽)로 진입해 경주(景州)·계주(薊州)·단주(檀州) 등을 점령하고 중도를 포위했다. 금나라 우부원수 포찰칠근(蒲察七斤)이 통주(通州)에서 석말명안에게 항복했다. 석말명안은 그를 부하로 삼아 중도 남쪽에 있는 건춘궁(建春宮)에 주둔했다.

한편 오랫동안 포위되어 있던 중도성은 식량이 떨어져 사람이 사람을 잡아먹는 비극이 일어났다. 심지어 처자식을 잡아먹는 병사들도 나타났다. 완안승휘는 중도성이 생지옥으로 변하자 긴급히 남경에 구원을 요청했다.

금 선종은 어사중승 이영(李英), 원수좌도감 오고론경수(烏古論慶壽), 원수좌감군 완안합주(完顔合周) 등에게 인마와 군량미를 내어주고 중도를 구원하게 했다.

하지만 이영의 군대는 전멸을 당해 군량미를 모조리 빼앗겼으며, 오고륜경수와 완안합주도 대패하여 달아나기 바빴다. 이윽고 몽골군이 중도성을 파괴하기 시작했다.

완안승휘는 독을 마시고 자살했으며, 말념진충은 남경으로 달아나는 데 성공했지만 역모죄로 처형당했다. 태자 완안수충은 몽골군이 중도성을 공격하기 전에 황제의 부름을 받고 남경으로 가서 목숨을 건졌지만 얼마 후 세상을 떠났다.

정우 3년(1215) 7월 중도성은 몽골군에게 완전히 함락되었다. 칭기즈 칸은 병사들에게 대학살과 약탈을 자행하게 했다. 몽골군은 60여 일 동안 수십만 명을 학살했으며 성안의 재물을 모조리 약탈했다. 중도성을 완전히 초토화한 후 기술자 등 포로 10여 만 명을 몽골로 끌고 갔다.

중도성이 몽골군의 수중에 들어간 것은 사실상 금나라 멸망의 시작이었다.

4. 지방 군벌 9명을 제후로 책봉하다

금나라가 중도를 포기하고 남경(개봉)으로 천도한 이후, 사실상 하북, 산동 지방에 대한 지배권을 상실했다. 이 지방에 거주하는 주민은 대부분 한족이었다. 그들은 금나라가 쇠퇴하고 몽골이 흥기하며 남송이 장강 이남에서 버티고 있는 격변기 속에서, 생존을 도모하고자 무장 조직을 결성하여 지역의 군벌로서 할거했다.

금 선종은 몽골군의 남경 진격을 막고 남송을 견제하기 위하여 지방 군벌들의 세력을 인정하고 포섭할 수밖에 없었다. 그래서 그는 지역을 실질적으로 다스리고 있는 군벌들을 제후로 책봉하여 군사적, 행정적 자치권을 부여함으로써 금나라의 세력권에 넣고자 했다.

이에 정우 3년(1215)부터 흥정(興定) 원년(1217)에 이르기까지 모두 9명을 책봉했다. 이를 '구공봉건(九公封建)'이라고 칭한다. 그들은 대체적으로 이런 자들이었다.

창해공 왕복(王福)은 청주(淸州) 등 3주와 염산(鹽山) 등 9현을 다스렸는데 홍오군(紅襖軍)의 수령 장림(張林)에게 패배하여 몰락했다.

하간공 이랄중가노(移剌衆家奴)는 거란족 출신으로 헌주(獻州) 등 4주와 하간부(河間府) 등 7현을 다스렸다. 대부분의 '구공(九公)'이 몽골에 패하거나 투항한 가운데, 그는 끝까지 금나라에 충성하여 황실의 성씨인 완안씨를 하사받고 요동 지방의 바닷길을 지켰다.

항산공 무선(武仙)은 구공 중에서 가장 강력한 세력을 떨쳤다. 몽골에 항복하여 몽골 장수가 되었다가 또 금나라에 투항한 후 다시 몽골군과 싸우는 기회주의적 처신을 했다가 피살되었다.

고양공 장보(張甫)도 보정(保定)에서 할거하면서 금나라와 몽골 사이에서 투항과 배신을 반복하다가 사라졌다.

역수공 정안민(靖安民)은 탁주(涿州) 등을 다스렸는데 몽골군과 싸우다가 산채(山寨)에서 포위되어 죽었다.

진양공 곽문진(郭文振)은 산서 지방에서 몽골의 침략에 맞서 싸우다가 금나라가 멸망한 후 행적을 감추었다.

평양공 호천작(胡天作)은 평양부(平陽部)를 중심으로 한 산서 남부 지역을 다스리면서 몽골군과 싸우다가 항복하여 몽골군 장수가 되었다. 그 후 금나라와 내통한다는 의심을 받고 처형당했다.

상당공 장개(張開)는 정대(正大) 연간(1224~1232)에 몽골이 노주(潞州)를 함락하자 남경에서 권력을 잃고 평민이나 다를 바 없는 사람으로 전락했다. 금 애종 완안수서가 그를 서면원수로 다시 기용하여 몽골군에게 최후의 저항을 하게 했다. 그 후 백공묘(白公廟) 전투에서 대패하여 도망가다가 민간인에게 피살되었다.

동영공 연녕(燕寧)은 산동 지방에서 몽골군과 싸우다가 전사했다.

금 선종은 이처럼 구공의 세력을 이용하여 몽골의 침략을 막고자 했지만, 구공 대부분은 각자의 이해관계에 따라 처신했고 금나라에 대한 충성심도 약했다. 그 결과 그들은 몰락해가는 금나라에 실질적인 도움이 되지 못했다. 오히려 금나라를 천하 대란의 소용돌이에 빠지게 하는 후과를 낳았다.

5. 남송을 침략하여 국운 회복을 도모하다

한족 조광윤이 건국한 송나라는 여진족 완안아골타가 건국한 금나라를 증오했다. 북송의 황제 송 휘종 조길과 송 흠종 조환이 금나라로 개처럼 끌려가 당한 치욕은 황실과 백성들에게 영원히 지울 수 없는 상처가 되었다.

송 고종 조환이 도성을 장강 이남의 임안(臨安: 절강성 항주·杭州)으로 천도하여 남송 정부를 수립한 이래, 남송 황제가 금나라 황제를 백부 또는 숙부로 섬기며 해마다 막대한 공물을 바쳤으나, 북방 금나라에 대한 원한과 증오는 결코 사라지지 않았다.

남송은 금나라가 막강했을 때에는 비굴하게 처신하며 평화를 구걸했지만, 금나라의 국력이 쇠약해졌을 때에는 빼앗긴 영토를 회복하고자 공격하기도 했다. 게다가 금 장종과 금 선종 시대에 이르러 북방의 몽골이 흥기하여 금나라를 유린했을 때 남송은 전략적으로 대단히 중요한 위치를 차지하게 되었다.

당시 동북아시아에서는 몽골·금나라·남송·고려·서하 등 국가들이 서로 이이제이 전법으로 치열한 외교전을 벌이고 있었다.

남송 조정은 금나라의 침략에 대하여 주화파와 주전파가 갈등을 빚고 있었다. 권신 사미원(史彌遠), 교행간(喬行簡) 등 주화파 대신들은 송 영종(宋寧宗) 조확(趙擴·1168~1224)에게 금나라와 화의를 해야 한다고 주장했다.

반면에 예부시랑 진덕수(眞德秀)는 금나라와의 외교 관계를 단절해야 한다고 주장하고 세 가지 계책을 제시했다.

"상책은 군사를 훈련시키고 능력이 출중한 장수를 선발해 금나라의 소굴을 직접 공격하는 것입니다. 이는 옛날에 월나라 왕 구천이 오나라를 상대했던 것처럼 천하를 통일할 기회입니다. 중책은 군사를 주둔시키고 성벽을 굳게 하여 내부를 안정시키며 세폐를 끊어 금나라와의 관계를 단절하는 것입니다. 이는 국가의 기반을 다지는 길입니다. 하책은 재난을 구제하며 이웃을 돕는 일을 상식적인 일로 생각하고 원수에게 은혜를 베푸는 것입니다. 이는 오히려 치욕을 자초하는 길입니다."

진덕수는 현실적으로 '중책'이 최선의 방법이라고 주장했다. 그의 주장을 받아들인 송 영종은 금나라에 보내던 세폐를 끊고 외교 관계를 단절했다.

남송이 더 이상 금나라를 상국으로 섬기지 않겠다고 선언하자 금 선종이 진노했다. 마침 칭기즈 칸이 무칼리 등 장수들에게 소수의 병력으로 중도를 지키게 하고 서방 원정을 떠났다.

금 선종은 몽골의 주력군이 북상한 틈을 타서 남송 침략을 결심했다. 남송을 정벌하여 국력을 회복한 후 몽골에 대항하겠다는 전략이었다. 그는 무력은 몽골보다는 약하지만 남송보다는 강하다는 자만심을 품었다.

그는 정우 5년(1217)을 흥정 원년(1217)으로 바꾸어 국운 융성의 새로운 분위기를 조성한 후, 원수좌도감 오고론경수와 첨추밀원사 완안새불(完顏賽不)에게 남송을 공격하게 했다. 하지만 남송의 강력한 저항에 부딪혀 회군할 수밖에 없었다.

같은 해 10월 우사간 허고(許古)가 황제에게 남송과 화의를 맺어야 한다고 주장했다.

"지금 군사 행동을 잠시 멈추고, 남쪽 국경이 안정된다면 태평성대가 머지않을 것입니다. 어떤 이는 군사력만으로 송나라를 굴복시킬 수 있다고 하지만, 이는 헛된 말일 뿐 실효가 없습니다. 비록 작은 승리를 거둔다 해도 크게 기뻐할 일이 아닙니다. 저들이 우리의 강한 기세를 보고 굳게 방어하며 나오지 않고, 우리 군대가 급히 군량을 보충하기 위해 퇴각할 때 기회를 틈타 공격해 온다면, 우리는 싸우지도 물러나지도 못하는 곤경에 빠질 것입니다. 그때 휴전의 기회를 기대하기가 어려울 것입니다."

"게다가 저들은 강남의 풍부한 재물을 보유하고 있습니다. 반면에 우리는 하남 지방에서 징수하는 약간의 세금만으로 버티고 있으니 실로 통탄할 일입니다. 폐하께서 잠시 참고 포용하시어 이 계책을 속히 실행하시길 바랍니다. 만약 강화가 이루어진다면 북방 몽골의 대군도 우리가 더 이상 발목이 잡히지 않음을 알고 스스로 물러갈 것입니다. 하남 지방이 안정된 후 북방을 경영한다면, 폐하께서는 중흥의 복을 누리시고 천하 백성들도 편안함을 누릴 것입니다. 당장의 작은 전공을 버리시고 후환을 생각하신다면, 이보다 더 다행한 일이 없을 것이옵니다."

허고의 건의를 받아들인 금 선종은 남송과의 강화 문서를 작성하게 하고 대신들에게 보여주었다.
평장정사 술호고기가 말했다.

"문서에 애걸하는 어조가 들어가면 우리가 스스로 나약하다는 것을 드러내는 꼴이므로 채택해서는 안 되옵니다."

당시 술호고기는 조정의 정치를 좌지우지하는 권신이었다. 화의 논의가 중단되자 집현원 자의관 여감(呂鑑)이 남쪽 국경을 지키고 있는 병사와 백성들이 달아났으며 군수 물자도 거의 고갈되었기 때문에 화의해야 한다고 주장했다. 그리고 자신이 직접 남송으로 가서 담판을 지어 화의를 성사시키겠다고 했다.

금 선종이 술호고기에게 의견을 묻자 술호고기는 이렇게 대답했다.

"여감의 주장은 황당하고 근거가 없지만 기개는 칭찬할 만합니다. 그를 섬서행성으로 보내 일을 맡기는 게 좋겠습니다."

여감은 결국 섬서행성의 지방 관리로 좌천되었다. 금 선종은 좌부원수 서정(胥鼎)에게 출병을 명령했다. 서정은 출병 도중에 6가지 이유를 들어 남송 정벌의 문제점을 상소했다.

"첫째, 태화 연간(1201~1208) 부국강병이었을 때도 송나라 정벌에 실패하여 휴전할 수밖에 없었습니다. 지금은 몽골의 침공으로 군사력이 10분의 1로 약화되었기 때문에 또 정벌에 나서면 자충수를 둘 뿐입니다. 둘째, 서북방의 몽골군이 잠잠한 것은 휴식 중이거나 내분 때문일 뿐, 우리가 남하하면 즉시 협공해 올 것입니다. 황하와 동관에서 방어선을 구축한다고 해도 몽골군을 막아내기가 어렵습니다. 셋째, 송나라는 지난 10여 년 동안 전면전에 대비해왔습니다. 이미 청야전술로 식량을 숨기고 강남으로 피난시켜 우리 군대가 얻을 것이 없습니다. 넷째, 현재 우리 군대는 산서, 하북 출신의 난민과 탈영병으로 조직한 무리입니다. 훈련을 제대로 받지 못하고 군량미도 없이 적진 깊숙이 보내면 도적떼로 변할 것입니다. 다섯째, 변방에 거주하는 백성들은 과중한 조세 부담에 시달리고 있습니다. 송나라가 그들을 매수해 첩자로 활용하면 내부 붕괴가 우려됩니다. 여섯째, 봄철에 농사 시기를 놓치면 가을에 군수물자를 확보할 수 없습니다. 이는 국경 문제를 넘어 국가 존망의 위기입니다. 따라서 재능 있는 장수들에게 국경을 방어하게 하며, 적이 오면 방어하고 물러가면 농사에 힘써야 합니다. 이렇게 하여 국력이 회복되면 송나라 정복은 자연히 이루어질 것입니다."

서정의 주장은 조금도 틀리지 않았다. 하지만 술호고기가 "이미 출병했으니 논의할 여지가 없다"고 말하며 묵살했다.

개전 초기에는 금나라군의 장수 완안새불(完顔賽不)이 하남 지방의 광산(光山), 나산(羅山) 등지에서 남송군 2만여 명을 죽이고 성을 빼앗으며, 조교(皁郊: 감숙성 천수·天水)에서도 남송군 5만여 명을 전멸시켰다. 그 후 금나라군은 번성(樊城)·조양(棗陽)·광화군(光化軍)·대산관(大散關) 등지에서도 맹공을 펼쳤다.

하지만 남송의 반격도 만만치 않았다. 흥정 2년(1218) 완안새불이 병사 수만 명을 이끌고 조양(棗陽)을 공격했으나, 남송의 명장 맹종정(孟宗政)이 호재흥(扈再興), 유세흥(劉世興)의 원군과 함께 3개월 간 성을 굳건히 지켜내자 퇴각할 수밖에 없었다.

당시 산동의 익도부(益都府: 산동성 청주·靑州)에서 말안장을 만들어 팔던 양안아(楊安兒)가 금나라의 가혹한 수탈을 견디지 못하고 농민 반란을 일으켰다. 그는 홍오군(紅襖軍)을 조직한 후 왕을 자칭하고 연호를 천순(天順)으로 정했으며 교동반도(膠東半島)까지 세력을 확장했다. 그가 사망한 후에는 그의 여동생 양묘진(楊妙眞)과 그녀의 남편 이전(李全)이 홍오군의 수령이 되어 금나라와 싸웠다.

또한 요동 지방에서는 동경유수 포선만노(蒲鮮萬奴)가 금나라에 반기를 들고 반란을 일으켰다. 그는 천왕(天王)을 자칭하고 대진(大眞: 또는 동하·東夏라고 칭하기도 함)을 건국했으며 연호를 천태(天泰)로 정했다.

금 선종은 사방이 적으로 둘러싸이자 남송에 사신을 보내 강화를 제안했다. 하지만 남송은 사신조차도 남송 경내로 들어오지 못하게 했다. 남송의 처사에 분노한 금 선종은 흥정 3년(1219) 봄에 동로군, 서로군, 중로군 등 삼로군을 조직하여 다시 남송을 침공했다.

동로군의 주장 복산안정(僕散安貞)은 여진 귀족 복산씨(僕散氏) 명문가 출신으로 형국장공주(금 세종의 아들 완안윤공의 딸)와 혼인하여 부마도위 작위를 받은 명장이자 군부 실력자였다. 그는 안풍(安豊)·비수(淝水)·전초(全椒)·내안(來安) 등지에서 남송군을 격파하고 장강 유역의 채석기(采石磯)까지 진격하여 남송 정부를 위협했다.

하지만 그는 금나라의 국력으로는 남송을 완전히 정복할 수 없음을 알고 더 많은 세폐 확보와 협상에 우위를 차지할 목적으로 남송의 도성 임안으로 진격하지 않고 회군했다.

중로군의 주장 완안와가(完顏訛可)는 호북의 조양성(棗陽城)을 포위했다. 맹종정의 아들 맹공(孟珙)이 금나라의 후방을 기습해 18개 군영을 연파하고 1,000여 명을 목을 베는 대승을 거두었다. 그 후 완안와가는 몽골군이 침략했을 때 패전의 책임을 지고 처형당했다.

서로군의 주장 오고론경수는 섬서 지방에서 사천 방면으로 진격하고자 천험의 요새인 대산관(大散關: 섬서성 보계·寶雞)을 공격했는데 남송의 장수 장위(張威)에게 패배하여 죽었다.

한편 금 선종은 복산안정이 딴마음을 품고 남송과 내통하는 게 아닌가 의심했다. 게다가 당시 몽골군에게 심각한 타격을 입은 상황에서 무리하게 남송 정벌을 단행하여 엄청난 재화와 병력을 낭비했기 때문에 백성들의 거센 반발을 샀다. 금 선종은 황제의 권위가 심각하게 위협을 받자 복산안정을 희생양으로 삼아 돌파구를 마련하려고 했다.

흥정 5년(1221) 황제의 사주를 받은 대신들은 복산안정이 군량 조달을 구실로 백성들의 가산을 빼앗았으며 포로로 잡은 남송의 종실 70여 명을 죽이지 않고 그들과 내통했다는 것을 구실로 그를 탄핵했다. 결국 복산안정은 모반 혐의를 뒤집어쓰고 두 아들과 함께 처형당했다.

금 선종의 남송 침략은 이렇게 무위로 돌아갔다. 이 시기부터 남송은 금나라에 대한 두려움을 떨치고 싸우면 승리할 수 있다는 자신감을 가지기 시작했다. 아울러 몽골과 연합하여 금나라에게 빼앗긴 땅을 수복하자는 여론이 본격적으로 대두했다. 금나라는 이미 이빨 빠진 호랑이로 전락하고 말았다.

같은 해 12월 몽골군이 남하하여 중원으로 들어가는 관문인 동관(潼關: 산서성 동관현)과 경조(京兆: 섬서성 서안·西安)를 점령한 후 부주(鄜州: 섬서성 복현·福縣)를 공격했다.

몽골군의 신속한 진격에 놀란 금 선종은 군대를 파견하여 대항하게 했지만, 완안육근(完顏六斤)·흘석렬학수(紇石烈鶴壽)·포찰루실(蒲察婁室)·여해렬자록(女奚烈資祿) 등 장수들이 전사하는 참패를 당했다.

금 선종은 이듬해부터 연호를 원광(元光) 원년(1222)으로 바꾸고 금나라 부흥의 마지막 희망을 가졌다. 하지만 습주(隰州)·길주(吉州)·익주(翼州) 등이 연이어 몽골군의 수중으로 들어갔다. 같은 해 11월 몽골군이 동주(同州)를 점령하자 정국군절도사 이복형(李復亨)이 스스로 목숨을 끊었다.

원광 2년(1223) 12월 금 선종은 비주(邳州)에서 전사한 민병들에게 관직 일계급을 추증했다. 아울러 몽골과의 전쟁에서 극심한 피해를 입은 지역인 귀덕(歸德)·서주(徐州)·숙주(宿州)·사주(泗州)·영주(潁州) 등지에서 거주하는 백성들에게 조세를 2년 동안 면제해주는 조서를 내렸다. 자신의 잘못된 판단으로 백성들에게 고통을 준 것에 대한 사죄의 표현이었다. 며칠 후 그는 재위 10년, 향년 60세를 일기로 황궁의 영덕전(寧德殿)에서 병사했다.

『금사』는 그를 이렇게 평가했다.

"선종은 금나라 말기의 혼란한 시대에 황제가 되었는데 난세를 평정하고 적폐를 청산하는 재능은 부족했지만, 분발하여 국가를 잘 다스리고자 하는 의지는 있었다. 그가 정사를 성실하게 돌보고 백성을 걱정한 것을 보면 중흥의 업적을 기대할 수 있었지만, 끝내 성공하지 못한 이유는 무엇인가? 그는 성품이 의심과 시기가 많았고 권세 있는 신하를 지나치게 신임했으며 지방의 하급 관리들을 장려하여 이용함으로써 가혹한 정치가 한 시대의 풍조를 이루게 하여 하는 일마다 실패했기 때문이다."

"선종은 어찌하여 천하의 악인 호사호를 재상으로 삼았을까? 호사호가 자기를 황제로 옹립한 사사로운 은혜를 생각하여 스스로 군주와 신하의 분명한 경계를 무너뜨려 예법을 심하게 훼손했다. 술호고기가 호사호를 죽인 일은 악인을 제거했다고 할 수 있다. 하지만 『춘추(春秋)』의 법도로 본다면, 춘추 시대에 조앙(趙鞅)이 진양(晉陽)에서 저지른 잘못을 피할 수 있었겠는가. 그런데도 선종은 술호고기의 죄를 다스리지 못하고 오히려 재상으로 임명했다. 이는 실책 위에 또 실책을 더한 꼴이 되고 말았다."

"금나라가 수도를 변경(汴京)으로 천도한 이후에, 북방의 대원(大元) 왕조가 날로 강성해지는 것을 누가 알지 못했겠는가. 그럼에도 불구하고 선종은 남은 위세에 의지하여 여론을 억압하며 남쪽으로는 남송과의 전쟁을 일으키고, 서쪽으로는 서하와의 분쟁을 자초하여 군사력을 분산시켰으니 전투에서 세운 공로로 참패의 비참한 고난을 만회할 수 없었다. 그래서 불과 몇 년도 지나지 않아, 예전에는 날마다 영토를 100리씩 확장했는데 이제는 날마다 영토를 100리씩 잃는 지경에 이르렀으니 어찌 국가를 재건할 수 있었겠는가."

금 애종 완안수서

1 • 성장 과정과 황위 계승
2 • 망국의 위기에서 필사적으로 노력하다
3 • 삼봉산 전투에서 몽골군에게 참패를 당하다
4 • 남경성을 포기하고 귀덕으로 피신하다
5 • 귀덕에서 포찰관노에게 연금되다
6 • 채주에서 최후의 항전을 벌이다가 자살하다

제9장

금 애종 완안수서

1. 성장 과정과 황위 계승

　승안 원년(1196) 완안순이 33세에 익왕으로 책봉될 때의 일이다. 당시 금나라 황실은 자손이 귀했다. 금 장종 완안경은 황실의 후손을 늘리기 위해 완안씨 왕들에게 평민 가문에서 규수를 뽑아 후궁으로 맞이하게 했다.
　평민 출신의 가난한 선비 왕언창(王彦昌)의 두 딸인 왕운(王雲)과 왕예(王霓)가 순경(巡更) 사씨(史氏)의 딸, 주방(酒坊)에서 일하는 방씨(龐氏)의 딸과 함께 간택되어 익왕부로 들어갔다.
　완안순은 네 후궁 중에서 유독 왕예를 총애했으나, 그녀는 아들을 낳지 못했다. 그녀의 언니 왕운이 승안 3년(1198년)에 완안순의 셋째아들 완안수서(完顏守緒·1198~1234)를 낳았다.
　완안순은 아들을 낳지 못한 왕예에게 완안수서를 키우게 했다. 왕운은 지모가 뛰어난 여자였다. 후궁들의 치열한 암투 속에서 완안순의 총애를 받고 있는 여동생이 친아들을 양육하는 것이 왕씨 집안의 번창에 유리하다고 생각했다.

왕예는 친언니의 도움을 받아 어린 완안수서를 지극정성으로 길렀다. 훗날 완안수서가 황제로 등극한 후, 왕예는 인성황태후로, 왕운은 자성황태후로 추존되었다.

완안수서는 아버지가 황위를 계승한 후 수왕, 비서감 등 관작을 받았다. 태자 완안수충과 황태손 완안갱이 연이어 세상을 떠난 직후에, 조정에서 태자 책봉 문제가 대두되었다.

당시 금 선종에게는 완안수서 이외에도 진비 방씨(龐氏)가 낳은 둘째아들 영왕 완안수순(完顔守純·?~1233)이 있었다. 서열을 따지면 완안수순이 태자로 책봉되어도 이상하지 않았다.

하지만 완안수순은 주색잡기를 좋아하고 정사를 제대로 처리하지 못해 진작부터 아버지의 눈 밖에 났다. 그래서 그의 이복동생 완안수서가 정우 4년(1216)에 태자로 책봉되었다.

생모 왕운은 태자 교육에 무척 엄격했다. 태자가 조금이라도 잘못하면 가시나무로 매질했다. 완안수서는 등극한 이후에야 비로소 매를 맞는 고통에서 벗어났다고 한다.

원광 2년(1223) 12월 금 선종은 병세가 악화되어 일어나지 못했다. 태자와 대신들이 병문안을 마치고 떠난 22일 밤에, 자명부인 정씨(鄭氏)만이 황제의 침상을 지키고 있었을 때 금 선종은 "빨리 태자를 불러 후사를 처리하게 하라."라는 말을 남기고 숨을 거두었다. 태자 완안수서에게 황위를 계승하라는 유언이었다.

마침 황후와 진비 방씨가 병문안을 왔다. 방씨는 평소에 자기 아들 완안수순이 태자로 책봉되지 못한 것에 불만을 품고 있었다. 그녀는 황제가 조만간 죽을 것이라는 것을 직감하고 완안수순에게 침전 밖에서 대기하게 했다.

자명부인 정씨는 교활한 방씨가 황제가 죽은 사실을 알면 정변을 일으키지 않을까 두려웠다.

그녀는 방씨가 들어오는 모습을 보고 말했다.

"황상께서는 용포를 갈아입고 계십니다. 진비는 다른 방에서 잠시 쉬고 있으시오."

진비가 다른 방에 들어가자마자, 정씨는 자물쇠를 채워 그녀를 감금했다. 정씨는 급히 대신들을 들어오게 한 후 황제의 유언을 전했다. 대신들은 태자를 침전으로 오게 했다.

그런데 완안수서가 입궁할 때 황궁의 동화문(東華門)이 닫혀 있었다. 그는 완안수순이 먼저 입궁한 사실을 알고 완안수순을 따르는 무리의 반란을 미연에 차단하고자 추밀원 관원과 동궁 친위군 대장 이랄포아(移剌蒲阿)에게 군사 3만여 명을 동화문 밖에 주둔시키게 했다. 이렇게 황궁을 포위한 후 도점검 겸 부마도위 도단합주(徒單合住)에게 중궁의 황후에게 아뢰어 부월(符鉞)을 가지고 오게 했다. 아울러 호위 무사 4명에게 근시국(近侍局)에서 완안수순을 감시하게 하고 침전으로 들어가 금 선종의 시신을 지켰다.

다음 날 완안수서는 26세 때 금 선종의 영구 앞에서 즉위했다. 그가 제9대 황제이자 사실상 금나라의 마지막 황제인 금 애종(金哀宗)이다.

2. 망국의 위기에서 필사적으로 노력하다

금 애종은 즉위 직후에 천하에 대사면을 실시하고 조서를 내렸다.

"짐은 선황제의 유지를 받들어 아직 처리하지 못한 국가의 중대사를 반드시 빠른 시일 안에 처리하겠다. 국가에는 이미 법률이 제정되어 있음에도, 관청에서는 사사로운 감정으로 이를 훼손하여 백성들이 억울하게 형벌을 받게 되는 경우가 많다. 앞으로는 법률의 조항이 있는데도 지키지 않고 남에게 고의로 죄를 뒤집어씌운 자는 엄한 형벌로 다스릴 것이다. 또한 초야의 선비와 서민들에게도 국가와 군대의 득실에 관한 일이라면, 어떤 직언도 허락하노라. 설령 짐과 관리들을 비난하는 내용뿐이어서 채택할 만한 것이 없더라도 죄를 묻지 않을 것이다."

조정 대신들은 시급히 처리해야 할 중대사를 수수방관하며 처리하지 않고, 법률이 제대로 지켜지지 않아 억울한 일을 당하는 백성들이 많으며, 관리들이 그들을 착취하여 도탄에 빠지게 했고 언로가 창달되지 않아 급기야 불행한 사태를 초래했다고 금 애종은 생각했다.

그는 진심으로 국가의 총제적인 난국을 수습하고 싶었다. 그래서 어떤 직언도, 설사 그것이 자신을 비난하는 쓸데없는 말이라도 문제 삼지 않겠으니 기탄없이 말하라는 얘기이다. 금 애종이 망해가는 금나라의 황제가 되어 얼마나 다급했으면 이런 조서를 내렸겠는가.

금 애종은 이듬해부터 연호를 정대(正大)로 정하고 국운 회복을 위하여 필사의 노력을 다하겠다고 결심했다.

얼마 후 한 삼베옷을 입은 사내가 황궁의 승천문(承天門)을 바라보며 비웃기도 하고 통곡하기도 했다.

관리가 그에게 어디서 감히 실성하여 이상한 짓을 하냐고 질책하니 그가 이렇게 말했다.

"내가 비웃는 것은 장군, 재상들 중에서 쓸 만한 사람이 없기 때문이며, 통곡하는 것은 금나라가 머지않아 망할 것이기 때문이오."

신하들은 그를 처형해야 한다고 아뢰었는데 금 애종은 이렇게 말했다.

"얼마 전에 짐이 조서를 내려 평민들도 직언할 수 있게 하였소. 설사 심하게 풍자하는 말이라도 죄를 묻지 않겠다고 분명히 말하지 않았는 가?"

금 애종의 언행일치 덕분에 그 사내는 목숨을 지킬 수 있었다.
한편 완안수순은 정대 원년(1224)에 형왕으로 책봉되었지만, 천흥(天興) 2년(1233)에 최립(崔立)이 정변을 일으켰을 때 몽골군에게 피살되었다.
금 애종은 금나라가 몽골에게 국토의 절반 이상을 빼앗긴 암울한 상황에서 시국을 만회하려면 무엇보다도 먼저 남송, 서하와의 화의가 절실했다.
하지만 남송은 금나라를 불구대천의 원수로 생각했다. 금나라는 남송과 연합하여 몽골의 침략을 막고 싶었지만, 남송은 오히려 몽골과 동맹을 맺고 금나라를 멸망시키고 싶었다.
정대 2년(1225) 5월 큰 가뭄이 들었다. 금 애종은 자기가 정치를 잘못하여 하늘이 벌을 내렸다고 여기고 음식 가짓수를 줄이고 죄수들을 사면하게 했다.
같은 해 10월 서하에서 사신을 파견하여 화친을 청했다. 금 애종은 뛸 듯이 기뻤다. 서하가 금나라의 속국이었지만 변방을 자주 침범하여 군사적, 외교적 마찰을 빚었기 때문이다.
하지만 서하 황제는 국서에서 외교 관계상 마땅히 '신하'를 칭해야 했는데 금나라 황제의 '아우'라고 칭했다. 신하와 아우는 큰 차이가 있다. 신하는 종속국임을 인정하는 것이며, 아우는 동등한 황제 국가인데 다만 상대국을 형으로 인정하겠다는 뜻이다.

금 애종이 예부상서 오돈양필(奧敦良弼)을 서하에 사신으로 보낸 후 신하들에게 말했다.

"송나라 사람들이 우연히 국경을 침범했을 때 짐이 소수의 경기병(輕騎兵)으로 그들을 공격하게 한 것은, 그들을 징벌하고 다시 우호 관계를 회복함으로써 백성들이 편안하게 살 수 있게 하려는 바람 때문이오. 서하 사람들은 본래 우리에게 조공을 바치고 신하를 칭했소. 하지만 최근에 아우를 칭하며 화의를 청했는데 짐은 오히려 이를 욕되게 생각하지 않소. 만약 화친이 이루어진다면 백성들을 편히 살게 하고 군대를 동원하고 싶지 않소. 경들은 짐의 뜻을 이해하기 바라오."

금나라가 강성했을 때는 몽골·남송·서하 등 주변 국가들을 무자비하게 압박했다. 이제 궁지에 몰리니 어쩔 수 없이 강대국의 체면을 버리고 평화를 갈구한 것이다.

금 애종은 국태민안을 이룰 수 있다면 전쟁을 멈추고 주변 국가들과 어떤 화의도 좋다고 생각했다.

하지만 금나라의 약점을 간파한 남송은 수주(壽州)를 공격하여 노략질을 자행했다. 영주(永州)의 도원군(桃園軍)이 맞서 싸우다가 병사 400여 명이 죽었다. 금 애종은 여러 차례 남송에 사신을 보내 더 이상 남송과 싸우지 않겠다는 의사를 표명했지만 남송은 믿지 않았다.

금나라가 망하기 4년 전인 정대 7년(1230)에 이르러, 금 애종이 청구(淸口: 하남성 평여현·平輿縣) 전투에서 포로로 잡은 남송군 3,000명 중에서 현지 정착을 원하는 500명은 허주(許州: 하남성 허창·許昌)에서 둔전하게 하고 나머지는 남송으로 송환한 이후에야, 남송은 비로소 금나라가 더 이상 남침할 의사가 없음을 믿었다. 하지만 금나라는 몽골과 남송의 동맹을 끝내 와해시킬 수는 없었다.

금 애종은 남송, 몽골에 맞서 싸운 장수를 중용하여 전열을 정비하고자 했다. 완안세불은 진수(溱水)에서 남송군과 싸워 2만 명을 죽이고 전마 1,000여 필을 노획했으며, 하동(河東)에서 몽골군과 싸워 진안(晉安), 평양(平陽) 등 실지를 수복한 명장이었다.

금 애종은 그를 평장정사로 임명해 군정을 맡겼다. 그는 또 강직하고 청렴하며 대몽 항쟁을 주장한 장행신(張行信)을 상서좌승으로 기용하여 정사를 보필하게 했다.

무선(武仙)은 금 선종 시대의 명장으로 '구공(九公)' 중의 한 명이었다. 흥정 4년(1221) 하북 지방에서 몽골군에게 대패한 후 몽골에 투항하여 병마도원수 사천예(史天倪)의 부하 장수가 되어 진정부(眞定府: 하북성 석가장·石家莊)를 지키고 있었다.

금 애종은 그가 몽골에 투항했지만 그의 군사적 능력을 높이 평가했다. 그에게 은밀히 사자를 보내 금나라로 돌아오면 과오를 따지지 않고 중용하겠다고 했다. 명장 한 명이 아쉬운 상황에서 변절자라도 활용하겠다는 의도였다.

정대 2년(1225) 무선은 사천예를 살해하고 남경으로 왔다. 금 애종은 그를 다시 항산공으로 책봉하고 위주(衛州: 하북성 급현·汲縣)를 지키게 했다.

정대 3년(1226) 금 애종은 칭기즈 칸이 주력군을 이끌고 서하 정벌을 떠난 틈을 타서 추밀부사 이랄포아에게 산서 지방을 공격하게 했다. 같은 해 8월 금나라군은 곡옥(曲沃), 진안(晉安) 등지를 수복했다.

정대 4년(1227) 5월 몽골군이 임조부(臨洮府: 감숙성 임조현·臨洮縣)를 점령했다. 칭기즈 칸은 포로로 잡힌 병마도총관 타만호토문(陀滿胡土門)에게 투항을 권유했다. 하지만 타만호토문이 투항을 거부하고 무릎을 꿇지 않자 그의 두 다리를 잘라버리고 살해했다. 금 애종은 그를 중경유수로 추증하고 포충묘(褒忠廟)를 세워 그의 충절을 기렸다.

당시 항산공 무선이 하동 지방의 군사 요충지 태원(太原)을 탈환했다. 오랜 세월 동안 몽골군에게 일방적으로 밀리기만 하던 금나라군의 사기가 올랐다.

같은 해 8월 천고의 영웅 칭기즈 칸이 육반산(六盤山) 부근의 청수현(淸水縣)에서 향년 65세를 일기로 파란만장한 삶을 마감했다. 그는 임종 직전에 셋째아들 우구데이(원 태종)에게 대칸의 지위를 계승하게 하고 서하와 금나라를 멸망시킬 방책을 세웠다.

서하의 마지막 황제 이현(李睍·?~1228)이 도성 중흥부(中興府)에서 반년 동안 버티다가 결국 몽골군에 투항했다. 이로써 서하는 건국된 지 189년 만에 멸망했다.

몽골은 칭기즈 칸 사후에 대칸의 자리를 놓고 권력 다툼이 벌어져 잠시 금나라 침공을 멈추었다.

금 애종은 기회를 놓치지 않고 빼앗긴 땅을 수복하고자 했다. 여진족과 한족 그리고 소수 민족 중에서 몽골과의 전투 경험이 있는 병사들을 모집하여 충효군을 조직했다.

정대 6년(1229) 완안진화상(完顏陳和尙)이 서부의 요충지 대창원(大昌原: 감숙성 영현·寧縣)에서 충효군 400여 명으로 돌격을 감행하여 몽골의 명장 치라운이 거느린 몽골군 8,000명을 대파했다.

금 애종은 완안진화상의 승리에 감격하여 그에게 정원대장군, 평량부판관 등 관직을 하사했다. 그 후 충효군은 병력이 7,000여 명에 달하여 금나라의 정예군으로 성장했다.

같은 해 5월 농주방어사 석말동아(石抹多兒)가 희귀한 황색 앵무새 한 쌍을 황제에게 바치자 금 애종이 말했다.

"변방을 지키는 장수가 진귀한 짐승을 바치는 것은, 그 짐승의 본성을 해칠 뿐만 아니라 인력도 낭비하는 일이오. 앞으로는 다시 바치지 마오."

국가가 태평하다면 당연히 그것을 받았겠지만, 몽골의 침략을 당하여 병졸 한 명이라도 아쉬운 상황에서 어찌 희귀한 새를 감상할 여유가 있겠느냐는 말이다.

또 몇 개월 후 조주(洮州)·하주(河州)·난주(蘭州)·회주(會州) 등 4주(州)를 지키는 안잔하충마(顏盞蝦蟲麻)가 서부 지역의 명마 2필을 황제에게 바치자 금 애종이 조서를 내렸다.

"경은 무예가 뛰어난 장수이오. 경이 바친 말은 전쟁에는 꼭 필요하지만, 짐이 타고 다니면 어찌 그 힘을 발휘할 수 있겠소? 경이 이미 바쳤으니 황실 마굿간의 소유이오. 이제 말을 경에게 하사하겠으니 짐의 뜻을 헤아리기 바라오."

금 애종은 몽골 침략을 무찌를 수만 있다면 황실 소유의 명마들을 전부 장수들에게 내어주고 싶은 마음이었을 것이다. 당시 그가 처한 상황이 얼마나 위급했는지를 짐작할 수 있다.

3. 삼봉산 전투에서 몽골군에게 참패를 당하다

한편 칭기즈 칸이 세상을 떠난 지 2년 만인 1229년 가을에, 우구데이가 마침내 몽골 제국의 제2대 카안으로 추대되었다. 정대 7년(1230) 우구데이 카안은 아우 툴루이, 조카 뭉케 등을 거느리고 세 갈래 방향에서 금나라 정벌에 나섰다. 이듬해 몽골군이 요봉관(嶢峰關)을 지나 금주(金州: 섬서성 안강·安康)를 유린하고 도성 남경(변경·汴京)을 향해 진격했다.

조정 대신들은 기세등등한 몽골군이 원정길에 피로해질 때까지 기다려 싸우는 게 좋다고 건의하자 금 애종이 말했다.

"남쪽으로 천도한 지 20여 년 동안 각지의 백성들은 전답과 주택을 훼손하고 처자식을 팔아가며 오로지 군대를 부양하는 데 피땀을 흘렸소. 지금 적이 쳐들어오는데도 맞서 싸우지 않고 오로지 자신의 안위만을 걱정한다면, 설사 도성이 보존된다고 하더라도 어찌 정상적인 국가라고 할 수 있겠소. 또한 천하의 백성들이 짐을 어떻게 생각하겠소? 짐이 깊이 생각해 보건대, 국가의 존망은 천명(天命)에 달려 있소. 다만 우리 백성만을 저버리지 않으면 될 뿐이오."

금 애종은 결코 나약하거나 비겁한 군주가 아니었다. 천하무적의 몽골군의 침략에 맞서 결전의 의지를 불태웠다. 국가의 흥망은 하늘의 뜻에 의해 결정되더라도, 백성들만큼은 불행을 당하지 않기를 바랐다. 금나라 황제로서 그의 애민 정신과 책임 의식을 엿볼 수 있다.

그는 장수들에게 도성 남경에서 멀지 않은 양주(襄州), 등주(鄧州) 등지에서 방어선을 구축하게 했다. 완안합달·완안진화상·이랄포아 등 백전노장들이 금나라군을 지휘했다.

정대 9년(1232) 정월 우구데이 칸이 이끄는 중군이 정주(鄭州)를 점령했으며, 선봉대는 이미 남경성 아래에 이르렀다. 등주에 주둔하고 있던 완안합달 등 세 장수는 남경이 위급하다는 첩보를 듣고 기병 2만, 보병 13

만 총 15만 대군을 이끌고 남경으로 진격했다.

몽골군의 서로군 사령관 툴루이는 정예군 3,000여 명에게 금나라군의 사방을 교란하게 했다. 몽골군은 정광석화처럼 빠르게 기습하고 후퇴하는 전술을 반복하여 금나라 군영을 혼란에 빠뜨렸다.

금나라군이 균주(鈞州: 하남성 우주·禹州)의 삼봉산(三峰山)에 이르렀을 때 군량이 이미 바닥난 상태였다.

툴루이의 3만 기병, 하북 지방에서 투항한 병사, 우구데이 칸의 중군이 모두 삼봉산으로 집결하여 금나라군을 포위했다. 마침 북풍한설이 여러 날 동안 휘몰아쳤다. 금나라 군영에서 굶주림에 시달리고 얼어 죽은 자가 속출했다.

반면에 몽골군은 오히려 혹독한 추위에 무서운 전투력을 발휘했다. 마치 백정이 우리에 갇힌 짐승을 난도질하듯, 금나라군은 독 안에 든 쥐 신세가 되어 도륙을 당했다. 15만 대군이 하루아침에 궤멸되었다.

완안합달은 기병 수백 기를 이끌고 가까스로 균주성으로 탈출했다. 균주성에서 최후까지 버티다가 몽골군에게 살해되었다. 그는 지략이 뛰어나고 용감했으며 의리를 중시하고 재물을 가볍게 여겼으며 부하들과 생사고락을 함께 한 명장이었다.

좌승 장행신이 일찍이 그를 천거하며 말했다.

"합달은 오늘날 백성들을 중히 여기는 훌륭한 장수이오."

금 애종도 그를 구국의 명장으로 인정하고 기대를 걸었다. 당시 금나라 대신들은 그가 죽었다는 사실을 알지 못하고 경조(京兆)로 피신했다는 소문을 들었다. 금 애종은 친필 조서를 내려 그를 찾게 했다.

나중에 몽골군이 남경을 공격할 때 이런 말을 했다.

"너희들이 믿는 것은 황하와 합달이 아닌가? 이제 합달은 우리가 죽였고, 황하는 우리가 차지했으니 항복하지 않고 무엇을 기다리느냐?"

완안진화상은 균주성이 함락되자 자기에게 몰려온 몽골 병사들에게 소리쳤다.

"나는 금나라의 대장군이다. 너희들의 주장(主將)을 만나 이야기하고 싶다."

몽골 병사들이 그를 몽골군 장수의 막사 앞으로 데리고 갔다. 몽골군 장수가 그의 이름을 묻자 그가 이렇게 대답했다.

"나는 충효군 도통 완안진화상이다. 대창원(大昌原), 위주(衛州), 도회곡(倒回谷) 등에서 너희들과 싸워 이겼다. 만약 내가 전란 중에 죽으면, 사람들은 도망치다가 죽은 줄 알 것이다. 오늘 나는 정정당당하게 죽으려 한다. 내 마음을 이해할 수 있는 자가 반드시 천하에 있을 것이다."

몽골군 장수는 그의 죽음을 불사하는 기개에 감탄하여 그를 부하로 삼고자 회유했다. 하지만 그가 말을 듣지 않자 돌로 정강이를 부수고 칼로 살점을 도려내는 잔인한 고문을 가했다. 금나라 최후의 명장 완안진화상은 끝내 투항을 거부하고 죽었다.

몽골군 장수는 그의 충의에 탄복하여 술을 땅에 붓고 장사를 지내며 말했다.

"그대는 정말로 대단한 남자이오. 그대가 다시 태어나면 내가 반드시 그대를 내 휘하에 두겠소."

금 애종은 완안진화상이 절개를 지키고 죽었다는 소식을 듣고 통곡했다. 그를 진남군절도사로 추증하고 포충묘(褒忠廟)에 그의 충절을 기리는 비석을 세우게 했다.

이랄포아는 남경으로 달아나는 도중에 생포되어 관산(官山)으로 압송되었다. 몽골군 장수는 그에게 여러 차례 투항을 권했다.

하지만 그는 투항을 거부하고 말했다.

"나는 금나라 대신이오. 오로지 금나라 땅에서 죽을 뿐이오."

그도 잔인하게 살해당했다. 결국 삼봉산에서의 참패는 금나라의 주력군이 붕괴되고 금나라가 멸망하는 결정적 계기가 되었다.

4. 남경성을 포기하고 귀덕으로 피신하다

금 애종은 삼봉산에서 15만 대군이 궤멸되었다는 소식을 듣고 얼마나 비통하고 큰 충격을 받았던지, 1232년에 연호를 정대(正大)에서 개흥(開興)으로 바꾸었다가 또 천흥(天興)으로 바꾸었다. 불과 몇 개월 만에 연호를 두 번이나 바꾼 일은 전례가 없었다.

천흥 원년(1232) 3월 몽골군이 금나라의 도성 남경을 포위했다. 금 애종은 결사항전을 맹세하고 성안의 군민들을 독려하며 농성전에 돌입했다.

우구데이 카안은 몽골 제국 최고의 전략가이자 명장 수부타이에게 남아서 남경성을 공략하게 하고 툴루이와 함께 북상했다.

수부타이는 남경성을 철저하게 봉쇄하고 금 애종에게 사자를 보내 투항을 권고했지만 거절당했다. 수부타이는 포로와 부녀자들을 동원하여 남경성 밖에 쌓은 외성에 투석기를 설치하여 16일 동안 밤낮을 가리지 않고 맹공을 퍼부었다. 육중한 돌덩이들이 성안의 전각과 백성들을 깔아뭉갰다.

금나라군도 진천뢰, 비화창 등 화약 무기로 거세게 저항했다. 몽골군은 화약 무기에 대해서는 문외한이었다. 수부타이는 몽골군의 사상자가 늘자 포위를 풀고 황하(黃河)와 낙수(洛水) 사이로 철군했다.

양군은 싸움을 멈추고 대치 국면으로 들어갔다. 남경 근교의 백성들이 몽골군의 약탈과 학살을 피해 남경성으로 몰려왔다. 남경성의 인구는 졸지에 200여만 명으로 불어났다.

굶주림과 극도로 열악한 주거 환경은 대역병을 창궐하게 했다. 50여 일 동안 성문마다 죽어나간 자가 무려 90여만 명에 이르렀다. 장사를 치를 형편이 안 되어 길거리에 방치된 시신은 썩어갔고, 그 수는 이루 헤아릴 수 없을 정도였다.

같은 해 7월 우구데이 카안은 용호위상장군 당경(唐慶)을 금나라에 사신으로 보냈다. 사절단을 이끌고 남경에 도착한 당경은 금 애종에게 황제 칭호를 폐지하고 몽골에 신하를 칭할 것을 요구했다. 아울러 금 애종이 직접 몽골에 가서 우구데이 카안을 알현해야 한다고 했다. 말하자면 금나라가 원나라를 상국으로 받들고 스스로 종속국임을 인정하면, 사직은 보존하게 해주겠다는 뜻이었다. 금 애종이 단호히 거부하자 당경이 금 애종 면전에서 심한 욕설을 퍼부으며 협박했다.

신복(申福), 채원(蔡元) 등 비호군 장수들은 치욕을 참을 수 없었다. 굴욕을 참고 투항하느니 차라리 몽골 사신들을 죽이고 끝까지 싸우기로 결심했다. 그들은 야음을 틈타 몽골 사절단이 머물고 있는 숙소를 급습하여 당경과 그의 두 아우, 당산록(唐山禄)과 당흥록(唐興禄) 그리고 수행원 17명을 살해했다.

다음 날 아침 사태를 파악한 금 애종은 사신 살해 사건에 일체의 조치를 취하지 않았다. 그도 몽골의 침략에 끝까지 맞서 싸우겠다는 의지의 표현이었다. 이에 양국 간의 화의 교섭은 파국으로 치달았다.

훗날 우구데이 카안은 금나라를 멸망시키고 당경의 시신을 찾아 성대하게 장례를 치르게 했다. 하지만 시신을 찾지 못하자 그의 가족에게 황금 50근을 하사했으며, 쿠빌라이 카안 시대에는 그의 아들 당정(唐政)에게 벼슬을 내렸다.

한편 참지정사 완안사열(完顔思烈)이 패잔병 10만여 명을 수습하여 남경을 구원하러 떠났다. 행군 도중에 경수(京水: 하남성 정주·鄭州에 위치한 하천)에서 수부타이의 몽골군에게 참패를 당했다. 완안사열이 항산공 무선의 충고를 무시하고 남경성 입성을 서두르다가 몽골군의 파상 공격에 제대로 대응하지 못한 것이 결정적 패인이었다. 완안사열은 패전의 책임을 지고 등주(鄧州)의 행성(行省) 사무에서 배제되었지만 얼마 후 다시 중경유수로 기용되었다. 몽골군에 맞서 싸울 장수가 워낙 부족했기 때문이다. 그 후 완안사열은 반란을 일으킨 최립(崔立)과 함께 몽골에 투항했다.

추밀사 적잔합희(赤盞合喜)는 중모현(中牟縣)의 고성(古城)에서 병사 1만5천여 명을 통솔하며 주둔하고 있었다. 완안사열의 군대가 궤멸되었다는 소식을 듣고 군수품을 버리고 남경성으로 달아났다.

그를 따르던 장졸들이 남경성의 정문(鄭門)에 들어와 그를 성토했다.

"적잔합의는 처음에는 어명을 거역하고 출병하지 않았고, 중간에는 주저하며 진군하지 않다가, 결국에는 군대를 버리고 제일 먼저 도망쳤소. 그가 버리고 간 군수물자는 이루 다 헤아릴 수 없을 정도로 많소. 그를 처형하지 않으면 천하의 백성들에게 사과할 수 없소."

금 애종은 차마 그를 죽이지 못하고 서민으로 강등했다. 얼마 후 그의 가산을 몰수해 병사들에게 하사했다. 그 후 적잔합희는 최립에게 피살됐다.

한편 반년이 넘도록 외부와 단절된 남경성은 말 그대로 생지옥으로 변했다. 양식과 마초가 바닥나자 초근목피, 뱀, 쥐 등 먹을 수 있는 것들은 모조리 먹어치웠다. 심지어 사람이 사람을 잡아먹는 극단적인 상황까지 내몰렸다.

금 애종도 황제라고 해서 하루 세끼를 다 챙겨먹을 형편이 못 되었다. 그는 통한의 눈물을 흘리며 황궁의 창고에 보관한 양식과 물건들을 군민들에게 남김없이 나누어주게 했다.

충효군 만호 포찰관노(蒲察官奴)와 아리(阿里)가 성안이 극도로 혼란한 틈을 타서 형왕 완안수순을 황제로 옹립하고자 음모를 꾸미다가 발각되었다. 금 애종은 모반 사건을 알고도 모르는 척했다. 당시 전황이 워낙 위급했기 때문에 황실 내부의 갈등을 덮어둘 수밖에 없었다.

평장정사 완안백살(完顔白撒) 등 대신들이 금 애종에게 남경성에서 더 이상 버틸 수 없으므로 귀덕(歸德: 하남성 상구·商丘)로 피신하여 후일을 도모하자고 했다.

천흥 원년(1232) 12월 금 애종은 황태후, 황후 등 황족을 거느리고 귀덕부로 발길을 재촉했다.

황제 일행이 남경성의 개양문(開陽門) 밖에 이르렀을 때 금 애종이 수비병들에게 말했다.

"종묘와 사직이 이곳에 있다. 너희들이 지키고 있으니 참으로 장한 병사들이구나. 귀덕부로 가는 행차에 참여하지 못했다고 해서 공적이 없다고 생각하지 말라. 만약 너희들이 남경성을 무사히 지킨다면, 훗날 논공행상할 때 어찌 장졸들보다 못한 대우를 받겠느냐?"

황제의 말을 듣고 눈물을 흘리지 않는 자가 없었다. 금 애종이 귀덕부로 떠난 후, 참지정사 완안노신(完顏奴申), 추밀부사 완안습날아복(完顏習捏阿葡), 서면원수 최립 등이 남경성을 지켰다.

무뢰한이었던 최립은 전공을 세워 장수가 되었는데 천성이 교활하고 난폭했다. 그는 남경성 안의 대신들을 살해하고 권력을 장악하고 싶었다.

천흥 2년(1233) 정월 최립은 무장한 병사 200명을 이끌고 상서성을 습격하여 완안노신, 완안습날아복 등 대신들을 살해했다. 그는 양왕 완안승각(完顏承恪)을 감국(監國)으로 세우고 태사·군마도원수·상서령·정왕 등을 자칭했다. 완안승각은 위 소왕 완안영제의 아들인데 그의 누이 기국공주가 칭기즈 칸의 후궁이다. 최립은 기국공주와 남매 관계인 완안승각을 꼭두각시 왕으로 내세우고 몽골에 투항할 음모를 꾸몄다. 몽골 황제에게 남경성을 바침으로써 왕으로 책봉되기를 바란 것이다.

최립은 수부타이에게 사신을 보내 투항 의사를 밝혔다. 수부타이가 남경 서남쪽 청성(青城)에 도착하자 최립은 수부타이를 알현하며 아버지 모시듯 절을 했다. 최립은 수부타이에게 금은보화와 노예들을 바치기 위해 닥치는 대로 약탈했다. 또한 궁중 수레 37대를 동원하여 황태후·황후·후궁 등 황실 여자들을 몽골로 압송하게 했다. 완안씨 종친 500여 명과 유교·불교·도교의 지도자들, 의생(醫生)·장인(匠人)·수녀(繡女) 등도 끌려갔다.

같은 해 4월 몽골군은 마침내 남경성을 접수했다. 당시 최립은 성 밖에 있었는데 몽골군은 최립의 저택을 급습하여 처첩들과 보물을 약탈했다. 최립은 몽골군의 만행에 분노했지만 어찌할 방법이 없었다. 몽골에 투항하여 부귀영화를 누리려고 했으나 폭정을 일삼다가 천흥 3년(1234) 6월에 안평도위사 이백연(李伯淵)에게 살해되었다.

5. 귀덕에서 포찰관노에게 연금되다

천흥 2년(1233) 1월 금 애종 일행이 귀덕에 도착했다. 하북, 하남 지방의 패잔병들은 황제가 귀덕에 왔다는 소식을 듣고 귀덕으로 몰려왔다.

당시 귀덕을 수비하던 장수 석잔여로환(石盞女魯歡)은 일시에 늘어난 병사들에게 제공할 양식이 부족하자 황제에게 패잔병과 친위병들을 서주(徐州)·숙주(宿州)·진주(陳州) 등 3주로 보내 현지에서 자력으로 군량을 조달하게 하자고 건의했다.

금 애종은 간신히 모은 병사들과 친위병들을 귀덕성 밖으로 내보내는 것이 내키지 않았으나 식량 사정을 고려하여 그의 건의를 받아들일 수밖에 없었다. 이윽고 포찰관노의 충효군 450명과 마의(馬毅) 휘하의 병사 700명만 성안에 남게 하고 나머지 병사들은 모두 성 밖으로 내보냈다.

금 애종이 포찰관노에게 은밀히 이런 말을 했다.

"석잔여로환이 짐의 호위병들을 해산시켰소. 경도 조심하는 게 좋을 것이오."

사실 포찰관노는 금 애종을 퇴위시키고 형왕 완안수순을 옹립하려 한 적이 있었다. 그런데도 금 애종이 그에게 석잔여로환을 조심하라고 한 것은, 그를 통하여 석잔여로환을 견제하려고 했기 때문이다.

마의는 원래 과의도위(果毅都尉)였는데 금 애종이 귀덕으로 온 이후에 승진하여 황제의 측근이 되었다. 금 애종은 중요한 일을 결정할 때면 마의를 불러 상의했다.

포찰관노는 평소에 석잔여로환과 마의를 경멸했다. 두 사람이 자신보다 전공이 적고 지위가 낮은데도 월권한다고 생각했기 때문이다.

천흥 2년(1233) 3월 몽골군이 귀덕을 공격했다. 포찰관노는 평장정사 국용안(國用安)과 짜고 금 애종에게 해주(海州: 강소성 연운항·連雲港)로 거처를 옮기자고 건의했지만, 금 애종이 원하지 않았다.

얼마 후 그는 또 북쪽으로 도강(渡江)한 후 영토 회복을 도모하자고 건의했지만 석잔여로환의 반대로 뜻을 이루지 못했다.

포찰관노는 황제가 자신의 뜻을 따르지 않자 반역의 마음을 품기 시작했다. 게다가 그의 부하들은 몽골군과 내통하며 약탈을 자행하고 있는데도 그는 제지하지 않았다.

금 애종은 금나라 장수들 간의 무력 충돌을 두려워했다. 재상에게 주연을 베풀어 장수들을 화해하게 했다. 포찰관노가 경계를 풀고 연회석에 참석하러 오는 마의를 급습하여 죽였다.

그리고 쌍문(雙門)에서 석잔여로환을 생포하고 말했다.

"황제께서 귀덕부에 도착한 이래, 너는 공급을 소홀히 하여 좋은 간장 한 항아리조차 바치지 않았다. 네가 이렇게 큰 죄를 지었으니 무슨 변명이 있겠는가?"

포찰관노는 석잔여로환의 집에서 간장 20여 항아리와 황금을 찾아낸 후 석잔여로환를 살해했다. 그는 또 좌승 이혜(李蹊) 등 대신 300여 명과 장군·호위병·백성 등 3,000여 명을 학살하고 권력을 장악했다. 얼마 후 귀덕 근교의 강에서 충효군 450여 명을 이끌고 몽골군과 싸워 3,500여 명을 수장시키는 대승을 거두었다.

금 애종은 그의 전공을 치하하고 참지정사 겸 좌부원수로 임명했다. 그리고 자기가 타던 어마를 그에게 하사했다. 사실상 군국의 대권을 그에게 넘긴다는 의미였다.

포찰관노는 이 승리로 인해 금나라를 배신하고 몽골에 투항할 의사가 없음을 보여주었으나, 오히려 더욱 기고만장했다. 몽골군이 퇴각한 후 그는 충효군을 이끌고 박주(亳州)로 떠나면서 측근 장수 완안습현(完顏習顯)에게 금 애종을 조벽당(照碧堂)에 연금하고 감시하게 했다. 아울러 대신들에게 자신의 허가 없이는 황제에게 아뢰는 것을 금지시켰다.

금 애종은 조정 대신들 중에서 누구도 자기에게 아뢰는 자가 없자 매일 비통해하며 말했다.

"예로부터 망하지 않은 나라도, 죽지 않은 군주도 없었지. 다만 내가 사람을 쓰는 방법을 몰라, 이 노예에게 갇히게 된 것을 통탄할 따름이오."

내국령 송걸노(宋乞奴), 봉어 오고손애실(吾古孫愛實) 등 금 애종의 측근들은 황제의 비참한 모습을 보고 포찰관노를 제거할 음모를 꾸몄다. 그들은 포찰관노가 금 애종을 퇴위시키고 산동 지방을 차지하려고 한다고 소문을 냈다. 만약 성사되지 않으면 금 애종을 남송에 바치고 투항할 것이라고 했다. 포찰관노를 비난하는 여론이 들끓었다.

금 애종은 포찰관노를 유인하기 위하여 박주로 측근을 보내 "황제가 채주(蔡州: 하남성 여남현·汝南縣)로 거처를 옮기겠다."라는 말을 전하게 했다.

포찰관노가 조벽당으로 달려와 금 애종을 다그쳤다. 마침 조벽당 문간에 매복해 있던 여해열완출(女奚烈完出)이 그에게 달려들어 칼로 찔렀다.

금 애종도 칼로 그를 내리쳤다. 포찰관노는 피를 흘리며 달아났지만 얼마 못 가서 쫓아온 황제의 측근들에게 살해되었다.

포찰관노가 이끈 충효군은 금나라 최고의 정예군이었는데 이렇게 궁정 변란과 내분으로 붕괴되고 말았다.

6. 채주에서 최후의 항전을 벌이다가 자살하다

금 애종이 채주로 떠날 때 그를 따르는 수행원은 고작 2~300여 명, 말은 50필에 불과했다. 그가 채주성에 도착하자 현지 노인들은 황제의 초라한 행색을 보고 모두 눈물을 흘리며 절을 했다. 금 애종도 흐느끼며 감정을 추스르지 못했다.

금 애종은 채주성에서 최후의 결전을 준비했다. 완안홀사호(完顔忽斜虎)를 상서우승으로 임명하여 정무를 총괄하게 하고, 장천강(張天綱)을 권참지정사로, 완안중루실(完顔中婁室)를 추밀원사로 임명했다. 당시 몽골군이 채주성에서 멀리 떨어져 있었기 때문에 채주성은 점차 안정을 되찾았다. 금 애종도 긴장을 풀고 채주성의 정자(亭子)와 관공서를 수리하여 휴식처로 삼으려고 했다.

완안홀사호가 간언했다.

"임금이 재난을 만나 외지로 피난할 때는 스스로 고통을 견디며 검소하게 행동해야 비로소 옛 영광을 회복할 수 있사옵니다. 하물며 지금은 모든 고을이 파괴되어 온전히 보존된 곳은 오직 채주뿐이옵니다. 채주의 관아가 궁궐에 비해 만분의 일도 못 되지만, 들판에서 노숙하는 것보다는 나은 형편이옵니다. 게다가 폐하께서 처음 행차하실 때도 이미 백성들을 동원하여 수리하셨사옵니다. 지금 또 토목 공사를 일으켜 안락을 추구하신다면, 백성들의 마음이 흐트러져 대업을 이루지 못할까 염려되옵니다."

금 애종은 완안홀사호의 따끔한 충고를 듣고 즉시 공사를 중지하게 했다. 완안홀사호는 부지런히 정무를 보살피면서 각지에 사신을 파견해 병사들을 징집한 결과, 정예병 1만여 명이 채주성에 집결할 수 있었다.

천흥 2년(1233) 금나라 출신의 장수 왕즙(王楫)이 우구데이 카안의 어명을 받들고 남송으로 왔다. 그는 경호(京湖)에서 경호제치사 사숭지(史嵩之)를 만나 몽골과 남송이 연합하여 금나라를 멸망시키자고 제안했다. 금나라를 멸망시킨 후에 황하 이남 지역을 남송에 할양하겠다고 약속했다.

남송 조정에서는 몽골과의 동맹에 대하여 찬반양론이 있었지만 결국 몽골의 제의를 받아들였다. 금나라에 대한 원한이 뼈에 사무쳤기 때문이다.

같은 해 9월 타차르의 몽골군과 사숭지의 남송군이 연합하여 금나라의 당주(唐州)를 공격했다. 원수우감군 오고론흑한(烏古論黑漢)은 전사했으며, 주장 포찰모(蒲察某)는 굶주림이 시달린 금나라의 부곡병(部曲兵)들에게 잡아먹혔다. 금나라 병사들이 얼마나 굶주렸으면 자기 상관을 잡아먹은 비극이 일어났겠는가. 남송군은 당주를 점령한 후 사람을 잡아먹은 자들을 색출하여 도륙했다.

남송군이 식주(息州)로 진격하자 식주를 지키고 있던 장수가 금 애종에게 지원군을 요청했다. 금 애종은 급히 병사 500여 명을 보냈다. 당시 금나라군의 가장 심각한 문제는 병사가 적었을 뿐만 아니라 군량도 바닥을 드러내 더 이상 버틸 여력이 없었다.

금 애종은 완안아호대(完顏阿虎帶)를 남송에 사신으로 보내 식량을 빌려오게 했다.

완안아호대가 남송으로 떠나기 전에 금 애종이 말했다.

"송나라 사람들은 짐에게 큰 빚을 지었소. 짐은 즉위한 이래 변방의 장수들에게 남쪽 국경을 침범하지 못하게 했소. 또 변방의 관리들이 송나라를 정벌하겠다고 요청할 때마다, 짐이 그들을 꾸짖지 않은 적이 없었소. 예전에 우리 군대가 송나라의 한 주(州)를 얻었을 때도 즉시 돌려주게 했소. 또 최근에는 회음(淮陰) 지방의 주민들이 귀순해오자 저들은 금과 비단으로 속죄하려고 했소. 만약 짐이 그들에게 재물을 받았다면 마치 사람을 매매하는 것과 다를 바 없었을 것이오. 그래서 성(城)을 온전히 돌려주고 털끝만큼도 침범하지 않았소. 그리고 청구(淸口) 전투에서 생포한 수천 명의 송나라 병사들에게 양식을 주고 송나라로 돌려보내주었소."

"짐이 이렇게 송나라에 우호적인 조치들을 취했는데 오늘날 저들은 우리가 피폐해진 틈을 타서 수주(壽州)를 점령하고 등주(鄧州)를 유린하며 당주(唐州)를 공격했소. 저들의 계책이 참으로 천박하오. 대원 제국은 40개 국가를 멸망시켰고 서하까지 무너뜨렸소. 서하가 망하면 반드시 우리나라를 공격할 것이오. 우리나라가 망하면 반드시 송나라를 공격할 것이오. 순망치한은 자연의 이치이오. 만약 송나라가 우리와 동맹을 맺는다면, 그것은 우리를 위한 것이기도 하지만 결국은 송나라를 위한 일이 될 것이오. 경은 이 점을 송나라 군주에게 분명히 일깨워주기 바라오."

금 애종의 말은 대체로 사실이다. 하지만 그가 남송에 우호적인 조치들을 취한 것은 금나라의 국력이 쇠약해졌기 때문이다. 정말로 남송과 잘 지내고 싶은 마음에서 나온 게 아니라, '이빨 빠진 호랑이'의 불가피한 외교적 선택이었다. 당시 몽골과 금나라 그리고 남송, 세 국가 간의 역학 관계가 어떠했는지 여실히 보여주는 내용이다.

금 애종은 국가 존망의 위기에 남송과 연합하여 몽골의 침략을 물리치려고 했다. 그의 전략적 판단은 조금도 틀리지 않았다.

하지만 남송 조정은 이성적 사고보다 감정적 원한이 앞섰다. 금나라의 간청을 냉정하게 거절하고 오히려 몽골을 도와 금나라를 멸망시키려고 했다.

채주성은 성곽이 견고하고 해자가 깊었다. 몽골군은 여러 달 동안 채주성을 공격했지만 함락하지 못했다. 우구데이 카안은 다시 왕즙을 남송에 사신으로 보내 병력과 물자 지원을 요청했다.

송 이종은 맹공(孟珙), 강해(江海) 등 장수들에게 병사 2만 명과 군량 30만 석을 내어주고 몽골군을 돕게 했다. 천흥 2년(1233) 12월 몽송 연합군이 채주성을 겹겹이 포위하고 맹렬히 공격했다.

금 애종은 채주성의 군민들을 친히 지휘하며 결사 항전했다. 부녀자들도 남장을 하고 큰 돌을 성곽으로 운반하며 필사적으로 저항했다. 이윽고 몽골군이 서쪽 성벽을 무너뜨렸다.

금 애종은 망국의 날이 가까워졌음을 직감하고 측근 신하들에게 말했다.

"짐은 금자광록대부로 10년, 태자로 10년, 군주로 10년을 지내며 큰 잘못을 저지르지 않았으니 지금 죽어도 여한이 없소. 다만 조종께서 전해주신 사직이 100여년 만에 짐에게 이르러 끊어지니, 예로부터 음란하고 포악한 군주들과 함께 망국의 군주로 기록되는 것이 원통할 뿐이오. 예로부터 망하지 않은 나라가 없었지만, 망국의 군주들은 종종 감옥에 갇히거나 포로로 잡혀 바쳐지거나 궁정의 계단에서 모욕당하거나 깊은 골짜기에 유폐되곤 했소. 짐은 결코 그렇게 되지는 않을 것이오. 경들은 두 눈을 부릅뜨고 지켜보시오. 짐의 결심은 확고하오."

결국 자살하여 망국의 군주로서 치욕을 당하지 않겠다는 뜻이었다. 이윽고 채주성도 아비규환의 생지옥으로 변했다. 금 애종은 황실의 모든 재물을 군민들에게 나누어 주었을 뿐만 아니라, 황실 전용의 말 50필과 관마(官馬) 150필도 나누어주어 잡아먹도록 했다.

천흥 3년(1234) 정월 채주성이 함락되기 직전에, 금 애종은 종실 완안승린(完顔承麟·1202~1234)에게 양위하는 조서를 내렸다.

완안승린이 완강하게 거부하자 금 애종은 간곡히 애원하며 말했다.

"금나라 강산과 사직을 그대에게 부탁하는 것도 부득이한 일이오. 짐은 몸이 비대해 말을 타고 싸움터에 나갈 수 없소. 채주성이 함락되면 탈출하기 어려울 것이오. 그대는 몸이 날렵하고 지략이 뛰어나니 천우신조로 탈출한다면 종묘사직을 지킬 수 있을 것이오. 짐의 마음을 깊이 헤아려주시오."

금 애종은 자살하기 일보 직전까지 금나라의 사직을 지키고 싶은 간절한 열망에서 금 세조 완안핵리발의 후손인 완안승린에게 황위를 계승하게 했다. 그는 당부의 말을 하고 유란헌(幽蘭軒)에서 스스로 목을 매어 죽었다. 당시 그의 나이는 36세였다.

완안승린은 마지못해 황위를 계승했는데 즉위식이 거행될 때 채주성은 이미 함락되었다. 즉위한 지 불과 몇 시간 만에 피살되었다.

사실상 금 애종이 금나라의 마지막 황제이지만, 공식적으로는 완안승린이 마지막 황제이다. 완안승린은 중국 역사에서 가장 짧은 재위 기간을 기록한 군주로 남았다.

금나라 최후의 재상이자 충신 완안홀사호는 백병전을 치열하게 벌이는 중에 황제가 자결했다는 소식을 듣고 말했다.

"나의 군주께서 이미 붕어하셨는데 내가 어찌 더 싸울 수 있겠는가?
나는 적군의 손에 죽지 않을 것이니 여수(汝水)에 몸을 던져 나의 임금을
따라가겠소. 여러분은 각자 살길을 찾으시오."

그가 여수에 투신하여 생을 마감하자 그를 따르던 장졸들이 서로 피눈물을 흘리며 말했다.

"재상께서 순국하셨는데 어찌 우리는 못하겠는가?"

이윽고 고위 관리부터 병졸에 이르기까지 500여 명이 물속에 뛰어들어 자결했다. 금 애종이 자살하고 완안승린이 피살된 1234년 2월 9일에, 금나라는 금 태조 완안아골타가 건국한 지 119년 만에 역사 속으로 사라졌다.

남송 장수 맹공은 금 애종의 시신을 두 토막 내어 몽골과 남송 조정에 보냈다. 우구데이 카안은 칭기즈 칸이 그토록 증오했던 금나라를 멸망시킴으로써 아버지의 유언을 실현했다.

여진족이 건국한 금나라는 비참한 최후를 맞이했지만, 325년의 세월이 흐른 후에 애신각라 누르하치(1559~1626)가 등장하여 다시 한 번 여진족을 부흥시키며 그의 후손들이 중국의 마지막 봉건 왕조인 청나라를 건국했다. 금 애종의 한을 애신각라 누르하치가 풀어 준 것이다.

남송도 금 애종이 예측했던 것처럼 1279년에 원나라에 망했다. 역사에는 가정이 없지만, 남송이 금나라에 대한 원한을 잊고 이성적이고 전략적인 판단을 하여 금나라와 함께 몽골에 대항했다면, 동아시아의 역사는 또 어떻게 전개되었을지 모를 일이다.

몽골과 금나라 그리고 남송, 이 세 나라의 관계는 오늘날 복잡한 국제

질서 속에서 이성적으로 생각하고 전략적으로 판단해야 살아남을 수 있다는 교훈을 준다.

『금사』는 금 애종을 짧게 평가했다.

"『예기(禮記)』에서 군주는 사직을 위해 죽는다고 했다. 금 애종은 부끄러워할 만한 행동을 하지 않았다."

요나라·금나라
역대 황제 평전

편견을 극복한 거란족과 여진족이
중국사의 주역으로 우뚝 서다